独日法律家協会・日本比較法研究所シンポジウム記録集

債権法改正に関する比較法的検討
―日独法の視点から―

Schuldrechtsmodernisierung in Japan
–eine vergleichende Analyse–

只木　誠
ハラルド・バウム
編

Makoto Tadaki / Harald Baum

日本比較法研究所
研究叢書
96

中央大学出版部

装幀　道吉　剛

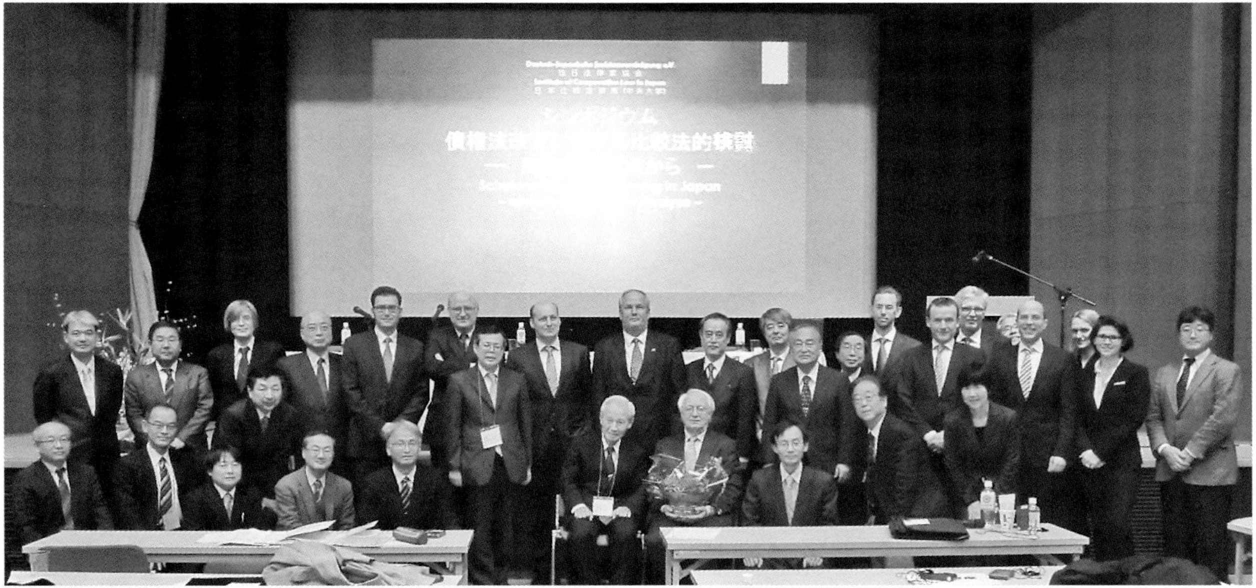

まえがき

　本書は，中央大学日本比較法研究所と独日法律家協会との合同企画により，2014年2月21日（金）・22日（土）の両日，東京赤坂のドイツ文化会館OAGホールにて開催されたシンポジウム「債権法改正に関する比較法的検討―日独法の視点から―」の各報告原稿ならびに報告概要（各原語版ならびにその翻訳版）を収めた記録集である．

　本シンポジウムは，現在債権法の改正作業が進められているわが国の状況につき，すでにこれを終えたドイツの知見を参照し，その視点から検証し，今後のわが国の方針策定等の一助に資することを大きな目的としたものであった．当日は，日独両国の第一線で活躍する名だたる研究者にご参集をいただいて，今般のわが国における債権法改正中間試案についての，ドイツ法からみた分析と評価はどのようであるのか，さらに日本法からの提案をドイツ法はどう受けとめるのか，という大きな関心のもとに，内容の濃い充実した報告・議論が展開され，盛会のうちに2日間の討議の幕を閉じた．終了後は，シンポジウムの成功と成果について関係各位から高い評価を寄せていただいていたところであり，そのため，本記録集については，付随する掲載要望項目もあったところながら，今後の学会・実務への時宜を得た貢献・寄与を第一に発刊を急いだ次第である．

　わが日本比較法研究所は，1948年，東洋で最初の比較法研究所として杉山直治郎博士によって設置され，日本，東洋，そして世界の比較法研究に志を同じくする研究者の共有施設たるべきとの目的のもと，以来，60年余の長きにわたって，わが国の比較法研究の牽引役として活動してきた．あらためて思うに，比較法研究の究極的な目的とは，外国法の単なる紹介にとどまることなく，幅広い学術交流を通して諸外国の法文化を知り，これを学び，その知見を

自国の法制度の発展に結びつけ，ひいては，世界的な視野に立った法文化の発展に寄与する，という点に存しているであろう．近年，グローバリゼーションという言葉が世界を席巻して久しいが，法の世界において考えるならば，グローバル化とは，すなわち，普遍的な価値の追究という視点から，自国の法におけるアイデンティティの自覚のもと，異なる発想に依って立つ他国の法と法文化を理解してこれを尊重しつつ，汎用可能な新たな法システム，法の支配の形成を目指すこと，といえるのではなかろうか．法的な場面における問題解決の智恵を互いに学び合うという比較法研究の役割は，まさしくそのようなグローバル化に裨益し，その意義と重要性は，今後いよいよ増して行くことと思われる．今回のシンポジウムの成果により，日独においては「双方向」の比較法研究のより一層の発展が期待されるところであり，今回のシンポジウムの開催は，そのような意味において，比較法研究の今日的役割と重要性とを体現するものとしてまことに意義深いものであったといえよう．

　今回のシンポジウムのつつがない開催，そして成功裡の終了は，共催機関である独日法律家協会のヤン・グロテーア会長，そして，同協会副会長であるドイツのマックス・プランク外国私法・国際私法研究所主任研究員・日本法部長のハラルド・バウム教授両氏の尽力に負うところ大であった．重ねて，日本比較法研究所として，心より御礼を申し述べたいと思う．そして，企画当初の段階から尽力をいただいた本学法科大学院の伊藤壽英教授，森勇教授，シンポジウムの企画に道筋をつけてくださった笠井修教授各氏にも，感謝の思いは尽きない．また，ドイツ学術交流会東京事務所のホルガー・フィンケン所長のお力添えにも感謝申し上げたい．あわせて，本学法学部のマーク・デルナウア准教授には，報告要旨の翻訳作業はじめドイツ側との連絡調整等において時間と労力を惜しまぬ多大なご協力をいただいた．ドイツ側報告の実質的な編者としての役割を果たされたこと，ここに記して，バウム教授ともども，あらためて深謝の意を表する次第である．

　また，ドイツ学術交流会関係者各位，助成をいただいたドイツのロバート・ボッシュ財団，日本の公益財団法人社会科学国際交流江草基金，公益財団法人

野村財団，日本比較法研究所共同研究基金を通じて支援をいただいた中央大学法曹会に，この場を借りて厚く御礼申し上げたい．

　本シンポジウムの成果が，わが国の債権法改正に大いに役立つことを，そして，今回の日独の比較法研究にかかる国際的学術交流が一層の人的，文化的交流へと発展をみていくことを願いつつ，本報告集のまえがきとするものである．

2014 年 5 月

日本比較法研究所 所長

只　木　誠

Vorwort

Das Institut für Rechtsvergleichung in Japan (*The Institute of Comparative Law in Japan*, ICLJ) der Chuo Universität und die Deutsch-Japanische Juristenvereinigung (DJJV) haben am 21. und 22. Februar (Fr./Sa.) 2014 im Saal des OAG Hauses in Tokyo Akasaka gemeinsam ein deutsch-japanisches Symposium mit dem Titel „Schuldrechtsmodernisierung in Japan – eine vergleichende Analyse" veranstaltet. Der vorliegende Tagungsband enthält die schriftlichen Fassungen der Referate sowie deren Zusammenfassungen, einschließlich einer Übersetzung der Zusammenfassungen in die jeweils andere Sprache.

Das wesentliche Ziel des Symposiums war es, auf Grundlage der deutschen Erfahrungen mit der dort bereits abgeschlossenen Schuldrechtsreform den gegenwärtigen Stand der Planung der Schuldrechtsreform in Japan zu analysieren und hierdurch einen Beitrag und Unterstützung für die weitere Durchführung des Reformvorhabens in Japan zu leisten. Als Referenten und Kommentatoren kamen an den beiden Tagen des Symposiums namhafte Vertreter aus der Wissenschaft und dem jeweiligen Justizministerium zu Wort. Dabei wurde der aktuelle japanische Reformentwurf, der sogenannte Zwischenentwurf (*saiken-hō kaisei chūkan shian*), eingehend analysiert, bewertet und insbesondere auch aus dem Blickwinkel des deutschen Rechts diskutiert. Nach zwei Tagen interessanter und inhaltsreicher Vorträge und Diskussionen ging die sehr gut besuchte Veranstaltung schließlich zu Ende.

Wegen des großen Erfolges und des regen Zuspruchs bei den Teilnehmern und Besuchern wurde im Anschluss an das Symposium schließlich der Wunsch geäußert, diesen Tagungsband zusammenzustellen und möglichst rasch zu veröffentlichen, damit dieser rechtzeitig für die weitere Diskussion des Reformentwurfs in Wissenschaft und Praxis zur Verfügung steht.

Das Institut für Rechtsvergleichung in Japan wurde 1948 als erstes rechtsvergleichendes Forschungsinstitut in Ostasien von *Naojiro Sugiyama* gegründet, um gleichgesinnten Forschern aus Japan, Ostasien und anderen Teilen der Welt eine gemeinsame Forschungseinrichtung zur Verfügung zu stellen. Seit seiner

Gründung sind mittlerweile mehr als 60 Jahre vergangen, in denen das Institut sich zu einer treibenden Kraft der Rechtsvergleichung in Japan entwickelt hat. Dabei sei noch einmal daran erinnert, dass es nicht Aufgabe der Rechtsvergleichung ist, einfach über ausländisches Recht zu informieren. Es geht vielmehr darum, auf der Grundlage eines intensiven wissenschaftlichen Austausches die Rechtskulturen in den verschiedenen Ländern verstehen zu lernen, diese Erkenntnisse zum Zwecke der Fortentwicklung des Rechts im eigenen Land zu nutzen und auf diese Weise zur Entwicklung einer Rechtskultur beizutragen, die die Erkenntnisse der gesamten Welt berücksichtigt.

In den vergangenen Jahren wurde die Welt nachhaltig vom Begriff der Globalisierung erfasst. Bezogen auf die Welt des Rechts könnte man sagen, dass Globalisierung darauf abzielt, auf der Grundlage von universellen Werten einerseits und der Identität des nationalen eigenen Rechts anderseits, eine neue universelle rechtliche Ordnung zu schaffen, die jedoch zugleich die Unterschiede in den Rechtskulturen und den auf anderen Konzepten beruhenden Rechtsordnungen reflektiert und respektiert. Die Rolle der Rechtsvergleichung, die das gegenseitige Lernen der verschiedenen Möglichkeiten der Konfliktlösung betont, kann bei der Globalisierung in diesem Sinne von großem Nutzen sein, was wiederum die Bedeutung und die Wichtigkeit der Rechtvergleichung und ihrer Funktion auch für die Zukunft unterstreicht.

Das Symposium, das Grundlage dieses Tagungsbandes war, verkörpert in besonderer Weise diese gegenwärtige Rolle der Rechtsvergleichung und die ihr zukommende Bedeutung. Wir dürfen hoffen, dass dieses Symposium auch insgesamt zu einer weiteren Intensivierung der japanisch-deutschen Rechtsvergleichung in „beide Richtungen" beigetragen hat.

Im Namen des ICLJ möchte ich vor allem dem Präsidenten der DJJV, Herrn Dr. Jan Grotheer, sowie dem Vizepräsidenten der DJJV, Herrn Prof. Dr. Harald Baum, Wissenschaftlicher Referent und Leiter des Japan Referats am Max-Planck-Institut für ausländisches und internationales Privatrecht in Hamburg, meinen besonderen Dank für die reibungslose Durchführung und den Erfolg dieses Symposiums aussprechen. Danken möchte ich ferner Herrn Prof. Hisaei Ito und Herrn Prof. Isamu Mori von der Law School der Chuo Universität, die von Anfang an bei der Planung und Durchführung des Symposiums mitgewirkt haben, sowie Herrn Professor Dr. Osamu Kasai, ebenfalls von der Law School der Chuo Universität, der an der inhaltlichen Ausgestaltung das Symposium einen wesentlichen Anteil hat. Besonders danken möchte ich auch Herrn Dr. Holger Finken, dem Leiter der Außenstelle des Deutschen Akademischen Austausch Dienstes (DAAD) für seine Unterstützung. Besonderer Dank gebührt ferner Herrn Prof. Dr. Marc Dernauer, Associate Professor an der juristischen Fakultät der Chuo Universität, für seine vielfältige Unterstützung bei der Durchführung des Symposiums, unter anderem im Zusammenhang mit der Übersetzung der Zusammenfassungen der Referate sowie bei der Abstimmung mit der deutschen Seite. Gemeinsam mit Professor Baum möchte ich Herrn Professor Dernauer zudem für seine Unterstützung bei der Erstellung dieses Tagungsbandes danken. Die deutschen Beiträge wurden editorisch im Wesentlichen von ihm betreut.

Danken möchte ich darüber hinaus für ihre Unterstützung auch allen anderen Beteiligten auf Seiten des DAAD sowie für ihre finanzielle Förderung des Symposium der Robert Bosch Stiftung, der Egusa Foundation (EFICSS), der Nomura Foundation und der Vereinigung der Alumni Juristen der Chuo Universität.

Im Rahmen des Vorworts zu diesem Tagungsband möchte ich der Hoffnung Ausdruck verleihen, dass dieses Symposium einen großen Beitrag zum Gelingen der anstehenden Schuldrechtsreform in Japan leisten konnte und zugleich in bedeutender Weise zur weiteren Entwicklung der japanisch-deutschen Rechtsvergleichung sowie des internationalen wissenschaftlichen Austausches im kulturellen und persönlichen Bereich beitragen wird.

Tokyo, im Mai 2014

Makoto TADAKI
Direktor des Instituts für Rechtsvergleichung in Japan

目 次

まえがき……………………………………………只木　誠
Vorwort ……………………………………… Makoto TADAKI

第 1 部　報　　告

債権法改正に関する概観……………………………奥田　昌道… 3
Gründe, Ziele, Konzeption und Probleme der
Schuldrechtsreform……………………………… Birgit GRUNDMANN… 15
債務不履行法改正論議の行方とその中間評価………山本　豊… 23
Systematik und Neuordnung von Leistungsstörungs- und
Gewährleistungsrecht im deutschen Recht……… Stephan LORENZ… 45
日本とドイツの債権譲渡法制の比較──民法（債権関係）
　改正要綱案たたき台を素材に──………………池田　真朗… 87
Zur Entwicklung des Rechts der Forderungsabtretung
aus deutscher Sicht ……………………………… Moritz BÄLZ… 101
消費者法と債権法改正──日本の状況──…………松本　恒雄… 119
Verbraucherschutz und Schuldrechtsmodernisierung‥ Karl RIESENHUBER… 147
日本の債権法改正論議における保証の問題の検討状況……山野目章夫… 179
Der Schutz des Bürgen …………………………… Mathias HABERSACK… 189
継続的契約の終了……………………………………高田　淳… 203
Das Kontinuitätsinteresse bei der Kündigung von
Dauerschuldverträgen: Generalklausel in Japan
versus Kündigungsschranken in Deutschland
　………………………………………… Marc-Philippe WELLER… 213

第2部　シンポジウム記録（報告概要・翻訳・コメント）

シンポジウム「債権法改正に関する比較法的検討」の趣旨
　　　　　　　　　　　　　　　　　　　　　　笠井　修（Osamu Kasai）… 257

セッション1：債権法改正に関する概観
1. Sektion: Gründe, Ziele, Konzeption und Probleme der Reform

債権法改正への歩みと現在の概観
　Überblick über die Bemühungen einer Reform des
　Schuldrechts in Japan bis heute
　　　　　　　　　　　　　　　　　　　　奥田　昌道（Masamichi Okuda）… 263

Die Situation der Schuldrechtsmodernisierung in Deutschland
ドイツにおける債務法現代化の状況
　　　　……Jürgen Schmidt-Räntsch（ユルゲン・シュミット-レンツ）… 270
　　　　　　　　　　　　　　　　　　訳 新井　誠（Makoto Arai）… 273

コメント……………………………………柏木　昇（Noboru Kashiwagi）… 277

セッション2：債務不履行法制
2. Sektion: Neuordnung des Leistungsstörungsrechts/
Nichterfüllungsrechts und des Gewährleistungsrechts

債務不履行
　Das Leistungsstörungsrecht
　　　　　　　　　　　　　　　　　　　　山本　豊（Yutaka Yamamoto）… 281
　　　　………訳 Matthias K. Scheer（マティアス・K・シェーアー）
　　　　　　　　　　　　　　　監修 山本　豊（Yutaka Yamamoto）… 287

**Systematik und Neuordnung von Leistungsstörungs-
und Gewährleistungsrecht**
　給付障害法と瑕疵担保責任法の体系化と再編成
　　　　　　　　　　　Stephan LORENZ（ステファン・ローレンツ）… 295
　　　　　　　　　　訳　森　　　光（Hikaru MORI）… 301

　コメント………………………滝沢　昌彦（Masahiko TAKIZAWA）… 309

セッション3：債権譲渡法制
3. Sektion: Neuordnung des Abtretungsrechts

日本の債権譲渡法制と債権法改正中間試案への意見
　――ドイツ側への質問も含めて――
　　Das japanische System der Forderungsübertragung und der
　　Zwischenentwurf zur Reform des Schuldrechts: unter Einschluss
　　der Fragen an die deutsche Seite
　　　　　　　　　　　　　池田　真朗（Masao IKEDA）… 313
　　　　　　　　　訳 Marc DERNAUER（マーク・デルナウア）… 317

**Zur Entwicklung des Rechts der Forderungsabtretung
aus deutscher Sicht**
　ドイツの観点からの債権譲渡法の展開
　　　　　　　　　　　Moritz BÄLZ（モーリッツ・ベルツ）… 322
　　　　　　　　　　訳 遠藤研一郎（Kenichiro ENDO）… 327

　コメント…………………… 遠藤研一郎（Kenichiro ENDO）… 333

セッション4：消費者法と債権法改正
4. Sektion: Verbraucherschutz und Schuldrechtsmodernisierung

債権法改正と消費者保護——日本の状況——
Schuldrechtsreform und Verbraucherschutz: die Situation in Japan
　　　　　　　　　　　　　松本　恒雄（Tsuneo MATSUMOTO）… 337
　　　　　訳 Matthias K. SCHEER（マティアス・K・シェーアー）… 343

Verbraucherschutz und Schuldrechtsmodernisierung
消費者保護と債務法の現代化
　　　　　　　　Karl RIESENHUBER（カール・リーゼンフーバー）… 350
　　　　　　　　　訳 古積健三郎（Kenzaburo KOZUMI）… 352

コメント　　　　　　　　　　執行　秀幸（Hideyuki SHIGYOU）… 356

セッション5：人的担保と保証人保護
5. Sektion: Schutz des Bürgen

日本の債権法改正論議における保証の問題の検討状況
Das Institut der Bürgschaft und die japanische Diskussion zur Reform des Schuldrechts
　　　　　　　　　　　　　山野目章夫（Akio YAMANOME）… 361
　　　　　　　　訳 Marc DERNAUER（マーク・デルナウア）… 365

Der Schutz des Bürgen
保証人の保護
　　　　　　Mathias HABERSACK（マティアス・ハーベルザック）… 370
　　　　　　　　　　訳 森　勇（Isamu MORI）… 373

コメント　　　　　　　　　　小林　明彦（Akihiko KOBAYASHI）… 376

セッション6：継続的契約の終了
6. Sektion: Dauerschuldverhältnisse und deren Beendigung

継続的契約の終了
 Beendigung von Dauerschuldverträgen
   ……………………………………高　田　　淳（Atsushi TAKADA）… *381*

Das Kontinuitätsinteresse bei der Kündigung von Dauerschuldverträgen: Generalklausel in Japan versus Kündigungsschranken in Deutschland
 継続的契約の解約告知における継続性の利益――日本における一般条項
 対ドイツにおける解約告知制限――
  ……… Marc-Philippe WELLER（マーク‐フィリップ・ヴェラー）… *393*
  ……………………………………訳 高　田　　淳（Atsushi TAKADA）… *397*

 コメント ……………………………………… 升　田　　純（Jun MASUDA）… *401*

総　　括：日独法から見た債権法改正
 Allgemeines Resümee

 コメント ……………………………………… 筒井　健夫（Takeo TSUTSUI）… *405*

Der Schuldrechtsreform-Entwurf:
Versuch einer Bewertung
  …………………………………… Marc DERNAUER（マーク・デルナウア）… *412*

プログラム

第1部
報　告

債権法改正に関する概観

奥　田　昌　道

I　債権法改正への歩み

1．学界での動き

　法務省が債権法改正の検討に着手すると決定したことを受けて，現実の立法過程に貢献できるタイミングで学界から改正試案を提示しようという意図のもとに，2006年10月，民法，商法，民事訴訟法の学者30数名により「民法（債権法）改正検討委員会」（「検討員会」と略す）が設立された．2009年3月末までの2年6か月の期間，民法典のうち契約にかかわる債権法及びそれに関係する民法総則規定の見直しのための検討を行い，その成果を「債権法改正の基本方針（検討委員会試案）」として取りまとめた（「基本方針」と略す）．この「基本方針」は「改正提案」とそれに「提案要旨」を付した形で，2009年4月に別冊NBL/No.126（商事法務）として公刊された．

　その他にも，加藤雅信・上智大学教授を代表とする「民法改正研究会」による「民法改正　国民・法曹・学界有志案」（『法律時報　増刊　民法改正　国民・法曹・学界有志案　仮案の提示』2009年10月，日本評論社），金山直樹・慶応義塾大学教授を代表とする「時効研究会」による「改正提案」（『消滅時効法の現状と改正提言』2008年10月，別冊NBL / No.122, 商事法務）が改正提案として公表されている．

2．法制審議会に対する諮問と「民法（債権関係）部会」の設置

2009年10月28日の法制審議会総会において，法務大臣から法制審議会に対して，「民事基本法典である民法のうち債権関係の規定について，同法制定以来の社会・経済の変化への対応を図り，国民一般に分かりやすいものとする等の観点から，国民の日常生活や経済活動にかかわりの深い契約に関する規定を中心に見直しを行う必要があると思われるので，その要綱を示されたい．」との諮問がなされた（諮問第88号）．これを受けて法制審議会では，「民法（債権関係）部会」が設置された．

II　債権法改正作業を促した要因

1．明治期の民法制定以来の社会・経済状況の変化

明治期に民法が制定されて以来110年余りが経過した．近時，民法以外の法分野では次々に法改正が行われてきたが，民法の財産法は部分的な改正はなされたものの，大きな改正はなされないまま今日に至っている．明治期に制定された民法は，フランス民法典及びドイツ民法第一草案並びに第二草案を範とし，多数の各国の法典や草案を参照して編纂されたものであり，民法上の諸制度につき細目は省き基本的・原則的な規定を設けるにとどめ，細部は解釈に委ねるという方針のもとに短期間に制定されたものであった．その後，必要に応じて特別法を制定するほかは，学説・判例による空白部分の補充や多様な解釈の展開による「判例法」の形成によって社会・経済の要請に対応してきた．その結果，書かれた法文である条文と判例による法適用の現実との間のギャップが大きく，条文を見ただけでは法適用の実際の状況が見通せないという状態が作出されてしまっている．

2．諸外国における法改正の進展の流れの中での我が国の状況

特に契約法（取引法）の分野では，ヨーロッパ各国をはじめ，アジアの各国

でも近時，法の整備は急速に進んでいる．取引法という，とりわけグローバルな視点からの共通性の顕著な分野での現代化は日本法においても避けて通れない課題である．そこで，民法のうち，契約債権法を中心に，これと関連の深い民法総則における諸制度につき改正のための検討が行われることとなった．

III　法制審議会での検討状況

1．第1ステージ（平成21年11月～平成23年4月）

「民法（債権関係）部会」（以下，「部会」と略す）は平成21年11月から民法（債権関係）の見直しについて審議を行ってきたが，平成23年4月12日の第26回会議において，「民法（債権関係）の改正に関する中間的な論点整理」（以下，「中間的な論点整理」と略す）の部会決定を行った．そして，同年6月1日から8月1日までの期間，これについてのパブリック・コメントの手続が実施された．

「中間的な論点整理」は，次のステージ（第2ステージ）において中間試案の取りまとめを目指すに当たって，議論すべき論点の範囲を明らかにするとともに，その論点についての「部会」の議論の到達点を確認しようとするものである．

2．第2ステージ（平成23年7月～平成25年2月）

第2ステージの審議経過は，部会（全体会）において，第30回会議（平成23年7月23日）から第61回会議（平成24年11月6日）まで，中間的な論点整理で取り上げられた各論点についての1巡目の検討が行われてきた．その第61回会議から第63回会議（平成24年11月27日）までは，いくつかの重要論点について1巡目の検討を補充する審議が行われた．中間試案の取りまとめに至るまでの実質的な審議は，部会第30回会議から第63回会議までと，この間に開かれた合計18回の分科会において展開されてきた．第64回会議（平成24年12月4日）からは中間試案の取りまとめに向けた審議が行われ，平成25年2月

26日開催の第71回会議において「民法(債権関係)の改正に関する中間試案」の部会決定が行われた．この中間試案については，同年4月16日から6月17日にかけて，この改正プロセスで2回目となるパブリック・コメントの手続が実施された．部会では，今回のパブリック・コメントの手続で寄せられた意見を踏まえて，同年7月16日開催の会議から第3ステージの審議が開始され，改正要綱案の取りまとめ作業が急ピッチで進められている．

中間試案の取りまとめのための「たたき台」の作成に当たっては，合理的な期間内に意見の一本化を図るために，意識的に論点の取捨選択を行い，中間試案に盛り込むべき論点の絞り込みを図った．中間試案で最終的に取り上げられた論点の数は，およそ260項目であり，これを中間的論点整理で取り上げられた論点の数と単純に比較すると半数以下となっている．以下に述べる内容は，中間試案の段階までのもので，その後の審議状況に関しては，ほとんど触れることができなかったことをお断りしておきたい．

IV 中間試案の概要

1．検討対象

中間試案において主な検討対象とした民法の規定は，「第1編 総則」の第90条(法律行為の最初の条文)から第174条の2(総則の最後の条文)までと「第3編 債権」の第399条(債権の最初の条文)から第696条(「第2章 契約」の最後の条文)までである．

取り上げられている項目は，ほぼ，現行民法の規定順に並べられており，以下に挙げる第1から第46までの46項目である．

「総則」分野は第1から第7までであり，「第1 法律行為総則」，「第2 意思能力」，「第3 意思表示」，「第4 代理」，「第5 無効及び取消し」，「第6 条件及び期限」，「第7 消滅時効」，である．

第8から第46は「債権」の分野であり，「第8　債権の目的」，「第9　履行請求権等」，「第10　債務不履行による損害賠償」，「第11　契約の解除」，「第12　危険負担」，「第13　受領（受取）遅滞」，「第14　債権者代位権」，「第15　詐害行為取消権」，「第16　多数当事者の債権及び債務（保証債務を除く．）」，「第17　保証債務」，「第18　債権譲渡」，「第19　有価証券」，「第20　債務引受」，「第21　契約上の地位の移転」，「第22　弁済」，「第23　相殺」，「第24　更改」，「第25　免除」．

　この第8～第25が現行民法の「第3編　債権」の「第1章　総則」に相当するものであるが，その中の「第11　契約の解除」及び「第12　危険負担」は現行民法では「第2章　契約」の「第1節　総則」における規定である．なぜ，「債権総則」に相当する場所に取り込まれているかと言えば，中間試案は「民法のうち債権関係の規定について，契約に関する規定を中心に見直しを行う」との「諮問」の趣旨及び，それに応じて，後に述べるように，従来のような「債権一般」の規律ではなく，「契約に基づき発生する債権」の規律を定めるとの意図，ないしは，債権を起点とする発想ではなく，契約を起点とする発想への転換を図るという意図から，このような取扱いがなされているのである．

　付言するならば，ドイツ民法典（BGB）では，民法総則の「第3章　法律行為」の第1節が「行為能力」，第2節が「意思表示」，第3節が「契約」であり，ここで日本民法における契約の締結（申込みと承諾）の問題が規定されている．

　第26から第46までは「契約」に関する固有の項目が並ぶ．「第26　契約に関する基本原則等」，「第27　契約交渉段階」，「第28　契約の成立」，「第29　契約の解釈」，「第30　約款」，「第31　第三者のためにする契約」，「第32　事情変更の法理」，「第33　不安の抗弁権」，「第34　継続的契約」．ここまでは現行法の「第2章　契約」の「第1節　総則」に相当するものであるが，「第

28　契約の成立」と「第31　第三者のためにする契約」以外は，すべて新しく導入された項目である．

　第35～第46は現行法の「第2章　契約」の「第2節　贈与」から「第14節　終身定期金」までの13の典型契約のうち，交換（第586条）を除く典型契約を，「売買」，「贈与」，「消費貸借」，「賃貸借」，「使用貸借」，「請負」，「委任」，「雇用」，「寄託」，「組合」，「終身定期金」，「和解」，の順に配列している．

2．民法改正の観点から観た中間試案

　今回の検討作業は，白紙から全く新しい法典を作成するものではなく，現行の民法典を前提としつつ，「諮問」に掲げられた，
　①　法典制定（明治29年）以来の社会・経済の変化への対応と，
　②　国民一般への分かりやすさ，
という二つの目的を実現するために行われてきた．①の点は，これまでも部分的には特別法の制定や，「解釈」の名のもとに行われてきた「判例と学説との共同作業としての法創造」を通じて，何とか現実の取引社会の要請に応えてきた．しかし，それには限度があり，不安定・不透明という難点を免れないものであった．特におびただしい数の判例の蓄積は，民法典を見ただけでは現実の民法規範を知ることができないという状態であり，②の「国民一般への分かりやすさ」からは程遠いものとなっていた．

　検討作業の目的が上記の二つであり，検討対象が「民法（債権関係）」に限られていることから，検討作業と改正案の内容は限定的なものとならざるを得ない．それでいながら民法の他分野との関連なしでは済まされない．このような制約の下になされた作業であるが，中間試案において見られる顕著な事柄ないしは課題としては次のような点を挙げたいと思う．
　1)　現行法の総則，物権，債権，親族，相続という5編別の体系（パンデクテン体系）を維持した上で，民法総則と契約法との棲み分けをどうするか

について苦心している．例えば，民法総則の「第5章　法律行為」と契約（法律行為の1類型であるとともに，実質的には「法律行為」と言えば「契約」のことであると理解されている）の規律のどの部分を民法総則に置き，どれを契約債権法において規律するかについて．また，時効制度は現行法では取得時効と消滅時効の両者をともに民法総則において規律しているが，それでよいか．債権の消滅時効を扱う際に，契約に基づき発生する債権以外の債権やその他の権利の消滅時効をも扱うか，など．

2）　債権の分野では，規定の順序にしたがって拾い上げれば，以下に挙げるような諸事項が注目される．

①　「第9　履行請求権等」において，まず，最初に，「債権の請求力」と題し，「債権者は，債務者に対して，その債務の履行を請求することができるものとする．」との規定を置いている．現行法においては，民法典は法律の適用を任務とする法曹実務家（直接には裁判官）を名宛人とするものであるから，このような定義的規定は不要であるとされた．

これに対して，中間試案は，「国民一般に分かりやすいものとする」との「諮問」の趣旨に応える観点から，このような規定を提示しているのである．

次に，従来，学説・判例において用いられてきた「不能」概念（原始的不能・後発的不能）を廃棄し，それに代えて「履行請求権の限界事由」なる概念を用いて種々の場面の規律を行うこととしている．その内容は，金銭債権を除き，契約による債権につき次に掲げるいずれかの事由があるときは，履行を請求することができないとする．即ち，

①履行が物理的に不可能であること，②履行に要する費用が履行により得る利益と比べて著しく過大なものであること，③その他，当該契約の趣旨に照らして，債務の履行を請求することが相当でないと認められる事由，である．

この中間試案の内容とドイツ民法典275条の内容との類似性に注目したい．同275条は，「給付義務の排除」と題し，次のように規定する．

1項「給付請求権は，給付が債務者にとり，または何人にとっても不可能であるかぎり，排除される．」

2項「債務者は，給付のための費用が，債権関係の内容および信義則の諸要請を考慮したとき，債権者の得る給付利益に比べて著しく不均衡である場合には，給付を拒絶することができる．債務者に期待すべき努力については，給付を妨げる事情について債務者に責めがあるか否かをも考慮しなければならない．」

3項「さらに債務者は，給付を自ら実現しなければならない場合に，給付を妨げる事情と債権者が給付により得る利益とを衡量したとき，給付を債務者に期待することができない場合にも，給付を拒絶することができる．」（4項は省略する）

以上のうち，「履行請求権の限界事由」という概念は分かりにくいとの指摘がパブリック・コメントにおいてなされたことなどから，第3ステージの審議においては，「不能」の概念を用いることとされている．

② 「第10 債務不履行による損害賠償」においては，その要件として，従来，通説及び判例は帰責事由が必要であると解してきたところ，中間試案は，これを免責事由の存否の視点から捉え直そうとしていること，また，「第11 契約の解除」においては，その要件として債務者に帰責事由があることを要しないとしていること，これと連動して，「第12 危険負担」においては，危険負担に関する規定を削除するものとしていること，が挙げられる．

従来は，民法415条が履行不能による損害賠償については，履行不能が「債務者の責めに帰すべき事由」によるものであることを要件としているところから，それ以外の態様による債務不履行においても，それが債務者の「責めに帰すべき事由」によるものであることが必要であると解されてきた．これに対して，中間試案は，「契約による債務の不履行が，当該契約の趣旨に照らして債務者の責めに帰することのできない事由によるものであるときは，」債務者は免責されるとする．

③ 「第14 債権者代位権」においては，責任財産の保全を目的とする債権者代位権の本来の場合につき詳細な規定を設けるとともに，責任財産の保全を目的としない債権者代位権の規定を創出していること．

④ 「第15　詐害行為取消権」においては，要件面で破産法の否認権の制度と平仄を合わせようとしていること．また，従来の判例の法理が相対的取消し（取消しの相対効）という処理をしてきたため関係者間の法律関係が複雑なものとならざるを得なかったところを改め，適切妥当な処理を目指して詳細な規定を設けていること．

⑤ 「第17　保証債務」においては，保証人保護の方策の拡充を図っていること．

⑥ 「第18　債権譲渡」においては，対抗要件制度につき，「第三者対抗要件及び権利行使要件」及び「債権譲渡が競合した場合における規律」という難問に対して，複数の解決案を提示して，今後の更なる検討による適切・妥当な制度の構築を目指している．

⑦ 「第20　債務引受」及び「第21　契約上の地位の移転」は，現行法に規定はないが解釈により判例上も認められてきたところ，中間試案は明文の規律を提示している．

次に契約法の領域では，

⑧ 「第26　契約に関する基本原則等」において，最初に，「契約内容の自由」を掲げ，第2番目に「履行請求権の限界事由」（従来の「不能」に相当する）が契約の成立時点で既に生じていても，それによって契約はその効力を妨げられない，との規定を提示する．従来の伝統的理解では，原始的に不能な給付を内容とする契約（例えば契約成立時に既に滅失していた目的物の売買契約）は無効であるとされてきたが，有力学説に従い，これを有効とするものである．

第3番目には「付随義務及び保護義務」と題して

「(1) 契約の当事者は，当該契約において明示又は黙示に合意されていない場合であっても，相手方が当該契約によって得ようとした利益を得ることができるよう，当該契約の趣旨に照らして必要と認められる行為をしなければならないものとする．

(2) 契約の当事者は，当該契約において明示又は黙示に合意されていない場合であっても，当該契約の締結又は当該契約に基づく債権の行使に当たり，相

手方の生命，身体，財産その他の利益を害しないために当該契約の趣旨に照らして必要と認められる行為をしなければならないものとする．」との規定を提示する．これも，学説において主張されていたところが採用されたものである．なお，これと類似の規定がドイツ民法典241条第2項に見られる．同規定は，「債権関係は，その内容に従い，各当事者をして他方当事者の権利，法的財貨，および利益を顧慮すべく義務付けることができる．」というものである．

　第4番目には，「信義則等の適用に当たっての考慮要素」と題して，「消費者と事業者との間で締結される契約（消費者契約）のほか，情報の質及び量並びに交渉力の格差がある当事者間で締結される契約に関しては，民法第1条第2項及び第3項その他の規定の適用に当たって，その格差の存在を考慮しなければならないものとする．」との規定を提案する．

　民法第1条第2項は「権利の行使及び義務の履行は，信義に従い誠実に行わなければならない」との規定であり，第3項は「権利の濫用は，これを許さない」との規定である．今回の改正検討作業において，当初から消費者保護に関する消費者契約法上の規律をどこまで民法の中に取り込むかについて見解の対立があり，いまだ最終的な決着を見ていないようであるが，この4番目の規律はこの問題にかかわるものである．

　付言しておかねばならないことは，ここに挙げた2番目，3番目，4番目の提案に対しては，それぞれにつき，「このような規定を設けないという考え方がある．」との（注）が付されていることである．

　⑨　「第27　契約交渉段階」では，まず，「1　契約締結の自由と契約交渉の不当破棄」と題する規律において，契約締結交渉の当事者の一方は，契約が成立しなかった場合であっても，相手方に生じた損害を賠償する責任を負わないものとし，例外的に，相手方が契約の成立が確実であると信じ，そう信じることが諸般の事情から相当であると認められる場合で，かつ他方が正当な理由なく契約の成立を妨げたときは損害賠償責任を負うものとしている．

　次に，「2　契約締結過程における情報提供義務」においては，一方がある

情報を知らずに契約を締結したために損害を被った場合であっても，相手方は賠償責任を負わないのが原則であるが，例外的に責任を負う場合につきその要件を列挙している．なお，このような規定を設けないという考え方があることが（注）として付言されている．

⑩ 「第30 約款」において，「1　約款の定義」，「2　約款の組入要件の内容」，「3　不意打ち条項」，「4　約款の変更」，「5　不当条項規制」の各項目を設け，それぞれについての規律を提示している．約款に関しては現行法に規定がないところを明文の規定を設けて適切な運用を図ろうとするものである．もっとも，この点についても，約款に関する規律を設けないという考え方がある旨が（注）として付記されている．

以上において，いわゆる契約総論の分野についての注目すべき規律を拾い上げたが，「第35 売買」から「第46 和解」までは，いわゆる契約各論の分野の規律である．以下には，その中から「第35 売買」についてのみ取り上げることとする．

売買契約の法的規律において最も激しく議論されてきた問題は，民法570条の「物の瑕疵担保責任」の規定の解釈をめぐってであった．論争の内容は，民法570条は売買の目的物が特定物の場合にのみ適用される規定か，種類物・不特定物についても適用されるか．責任の性質は法が特に定めた特別の責任（法定責任説の立場）か，契約の趣旨から当然に生ずる債務不履行責任の特則（契約責任説の立場）かであった．また，権利に瑕疵ある場合や他人物売買（売買の対象とした権利が他人に帰属する場合）における売主の責任の法的性質についても見解が分かれていた．

このような背景事情の下で中間試案は，民法570条につき契約責任説の立場に立つ．そして，基本的には，権利の瑕疵と物の瑕疵とを共通の規律で処理すること，物の瑕疵についても特定物か種類物・不特定物かで取扱に差異を設けないとの立場を貫く（なお，瑕疵という用語は用いない）．規律における特徴的な

点は，売主が買主に引き渡すべき目的物は種類，品質，数量に関して，当該売買契約の趣旨に適合するものでなければならない，又，移転すべき権利についても，当該売買契約の趣旨に適合するものでなければならない，というように，「当該売買契約の趣旨に適合するものであること」に照準を合わせていることである．そして，「適合しない」場合の救済手段としては，目的物の修補，不足分の引渡し又は代替物の引渡しによる履行の追完を請求することができるとするほか，債務不履行の一般原則に従って，その不履行による損害賠償を請求し，又は契約の解除をすることができるものとしている．

Gründe, Ziele, Konzeption und Probleme der Schuldrechtsreform

Birgit GRUNDMANN

Zu Beginn meines Vortrags möchte ich meine Freude darüber zum Ausdruck bringen, dass ich nun schon zum dritten Mal im Rahmen der rechtlichen Zusammenarbeit bei Ihnen in Japan sein kann. Der Austausch zwischen beiden Ländern auf dem Gebiet des Rechts hat sich in der Vergangenheit aufgrund unserer gemeinsamen Rechtstradition als außerordentlich fruchtbar erwiesen. Die uns im Rahmen dieses Symposiums beschäftigende Frage, ob und in welchem Umfang Japan eine Schuldrechtsreform braucht, ist für einen solchen Austausch besonders geeignet. In Deutschland ist vor nunmehr zwölf Jahren eine umfassende Reform des Schuldrechts in Kraft getreten. Wir verfügen demensprechend über genügend Erfahrungen mit einer derartigen historischen Weichenstellung und ihrer Rezeption.

Ich möchte das Thema nicht aus Sicht der Wissenschaft behandeln, sondern aus der Perspektive einer langjährigen Ministerialbeamtin mit viel praktischer Gesetzgebungserfahrung. Zuständig für die Reformgesetzgebung war damals mein Kollege Prof. *Schmidt-Räntsch,* dem ich für seine Unterstützung bei der Erarbeitung meines Vortrags herzlich danke.

Die deutsche Schuldrechtsreform war ein echter Erfolg. Als „Gesetzgebungspraktikerin" möchte ich der Frage nachgehen, worauf dieser Erfolg zurückzuführen ist und ob sich einige unserer Erfahrungen für Japan fruchtbar machen lassen.

I. Parallelen zur Situation in Japan

Dazu erscheint es sinnvoll, zunächst einen Blick auf mögliche Parallelen zu werfen:
 Eine augenfällige Parallele ist die jahrelange Diskussion um Notwendigkeit

und Ausgestaltung einer Reform in beiden Ländern. Dies ist, wie die deutschen Erfahrungen zeigen, keineswegs ein Nachteil, sondern im Gegenteil geradezu eine *conditio sine qua non* für den Erfolg einer grundlegenden Reform, wie ich später darlegen möchte.

Japan und Deutschland sind hochentwickelte Industrienationen und eine Reform des Schuldrechts kann erhebliche volkswirtschaftliche Auswirkungen haben. In beiden Ländern ist die Diskussion zunächst vor allem in der Wissenschaft geführt worden. Die Frage, wie die Haftung bei Vertragsverletzungen, die Regelung über die Verjährung von Forderungen oder Verbraucherschutzregelungen – wie insbesondere das Recht der Allgemeinen Geschäftsbedingungen – ausgestaltet sind, ist aber keine rein akademische Frage. Diese Regelungen wirken sich unmittelbar auf die Wettbewerbsfähigkeit unserer Unternehmen aus. Beide Länder stehen im harten Wettbewerb vor allem mit der angelsächsischen Rechtsordnung. Auch unter diesem Aspekt stellt sich die Frage nach der (partiellen) Übernahme angloamerikanischer Rechtsgrundsätze oder der Anpassung an internationale Standards wie dem UN-Kaufrecht. Eine Grundsatzentscheidung muss hier vor allem zwischen der Betonung des Verschuldensprinzips oder dem Prinzip der strikten Haftung wie im anglo-amerikanischem Recht getroffen werden.

Es reicht aber nicht, allein die Wettbewerbsfähigkeit der Unternehmen und die volkswirtschaftlichen Auswirkungen einer solchen Reform im Blick zu haben. Unter politischen Gesichtspunkten ist auch die Akzeptanz bei der Bevölkerung zu gewährleisten, denn schließlich gilt das Vertragsrecht insbesondere für die Abwicklung von Verträgen zwischen Privatpersonen. Hier geht es um andere Aspekte, wie etwa die gewachsene Rechtskultur oder die Verständlichkeit und Übersichtlichkeit der Normen. Aus Sicht des Bürgers als Verbraucher war z.B. eine Integration der Verbraucherschutzregeln in das BGB uneingeschränkt zu begrüßen. Aus Sicht der Wirtschaft erschienen dagegen sondergesetzliche Regelungen vorteilhafter. Auch in diesem Punkt gibt es offenbar eine Parallele zwischen Deutschland und Japan.

Und natürlich müssen bei einer Reform des Schuldrechts in Japan wie in Deutschland auch die Rechtsanwender „mitgenommen" werden. Die Praxis, also Anwaltschaft und Gerichte, müssen gerade wegen der großen praktischen Relevanz des Schuldrechts in der Lage sein, die neuen Regelungen ohne große Auslegungs- und Übergangsschwierigkeiten anzuwenden. Damit ist das Gebot der Rechtssicherheit angesprochen. Es darf nicht zu einem längeren Zeitraum der Rechtsunsicherheit kommen. Bei Auslegung und Anwendung des neuen Rechts sollte deshalb soweit wie möglich auf Rechtsprechung und Literatur zum alten Recht zurückgegriffen werden können.

Der japanische Gesetzgeber steht heute vor einer ähnlich schwierigen Aufgabe wie der deutsche Gesetzgeber vor gut einem Jahrzehnt. Er kann gerade wegen der aufgezeigten Parallelen sicher von den deutschen Erfahrungen profitieren.

II. Die deutsche Schuldrechtsreform: Reformbedarf und das richtige Momentum

Die deutsche Reform des Schuldrechts ist im Jahr 2002 in Kraft getreten. Aus heutiger Sicht kann man ohne Einschränkung sagen: Die Reform war ein voller Erfolg. Die Rezeption der neuen Vorschriften war unproblematisch. Einige wenige Streitfragen hat der Bundesgerichtshof sehr zügig entschieden. Die Akzeptanz in der Praxis ist groß. Und das hat seine Gründe:

Es gab das richtige Momentum für eine grundlegende Reform, sie war gründlich vorbereitet und sowohl im Vorfeld wie im gesamten Verlauf des Gesetzgebungsverfahrens waren alle betroffenen Akteure eng eingebunden und konnten ihre Interessen im ständigen Diskurs einbringen. Auf der Basis der so gewonnenen Erkenntnisse konnte dann ein materieller Interessenausgleich stattfinden und zugleich dem Bedürfnis nach Rechtssicherheit und besserer Verständlichkeit der Normen Rechnung getragen werden.

Ende der siebziger Jahre des vergangenen Jahrhunderts verbreitete sich die Einsicht, dass das Schuldrecht einer grundlegenden Reform bedarf. Es war seit Inkrafttreten des BGB im Jahr 1900 kaum verändert worden. Geschriebenes und gelebtes Recht hatten sich weit auseinanderentwickelt. Die Verjährungsregelungen entsprachen in vielen Punkten nicht den Bedürfnissen des heutigen Wirtschaftsverkehrs. Gleiches galt für die zweiunddreißig (!) Unterarten der Unmöglichkeit als zentraler Kategorie des Leistungsstörungsrechts. Für die Praxis wichtige und von der Rechtsprechung entwickelte Rechtsinstitute, wie etwa die Haftung wegen vorvertraglicher Pflichtverletzung, die sog. *culpa in contrahendo*, oder die Haftung wegen Störung der Geschäftsgrundlage, waren nicht kodifiziert. Die Rechtsprechung versuchte über diese Institute gerade im

Kaufrecht zu einer Haftung auf Schadensersatz zu gelangen, die als notwendig empfunden wurde, aber gesetzlich eigentlich nicht vorgesehen war. Ein bekannter Zivilrechtler meinte damals sehr treffend, es überzeuge nicht, dass das „was über das Leistungsstörungsrecht im BGB steht, in vielen Punkten nicht gilt und das, was wirklich gilt, nicht im BGB steht" (Wolf, AcP 182, 86). Andere Bereiche, wie insbesondere das Richterrecht zum Verbraucherschutz, waren zwar gesetzlich geregelt, jedoch nicht im BGB, sondern sehr unübersichtlich in verschiedenen Sondergesetzen, wie etwa dem AGB-Gesetz oder dem Haustürwiderrufsgesetz. Das wichtige Verbraucherschutzrecht war damit vor allem eine Materie für Spezialisten.

Nachdem auf Initiative des Bundesministeriums der Justiz (BMJ) zwanzig Gutachten von angesehenen Zivilrechtslehrern und Praktikern eingeholt worden waren, wurde 1984 die aus Wissenschaftlern, Ministerialbeamten sowie Praktikern aus Richterschaft und Anwaltschaft bestehende sogenannte Schuldrechtskommission eingesetzt. 1992 legte die Kommission einen Abschlussbericht mit konkreten Gesetzgebungsvorschlägen vor. Trotz breiter Zustimmung vor allem in Juristenkreisen wurde die Reform nicht in Angriff genommen. Sie erschien der Politik wohl als ein „zu dickes Brett". Erst 1999 brachte dann die Europäische Union mit der Richtlinie über den Verbrauchsgüterkauf das entscheidende Momentum für eine Umsetzung der Reform. Denn nun war Deutschland gezwungen, bis Ende 2001 im Kaufrecht als dem Kernbereich des Schuldrechts genau die Änderungen vorzunehmen, die die Schuldrechtskommission gefordert hatte. Die Richtlinie basierte ebenso wie die Vorschläge der Schuldrechtskommission auf dem UN-Übereinkommen über Verträge über den internationalen Warenkauf (CISG).

III. Ziele und Schwerpunkte der Reform

Das für die Umsetzung der Richtlinie zuständige Bundesministerium der Justiz nutzte diese historische Chance für eine an den Vorschlägen der Schuldrechtskommission orientierte umfassende Reform des Schuldrechts, die weit über die Richtlinienumsetzung hinausging. Die Schuldrechtsreform führte zunächst zu einer umfassenden Änderung des Verjährungsrechts. Ein weiterer Schwerpunkt der Reform war die grundlegende Überarbeitung des Rechts der Leistungsstörung. Zentrale Kategorie ist jetzt nicht mehr die Unmöglichkeit, sondern die

Pflichtverletzung. Nach der neuen Generalklausel des § 280 Abs. 1 BGB haftet der Schuldner aus einem Schuldverhältnis wegen jeder Pflichtverletzung, die er zu vertreten hat. Zu vertreten sind in der Regel Vorsatz oder Fahrlässigkeit. Die Grundsätze des reformierten Leistungsstörungsrechts wurden entsprechend den EU-Vorgaben von wenigen Ausnahmen abgesehen auch in das Kaufrecht des BGB übernommen. Dies führte zu einer erheblichen Vereinfachung dieses für die Praxis wichtigen Rechtsgebiets. Außerdem wurden von der Rechtsprechung entwickelte Rechtsinstitute, wie die *culpa in contrahendo* oder die Störung der Geschäftsgrundlage, kodifiziert. Genutzt wurde die Gunst der Stunde auch für eine Eingliederung der verstreuten Verbraucherschutzgesetze in das BGB, das damit wieder den Charakter einer zivilrechtlichen Gesamtkodifikation erhielt. Auch dem Bedürfnis der Praxis nach verbesserter Übersichtlichkeit und Verständlichkeit der Normen wurde Rechnung getragen. Das Schuldrecht wurde neu und übersichtlich gegliedert und alle Paragraphen des BGB erhielten entsprechend moderner Gesetzgebungstechnik amtliche Überschriften. Diese sind Teil des Gesetzes und können zur Auslegung herangezogen werden. Daneben erhöhen sie zweifellos die Transparenz des Gesetzes. Bei der Umgestaltung wurde insgesamt darauf geachtet, das soweit wie möglich auf Rechtsprechung und Literatur zum alten Recht zurückgegriffen werden konnte.

IV. Vielzahl der berührten Interessen und Interessenausgleich

Die Schuldrechtsreform betraf so viele Lebensbereiche und Interessen wie kaum eine andere Reform. Fast jeder Interessenverband in Deutschland, aber auch die Justizverbände und die Wissenschaft waren berührt. Daher spielte von Beginn der Reformarbeiten an der Aspekt des Interessenausgleichs eine wesentliche Rolle. Denn nun, da es „ernst" wurde, formierten sich natürlich auch Widerstände gegen die Reform. Die Wirtschaft stellte zwar das Projekt als Ganzes nicht in Frage, hatte aber im Bereich der Verjährung und des Verbraucherschutzes klare Interessen. Gleiches galt für die Verbraucher, die in Deutschland von einflussreichen Verbraucherschutzverbänden vertreten werden. Hier musste ein materieller Interessenausgleich gefunden werden. An zwei Beispielen will ich dies verdeutlichen:

Nach der Kaufrechtsrichtlinie der EU waren zahlreiche Veränderungen zugunsten der Verbraucher einzuführen, die die Unternehmen erheblich belasteten. Dies konnte im Grundsatz kompensiert werden durch eine grundlegende Reform des Verjährungsrechts, die insbesondere im Interesse der Wirtschaft war. Und auch innerhalb des Verjährungsrechts fand ein solcher Interessenausgleich an zwei Stellen statt. Für den Beginn der regelmäßigen Verjährungsfrist von drei Jahren hatte der Entwurf des BMJ allein auf das Entstehen der Forderung abgestellt. Insbesondere wegen des Widerstands der Verbraucherschutzverbände kam es zu der heute geltenden Regelung, wonach der Beginn der Verjährung kenntnisabhängig ist. Die Wirtschaft wiederum setzte sich bei einem anderen Punkt durch: Der Entwurf sah die regelmäßige Verjährungsfrist von drei Jahren auch für die Mängelrechte beim Kaufvertrag vor. Die Wirtschaft bestand hier auf der zweijährigen Frist, die die EU-Richtlinie als Mindestfrist vorsah.

Den Rechsanwendern, vertreten durch die Berufsverbände der Rechtsanwälte und Richter, kam es dagegen wesentlich auf Praktikabilität und Rechtssicherheit an; sie haben die Reform von Beginn an unterstützt und konstruktiv begleitet. Nur in der Wissenschaft formierte sich massiver Widerstand. Hier war die Befürchtung groß, dass das deutsche Schuldrecht durch die beabsichtigten Änderungen unabsehbaren Schaden nehmen würde. Auch hier gibt es ganz offenbar eine Parallele zur japanischen Diskussion.

Der Interessenausgleich zwischen diesen sehr unterschiedlichen Akteuren, ohne den eine so grundlegende Reform von vornherein zum Scheitern verurteilt ist, musste organisiert werden und stellte das Gesetzgebungsverfahren vor eine besondere Herausforderung.

V. Besondere Herausforderung an das Gesetzgebungsverfahren

Das deutsche Gesetzgebungsverfahren sieht schon für den „Normalfall" ein sehr ausdifferenziertes Procedere vor, das die Beteiligung aller Betroffenen vom ersten Entwurf bis zur letzten Lesung des Gesetzes im Deutschen Bundestag und der abschließenden Beteiligung des Bundesrats sicherstellt. Doch bei einer derart grundlegenden Reform und der Vielzahl der berührten Interessen war es sinnvoll, das ohnehin auf Partizipation angelegte Verfahren noch weiter zu modifizieren.

Normalerweise legt das zuständige Ministerium den Entwurf nach der Abstimmung innerhalb der Regierung den obersten Gerichtshöfen, den Justizverwaltungen der Bundesländer und den betroffenen Verbänden der Wirtschaft, der Verbraucher und der Justizverbände vor, führt mit diesen Beteiligten anschließend eine Anhörung durch und arbeitet ihre Stellungnahmen ein. Sodann wird der Entwurf nach einer Abstimmung mit den anderen inhaltlich betroffenen Ministerien (Ressortabstimmung) vom Bundeskabinett beschlossen. Eine explizite Beteiligung der Rechtswissenschaft ist nicht vorgesehen. Dieses Vorgehen war hier nicht sinnvoll, weil sich die Beteiligten nicht sinnvoll hätten einbringen können. Es wurde daher entscheidend verändert. Die Reform wurde in vier Komplexe unterteilt (Verjährungsrecht, allgemeines Schuldrecht, Kaufrecht und Verbraucherrecht). Zu jedem Komplex wurden separate Gespräche geführt und die Beteiligten konnten auch danach noch Änderungsvorschläge einbringen, die im Rahmen des notwendigen Interessenausgleichs auch berücksichtigt wurden. Gearbeitet wurde mit Zwischenfassungen des Entwurfs, die allen Teilnehmern zur Verfügung gestellt wurden. Außerdem wurde die in diesem Stadium besonders kritische Rechtswissenschaft durch Einrichtung einer Kommission eingebunden, der Mitglieder der früheren Schuldrechtskommission, aber auch kritische Professoren angehörten. Das wirkte wie eine Initialzündung. Es wurden Doktorarbeiten und Gutachten geschrieben und aus der anfänglichen Ablehnung des Projekts entstand eine echte Aufbruchstimmung, die erheblich zum Erfolg der Reform beigetragen hat.

Auch der Bundesrat als Vertretung der Bundesländer, der im deutschen Gesetzgebungsverfahren zweimal zu beteiligen ist, hat sein Verfahren auf das Vorhaben abgestimmt. Es wurde eine Arbeitsgruppe eingerichtet, die zahlreiche Änderungsvorschläge unterbreitet hat. Auch diese Arbeiten wurden vom BMJ aktiv und mit der Bereitschaft begleitet, die Anregungen der Länder soweit wie möglich aufzugreifen.

VI. Ausblick

Nach der heute allseits akzeptierten Schuldrechtsreform ist das BGB nun gut gerüstet für die neuen Herausforderungen, die auf das deutsche Privatrecht zukommen. Zu nennen sind hier nur beispielhaft das von der EU-Kommission forcierte Einheitliche Europäische Kaufrecht als eine in das BGB aufzunehmende Wahlrechtsordnung und die Diskussion über eine Lockerung des strengen AGB-Rechts bei Verträgen zwischen Unternehmen.

債務不履行法改正論議の行方とその中間評価

山　本　　　豊

I　はじめに

　本報告[1]の対象は，日本における債権法改正論議の中で，中心的なテーマの一つである（契約）債務不履行法である．

　はじめに，このたびの債務不履行法改正動向の背景，およびこれまでの議論経過について，私なりの見方を，全般的に示す．次いで，債務不履行法改正における重要な論点をいくつか取り上げて，検討を加える．

　報告に当たっては，次の二つの観点ないし視点を意識したいと考える．

　第1に，この2～30年ほどの間に生じた契約責任論のパラダイム転換を背景にもつ改正提案（検討委員会試案）が，現実の立法過程において，その立場を貫き得ているのか，あるいは妥協や修正を余儀なくされているのか，そしてそれはいかなる程度においてかという観点である．

　第2に，本報告においては，意識的にドイツ法との比較を試みる．これは，いうまでもなく，シンポジウム「債権法改正に関する比較法的検討——日独法

---

1) 本稿の基礎となっているのは，2014年2月21日・22日に行われた「シンポジウム：債権法改正に関する比較法的検討——日独法の視点から」における筆者の報告「債務不履行」の報告原稿である．本稿では，この報告原稿に最小限の範囲で注を付し，当日は時間の都合上省略した個所や当日の議論から得られた知見を補い，報告後執筆時点までに得られた情報に基づいて若干の加筆をして出来上がったものである．なお，本稿の成り立ちがこのようなものであることから，シンポジウム報告としての語調はあえてそのまま残していることをお断りしたい．

の視点から」の基本趣旨を踏まえたものであるが，ドイツ法との比較において，日本の債務不履行法改正論議を位置づけることは，両国の法学の長い交流の歴史，日本の民法がドイツ法から受けてきた大きな影響を考えると，様々な意味で実り多い示唆をわれわれにもたらしてくれるのではないかと期待されるからである．

II 債務不履行法改正提案の背景

このたびの民法（債権関係）改正の計画のうち，債務不履行に関する改正提案の背景には，債務不履行法ないし契約責任論におけるパラダイムシフトの動き[2]が存在している．この理論動向は，ここ2～30年ほどの間に進行したもので，その背景には，①近時の国際的法調和をめざしての諸成果[3]の摂取，②日本民法の制定過程に関する研究の進展および学説継受（＝ドイツ法的読替え）

---

2) 平井宜雄『債権総論（第2版）』（弘文堂，1994年）49頁，能見善久「履行障害」山本敬三ほか『債権法改正の課題と方向——民法100周年を契機として（別冊NBL51号）』（商事法務，1998年），潮見佳男『契約責任の体系』（有斐閣，2000年），同『契約法理の現代化』（有斐閣，2004年），「特集 契約責任の再構築」ジュリ1318号（2006年）に寄せられた諸論稿のほか，後掲注5)・6)・7)所掲の文献など．

3) さしあたり，国際物品売買契約に関する国連条約につき，曽野和明・山手正史『国際売買法』（青林書院，1993年），ペーター・シュレヒトリーム（内田貴＝曽野裕夫訳）『国際統一売買法——成立過程からみたウィーン売買条約』（商事法務，1997年），能見善久「ウィーン売買条約（CISG）の試訳」NBL866号（2007年）13頁以下，ユニドロワ国際商事契約原則につき，私法統一国際協会（曽野和明ほか訳）『UNIDROIT 国際商事契約原則』（商事法務，2004年），私法統一国際協会（内田貴ほか訳）『UNIDROIT 国際商事契約原則2010』（商事法務，2013年），ヨーロッパ契約法原則につき，オーレ・ランドー＝ヒュー・ビール編（潮見佳男ほか監訳）『ヨーロッパ契約法原則Ⅰ・Ⅱ』（法律文化社，2006年），共通参照枠草案につき，クリスティアン・フォン・バールほか編（窪田充見ほか監訳）『ヨーロッパ私法の原則・定義・モデル準則——共通参照枠草案』（法律文化社，2013年），共通欧州売買法草案につき，内田貴監訳『共通欧州売買法（草案）（別冊NBL140号）』（商事法務，2012年）を挙げておく．

に対する反省[4]，③手段債務・結果債務論などフランス法の知見に刺激された研究の進展[5]，④伝統的理論の基底を構成する19世紀ドイツ普通法理論の摘出・批判[6]，⑤判例の実相分析の進展[7]といった諸事情が存在している．

こうした新理論によって批判された伝統的理論は，①給付請求権を中核としたスリムな債権理解，②履行請求権の当然性，③原始的不能の除外，特定物ドグマ（①のコロラリー），④無責の後発的不能における債権の当然消滅，双務契約の場合の危険負担制度による問題処理，⑤履行請求権と填補賠償請求権との選択（併存）の否定（債務転形論），⑥損害賠償・解除における過失責任主義の採用，履行補助者論の採用等の諸点を主要な特質とするものであった．

批判理論は，こうした伝統的理論の徹底的な転換を図り，①給付請求権を中核とした債権理解の否定，②履行請求権の救済手段視，③原始的不能ドグマ・特定物ドグマの否定，④無責の後発的不能における債権の当然消滅の否定，⑤履行請求と填補賠償との選択の自由の承認（債務転形論の排斥），⑥損害賠償における過失責任主義や履行補助者論の放棄，⑦解除における帰責事由不要論，⑧危険負担の解除制度への吸収等の主張を展開したのであった[8]．

ただし，批判理論の主張者において，部分的には，かなりの見解の差があ

---

4) 北川善太郎『日本法学の歴史と理論――民法学を中心として』（日本評論社，1968年），平井宜雄『損害賠償法の理論』（有斐閣，1971年），難波譲治「民法416条の立法趣旨」高島平蔵教授古稀記念『民法学の新たな展開』（成文堂，1993年）319頁以下，中田裕康「民法415条・416条（債務不履行による損害賠償）」広中俊雄＝星野英一編『民法典の百年Ⅲ』（有斐閣，1998年）など．

5) 吉田邦彦「債権の各種――『帰責事由』論の再検討」星野英一編集代表『民法講座別巻2』（有斐閣，1985年），森田宏樹『契約責任の帰責構造』（有斐閣，2002年）など．

6) 森田修『契約責任の法学的構造』（有斐閣，2006年）など．

7) 長尾治助『債務不履行の帰責事由』（有斐閣，1975年），渡辺達徳「民法541条による契約解除と『帰責事由』(1)(2・完)――解除の要件・効果の整序に向けた基礎資料(1)(2・完)」商学討究44巻1＝2号・44巻3号（1993-1994年）など．

8) 以上につき，拙稿「契約責任論の新展開「（その1）――総論的展望」法教342号（2009年）84頁以下の整理と同所に引用の諸文献を参照．

る．たとえば，②の主張（つまり，履行請求権の救済手段視）に対して強い異論があり，履行請求と塡補賠償との選択の自由をどの範囲で認めるべきかにつき争いがある[9]ことは，これを付け加えておかなければならない．

III 債務不履行法改正に向けての議論経過——全般的に

1．検討委員会試案

民法（債権法）の改正に当たっても，このような理論動向をどのように評価し，摂取していくべきかが，きわめて重要な課題となったところ，改正への動きを先導したセミ・オフィシャルな研究者グループの手に成る「民法（債権法）改正検討委員会試案」（以下，「検討委員会試案」という）は，前記の批判理論をベースとするものであった．

けだし，検討委員会試案は，③原始的不能ドグマ・特定物ドグマの否定（【3.1.1.08】・【3.2.1.16】），④無責の後発的不能における債権の当然消滅の否定（【3.1.1.56】），⑥損害賠償における過失責任主義や履行補助者論の放棄（【3.1.1.63】〈1〉），⑦解除における帰責事由不要論（【3.1.1.77】），⑧危険負担の解除制度への吸収（【3.1.1.85】）といった，批判理論の中核的主張の多くを取り入れる内容のものだったからである．①給付請求権を中核とした債権理解の否定の考え方は，背景をなす思想として，試案の基礎にあるとみてよい．ただし，②履行請求権の救済手段視，⑤履行請求と塡補賠償との選択の自由の承認（債務転形論の排斥）は，採用されず，むしろ履行請求権の優先原則が基本的には維持（【3.1.1.53】）された．

2．法制審議会におけるこれまでの審議経過

その後の法制審議会の債権関係部会（以下，「部会」という）における議論も，検討委員会試案を実質的なたたき台として進められた論点が少なくない．

---

[9] この点については，拙稿「契約責任論の新展開「（その2）——履行請求権」法教344号（2009年）126頁以下と同所に引用の諸文献を参照．

部会における審議を通じて，批判理論をベースとした提案は，批判理論の摂取に慎重な立場との妥協を余儀なくされた．2013年2月26日の「民法（債権関係）の改正に関する中間試案」は，そうした諸見解の妥協の産物といえる．

もっとも，妥協を余儀なくされながらも，中間試案の段階では，③原始的不能ドグマ・特定物ドグマの否定（中間試案第26の2，第35の3，4など），④無責の後発的不能における債権の当然消滅の否定（中間試案第9の2参照），⑥損害賠償における過失責任主義や履行補助者論の放棄（中間試案第10の1），⑦解除における帰責事由不要論（中間試案第11の1），⑧危険負担の解除制度への吸収（中間試案第12の1「危険負担に関する規定の削除」，2「債権者の責に帰すべき事由による不履行の場合の解除権の制限」．関連して第35の14「目的物の滅失又は損傷に関する危険の移転」）に関する提案内容を見るかぎり，なお当初の構想の基本線は維持されていると見ることが可能である[10]．

以下では，時間の制約もあり，債務不履行法改正の多数の論点のすべてに立ち入ることはできない．(a)債務不履行による損害賠償とその免責事由，(b)債務不履行による契約の解除の要件，(c)危険負担の解除制度への吸収，(d)目的物が契約の趣旨に適合しない場合の売主の責任の論点に絞ったうえで，各提案をめぐるこれまでの議論の経過をたどって検討を加え，内在的分析・評価を示すこととする．

IV　債務不履行による損害賠償とその免責事由[11]

中間試案第10の1は，債務不履行による損害賠償の基本的要件を定める民

---

10) 中間試案に対するこのような評価が，2014年7月にも公表される予定と聞く改正要綱仮案についても妥当することになるかは，いうまでもなく改正要綱仮案の出来上がりを待たなければならない．

11) 従前の議論状況につき，拙稿「契約責任論の新展開「（その4）——損害賠償請求権の要件」法教347号（2009年）65頁以下，山本敬三「債務不履行責任における『帰責事由』」法セミ679号（2011年）11頁以下，およびこれらに引用の諸文献を参照．

法415条前段の規律を改め,「債務者がその債務の履行をしないときは,債権者は,債務者に対し,その不履行によって生じた損害の賠償を請求することができるものと」し,さらに,「契約による債務の不履行が,当該契約の趣旨に照らして債務者の責めに帰することのできない事由によるものであるときは,債務者は,その不履行によって生じた損害を賠償する責任を負わないものとする」ことを提案している.

1. 伝統的理論

「債務者がその債務の本旨に従った履行をしないときは,債権者は,これによって生じた損害の賠償を請求することができる.債務者の責めに帰すべき事由によって履行をすることができなくなったときも,同様とする」と定める現行民法415条について,伝統的理論は,すべての債務不履行類型について帰責事由が必要であると解したうえで,「責めに帰すべき事由」を「債務者の故意・過失または信義則上これと同視すべき事由」と読み替え,「信義則上これと同視すべき事由」とは,履行補助者の故意・過失とほぼイコールだと解してきた.また,帰責事由(不存在)の証明責任は債権者が負うものとされてきた.

2. 批判理論

しかし,このような伝統的理論に対しては,不法行為と異なり,契約の場合には,当事者は自身が結んだ有効な契約に拘束されるのだから,債務を履行せずに損害を与えておきながら,無過失を理由に損害賠償責任を免れるのはおかしいと批判された.

3. 検討委員会試案

このような批判理論をもとに,検討委員会試案【3.1.1.63】〈1〉は,損害賠償請求権の基本的要件(現行民法415条に相当する規律)に関して,現行法の帰責事由(過失)要件を採用しないものとし,その代わりに「契約において債務者が引き受けていなかった事由」と表現される免責要件を設けることを提案した.

この提案に対しては，批判的なニュアンスを込めて，英米法の厳格責任主義を導入するものであると指摘されることがあった．しかし，これに対しては，検討委員会試案は契約の拘束力を損害賠償請求権の原理的基礎としようというものであって，厳格責任を採用しようとするものではなく，提案はむしろ現実の裁判実務を反映させようとするものであると反論された．近時の研究[12]によれば，そもそも，英米契約法自身も厳格責任を一般的に貫いているわけではないとされており，厳格責任か否かという議論の仕方は生産的とはいえないであろう．

　しかし，検討委員会試案の提案はそのままの形では受け入れられなかった．「契約において債務者が引き受けていなかった事由」という表現に対しては，部会の内外で，債務内容確定の問題と免責事由の問題とが混同されかねない等の批判が加えられ，また，「責めに帰すべき事由」自体は，別段過失を意味すると決まっているわけでもなく，実務においても過失責任主義的に運用されていないというのであれば，責に帰すべき事由という文言を維持することに支障はないと指摘された．

4．中間試案

　結局，中間試案では，前述のように「債務の不履行が，当該契約の趣旨に照らして債務者の責めに帰することのできない事由によるものであるとき」という表現が採用された．これは，「責めに帰すべき事由」という現行法の文言を維持するとともに，「契約の趣旨に照らして」という文言を付加することにより，「当該契約の具体的事情を離れた抽象的な故意・過失」が免責の基準になるものではないことを明らかにするものであると説明されている[13]．

---

12)　笠井修「契約は厳格責任か〔1〕・〔2〕」中央ロー・ジャーナル7巻3号（2010年）27頁以下，8巻1号（2011年）45頁以下，渡辺達徳「コモン・ロー上の契約責任における過失の機能に関する覚書」法学74巻6号（2010年）265頁以下．

13)　商事法務編『民法（債権関係）の改正に関する中間試案に関する補足説明』（商事法務，2013年）113頁．

このような提案の意味を理解するうえで，鍵となるのが「契約の趣旨」という概念である．この概念は，中間試案において随所に登場しており，全部で23の提案の中で用いられている．「契約の内容」とも，「契約の目的」とも区別される「契約の趣旨」とはいったい何であろうか．事務当局（法務省民事局参事官室）の作成した中間試案の「概要」や「補足説明」では，「契約の趣旨」とは，「合意の内容や契約書の記載内容だけでなく，契約の性質（有償か無償かを含む．），当事者が当該契約をした目的，契約締結に至る経緯を始めとする契約をめぐる一切の事情に基づき，取引通念を考慮して評価判断されるべきもの」であると説明されている[14]．

これによれば，合意の内容から取引通念に至るまで，性質を異にする様々な考慮要素の総合判断により帰責事由の有無が決まると考えられているようであり，この概念が様々な意見の妥協の産物であることを窺わせる．しかし，総合判断というだけでは，判断の透明性や安定性は担保されえない．仮にこの提案が実現するならば，「契約の趣旨」の判断構造を明確化するという大きな課題が，判例・学説に課せられることになるだろう[15]．

5．ドイツ法との比較

ドイツ法との比較でいえば，ドイツ民法276条1項は，原則としての過失責任主義を維持しつつ[16]，それと異なる内容が定められ，または債務関係のその

---

14) 商事法務編・前掲注13) 89頁，90頁．
15) 「契約の趣旨」については，石川博康「『契約の趣旨』と『本旨』」法時86巻1号（2014年）23頁以下の論述も参照．
16) 日本においても，田中教雄「債務不履行における過失責任の原則について」法政研究（九州大学）78巻1号（2011年）168頁以下のように，ドイツ法を参酌しつつ，原則としての過失責任主義の堅持を主張する見解がある一方で，ドイツにおいても，Sutschet, Holger: Garantiehaftung und Verschuldenshaftung im gegenseitigen Vertrag. (2006) のように，ドイツ普通法以来の歴史的経緯をも踏まえて，過失責任主義の原則性を否定し，債務者は結果のリスクを引き受けた場合には無過失責任を負うが，そうでない場合には，過失責任を負い，両者に原則・例外の関係はない旨を説くものや，Schneider, Winfried-Thomas: Abkehr von Verschuldensprinzip?

他の内容，とりわけ保証（Garantie）または調達リスクの引き受けからそれと異なる内容が明らかになる場合には，例外が認められる旨を規定している．

このようにドイツでも保証責任が認められる場合があるので，中間試案との実際の相違は大きくないとも考えられるが，中間試案の提案は，過失責任主義を採用しない点において，また，契約内容自体ではなく，取引通念のような契約外在的な要素までをも広く取り込む「契約の趣旨」が決め手とされる点で，精査を要するものの，ドイツ法とはなお異なることになるように思われる．

V 債務不履行による契約の解除の要件[17]

1．伝統的理論

伝統的理論は，契約の解除が認められるためには，債務不履行につき債務者に帰責事由が存在することが必要だとする（正確に言えば，解除を争う債務者が，帰責事由の不存在を立証すると，解除が否定される）．しかも，そこでの帰責事由の内容は，損害賠償の場合と同様に，過失責任原則に結びつけられてとらえられ，債務者自身の故意・過失および履行補助者の故意・過失であると解されている．

伝統的理論は，契約の解除は不履行債務者にその債権の喪失という重大な不利益を課するものであるという点で，損害賠償責任と同様，不履行債務者に対するサンクションとしての意味をもつととらえるため，債務者に故意・過失がない場合には，解除は否定されるべきであると解することになるのである．

2．批判理論

これに対し，伝統的理論の枠組の根本的な転換を図る批判理論においては，

(2007) のように，フランス法等を参酌しつつ，過失責任主義との訣別を説く見解が存在していることは，これを指摘しておかなければならない．

17) 従前の議論状況につき，拙稿「契約責任論の新展開」（その6）——解除の要件・危険負担」法教349号（2009年）91頁以下および同所引用の諸文献を参照．

解除は，債務者の債務不履行に対するサンクションとしてではなく，「債務不履行があったときに，債権者はいつ契約の拘束力から離脱できるのか」という債権者の視点からとらえられることになる．

ここで，この見解は帰責事由を不要（帰責事由の欠如が抗弁事由にならない）とするのであるが，これは，伝統的理論のいう帰責事由＝過失が不要というだけではなく，批判理論が損害賠償の場面で問題にする免責事由・不可抗力も直ちに抗弁事由になるわけではない（後述の「重大な債務不履行」判断の際の考慮要素になるか否かは別として）ということも意味している点に注意が必要である．

そのうえで，批判理論は，帰責事由に代わって，重大な契約違反ないし債務不履行という要件が必要だとする．この見解は，解除を契約の拘束力から債権者を離脱させるための法的手段であるととらえるから，債権者が契約を解除しうるのは，契約の拘束力からの離脱を正当化しうるほどの「重大な契約違反」が認められる場合に限られると考える．些細な契約違反の場合には，契約の拘束力は維持した上で，損害賠償責任の追及により対処するのが相当であるというわけである．

債権者が契約を解除しうるのは，契約の拘束力からの離脱を正当化しうるほどの重大な不履行があるからであるという考え方を採用する場合には，催告して相当の期間が徒過しさえすれば，解除権の発生を認めるかに見える541条は，いかにして正当化されるかということが，問題とならざるをえず，批判理論内部において議論が交わされてきた．

3．検討委員会試案

そのような中，公表された検討委員会試案は，解除の要件に関して，重大不履行解除の考え方を基礎に据えながら，それが認められる場面を3つの規律に整理する内容の提案を行った[18]．この提案においては，催告解除の場面も，た

---

18) 具体的には，検討委員会試案は，次のような内容の提案を行った．
　　【3.1.1.77】（解除権の発生要件）
　　〈1〉 契約当事者の一方に契約の重大な不履行があるときには，相手方は，契

とえば,「催告に応じないことが契約の重大な不履行にあたるときは,相手方は契約の解除をすることができる」という仕方で,規定の文言のうえでも,明確に重大不履行解除の一場面と位置づけられている点が特色である.

この重大不履行解除への一元化の提案に対しては,しかし,催告解除がさらに重大不履行要件によって絞りをかけられると,重大不履行要件が高度に規範的なものであるだけに,債権者にとって解除できるかどうかが明確にならないと批判された[19].

4. 中間試案

部会での審議は,重大不履行解除一元化論をたたき台にするのではなく,現行規定と判例法理との齟齬,現行規定の不備等を見極める慎重なアプローチがとられた.そこでの審議においても,中心的な争点となったのは,解除を重大不履行解除の視点から一元的に把握するのか,催告解除と無催告解除を異なる正当化根拠を有する別個の制度と理解するのかという点であった.

審議を経て取りまとめられた中間試案第11の1は,解除の要件に関して,催告解除を先に定め,次に無催告解除を別個に定めるという規定方式を採用し

　　　　約の解除をすることができる.
　　　　〈ア〉 契約の重大な不履行とは,契約当事者の一方が債務の履行をしなかったことによって,相手方が契約に対する正当な期待を失った場合をいう.
　　　　〈イ〉 契約の性質または当事者の意思表示により,特定の日時または一定の期間内に債務の履行をしなければ契約の目的を達成することができない場合において,当事者の一方が履行しないでその時期を経過したときは,契約の重大な不履行にあたる.
　　〈2〉 契約当事者の一方が債務の履行をしない場合に,相手方が相当の期間を定めてその履行を催告し,催告に応じないことが契約の重大な不履行にあたるときは,相手方は契約の解除をすることができる.
　　〈3〉 事業者間で結ばれた契約において,契約当事者の一方が債務の履行をしない場合,相手方が相当の期間を定めてその履行を催告し,その期間内に履行がないときは,相手方は契約の解除をすることができる.ただし催告に応じないことが契約の重大な不履行にあたらないときはこの限りでない.
19) 北居功「契約の効力と契約の解除」法時81巻10号(2009年)46頁以下.

た．これは，現行規定との連続性を重視したこと，また，解除が可能かどうかを明確にするという実務的要請に応えるためであると考えられる．

また，検討委員会試案で用いられていた「重大な不履行」の概念は採用されなかった．これは，「重大な」の意味が曖昧であり，共通理解が形成され難かったことによる．そこで，付随的義務違反による解除に関する判例や現行法で用いられており，コンセンサスが得られやすい表現として，「契約目的の不達成」という言葉が使用されることになった．

こうした枠組みのもとで，中間試案第11の1は，①催告解除について規定する民法541条を基本的に維持した上で，付随的義務違反等の軽微な義務違反が解除原因とはならないとする判例法理に基づき，一定の事由がある場合には解除をすることができない旨の阻却要件を付加する旨の提案（第11の1(1)），②無催告解除が認められる場合として，定期行為の履行遅滞（第11の1(2)ア），全部履行不能（第11の1(2)イ），一部不能による契約目的達成不能，履行期後の履行拒絶，その他の催告不要の場合（以上，第11の1(2)ウ），履行期前の履行拒絶（第11の1(3)）を位置づけることのできる諸規定を整備する内容の提案を行っている．そして，これらを通じて，帰責事由の不存在が解除の阻却要件にならないものとしているが，この点につき異論があることを注記している．

解除の要件に関する審議は，中間試案公表後も続けられており，2013年10月8日開催の部会には事務局より要綱案のたたき台が提示された．この案においては，中間試案とは異なり，催告解除と無催告解除に区分するのではなく，現行法の規定方式に依拠して，履行遅滞等による解除と履行不能による解除とに分けて規定する案が提示された[20]．これに対しては，部会において，体系的な整理として分かりにくいとの異論が相次いで出されており[21]，今後の推移が注目されるところである．

---

20) 『民法（債権関係）の改正に関する要綱案のたたき台(3)〔民法（債権関係）部会資料68A〕』20頁以下．
21) 『法制審議会民法（債権関係）部会第78会議議事録』31頁以下，とりわけ37頁以下．

5. ドイツ法との比較

以上で概観してきた解除の要件論に関する議論の経緯を，比較法的な観点からごく大雑把に振り返れば，当初（検討委員会試案）の（重大不履行解除を前面に出すという意味において）ウィーン売買条約（CISG）式の提案から，催告解除を原則とし，催告解除と無催告解除を区分して規定するドイツ式への揺り戻しが起こっているように見える．直前に触れた要綱案のたたき台に至っては，履行不能解除と履行遅滞解除とで区分して規定していた，債務法現代化法以前の古いドイツ民法への回帰と見られなくもない．

中間試案の実質的内容に関しては，帰責事由を阻却要件としない点をはじめ，多くの点で今日のドイツ民法と同様の内容になっていると見ることができる．ただし，子細に見るならば，中間試案では，無催告解除の認められる諸場合においても，付随義務の不履行を理由とする解除や不完全履行を理由とする解除の場合においても，共通して契約目的の達成の有無を基準にして解除の可否を決めることにしているのに対して，ドイツ民法では，一部給付（一部不給付）の場合に全部解除できるかについては，当該一部給付に債権者が利益を有するか（ドイツ民法323条5項1文），不完全履行の場合には，義務違反が軽微か（ドイツ民法323条5項2文），保護義務違反の場合には，債権者を契約に拘束することが期待可能か（ドイツ民法324条）をそれぞれ問題にしているなど，相違点もなお存在する．

VI 履行不能解除と危険負担

1. 問題の所在[22]

これまで見てきたように，民法を改正して，履行請求権の限界事由が生じた場合（以下，履行不能で代表させて論じる）にも，債務者の帰責事由によらない契

---

22) 従前の議論状況につき，拙稿・前掲注2) 95頁以下および同所引用の諸文献を参照．

約解除を認めることにすると，双務契約に関する危険負担規定との関係をどう理解し，調整するかが，問題になってこざるをえない．

現行民法においては，543条が履行不能に基づく解除には帰責事由が必要と規定しているから，帰責事由がある場合は解除，帰責事由がない場合は危険負担という仕方で，両制度の棲み分けができていた．しかし，帰責事由なしの解除を認めると，そのようなわけにはいかなくなってくるわけである．

この競合問題への対処策としては，基本的には以下の三つのモデルが考えられる．

① 解除一元化モデル

　危険負担制度を解除制度に吸収するという考え方である．

② 危険負担一元化モデル

　履行不能となった場合には解除を否定し，反対債務がどうなるかについては危険負担制度で処理するというモデルである．履行不能の場合には危険負担制度，それ以外の債務不履行の場合には解除制度で処理するという仕方で，両制度の機能する場面を分離するものである．

③ 単純競合モデル

　当事者，とりわけ相手方から履行請求を受けた当事者は，履行を拒むにあたり，解除制度に依拠してもよいし，危険負担制度に依拠してもよいとして，両制度の競合を肯定する考え方である．

2．検討委員会試案

検討委員会試案では，解除に帰責事由を要しないとしたことに伴い，危険負担規定を廃止し，双務契約の一方の債務につき履行請求が否定される場合，反対債務の運命は，債権者が契約を解除できるかどうかで決するという解除一元化モデルが採用されている（【3.1.1.85】は，現行民法534条・535条・536条1項の廃止を提案する）．また，これに伴い，一定の場合（売主が目的物を買主に引き渡した後に目的物が滅失・損傷したとき）に解除権を否定する手当てが必要になり，売買の【3.2.1.27】〈2〉とその準用規定で対処している．なお，個別の契約類

型（たとえば，賃貸借）において，例外ルールが適切な場合は，別途対応することが前提とされている．

3．中間試案

こうした考え方は，部会の議論においても有力に主張され，中間試案第12においても解除一元化モデルに基づく提案が，契約各則における個別の規律の提案（すなわち，賃貸借についての第38の10，請負についての第40の1，委任についての第41の4(3)，雇用についての第42の1）とともに，行われることとなった[23]．

解除一元化論の論拠としては，①危険負担による債権債務関係の自動的消滅

---

23) また，売買に関する第35の14は，「目的物の滅失又は損傷に関する危険の移転」と題して，「(1) 売主が買主に目的物を引き渡したときは，買主は，その時以後に生じた目的物の滅失又は損傷を理由とする前記4又は5の権利（〔山本注〕追完請求権，損害賠償請求権，解除権，代金減額請求権）を有しないものとする．ただし，その滅失又は損傷が売主の債務不履行によって生じたときは，この限りでないものとする．／(2) 売主が当該売買契約の趣旨に適合した目的物の引渡しを提供したにもかかわらず買主がそれを受け取らなかった場合であって，その目的物が買主に引き渡すべきものとして引き続き特定されているときは，引渡しの提供をした時以後に生じたその目的物の滅失又は損傷についても，上記(1)と同様とする」という内容の提案を行っている．このうち，(1)の提案については，シンポジウムにおいて，ローレンツ教授より，この規定が，瑕疵ある目的物が引き渡された後に偶発的事由により滅失・毀損した場合の規律を含むと解したうえで，減額請求権までも排除するのは適切でないという趣旨のコメントがなされた．中間試案第35条の14(1)の提案は，瑕疵ある物が引き渡された後に偶発的事由により滅失・毀損した場合を対象とすることを意図したものではないが，その表現がそのように読まれうるものであることも否定できない．2014年2月25日の部会に提示された『民法（債権関係）の改正に関する要綱案のたたき台(9)〔民法（債権関係）部会資料75A〕』30頁では，問題の提案は，「(1) 売主が買主に<u>契約の趣旨に適合する</u>目的物を引き渡した場合において，その引渡しがあった時以後にその目的物が売主の責めに帰することができない事由によって滅失又は損傷したときは，買主は，その滅失又は損傷を理由とする前記3から5までの規定による履行の追完の請求，代金減額の請求又は契約の解除をすることができない」（下線は山本による）と表現が改められて，問題は解消した．

という考え方と解除とが論理的に相いれないことのほか，②危険負担の前提となる履行不能が生じているかどうかは，債権者（反対給付債務の債務者）にとって明確でない場合もあるので，とりわけ催告解除により契約関係の終了の有無と時点を明確化できる点で解除制度が優れていること，③一方の債務の履行が不履行債務者に帰責事由なく実現不能となり，損害賠償も請求できない場合，それでもなお解除せずに自らの負う反対給付債務を残して契約を維持するという利益が債権者に存在する場合がありうるので，このような場合には，債権者が解除権を行使せず契約の拘束力を維持するという選択を行えてしかるべきであることなどが主張された．

もっとも，このような解除一元化論に対して，法律実務家を中心として，単純競合モデルを支持する見解も根強く主張されている．これは，履行不能の場合には反対債務が自然消滅すると考えるのが常識に叶うこと，常に解除の意思表示を必要とすると債権者に不利益となる場合があり得る[24]ことなどを理由とする．

こうした中，2013 年 10 月 8 日開催の部会に提示された事務局作成資料では，危険負担のルール自体としても問題が多い 534 条，535 条の削除は記載された[25]ものの，536 条 1 項については，廃止するとの意見があるがどう考えるかという論点提示にとどまった[26]．部会での議論[27]は，この問題についての意見の隔たりが大きいことを改めて示すものとなったように見受けられる．

---

24) 森田宏樹「危険負担の解除権的構成(1)・(2)」法教 358 号 87 頁以下・359 号 62 頁，とりわけ 73 頁（2010 年）〔その後，同『債権法改正を深める』（有斐閣，2013 年）61 頁以下に所収〕は，解除一元論の得失を詳細に検討したうえで，解除の意思表示をするまで反対給付債権が存続することから債権者が不利益を被るリスクがあるのならば，競合モデルも立法の選択肢としては検討に値すると説く．

25) 『民法（債権関係）の改正に関する要綱案のたたき台(3)〔民法（債権関係）部会資料 68A〕』33 頁以下．

26) 『民法（債権関係）の改正に関する要綱案の取りまとめに向けた検討(5)〔民法（債権関係）部会資料 68B〕』1 頁以下．

27) 『法制審議会民法（債権関係）部会第 78 回会議議事録』48 頁以下．

4. ドイツ法との比較

　この関連で特に興味深いのが，ドイツ法の状況である．ドイツでは債務法現代化法の立法過程においてこの問題が取り上げられ，解除一元化モデルによる当初案（討議草案 323 条）が，履行不能の場合に解除の意思表示をしないと反対債務が消滅しないのは迂遠にすぎると批判されて[28]，危険負担一元論に変わり（整理案 326 条 1 項 1 文，政府草案 326 条 1 項 1 文），その後，さらに，履行不能が生じているかどうかを気にすることなく，とりわけ催告解除により契約関係を終了させることができるようにすべきだという実務上の要請に応ずるべく[29]，反対債務の自動消滅と並んで解除もできるという競合モデルに変更された（現行ドイツ民法 326 条 5 項）という経緯がある[30]からである．

　本報告のドイツ側カウンターパートであるローレンツ教授は，解除一元化モデルを採用している共通欧州売買法草案（CESL）を——この論点に関するかぎりは——好意的に評価しており[31]，こうした意見は，日本における議論にとっても参考にされてしかるべきであろう[32]．

---

[28] Begründung der Bundesregierung zum Entwurf eines Gesetzes zur Modernisierung des Schuldrechts (BT-Drucks. 6857 = BR-Drucks. 338/01), in: Canaris, Claus-Wilhelm (zusammengestellt und eingeleitet): Schuldrechtsmodernisierung 2002, S. 767

[29] Gegenäußerung der Bundesregierung (Anlage 3 zu BT-Drucks. 14/6857), in: Canaris (Fn. 28), S. 1021.

[30] 潮見『契約法理の現代化』（前掲注 2）385 頁以下．

[31] Lorenz, Stephan: Das Kaufrecht und die damit verbundenen Dienstverträge im Common European Sales Law, AcP 212 (2012) S. 702, 824f. ローレンツ教授からの聴き取り調査も踏まえて書かれた川嶋知正「債務不履行解除と危険負担との関係をめぐるドイツ見聞録」NBL993 号（2013 年）40 頁以下も参考になる．

[32] なお，シンポジウムにおける質疑応答において，ローレンツ教授からは，履行不能の場合に反対給付義務の当然消滅を認めないと，履行不能となった債務の債権者（とりわけ消費者）に不利益が及ぶと懸念するのは，あまりにドイツ的（zu deutsch）であり，反対給付義務の履行を請求された債権者が履行を拒めば，それは通常解除の意思表示と解釈されるから，問題は生じない旨の発言があったことを

VII 売主担保責任

1. 中間試案

　最後にいわゆる売主担保責任について，瑕疵担保責任を中心に，簡単に取り上げることとしたい．

　瑕疵担保責任については，日本でも長い論争の歴史があるが，このたびの改正の方向性を一言で言い表せば，契約責任説の立場を基礎として，売主瑕疵担保責任法を可及的に一般債務不履行法へと統合する方向を目指すものといえよう．

　すなわち，中間試案は，まず，用語に関して，「担保責任」に代えて「目的物が契約の趣旨に適合しない場合の責任」，「瑕疵」に代えて「目的物が契約の趣旨に適合しないこと」という表現を使うことを提案している．法律家が慣れ親しんだ「瑕疵」という用語を使用しないことについては，この言葉が一般人にとり難解であること，場合によっては物理的な欠陥のみを想起させ適切でないことが，理由として挙げられている[33]．ここでの責任が，何か特別の法定責任なのではなく，（契約）債務不履行責任にほかならないという基本的見地が，こうした用語選択の背景にも存在しているとみてよいであろう．

　規定の内容としては，売主が引き渡すべき目的物が種類，品質及び数量に関して，契約の趣旨に適合するものでなければならないことを明らかにしたうえで，売主瑕疵担保責任に特有の「隠れた」瑕疵要件を廃棄し，追完請求権に関する規律を明文で設けることを提案している．追完請求権の限界事由については，履行請求権の限界事由の一般原則にしたがうものとされ，その他，損害賠償，解除についても，債務不履行の一般原則にしたがうものとされ，一般債務不履行責任と売主瑕疵担保責任（売買契約不適合責任）とを一元的にとらえる方針が，こうした形で貫かれているということができる．

　　付言する．
[33] 商事法務編・前掲注13) 400頁以下．

それでは，売主瑕疵担保責任法の規律は全くその独自性を失って，一般債務不履行法に吸収され，一般債務不履行法の具体的応用という位置づけに終始するのかといえば，必ずしもそういうわけでもない．中間試案においては，一般債務不履行法との関係で，従来存在しなかった新たな規律の提案が盛り込まれている．それが代金減額請求権である．

　さらに問題になるのが，売買契約不適合責任特有の短期期間制限の規律を設けるかという論点と買主が事業者の場合に目的物検査義務および契約不適合適時通知義務を課するかという論点である．もっとも，これらの論点については，見解の対立が解けず，中間試案においても，両論が併記されている（中間試案第 35 の 5）か，反対意見が注記（中間試案第 35 の 6）されており，今後の推移が大いに注目されるところである[34]．

2．ドイツ法との比較

　以上のような日本における改正動向は，債務法現代化法によって瑕疵担保責任法を一般債務不履行法へと統合したドイツ法と，その基本的方向性において完全に一致すると思われる．したがって，ドイツ法のあり方は，日本におけるこの領域の改正論を勇気づけるものといえるであろう．

　もちろん，細目に立ち入れば，なお多くの相違が見いだされる．ドイツ民法 434 条・435 条は，瑕疵概念について詳細な規定を設け，また，ドイツ民法

---

[34]　2014 年 2 月 25 日の部会に提示された『民法（債権関係）の改正に関する要綱案のたたき台⑼〔民法（債権関係）部会資料 75A〕』21 頁以下では，売主が性状に関して契約の趣旨に適合しない目的物を買主に引き渡した場合の責任につき，現行民法 570 条・566 条 3 項の短期期間制限の規律を基本的に維持し，ただ，売主が引渡しの時に目的物が契約の趣旨に適合しないものであることを知っていたときまたは重大な過失によって知らなかったときは，短期期間制限は及ばない旨の規律を付け加えるとの案が示されている．これによれば，期間制限の規律も，一般債務不履行法には解消されない，性状不適合責任ならではの特色として残存することになる．なお，同資料には，買主が事業者の場合の目的物検査義務および契約不適合適時通知義務に関する提案は見当たらず，こちらの規律の導入は断念された模様である．

442条は契約締結時に欠点の存在につき買主に悪意または重過失があった場合の具体的規律を置いているのに対し,中間試案は――これが中間試案全体の大きな特色であるが――契約の趣旨との不適合という簡素な定式を示すのみで,「隠れた」瑕疵の要件を削除しても,契約の趣旨との不適合の認定レベルですべからく問題が解決されるという前提で組み立てられているのは,その一例といえる[35]。

このほかにも,追完請求権の限界事由と履行請求の限界事由は同様に考えてよいかといった興味深い問題[36]が,日独両法の比較から浮かび上がるように思われるが,本報告では,残念ながら,こうした細目の検討に立ち入ることは控えざるを得ない。

VIII おわりに

「はじめに」に掲げた二つの観点・視点に即して,さしあたりの検討結果を示して,本報告を締めくくることとしたい。

もっとも,第1の観点からの検討結果については,中間試案に至る経緯に関するかぎり,III 2においてすでに述べているところであり,ここで繰り返す必要はないであろう。

次に第2の視点に関し,これまでの検討を踏まえ,債務不履行法の分野において日独両国の民法が進みつつある方向を全体的に比較するならば,日本の中間試案とドイツ民法とで,多くの点において類似していることを確認できる。それは,たとえば,原始的不能ドグマの否定,解除における帰責事由不要論,瑕疵担保責任の一般債務不履行法への統合といった諸点においてである。解除

---

35) 「隠れた」要件の削除と契約締結時の買主の瑕疵認識の問題につき,拙稿「売主瑕疵担保責任」ジュリ1437号(2012年)63頁以下も参照。

36) この点につき,田中洋「売買における買主の追完請求権の基礎づけと内容確定――ドイツにおける売買法の現代化を手がかりとして(3・完)」神戸法学雑誌60巻3=4号(2011年)29頁以下を参照。

の要件についても，中間試案は，少なくとも規定の体裁上は[37]，催告解除と無催告解除を区別し，催告解除を原則としており，検討委員会試案に比べてドイツ法に接近したということができる．

これに対し，損害賠償において過失責任原則を維持するか，履行不能の場合の解除と危険負担制度との関係をどう考えるかの点になると，中間試案の示す方向とドイツ法とでは隔たりがある．もっとも，後者の点については，併存モデルが採用される可能性が残っており，そうなれば，ますますドイツ法に接近することになりそうである．

このように両者の類似性が広く認められるものの，それには，比較法的観点からは，二つのタイプのものを区別することができる．一つは，日独両法のみならず，多くの国際モデル法・国際条約が共通して含んでいる規律である．もう一つは，簡単に言えば，検討委員会試案の提案に対し，疑義が述べられ，結果としてドイツ法に接近することになった規律である．こうしたドイツ法への接近を推進しているのは，多くの場合において，部会の議論に参画している法律実務家である．ここでは，日本の法律実務家の民法理解に深く刻まれたドイツ法的なるものの根強さが感じられなくもない．

いずれにせよ，このように日独両法の類似点が多いということになれば，シンポジウムにおけるドイツ側からの寄与は，日本における立法論のさらなる深化のために，それだけ一層参考になるに違いない．本報告が，そのような寄与の引き出し役を若干でも果たしえたとするなら，誠に幸いである．

---

37) ただし，催告解除と無催告解除の関係をどのようにとらえるか，両者を契約目的達成不能の観点から一元的に把握するか，異なる正当化根拠をもつ別個の制度として二元的に理解するかの理論的争いは，なお継続することとなろう．この点に関して，松井和彦「法定解除権の正当化根拠と催告解除（1）・（2・完）」阪法 61 巻 1 号 55 頁以下・2 号 399 頁以下，とりわけ 414 頁以下（2011 年），同「解除・危険負担」法時 86 巻 1 号（2014 年）65 頁などを参照．

Systematik und Neuordnung von Leistungsstörungs- und Gewährleistungsrecht im deutschen Recht

Stephan LORENZ

I. Einleitung

Der Begriff des Gewährleistungsrechts bezeichnet das besondere Leistungsstörungsrecht des Kaufrechts, d. h. die Rechte des Käufers im Fall der Lieferung einer mangelhaften Sache. Ein solcher Mangel kann, wie § 433 I S. 2 BGB aufzeigt, in Form eines Sach- oder Rechtsmangels vorliegen. Diese beiden Begriffe werden dann in § 434 BGB (Sachmangel) und § 435 BGB (Rechtsmangel) näher definiert.

§ 437 BGB listet in Form einer Rechtsgrundverweisung die verschiedenen Rechte des Käufers auf. Wie schon ein kurzer Blick auf die Vorschrift zeigt, verweist diese im Wesentlichen auf Rechtsbehelfe des allgemeinen Leistungsstörungsrechts. So führt § 437 Nr. 2 zu den Regelungen über den Rücktritt im Falle der Verzögerung der Leistung (§ 323 BGB) und der Unmöglichkeit der Leistung (§ 326 V BGB). § 437 Nr. 3 BGB verweist auf die Schadensersatzregelungen der §§ 280 – 283 BGB sowie auf § 311a BGB und die damit in Zusammenhang stehende Regelung über den Aufwendungsersatz nach § 284 BGB.[1] Genuin kaufrechtliche, d. h. sich nicht bereits aus dem allgemeinen Teil ergebende Rechtsbehelfe enthält § 437 Nr. 1 BGB durch seinen Verweis auf das in § 439 BGB näher ausgestaltete Nacherfüllungsrecht des Käufers. Genuin

---

1 Diese Regelung ändert aber lediglich die Rechtsfolgen eines Anspruchs auf Schadensersatz statt der Leistung, setzt aber ihrerseits das Bestehen eines Anspruchs auf Schadensersatz statt der Leistung voraus. Sie ist also in Bezug auf die Anspruchsbegründung kein eigenständiger Rechtsbehelf.

kaufrechtlicher Natur ist auch das Recht zur Minderung des Kaufpreises (§ 441 BGB), auf das § 437 Nr. 2 BGB im Zusammenhang mit dem Rücktritt verweist.[2]

Schon aus dem Charakter der Vorschrift als Rechtsgrundverweisung ergibt sich, dass das kaufrechtliche Gewährleistungsrecht im Grundsatz ein Anwendungsfall des allgemeinen Leistungsstörungsrechts ist.

Die dogmatische Schnittstelle, die es erlaubt, die mangelhafte Leistung als einen Fall der Pflichtverletzung nach § 280 Abs. 1 BGB aufzufassen, ist dabei die Regelung des § 433 Abs. 1 S. 2 BGB. Diese Regelung verpflichtet den Verkäufer zu einer sach- und rechtsmangelfreien Leistung. Der Käufer hat also einen Erfüllungsanspruch auf mangelfreie Leistung. Durch diese gesetzliche Verankerung der so genannten „Erfüllungstheorie" ist gewährleistet, dass eine mangelhafte Leistung des Verkäufers eine Pflichtverletzung im Sinne von § 280 Abs. 1 BGB darstellt. Demzufolge sind für die einzelnen Rechtsbehelfe des Käufers dieselben Unterscheidungskriterien maßgeblich, die auch im Falle einer Nichtleistung oder einer Verspätung der Leistung maßgeblich sind. Das bedeutet, dass die im allgemeinen Leistungsstörungsrecht weiterbestehende Unterscheidung zwischen Unmöglichkeit und Verspätung der Leistung auch auf das Gewährleistungsrecht zu übertragen ist. Leistet der Verkäufer nämlich eine mangelhafte Kaufsache, so kann dies entweder daran liegen, dass er nicht mangelfrei leisten kann, oder dass in Bezug auf die Mängelfreiheit eine Verzögerung der geschuldeten Leistung vorliegt.

II. Die Systematik des allgemeinen Leistungsstörungsrechts

Damit kann das reformierte Gewährleistungsrecht nur auf der Basis der Systematik des allgemeinen Leistungsstörungsrechts verstanden werden, dessen Neuordnung gerade auch im Hinblick auf seine Geltung als Grundlage des Gewährleistungsrechts erfolgte. Bestimmte, zum Teil auch grundlegende Änderungen des allgemeinen Leistungsstörungsrechts haben ihren Grund also auch

---

2 Da das Minderungsrecht aber nach § 441 Abs. 1 BGB nur anstelle eines Rücktritts ausgeübt werden kann, hängt es in seinen Voraussetzungen vom Bestehen eines Rücktrittsrechts ab. Da sich das Rücktrittsrecht aber aus dem allgemeinen Leistungsstörungsrecht ergibt, ist das Minderungsrecht letztlich auch ein dort begründeter, allerdings nur im Gewährleistungsrecht anwendbarer Rechtsbehelf.

in dem Bestreben, im Gewährleistungsrecht angemessene Ergebnisse zu erzielen. Das gilt insbesondere für die Einführung eines vom Vertretenmüssen unabhängigen Rücktrittsrechts in § 323 BGB.

1. Die Einführung eines einheitlichen Tatbestands der Pflichtverletzung

a) Die Grundnorm des § 280 Abs. 1 BGB

Die systematisch bedeutendste Neuerung des Leistungsstörungsrechts war die Einführung eines allgemeinen Haftungstatbestands der Pflichtverletzung in § 280 Abs. 1 S. 1 BGB, über den das japanische Schuldrecht in Gestalt von Art. 415 japZGB bereits verfügt. Danach kann der Gläubiger, wenn der Schuldner eine Pflicht aus einem (vertraglichen oder gesetzlichen) Schuldverhältnis verletzt, „Ersatz des hierdurch entstehenden Schadens verlangen".

Der Begriff der „Pflichtverletzung" ist dabei ein außerordentlich weiter Begriff. Nach der Konzeption des Gesetzgebers liegt eine solche immer dann vor, wenn das Verhalten des Schuldners vom objektiven Pflichtenprogramm des Schuldverhältnisses abweicht.[3] Ist der Schuldner also zur Erreichung eines bestimmten Erfolgs verpflichtet (wie etwa der Verkäufer zur Lieferung einer mangelfreien Sache, § 433 Abs. 1 S. 2 BGB), so genügt zur Feststellung der Pflichtverletzung das Ausbleiben des geschuldeten Erfolgs. Das gilt auch im Falle der Unmöglichkeit der Leistung. Zwar ist der Schuldner in diesem Fall nach § 275 Abs. 1 BGB nicht (mehr) verpflichtet, die geschuldete Leistung in natura zu erbringen, dennoch stellt aber auch in diesem Fall die Nichterbringung der Leistung eine objektive Pflichtverletzung im Sinne von § 280 Abs. 1 BGB dar. Eine Leistungsbefreiung wegen Unmöglichkeit nach § 275 Abs. 1 BGB bezieht sich damit stets nur auf die primäre Leistungspflicht, nicht aber auf die Haftung wegen einer daraus resultierenden Pflichtverletzung. Die Frage, ob das Ausbleiben des geschuldeten Erfolgs auf eine Sorgfaltspflichtverletzung zurückzuführen, dem Schuldner also zuzurechnen ist, ist hingegen eine Frage des in § 276 BGB geregelten Vertretenmüssens.

Ist der Schuldner nicht zur Erreichung eines bestimmten Erfolgs, sondern lediglich zu einer Tätigkeit verpflichtet, so kann das Ausbleiben eines Erfolgs noch keine Pflichtverletzung darstellen. Bei solchen tätigkeitsbezogenen

---

3 Begründung des Regierungsentwurfs BT-Drs. 14/6040 S. 135 f.

Pflichten kann die Pflichtverletzung nur in einer Sorgfaltspflichtverletzung bei Ausführung der Tätigkeit liegen. So kann z. B. die Pflichtverletzung eines Arztes nicht darin liegen, dass der Patient nicht geheilt ist, sondern nur darin, dass er ihn nicht nach den Regeln der Kunst behandelt hat. Objektive Pflichtverletzung und subjektive Sorgfaltspflichtsverletzung (Verschulden) sind in diesem Fall im Wesentlichen deckungsgleich.[4]

Diese Unterscheidung entspricht funktional derjenigen des französischen Rechts, das zwischen *obligations de résultat* (erfolgsbezogenen Pflichten) und *obligations de mo-yens* (verhaltensbezogenen Pflichten) unterscheidet.[5] Diese Unterscheidung wurde offenbar auch im Zuge der Reformarbeiten des japanischen Leistungsstörungsrechts diskutiert. Die wesentliche praktische Bedeutung besteht letztlich in der *Beweislast*. Da das Vertretenmüssen nach § 280 Abs. 1 S. 2 BGB vermutet wird, hat der Gläubiger bei der Verletzung einer erfolgsbezogenen Pflicht lediglich das Ausbleiben des geschuldeten Erfolgs nachzuweisen, während sich der Schuldner bezüglich des Vertretenmüssens nach § 280 Abs. 1 S. 2 BGB entlasten muss. Bei einer verhaltensbezogenen Pflicht muss der Gläubiger hingegen bereits im Rahmen der Pflichtverletzung eine Sorgfaltspflichtverletzung des Schuldners und damit de facto auch das Verschulden des Schuldners nachweisen. Wenn eine neuere japanische Lehre zur Auslegung von Art. 415 japZGB auf diese Unterscheidung zurückgreift und dabei insbesondere auf deren Folgen in Bezug auf die Beweislast hinweist,[6] so entspricht dies vollständig dem Verständnis von § 280 Abs. 1 BGB.

Das deutsche Leistungsstörungsrecht verfügt also seit der Reform über einen einheitlichen Tatbestand der Pflichtverletzung und teilt die Leistungsstörungen in Bezug auf den Grundtatbestand nicht mehr nach Unmöglichkeit, Verzug und Schlechterfüllung. Das entspricht dem Grundtatbestand des japanischen Zivilgesetzbuchs in Art. 415 japZGB, der allerdings früher im Rahmen der Theorienrezeption wie das frühere deutsche Schuldrecht in Unmöglichkeit, Verzug und Schlechtleistung aufgeteilt wurde. In der japanischen Rechtswissenschaft ist jedoch in den 1970er und 1980er Jahren zunehmend die Ansicht in der Vor-

---

4 *Medicus/Lorenz,* Schuldrecht I (Allgemeiner Teil), 20. Aufl. 2012, Rn. 338.
5 *Looschelders,* Schuldrecht Allgemeiner Teil, 11. Aufl. 2013, Rn. 563; *Sonnenberger* FS Medicus (1999) S. 621 ff.
6 S. dazu *Keizo Yamamoto,* Vertragsrecht, in: Baum/Bälz (Hrsg.), Handbuch Japanisches Handels- und Wirtschaftsrecht, Rn. 198 ff.

dergrund gerückt, dass keine Notwendigkeit bestehe, Art. 415 japZGB im Sinne der deutschen Dogmatik auszulegen. Art. 415 japZGB stellt nach dieser moderneren Ansicht einheitliche Tatbestandsvoraussetzungen für den Fall, dass der Schuldner nicht dem Schuldverhältnis entsprechend leiste.[7] Das entspricht nunmehr im Ausgangspunkt auch dem deutschen Recht. Der Einheitstatbestand der Pflichtverletzung macht allerdings die Unterscheidung zwischen Unmöglichkeit, Verzug und Schlechtleistung nicht entbehrlich. Der Grund liegt in der Aufrechterhaltung des Fristsetzungskonzepts: Will man nämlich dem Schuldner eine zweite Chance zur Leistung geben, bevor der Gläubiger sich vom Vertrag lösen oder Schadensersatz anstelle der Leistung verlangen kann (Grundsatz der Vertragserhaltung[8]), so kann die Unterscheidung von Unmöglichkeit und Verspätung der Leistung bei den Tatbestandsvoraussetzungen dieser Rechtsbehelfe nicht unbeachtet bleiben. Der Grund liegt auf der Hand: Im Falle der Unmöglichkeit ist ein Fristsetzungserfordernis sinnlos, im Fall der Verzögerung der Leistung sinnvoll.[9] Aus diesem Grund unterscheidet das deutsche Leistungsstörungsrecht bei Rücktritt und Schadensersatz statt der Leistung weiter zwischen Unmöglichkeit und Verspätung der Leistung.

b) Verschuldensprinzip oder Garantiehaftung?
aa) Voraussetzung und Vermutung des Vertretenmüssens
Nach § 280 Abs. 1 S. 2 BGB tritt die Schadensersatzpflicht nicht ein, „wenn der Schuldner die Pflichtverletzung nicht zu vertreten hat." Damit ist der Schadensersatz vom Vertretenmüssen des Schuldners abhängig. Aus der negativen Formulierung („Dies gilt nicht, wenn ···") ergibt sich aber, dass dieses Vertretenmüssen vermutet wird. Der Schuldner, der eine Pflicht verletzt, hat also das Fehlen eigenen Vertretenmüssens und desjenigen seiner Erfüllungsgehilfen (§ 278 Abs. 1 BGB) nachzuweisen.

Das Erfordernis des Vertretenmüssens bezeichnet die Zurechenbarkeit der (objektiven) Pflichtverletzung an den Schuldner. Es geht also hier nicht mehr um die Pflichtverletzung selbst, sondern um die Verantwortlichkeit des Schuldners für die Pflichtverletzung.

---

7 S. dazu *Keizo Yamamoto* a. a. O. (Fn. 6) Rn. 191 m. w. N.
8 S. dazu *S. Lorenz*, FS Wolfsteiner, 2007, 121 ff.
9 S. dazu u. II. 3.

bb) Arten des Vertretenmüssens – Verschuldensprinzip

Vertretenmüssen ist zunächst ein neutraler Begriff, der gerade nicht mit dem Begriff des „Verschuldens" gleichzusetzen ist. Was der Schuldner zu vertreten hat, regelt das Gesetz in § 276 BGB unter dem Titel „Verantwortlichkeit des Schuldners". Nach § 276 BGB hat der Schuldner allerdings grundsätzlich (nur) Vorsatz und Fahrlässigkeit zu vertreten. Damit geht das Gesetz im Grundsatz vom Verschuldensprinzip aus. Allerdings sieht § 276 Abs. 1 BGB vor, dass Vertretenmüssen auch ohne Verschulden vorliegen kann, wenn dies entweder gesetzlich vorgeschrieben wird, oder sich aus dem „sonstigen Inhalt des Schuldverhältnisses, insbesondere aus der Übernahme einer Garantie oder eines Beschaffungsrisikos" ergibt.

Ein Fall einer gesetzlich angeordneten Garantiehaftung findet sich im allgemeinen Leistungsstörungsrecht lediglich in § 287 S. 2 BGB. Nach dieser Sondervorschrift haftet der Schuldner im Verzug „wegen der Leistung auch für Zufall". Da allerdings auch der Eintritt des Verzugs Vertretenmüssen voraussetzt (§ 286 Abs. 4 BGB), handelt es sich hier lediglich um eine Garantiehaftung für Folgeschäden aus einer zu vertretenden Pflichtverletzung.

Der deutsche Reformgesetzgeber hat damit den Begriff des „Vertretenmüssens" bewusst um die Übernahme einer Garantie oder eines Beschaffungsrisikos erweitert, um Raum für eine *vertragliche* Garantiehaftung zu belassen. Damit konnte er gesetzliche Garantiehaftungstatbestände, die das frühere Leistungsstörungsrecht kannte, aufgeben. Das gilt insbesondere für die Garantiehaftung des Gattungsschuldners im Falle subjektiver Unmöglichkeit (§ 279 BGB a. F.) sowie für die im früheren Recht vorgesehene Garantiehaftung des Verkäufers für Rechtsmängel (§ 440 Abs. 1 BGB a. F.). In diesen Bereichen ist eine Garantiehaftung des Schuldners immer noch möglich, sie setzt aber eine entsprechende vertragliche Verpflichtung des Schuldners voraus. § 276 Abs. 1 BGB besagt also nur, dass der Schuldner ohne ein Verschuldenserfordernis haftet, *wenn* er eine Garantie oder ein Beschaffungsrisiko übernommen hat. Die Norm besagt nicht, wann ein solcher Fall vorliegt.

Insofern handelt es sich um eine bewusste Entscheidung des deutschen Gesetzgebers zu Gunsten des von ihm rechtspolitisch für vorzugswürdig gehaltenen Verschuldensprinzips. Dass diese Grundsatzentscheidung einem im internationalen Kaufrecht anzutreffenden Trend zur Garantiehaftung zuwiderläuft,[10] war dem Gesetzgeber durchaus bewusst.

Damit kann sich nach dem reformierten deutschen Leistungsstörungs- und Gewährleistungsrecht eine verschuldensunabhängige Haftung des Schuldners bzw. Verkäufers für eine Pflichtverletzung nur dann ergeben, wenn sich diese aus dem Inhalt des Schuldverhältnisses selbst, d. h. aus der Übernahme einer Garantie oder eines Beschaffungsrisikos durch den Schuldner ergibt. Damit bleibt zwar Raum für eine verschuldensunabhängige Haftung, jedoch ergibt sich diese nicht aus dem Gesetz, sondern ausschließlich aus dem Parteiwillen, und damit aus dem Vertrag selbst. Eine Garantiehaftung muss also privatautonom begründet werden. Dabei ist die Übernahme einer Garantie nicht mit dem sich aus dem Vertrag ergebenden Leistungsversprechen gleichzusetzen. Wer vertraglich eine Leistung verspricht, will damit noch nicht ohne weiteres erklären, unabhängig vom Verschulden auch auf Schadenersatz haften zu wollen, wenn er die Leistung nicht oder nicht mangelfrei erbringen kann. Aus der Vertragsverletzung ergibt sich also noch nicht das Verschulden.[11] Eine Garantie setzt vielmehr über die vertragliche Leistungsverpflichtung hinaus voraus, dass sich der Schuldner in vertragsmäßig bindender Weise verpflichtet für alle Folgen einer Nicht-oder Schlechterfüllung auch dann einstehen zu wollen, wenn ihn kein Verschulden trifft.

In der japanischen Reform scheint die Aufrechterhaltung des Verschuldensprinzips rechtspolitisch umstritten zu sein. Die geplante Neufassung von Art. 415 japZGB scheint grundsätzlich am Verschuldensprinzip festzuhalten. Allerdings deutet die offene Formulierung, die auch auf den Vertragsinhalt abstellt (*keiyaku no shushi*), auf eine ähnliche Rechtslage wie im deutschen Recht hin. Nach den mir vorliegenden Materialien ist das aber nicht ganz eindeutig.

Die Entscheidung zwischen einer verschuldensunabhängigen und einer verschuldensunabhängigen Haftung ist letztlich eine rechtsethische Frage, über die

---

10 S. nur die verschuldensunabhängige Haftung des Verkäufers im UN-Kaufrecht nach Art. 74 ff. CISG sowie die entsprechenden Regelungen in Art. 9:501 der *Principles of European Contract Law* (PECL) sowie Art. III.-3:701 des *Draft Common Frame of Reference* (DCFR). Auch der Vorschlag der EU-Kommission zu einem *Common European Sales Law* (CESL) folgt in Art. 159 GEKR dem Prinzip der Verschuldensunabhängigkeit der Haftung, s. dazu *S. Lorenz* AcP 212 (2012) S. 702, 791 ff.

11 So aber wohl die japanische Lehre von der Vertragsverletzung, die anknüpfend an die Unterscheidung zwischen *obligation de résultat* und *obligation de moyens* den Zurechnungsgrund grundsätzlich allein in der Vertragsverletzung sieht und den Schuldner bei einer erfolgsbezogenen Pflichtverletzung nur im Falle höherer Gewalt oder Gläubigerverschuldens entlasten will, s. dazu *Keizo Yamamoto* a. a. O. (Fn. 6) Rn. 207 ff.

sich ein wissenschaftlicher Streit kaum führen lassen wird. Auch ökonomische Argumente führen nicht zu eindeutigen Wertungen.[12] Im Bereich des Kaufrechts dürfte auch zumindest im Fall von Gattungsschulden bei der Frage der Haftung auf das Äquivalenzinteresse der praktische Unterschied gering sein, weil der Gattungsschuldner eine Nichterfüllung dann wohl stets zu vertreten hat.[13] In Bezug auf Mangelfolgeschäden, d. h. die Haftung für das Integritätsinteresse erscheint eine Garantiehaftung aber als (auch ökonomisch) unangemessen.[14]

2. Die Einführung eines vom Vertretenmüssen unabhängigen Rücktrittsrechts

Hat der Gesetzgeber damit für die Frage des Schadensersatzes das Verschuldensprinzip nicht nur beibehalten, sondern durch die Abschaffung gesetzlicher Garantiehaftungstatbestände sogar noch verstärkt, so hat er für das Rücktrittsrecht eine abweichende Entscheidung getroffen. Der Rücktritt des Gläubigers setzt nämlich sowohl im Falle der Verspätung der Leistung (§ 323 BGB) als auch im Fall der Unmöglichkeit der Leistung (§ 326 Abs. 5 BGB) anders als im früheren Recht (§ 326 BGB a. F.) kein Vertretenmüssen voraus. Nach Auffassung des Gesetzgebers liegt die sachliche Rechtfertigung des Rücktrittsrechts allein darin, dass der Schuldner die geschuldete Leistung nicht oder nicht wie geschuldet erbringt.[15] Der Gläubiger soll dann nach Ablauf einer dem Schuldner zu setzenden Frist seine Dispositionsfreiheit wieder erlangen können.[16] Abgesehen davon, dass dies der Regelung des UN-Kaufrechts entspricht,[17] hat die Einführung eines vom Vertretenmüssen unabhängigen Rücktrittsrechts auch entscheidende Bedeutung für die Anwendbarkeit des allgemeinen Leistungsstörungsrechts im Bereich des Gewährleistungsrechts. Bereits im früheren Gewährleistungsrecht war das Recht des Käufers, den Vertrag im Falle einer

---

12 S. dazu *Ackermann*, in: G. Wagner (Hg.), The Common Frame of Reference: A View from Law & Economics, 2009, 35, 39 ff.
13 S. dazu unten III. 3. d) aa).
14 S. dazu im Zusammenhang mit der Diskussion um den Entwurf eines *Common European Sales Law S. Lorenz* AcP 212 (2012) S. 702, 794.
15 S. dazu auch *Schmidt-Räntsch*, Zehn Jahre Schuldrechtsreform, in: Artz/Gsell/Lorenz (Hrsg.), Zehn Jahre Schuldrechtsmodernisierung, 2013, S. 142, 156 f.
16 Begründung des Regierungsentwurfs BT-Drs. 14/6040 S. 184.
17 Darauf weist auch die Begründung des Regierungsentwurfs hin, s. BT-Drs. 14/6040 S. 93.

mangelhaften Kaufsache aufzuheben („Wandelung") oder den Kaufpreis zu mindern (§ 462 BGB a. F.), nicht vom Verschulden des Verkäufers abhängig. Wäre der Rücktritt im allgemeinen Leistungsstörungsrecht hingegen vom Vertretenmüssen (und damit i. d. R. vom Verschulden) abhängig geblieben, wäre eine Rückführung des Gewährleistungsrechts auf das allgemeine Leistungsstörungsrecht nicht ohne eine erhebliche Verschlechterung der Käuferrechte möglich gewesen.

3. Der Fortbestand der Unterscheidung zwischen Unmöglichkeit und Verspätung der Leistung

Trotz der Einführung eines einheitlichen Tatbestands der Pflichtverletzung in § 280 Abs. 1 BGB unterscheidet das reformierte deutsche Schuldrecht in den einzelnen Voraussetzungen der Haftung weiterhin zwischen Unmöglichkeit und Verspätung der Leistung. Dem zu Grunde liegt das Bedürfnis nach einer Aufrechterhaltung des Fristsetzungskonzepts. Der bewährte Grundgedanke, dass der Schuldner auf das Leistungsinteresse nicht bereits allein aufgrund der Nichterbringung der Leistung, sondern erst dann haften soll, wenn ihm der Gläubiger durch die Setzung einer Frist eine zweite Chance zur Erbringung der Leistung gegeben hat, sollte durch die Reform keineswegs aufgegeben werden.

a) Rechtsfolgen der Unmöglichkeit der Leistung
aa) Wegfall der Primärleistungspflicht

Zunächst ordnet § 275 Abs. 1 BGB im Fall der Unmöglichkeit der Leistung an, dass der Schuldner von der Leistungspflicht befreit ist. § 275 Abs. 4 BGB stellt aber klar, dass dieser Wegfall der Leistungspflicht nur für die Primärleistungspflicht, d. h. für die Verpflichtung, die Leistung in natura zu erbringen, Geltung hat. Wichtigste Konsequenz daraus ist, dass auch im Fall der Unmöglichkeit der Leistung die Nichterbringung der Leistung selbst eine Pflichtverletzung im Sinne von § 280 Abs. 1 BGB darstellt.

Es besteht deshalb kein dogmatischer Widerspruch darin, dass § 275 Abs. 1 BGB den Schuldner im Falle der Unmöglichkeit von der Leistungspflicht befreit, die Nichtleistung aber zugleich eine Pflichtverletzung i. S. v. § 280 Abs. 1 BGB darstellt, da sich daraus Konsequenzen nur für sekundäre Ansprüche, d. h. für den Schadensersatzanspruch statt der Leistung ergeben.

Die Leistungsbefreiung nach § 275 Abs. 1 BGB ist unabhängig vom Vertretenmüssen des Schuldners. Das ist deshalb konsequent, weil es sich dabei nur um die Frage der Befreiung von der Primärleistungspflicht, nicht aber um die Frage handelt, ob anstelle der unmöglich gewordenen Leistung Schadensersatz geschuldet ist. Diese Frage regeln für die anfängliche Unmöglichkeit § 311a BGB sowie für die nachträgliche Unmöglichkeit die §§ 280 Abs. 1, 3 i. V. m. § 311a BGB.

bb) Gefahrtragung beim gegenseitigen Vertrag

Bei einem gegenseitigen Vertrag stellt sich im Fall der Unmöglichkeit der Leistung die Frage des Schicksals der Gegenleistungspflicht, d. h. die Frage der Gegenleistungsgefahr (im Kaufrecht: Preisgefahr). Diese ist in § 326 Abs. 1 BGB im Grundsatz ebenso geregelt, wie im früheren Recht. Grundsätzlich gilt, dass im Fall der Unmöglichkeit der Leistung die Verpflichtung zur Gegenleistung automatisch erlischt (§ 326 Abs. 1 S. 1 BGB). Das gilt unabhängig vom Vertretenmüssen des Schuldners Im Falle einer nur teilweisen Unmöglichkeit ordnet diese Regelung das *teilweise* Erlöschen der Gegenleistungspflicht an und verweist zu deren Berechnung auf die kaufrechtliche Vorschrift der Minderung in § 441 Abs. 3 BGB. Damit bedarf es im Fall der Unmöglichkeit der Leistung grundsätzlich keiner Rücktrittserklärung durch den Gläubiger. Dieser wird vielmehr grundsätzlich *ipso iure* ganz oder teilweise von der Gegenleistungspflicht befreit. Hat er die Gegenleistung bereits erbracht, so kann er sie nach § 326 Abs. 4 BGB zurückfordern. Diese Vorschrift verweist auf diejenigen Normen, die auch im Fall eines Rücktritts für die Rückabwicklung erbrachter Leistungen anwendbar ist (§§ 346 ff. BGB). § 326 Abs. 5 BGB sieht allerdings auch für den Fall der Unmöglichkeit der Leistung ein Rücktrittsrecht für den Gläubiger vor. Im Falle der vollständigen Unmöglichkeit der Leistung hat dieses Rücktrittsrecht jedoch keine eigenständige Bedeutung.[18]

Ist der Gläubiger für die Unmöglichkeit allein oder überwiegend verantwortlich oder tritt diese während des Annahmeverzuges des Gläubigers ein, so bleibt die Gegenleistungspflicht nach § 326 Abs. 2 BGB aufrechterhalten. Auch ein Rücktrittsrecht nach § 326 Abs. 5 i. V. m. § 323 BGB wäre in einem solchen Fall nach § 323 Abs. 6 BGB ausgeschlossen. Das Verschulden des Gläubigers verhindert also in jedem Fall das Erlöschen seiner Gegenleistungspflicht, der Gegenanspruch des Schuldners der unmöglich gewordenen Leistung bleibt auf-

---

18 Zur Bedeutung von § 326 Abs. 5 BGB s. u. II. 3. a) dd) (teilweise Unmöglichkeit) sowie III. 2. c) (unbehebbarer Mangel).

rechterhalten.
Das entspricht wohl im Wesentlichen der Regelung in Art. 536 japZGB. Das geltende japanische Recht sieht allerdings für Verträge, welche die Begründung oder die Übertragung eines dinglichen Rechts zum Gegenstand haben, in Art. 534 japZGB Sonderregelungen vor. Danach bleibt die Gegenleistungspflicht trotz Untergang der Kaufsache erhalten, wenn es sich um eine Speziessache oder um eine konkretisierte Gattungssache handelt.[19] Diese Regelung erklärt sich offenbar aus dem japanischen Sachenrecht: Da dieses – insoweit französischer Tradition folgend – einen Eigentumsübergang bei spezifizierten beweglichen Sachen bereits mit Abschluss des Verpflichtungsvertrags vorsieht, also dem Konsensprinzip folgt (Art. 176 japZGB)[20], handelt es sich hier schlicht um eine Konsequenz aus dem bereits übertragenen Eigentum, d. h. um einen Ausdruck der Grundregel „res perit domino".

Der japanische Reformentwurf sieht eine Änderung der Art. 541 – 543 japZGB vor. Der Vorschlag will das Problem der Gegenleistungspflicht sowohl für die Verzögerung der Leistung als auch für die Unmöglichkeit der Leistung in den Regelungen über den Rücktritt zusammenfassen und gelangt damit zu einer in der japanischen Wissenschaft schon früher vorgeschlagenen[21] Abschaffung der Gefahrtragungsregelung und deren Integration in ein einheitliches Konzept des Rücktrittsrechts. Es macht systematisch keinen Unterschied, ob man den Fall der Unmöglichkeit der Leistung als einen Fall der Entbehrlichkeit der Fristsetzung auffasst (so offenbar die vorgeschlagene Neufassung von § 541 Abs. 1 b japZGB), oder dafür eine besondere Vorschrift schafft (so das deutsche Recht in § 326 BGB). Der Unterschied besteht dann nur noch in dem Erfordernis einer rechtsgestaltenden Erklärung. Gegen eine solche spricht gerade aus Rechtssicherheitsgründen nichts. Das gilt insbesondere unter Berücksichtigung der Tatsache, dass es häufig für den Gläubiger schwer nachzuweisen sein wird, ob ein Fall der Verzögerung oder der Unmöglichkeit der Leistung vorliegt. Genau diesem Zweck dient im deutschen Recht auch das Rücktrittsrecht im Falle der Unmöglichkeit nach § 326 Abs. 5 BGB. Ein substantieller Unterschied zwischen dem japanischen Reformvorschlag und dem geltenden deutschen

---

19 S. dazu *Keizo Yamamoto* a. a. O. (Fn. 6) Rn. 278 ff.
20 S. dazu *Marutschke*, Übertragung dingliche Rechte und gutgläubiger Erwerb im japanischen Immobiliarsachenrecht, 1997, S. 13 ff, 114.
21 S. dazu *Keizo Yamamoto* a. a. O. (Fn. 6) Rn. 303 m. w. N.

Rücktrittsrecht ist daher insoweit nicht zu erkennen. Es dürfte im Gegenteil aus Rechtssicherheitsgründen vorteilhaft sein, auch im Fall der Unmöglichkeit keinen automatischen Wegfall der Gegenleistungspflicht anzuordnen, sondern dem Gläubiger ein Rücktrittsrecht einzuräumen. Dadurch wird insbesondere die in der Praxis häufig nicht klar feststellbare Unterscheidung zwischen Unmöglichkeit und Verspätung der Leistung unnötig. Auch dürfte die im deutschen Recht schwierige Frage der vorübergehenden Unmöglichkeit und deren Gleichstellung mit endgültiger Unmöglichkeit weniger Komplikationen aufwerfen. Es erübrigen sich auch komplizierte Verweisungsketten und Ausnahmeregelungen, wie sie das reformierte deutsche Recht in § 326 BGB enthält.[22] Auch der Vorschlag des *Common European Sales Law* (CESL) sieht im Fall der Unmöglichkeit der Leistung kein automatisches Erlöschen des Gegenanspruchs vor, sondern gibt dem Käufer ein unmittelbares Rücktrittsrecht.[23] Damit verzichtet auch das CESL auf eine allgemeine Gefahrtragungsregelung, sondern integriert diese wie der japanische Entwurf in das Rücktrittsrecht. Eine solche Lösung ist durchaus akzeptabel, möglicherweise derjenigen des deutschen Rechts aus den genannten Gründen sogar vorzuziehen.[24]

Der entscheidende Unterschied besteht allerdings darin, dass der Rücktritt bislang nach Art. 543 japZGB ein *Verschulden* seitens des Schuldners voraussetzt.[25] Im Rahmen der japanischen Reform scheint dieses Erfordernis umstritten zu sein. Ein Verschuldenserfordernis beim Rücktritt ist aber mit dem Gedanken des Synallagma unvereinbar:[26] Die Gegenleistungspflicht des Gläubigers

---

22   Die gilt insbesondere für den im Gewährleistungsrecht erläuterten Mechanismus des § 326 Abs. 1 S. 2 BGB, s. dazu u. III. 2. b).
23   S. dazu *S. Lorenz* AcP 212 (2012) S. 702, 824 f.
24   Anders hingegen der DCFR, der in Art. III.-3:104 (4) im Falle der Unmöglichkeit ebenfalls eine „*automatic termination*" vorsieht.
25   S. *Keizo Yamamoto* a. a. O. (Fn. 6) Rn. 269; nach dem Gesetzeswortlaut gilt dies nur für das Rücktrittsrecht wegen Unmöglichkeit der Leistung (Art. 543 japZGB), nicht aber für denjenigen wegen sonstiger Nichterfüllung (Art. 541 japZGB) der Fall. Infolge der Theorienrezeption aus dem (früheren) deutschen Leistungsstörungsrecht galt aber das Verschuldensprinzip bisher allgemein für alle Fälle des Rücktritts, s. *Akira Kamo*, Blick aus Japan auf die deutsche Schuldrechtsmodernisierung – Eine Studie zur Rechtsübertragung, in: Artz/Gsell/Lorenz (Hrsg.), Zehn Jahre Schuldrechtsmodernisierung, 2013, S. 121, 134.
26   Darin liegt auch kein Widerspruch zur Aufrechterhaltung des Verschuldensprinzips beim Schadensersatz: Während es beim Rücktritt nur darum geht, dem Gläubiger bei Ausbleiben der ihm gebührenden Leistung wieder Dispositionsfreiheit zu verschaffen, gleicht der Schadensersatzanspruch darüber hinaus Vermögensschäden auf Seiten des Gläubigers aus und

findet ihre Rechtfertigung sowohl bei der Entstehung des Vertrags als auch bei dessen Durchführung ausschließlich in dem Anspruch auf die Gegenleistung und dessen Erfüllung. Sie sollte daher mit diesem „stehen und fallen", unabhängig von der Frage, ob der Schuldner die Unmöglichkeit der Leistungserbringung zu vertreten hat.[27]

Ein Verzicht auf Regelungen über die Gefahrtragung durch deren Ersetzung durch ein Rücktrittsrecht ist daher nur dann möglich, wenn das Rücktrittsrecht unabhängig vom Vertretenmüssen gewährt wird. Das dürfte auch in rechtsvergleichender Hinsicht die überwiegende vertretene Lösung sein.

cc) Schadensersatzansprüche

Sämtliche Schadensersatzansprüche des Gläubigers infolge der Unmöglichkeit der Leistung sind vom Vertretenmüssen abhängig. Für den Fall der anfänglichen Unmöglichkeit sieht das Gesetz jedoch eine Spezialregelung vor. Anders als nach früherem Recht (§ 306 BGB a. F.) führt die anfängliche Unmöglichkeit nach der Neuregelung nicht mehr zur Nichtigkeit des Vertrages. § 311a Abs. 1 BGB stellt ausdrücklich klar, dass die anfängliche Unmöglichkeit der Wirksamkeit eines Vertrages nicht entgegensteht.

Diese Aufgabe des früheren Dogmas der Vertragsnichtigkeit bei anfänglicher Unmöglichkeit gestattet es, ein einheitliches Konzept der Haftung wegen Pflichtverletzung einzuführen. Aus Gründen der dogmatischen Klarheit war anfangs angeregt worden, statt von einer Haftung wegen „Pflichtverletzung" von einer Haftung wegen „Nichterfüllung" zu sprechen.[28] Dies hat sich allerdings im weiteren Verfahren nicht durchgesetzt. Der Sache nach ist aber eindeutig, dass die Haftung (auch) im Falle anfänglicher Unmöglichkeit auf einem Leistungsversprechen des Schuldners beruht. Es macht also lediglich einen sprachlichen Unterschied, ob man die Haftung wegen Nichterfüllung an eine „Pflichtverletzung" oder – wie der japanische Reformentwurf in Art. 415 japZGB – an die „Nichterfüllung einer Verpflichtung" (*failure to perfom an obligation*) anknüpft.

Nach § 311a Abs. 2 BGB kann der Gläubiger dann Schadensersatz statt der Leistung verlangen. Aus § 311 a Abs. 2 S. 2 BGB ergibt sich, dass auch dieser

---

vermindert damit das Vermögen des Schuldners.
27 So auch die neuere japanische Lehre der Vertragshaftung, s. *Keizo Yamamoto* a. a. O. (Fn. 6) Rn. 272 ff.
28 S. etwa *Canaris* JZ 2001, 499, 512.

Anspruch vom Vertretenmüssen abhängig ist. Ebenso wie § 280 Abs. 1 S. 2 BGB wird dabei das Vertretenmüssen vermutet. Der einzige Unterschied zwischen der Haftung nach § 280 Abs. 1 BGB und derjenigen nach § 311a Abs. 2 BGB liegt im Bezugspunkt des Vertretenmüssens: Hat sich der Schuldner zu einer Leistung verpflichtet, und ist ihm diese Leistung zum Zeitpunkt der Verpflichtung möglich, so hat er eine Sorgfaltspflicht, sich leistungsbereit zu halten. Ein Verstoß gegen diese Sorgfaltspflicht begründet dann den Verschuldensvorwurf nach § 276 Abs. 1 BGB in Form des Vorsatzes oder der Fahrlässigkeit. In den Fällen der anfänglichen Unmöglichkeit besteht die Unmöglichkeit bereits vor dem Zeitpunkt, in welchem die vertragliche Verpflichtung des Schuldners zur Leistungserbringung entsteht. Vor diesem Zeitpunkt hat er aber keine Sorgfaltspflicht, sich leistungsbereit zu halten. Man kann ihm im Falle der anfänglichen Unmöglichkeit allenfalls den Vorwurf machen, sich zu einer Leistung verpflichtet zu haben, die er nicht erbringen kann. Genau darauf bezieht sich das Vertretenmüssen nach § 311a Abs. 2 S. 2 BGB: Der Schuldner haftet auf Schadensersatz statt der Leistung (d. h. das Erfüllungsinteresse des Gläubigers), sofern er nicht nachweist, dass er die Unmöglichkeit der Leistung zum Zeitpunkt des Vertragsschlusses nicht kannte und seine Unkenntnis auch nicht im Sinne von § 276 Abs. 1 BGB zu vertreten hat. Das bedeutet, dass der Schuldner im Falle der anfänglichen Unmöglichkeit auf Schadenersatz statt der Leistung haftet, wenn er die Unmöglichkeit kannte, sich in fahrlässiger Unkenntnis der Unmöglichkeit befand oder für seine Leistungsfähigkeit vertraglich garantiert hat.

Die nachträgliche Unmöglichkeit ist vom Anwendungsbereich des § 311a BGB nach dessen eindeutigen Wortlaut nicht erfasst. Die Haftung des Schuldners auf Schadensersatz statt der Leistung basiert hier auf § 280 Abs. 1 BGB. Bereits oben wurde dargelegt, dass die Nichterbringung der Leistung auch im Fall der Unmöglichkeit eine Pflichtverletzung im Sinne dieser Norm darstellt. § 280 Abs. 3 BGB sieht allerdings vor, dass der Gläubiger Schadensersatz statt der Leistung nicht allein nach § 280 Abs. 1 BGB verlangen kann, sondern dass hierfür die zusätzlichen Voraussetzungen der §§ 281, 282, oder 283 BGB vorliegen müssen. Im Falle der (nachträglichen) Unmöglichkeit ist § 283 BGB einschlägig. Diese Norm erlaubt es dem Gläubiger, unmittelbar, d. h. ohne ein Fristsetzungserfordernis, Schadensersatz statt der Leistung zu verlangen. Diese Lösung entspricht vollständig dem früheren Recht. Ein Fristsetzungserfordernis wäre im Fall der Unmöglichkeit der Leistung auch vollkommen sinnwidrig, ist es doch Sinn des Fristsetzungskonzepts, dem Schuldner eine weitere Chance zur Erbringung der Leistung zu geben, die im hier gar nicht bestehen kann.

dd) Der Sonderfall der teilweisen Unmöglichkeit

Für den Sonderfall der teilweisen Unmöglichkeit enthält das Gesetz einige Vorschriften, die auf den ersten Blick kompliziert erscheinen mögen. Ziel aller dieser Regelungen ist es, dem Gläubiger im Falle der teilweisen Unmöglichkeit (nur) unter bestimmten weiteren Voraussetzungen die Möglichkeit zu geben, sich vom Gesamtvertrag zu lösen oder unter Verzicht auf den noch möglichen Teil der Leistung hinsichtlich der gesamten Leistung Schadensersatz statt der Leistung zu verlangen.

Bereits oben wurde dargelegt, dass im Fall der teilweisen Unmöglichkeit der Leistung der Gläubiger nach § 326 Abs. 1 S. 2 Alt. 2 BGB auch nur teilweise von der Gegenleistungspflicht befreit wird. Den noch möglichen Teil der Leistung muss er also annehmen und anteilig bezahlen. Eine Lösung vom gesamten Vertrag soll ihm nicht ohne Weiteres, sondern nur dann gestattet werden, wenn die teilweise Unmöglichkeit dazu führt, dass das Interesse an der Gesamtleistung weggefallen ist. Ein solcher Interessefortfall liegt wiederum nur dann vor, wenn der Gläubiger mit der verbliebenen Teilleistung seine Zwecke auch nicht anteilig verwirklichen kann. Der Sache nach geht es also darum, einen Vertrag soweit wie möglich aufrechtzuerhalten.

Gesetzestechnisch wird das durch eine etwas komplizierte, aber sehr klare Verweisungstechnik durchgeführt: § 326 Abs. 5 BGB erlaubt im Fall der Unmöglichkeit auch den Rücktritt des Gläubigers. Dafür verweist die Vorschrift auf die Regelung über den Rücktritt bei der Verspätung der Leistung (§ 323 BGB) mit der Maßgabe, dass die dort an sich für den Rücktritt vorgesehene Fristsetzung nicht erforderlich ist. Nach § 323 Abs. 5 S. 1 BGB kann aber der Gläubiger im Fall einer Teilleistung vom ganzen Vertrag nur zurücktreten, wenn er an der (bereits erbrachten oder noch möglichen) Teilleistung kein Interesse mehr hat. Damit hat der Gläubiger bei Teilunmöglichkeit der Leistung darzulegen und zu beweisen, dass er mit dem möglichen Teil der Leistung seine Vertragszwecke auch nicht anteilig verwirklichen kann. Gelingt ihm dieser Nachweis, kann er bezüglich des noch möglichen Teils der Leistung den Rücktritt erklären. Hinter diesem, auf den ersten Blick komplizierten System steckt ein einfacher Gedanke, der sich etwa auch im CISG wieder findet: Der Gläubiger soll eine Teilleistungsstörung nicht zum Anlass nehmen dürfen, sich vom gesamten Vertrag zu lösen.

Das japanische Recht scheint eine solche Einschränkung der Wirkungen einer teilweisen Unmöglichkeit nicht zu kennen. Art. 543 japZGB sieht zumindest nach seinem Wortlaut das Recht des Gläubigers vor, sowohl bei vollständiger als auch im Fall teilweiser Unmöglichkeit vom *ganzen* Vertrag zurückzutreten.[29]

Ein ganz ähnliches Problem stellt sich beim Schadensersatz statt der Leistung. Dieser kann im Fall einer Teilunmöglichkeit grundsätzlich in zweierlei Weise berechnet werden. Der Gläubiger kann dazu verpflichtet sein, den noch möglichen Teil der Leistung anzunehmen (und die Gegenleistung dafür zu entrichten) und Schadensersatz nur in Bezug auf den ausgebliebenen Teil verlangen zu können (sog. „kleiner" Schadensersatz). Schadensersatz statt der ganzen Leistung würde bedeuten, dass der Gläubiger auch den noch möglichen Teil der Leistung nicht annimmt, und bezüglich der gesamten Leistung Schadensersatz statt der Leistung verlangen kann. Diese Art des Schadensersatzes soll aber ebenfalls nur möglich sein, wenn der Gläubiger mit dem noch möglichen Teil der Leistung seine Vertragszwecke auch nicht anteilig erfüllen kann, d. h. Interessefortfall vorliegt. Auch dies erreicht das Gesetz durch eine etwas komplizierte, aber ebenso klare Verweisungskette: Nach § 281 Abs. 1 S. 3 BGB kann der Gläubiger im Fall der teilweisen Verzögerung der Leistung Schadensersatz statt der ganzen Leistung nur verlangen, wenn Interessefortfall vorliegt. Auf diese, den Umfang des Schadensersatzes statt der Leistung einschränkende Regelung verweisen die Vorschriften über den Schadensersatz statt der Leistung im Falle der Unmöglichkeit (siehe die Verweisungen in § 283 S. 2 BGB sowie in § 311a Abs. 2 S. 3 BGB).

b) Rechtsfolgen der Verspätung der Leistung
aa) Fortbestehen der Leistungspflicht

Ist dem Schuldner die Erbringung der Leistung nicht endgültig unmöglich, so bleibt er weiterhin zur Leistung verpflichtet. § 275 Abs. 1 BGB kann hier nur

---

29 Art. 543 japZGB: „If performance has become impossible, in whole or in part, the obligee may cancel the contract; provided, however, that this shall not apply if the failure to perform the obligation is due to reasons not attributable to the obligor."

vorübergehend von der Leistungspflicht befreien.[30] Der Gläubiger kann daher weiter den Erfüllungsanspruch geltend machen.

bb) Rücktritt

Der Gläubiger kann im Fall der Verspätung der Leistung nach § 323 BGB vom Vertrag zurücktreten. Der Rücktritt kann nach § 325 BGB mit dem Schadensersatz statt der Leistung kombiniert werden.[31] Das Rücktrittsrecht setzt grundsätzlich den fruchtlosen Ablauf einer vom Gläubiger gesetzten Frist voraus. Unter bestimmten Voraussetzungen, die das Gesetz in § 323 Abs. 2 BGB regelt, kann eine Fristsetzung auch entbehrlich sein. Der Rücktritt ist dabei, wie bereits oben dargelegt, vom Vertretenmüssen des Schuldners unabhängig. Er ist allerdings nach § 323 Abs. 6 BGB dann ausgeschlossen, wenn der *Gläubiger* für die Verzögerung der Leistung allein oder weit überwiegend verantwortlich ist oder sich im Annahmeverzug befindet. Hat der Schuldner nur einen Teil der Leistung erbracht, so kann der Gläubiger nach einer Fristsetzung grundsätzlich nur von dem noch nicht erbrachten Teil der Leistung zurücktreten (Teilrücktritt). Ein Rücktritt vom gesamten Vertrag setzt nach § 323 Abs. 5 S. 1 BGB Interessefortfall seitens des Gläubigers voraus. Sinn und Zweck dieser Regelung wurden bereits oben im Zusammenhang mit dem Schadensersatz statt der Leistung und dem Rücktritt im Falle der Unmöglichkeit der Leistung erörtert.

Der Rücktritt ist als Gestaltungsrecht konzipiert, d. h. er beendet das Schuldverhältnis und damit den Erfüllungsanspruch des Gläubigers erst mit seiner Erklärung.

Der japanische Entwurf scheint der Regelung des § 323 BGB im Wesentlichen zu entsprechen. Wie bereits oben im Zusammenhang mit der Gefahrtragung dargelegt[32] integriert er die Fälle der Unmöglichkeit der Leistung als Rücktrittsgrund und ordnet hierfür konsequent eine Entbehrlichkeit der Fristsetzung an. Damit wird konstruktiv ein ganz ähnliches Ergebnis erzielt, wie im reformierten deutschen Leistungsstörungsrecht. Ein wesentlicher Unterschied besteht im Verschuldenserfordernis auf Seiten des Schuldners.

---

30 Das Problem der vorübergehenden oder einstweiligen Unmöglichkeit wurde vom Gesetzgeber bewusst nicht geregelt und damit der Rechtsprechung und der Rechtswissenschaft überlassen. Zu den sich daraus ergebenden konstruktiven Problemen s. etwa *Medicus*, FS Heldrich, 2005, 347; *Arnold*, JZ 2002, 866.
31 So auch das japanische Recht (Art. 545 Abs. 3 japZGB).
32 S. o. II. 3. a) bb).

cc) Schadensersatz statt der Leistung
1) Voraussetzungen
Das Ausbleiben der Leistung zum Fälligkeitszeitpunkt stellt eine Pflichtverletzung im Sinne von § 280 Abs. 1 BGB dar, die den Schuldner zum Ersatz des hieraus entstehenden Schadens verpflichtet. Nach § 280 Abs. 3 BGB setzt jedoch der Anspruch auf Schadensersatz statt der Leistung weitere Tatbestandsmerkmale voraus: Im Fall der Verzögerung der Leistung müssen dabei die Voraussetzungen des § 281 BGB gegeben sein. Danach setzt der Anspruch auf Schadensersatz statt der Leistung den fruchtlosen Ablauf einer dem Schuldner vom Gläubiger gesetzten Nachfrist voraus. Auch hier findet sich also ebenso wie im Fall des Rücktritts das Fristsetzungskonzept des früheren deutschen Schuldrechts wieder. Für den Fall einer nur teilweisen Verzögerung der Leistung schränkt § 281 Abs. 1 S. 2 BGB den Anspruch auf Schadensersatz statt der ganzen Leistung ein, in dem dieser nur im Fall des Interessefortfalls gewährt wird. Sinn und Zweck dieser Regelung wurde bereits oben im Zusammenhang mit dem Schadensersatz statt der Leistung im Falle der Unmöglichkeit erörtert.
2) Verhältnis zum Erfüllungsanspruch
Während der Rücktritt den Erfüllungsanspruch des Gläubigers mit der Ausübung des Rücktrittsrechts beendet, stellt sich beim Anspruch auf Schadensersatz statt der Leistung im Falle der Verzögerung der Leistung die Frage des Verhältnisses zum Erfüllungsanspruch. § 281 Abs. 4 BGB regelt dies dergestalt, dass der Erfüllungsanspruch nicht bereits mit dem Ablauf der Nachfrist wegfällt, sondern erst dann, wenn der Gläubiger Schadensersatz statt der Leistung verlangt hat. Eine ganz ähnliche Regelung sieht offensichtlich der Vorschlag der japanischen Reform in Art. 415 Satz 2 (3) vor.[33]

4. Schutzpflichten: Die Integration der positiven Forderungsverletzung und der culpa in contrahendo in das System der Pflichtverletzung

Der einheitliche Tatbestand der Pflichtverletzung in § 280 Abs. 1 BGB ermöglicht auch eine Integration der Verletzung von Schutzpflichten. Der deutsche Reformgesetzgeber hat daher die Modernisierung des Schuldrechts zum Anlass genommen, auch die seit langem anerkannten Rechtsinstitute der positiven For-

---

33 „If an obligee claims damage in accordance with (1) or (2) above, the obligee may not demand from the obligor performance of such obligation."

derungsverletzung (pFV) und der culpa in contrahendo (c. i. c.) zu kodifizieren. Da mit dem Tatbestand der Pflichtverletzung in § 280 Abs. 1 BGB bereits eine Anspruchsgrundlage für die Verletzung von Pflichten besteht, bedurfte es nicht der Schaffung eigenständiger Anspruchsgrundlagen, sondern lediglich der gesetzlichen Niederlegung der Sorgfaltspflichten und deren Erstreckung auf das vorvertragliche Schuldverhältnis.

Die Schutzpflichten in Bezug auf das Integritätsinteresse des Gläubigers finden sich in § 241 Abs. 2 BGB. Danach verpflichtet das Schuldverhältnis die Parteien nicht nur zu Leistungspflichten (§ 241 Abs. 1 BGB) sondern auch dazu, auf die „Rechte, Rechtsgüter und Interessen des anderen Teils" Rücksicht zu nehmen.

§ 311 Abs. 2 BGB regelt wiederum, dass ein solches, auf Schutzpflichten begrenztes Schuldverhältnis auch durch die Aufnahme von Vertragsverhandlungen, die Anbahnung eines Vertrages oder ähnliche geschäftliche Kontakte entstehen kann.

Der Gesetzgeber beabsichtigte damit, eine gesetzliche Grundlage für die positive Forderungsverletzung und die c. i. c. zu schaffen. Die Generalklauseln erlauben es, die gesamte bisherige Rechtsentwicklung auch in das neue Recht hineinzutragen. Gleichzeitig sind die Tatbestände ausreichend offen, um eine Weiterentwicklung durch Rechtsprechung und Rechtswissenschaft zu ermöglichen. Das auch in Deutschland vor der Reform befürchtete „Einfrieren" von Richterrecht, d. h. die Sorge um einen Verlust der Flexibilität, hat sich nicht bewahrheitet.[34]

5. Zusammenfassung und Bewertung

Zusammenfassend lässt sich sagen, dass die entscheidenden Neuerungen des allgemeinen Leistungsstörungsrechts des BGB im Rahmen der Reform des deutschen Schuldrechts im Jahre 2002 weitestgehend systematischer Art waren. Die Aufteilung der Leistungsstörungen in Unmöglichkeit, Verspätung, Nebenpflichtverletzungen und vorvertragliche Pflichtverletzungen ist nicht nur erhalten geblieben, sondern systematisch deutlicher niedergelegt worden. Auch die Abschaffung der Vertragsnichtigkeit bei anfänglicher Unmöglichkeit der Leistung nach § 306 BGB a. F. ist bei einem genauen Vergleich keine Revolution.

---

34 Zu ähnlichen Befürchtungen im Rahmen der japanischen Reformbestrebungen s. *Akira Kamo* a. a. O. (Fn. 25) S. 131.

Sie war für die Schaffung eines einheitlichen Systems der Pflichtverletzung vielmehr unbedingt notwendig. Betrachtet man die zahlreichen Ausnahmen, die die Rechtsprechung zu § 306 BGB a. F. vorsah, ist auch diese Änderung für sich genommen keine dramatische Neuerung.

In der Praxis hat sich das „neue" System des Leistungsstörungsrechts bisher hervorragend bewährt. Selbstverständlich gibt es auch unter dem „neuen" Recht Streitfragen, diese sind aber deutlich weniger fundamental, als das nach früherem Recht der Fall war.

6. Schematischer Überblick

In einem (vereinfachenden) schematischen Überblick lässt sich das System des allgemeinen Leistungsstörungsrechts wie folgt darstellen:

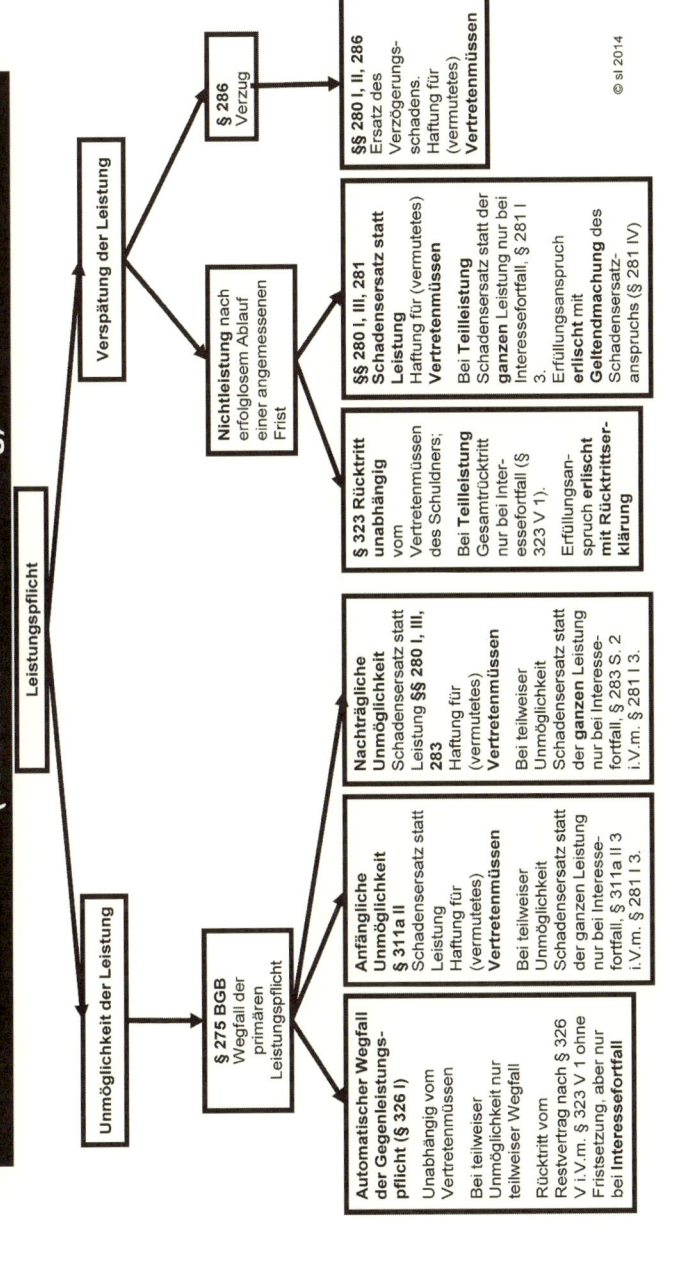

Das System des deutschen allgemeinen Leistungsstörungsrechts (vereinfachte Darstellung)

Leistungspflicht

Unmöglichkeit der Leistung

§ 275 BGB Wegfall der primären Leistungspflicht

Automatischer Wegfall der Gegenleistungspflicht (§ 326 I)
Unabhängig vom Vertretenmüssen
Bei teilweiser Unmöglichkeit nur bei teilweiser Wegfall
Rücktritt vom Restvertrag nach § 326 V i.V.m. § 323 V 1 ohne Fristsetzung, aber nur bei **Interessefortfall**

Anfängliche Unmöglichkeit § 311a II
Schadensersatz statt Leistung
Haftung für (vermutetes) **Vertretenmüssen**
Bei teilweiser Unmöglichkeit Schadensersatz statt der **ganzen** Leistung nur bei Interessefortfall, § 311a II 3 i.V.m. § 281 I 3.

Nachträgliche Unmöglichkeit
Schadensersatz statt Leistung §§ 280 I, III, 283
Haftung für (vermutetes) **Vertretenmüssen**
Bei teilweiser Unmöglichkeit Schadensersatz statt der **ganzen** Leistung nur bei Interessefortfall, § 283 S. 2 i.V.m. § 281 I 3.

Verspätung der Leistung

§ 286 Verzug

§§ 280 I, II, 286 Ersatz des Verzögerungsschadens. Haftung für (vermutetes) **Vertretenmüssen**

Nichtleistung nach erfolglosem Ablauf einer angemessenen Frist

§§ 280 I, III, 281 Schadensersatz statt Leistung
Haftung für (vermutetes) **Vertretenmüssen**
Bei **Teilleistung** Schadensersatz statt der **ganzen** Leistung nur bei Interessefortfall, § 281 I 3.
Erfüllungsanspruch **erlischt mit Geltendmachung** des Schadensersatzanspruchs (§ 281 IV)

§ 323 Rücktritt unabhängig vom Vertretenmüssen des Schuldners;
Bei **Teilleistung** Gesamtrücktritt nur bei Interessefortfall (§ 323 V 1).
Erfüllungsanspruch erlischt **mit Rücktrittserklärung**

© sl 2014

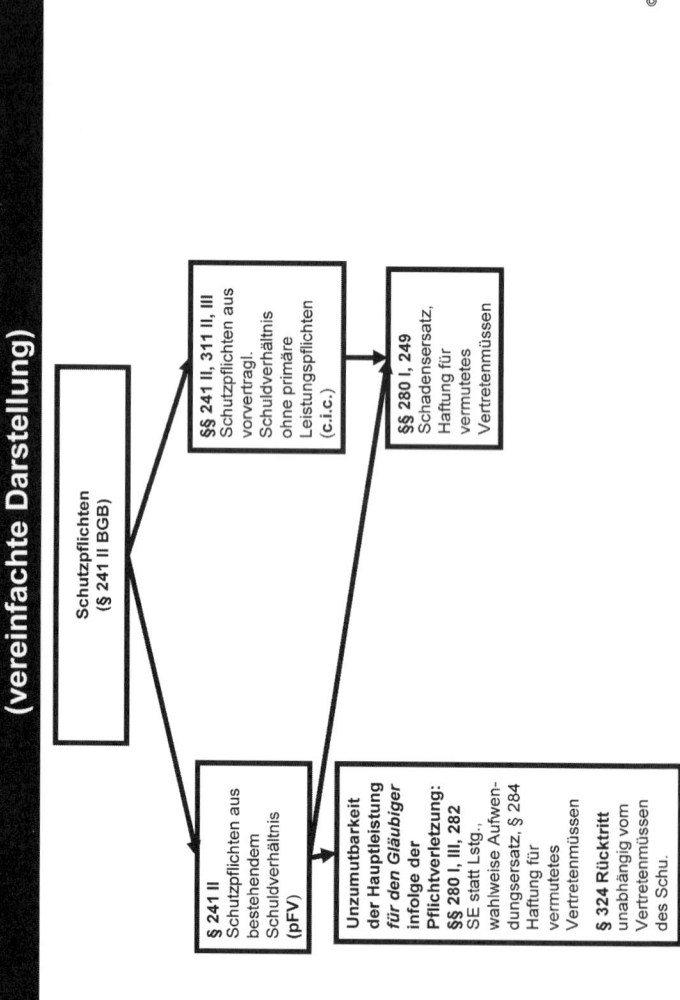

Das System des deutschen allgemeinen Leistungsstörungsrechts (vereinfachte Darstellung)

Schutzpflichten (§ 241 II BGB)

- **§ 241 II** Schutzpflichten aus bestehendem Schuldverhältnis (pFV)
  - **Unzumutbarkeit der Hauptleistung für den Gläubiger infolge der Pflichtverletzung:**
    §§ 280 I, III, 282 SE statt Lstg., wahlweise Aufwendungsersatz, § 284 Haftung für vermutetes Vertretenmüssen
  - **§ 324 Rücktritt** unabhängig vom Vertretenmüssen des Schu.

- **§§ 241 II, 311 II, III** Schutzpflichten aus vorvertragl. Schuldverhältnis ohne primäre Leistungspflichten (c.i.c.)
  - **§§ 280 I, 249** Schadensersatz, Haftung für vermutetes Vertretenmüssen

© sl 2014

III. Das kaufrechtliche Gewährleistungsrecht als Anwendungsfall des allgemeinen Leistungsstörungsrechts

1. Dogmatischer Ansatzpunkt: Die nicht vertragsgemäße Leistung als Teilleistungsstörung

Das Pflichtenprogramm eines Verkäufers in Bezug auf seine Leistungspflichten wird durch § 433 Abs. 1 BGB festgelegt. Nach § 433 Abs. 1 S. 1 BGB hat der Verkäufer dem Käufer Besitz und Eigentum an der Kaufsache zu verschaffen. Nach § 433 Abs. 1 S. 2 BGB hat der Verkäufer überdies sach- und rechtsmangelfrei zu leisten. Den Begriff des Sach- und des Rechtsmangels regeln die §§ 434, 435 BGB. Ist die Kaufsache i. S. dieser Vorschriften mangelhaft, liegt eine Pflichtverletzung i. S. v. § 280 Abs. 1 BGB und damit eine Leistungsstörung vor. Diese ist dabei ihrer Natur nach in Bezug auf die Leistungspflichten des Verkäufers eine *teilweise Leistungsstörung*: Verschafft der Verkäufer dem Käufer eine mangelhafte Sache, erfüllt er die Pflicht aus § 433 Abs. 1 S. 1 BGB, nicht aber jene aus § 433 Abs. 1 S. 2 BGB.

Dabei kann die Verletzung der Pflicht aus § 433 Abs. 1 S. 2 BGB, d. h. die Lieferung einer mangelhaften Sache entweder darauf beruhen, dass dem Verkäufer (Schuldner) die mangelfreie Leistung unmöglich ist, oder aber darauf, dass es ihm zwar möglich ist, mangelfrei zu leisten, dies aber nicht rechtzeitig erfolgt. Damit ist jede mangelhafte Leistung eine Pflichtverletzung im Sinne des allgemeinen Leistungsstörungsrechts entweder in Form einer (teilweisen) Unmöglichkeit der Leistung oder einer (teilweisen) Verzögerung der Leistung. Anders als im allgemeinen Leistungsstörungsrecht bezieht sich die Teilleistungsstörung dabei aber nicht auf die Quantität der Leistung, sondern auf deren Qualität. Zur Beschreibung dieses Phänomens haben sich die Begriffe der „qualitativen Unmöglichkeit" (= unbehebbarer Mangel) und der „qualitativen Verzögerung" (= behebbarer Mangel) eingebürgert.[35]

---

35 S. dazu etwa *Medicus/Lorenz*, Schulrecht II, 16. Aufl. 2012, Rn. 61 ff.

2. Haftung für unbehebbare Mängel (qualitative Unmöglichkeit)

a) Wegfall der Primärleistungspflicht zu sachmangelfreier Leistung

§ 275 Abs. 1 BGB befreit den Schuldner von der Primärleistungspflicht, „soweit" ihm die Leistung unmöglich ist. Daraus folgt für eine Teilleistungsstörung, dass der Schuldner nicht vollständig, sondern nur insoweit von der Leistungspflicht befreit ist, als ihm diese unmöglich ist. Bezogen auf das Kaufrecht bedeutet dies, dass der Verkäufer im Falle eines unbehebbaren Mangels nicht insgesamt von seiner Leistungspflicht befreit wird, sondern nur in Bezug auf die Pflicht zur mangelfreien Leistung aus § 433 Abs. 1 S. 2 BGB.

b) Schicksal der Gegenleistungspflicht

Da es sich um einen Fall teilweiser Unmöglichkeit handelt, würde nun nach den Regeln des allgemeinen Leistungsstörungsrechts die Gegenleistungspflicht des Käufers nach § 326 Abs. 1 S. 1 Hs. 2 BGB ipso iure anteilig erlöschen, d. h. es käme zu einer automatischen Minderung des Kaufpreises.[36] Um einen solchen Automatismus zu verhindern, ordnet § 326 Abs. 1 S. 2 BGB an, dass der automatische Wegfall der Gegenleistungspflicht dann nicht eintritt, „wenn der Schuldner im Falle der nicht vertragsgemäßen Leistung die Nacherfüllung nach § 275 Abs. 1 bis 3 nicht zu erbringen braucht." Mit dieser sehr abstrakten Formulierung wird nichts anderes als der Fall eines unbehebbaren Mangels beschrieben.[37]

c) Rücktritt (§ 437 Nr. 2 i. V. m. § 326 Abs. 5 BGB)

Der Käufer kann dann wie im Fall teilweiser quantitativer Unmöglichkeit nach § 325 Abs. 5 i. V. m. § 323 BGB vom Vertrag zurücktreten, ohne dem Verkäufer eine Frist setzen zu müssen. Ein Vertretenmüssen seitens des Verkäufers ist für den Rücktritt nicht erforderlich.

Wie bereits oben im Fall teilweiser Unmöglichkeit beschrieben, würde der Rücktritt nach § 323 Abs. 5 S. 1 BGB eigentlich den Nachweis von Interesse-

---

36 Zu diesem Mechanismus s. o. II. 3. a) aa).
37 Die abstrakte Formulierung sowie die Ansiedlung dieser Regelung im allgemeinen Leistungsstörungsrecht beruht darauf, dass sie nicht nur für die mangelhafte Leistung im Kaufvertrag, sondern auch für das Werkvertragsrecht Geltung beansprucht. Dessen Gewährleistungsrecht ist systematisch mit demjenigen des Kaufrechts identisch.

fortfall voraussetzen. Der Käufer müsste also darlegen und beweisen, warum er seine Vertragswerke mit der mangelhaften Leistung nicht zumindest anteilig verwirklichen kann. Einen solchen Beweis wollte der Gesetzgeber dem Käufer, der in seinen berechtigten Qualitätserwartungen enttäuscht wurde, nicht zumuten. Deshalb findet sich in § 323 Abs. 5 S. 2 BGB eine (wiederum höchst kompliziert formulierte) abweichende Regelung für den Fall einer mangelhaften Leistung. Hier ist der Rücktritt erst dann ausgeschlossen, wenn „die Pflichtverletzung" (d. h. der Mangel) „unerheblich" ist. Das privilegiert den Käufer in zweifacher Weise: „Erheblichkeit" des Mangels ist zunächst deutlich weniger, als Interessefortfall. Weiter ergibt sich aus der negativen Formulierung der Vorschrift eine Umkehr der Beweislast. Die Vorschrift besagt also, dass der Käufer wegen eines Mangels dann nicht zurücktreten kann, wenn der Verkäufer darlegt und beweist, dass der Mangel unerheblich ist. Hierunter verbirgt sich nichts anderes, als das Erfordernis einer „wesentlichen Vertragsverletzung" für eine Vertragsauflösung nach dem UN-Kaufrecht (siehe Art. 49 Abs. 1 lit. a CISG).[38]

d) Minderung des Kaufpreises (§ 437 Nr. 2 i. V. m. § 441 BGB)
Nach § 441 Abs. 1 BGB kann der Käufer bei einer mangelhaften Leistung den Kaufpreis mindern. Das Minderungsrecht kann nach dem Wortlaut der Norm anstelle des Rücktrittsrechts ausgeübt werden. Daraus ergibt sich zunächst, dass das Minderungsrecht keine eigenen Tatbestandsvoraussetzungen hat, sondern das Vorliegen eines Rücktrittsrechts voraussetzt. Weiter ergibt sich daraus, dass die Minderung nur anstelle des Rücktrittsrechts ausgeübt werden kann, mit diesem also nicht kombinierbar ist. Das Minderungsrecht wird durch eine rechtsgestaltende Erklärung gegenüber dem Verkäufer ausgeübt. Diese Erklärung ist bindend, d. h. der Käufer kann sich nicht nachträglich für den Rücktritt entscheiden.

Da ein Minderungsrecht das Bestehen eines Rücktrittsrechts voraussetzt, und ein solches nach § 326 Abs. 5 i. V. m. § 323 Abs. 5 S. 2 BGB nicht gegeben wäre, wenn der Mangel unerheblich ist, wäre ohne eine entsprechende Sonderregelung im Falle eines unerheblichen Mangels auch eine Minderung ausgeschlossen. Um dies zu verhindern, ordnet § 441 Abs. 1 S. 2 BGB an, dass für

---

38 Zur „Wesentlichkeit" i. S. v. § 323 Abs. 5 S. 2 BGB in der Rspr. des BGH s. z. B. BGHZ 167, 19; BGH NJW 2008, 1517; NJW 2009, 508; NJW-RR 2010, 1289; s. dazu auch *S. Lorenz*, NJW 2006, 1925.

das Bestehen eines Minderungsrechts der Ausschlussgrund des § 323 Abs. 5 S. 2 BGB keine Anwendung findet. Das bedeutet nichts anderes, als dass bei Vorliegen eines unerheblichen Mangels zwar kein Rücktrittsrecht, wohl aber ein Minderungsrecht besteht.

e) Schadensersatzansprüche des Käufers (§ 437 Nr. 3 i. V. m. § 311a Abs. 2 BGB, §§ 280 ff BGB)

aa) Schadensersatz statt der Leistung

Beim Schadensersatz statt der Leistung ist, dem allgemeinen Leistungsstörungsrecht folgend, zwischen einem anfänglich unbehebbaren Mangel (anfängliche teilweiser Unmöglichkeit) und dem wohl selteneren Fall eines nach Vertragsschluss entstehenden unbehebbaren Mangels zu trennen. Liegt ein unbehebbarer Mangel bereits vor Vertragsschluss vor, unterliegt die Haftung des Verkäufers auf Schadenersatz statt der Leistung der Regelung des §§ 311a Abs. 2 BGB. Der Verkäufer haftet auf das Erfüllungsinteresse, wenn er den Mangel und dessen Unbehebbarkeit kannte oder seine Unkenntnis i. S. v. § 276 BGB zu vertreten hat. Wie oben dargelegt, handelt es sich dabei um eine Haftung für vermutetes Verschulden, d. h. der Verkäufer muss den Entlastungsbeweis führen, dass er den Mangel weder kannte noch fahrlässig verkannt hat.[39] Damit haftet der Verkäufer auf das Erfüllungsinteresse bereits bei fahrlässiger Mangelunkenntnis. Hierin liegt ein fundamentaler Unterschied zum früheren deutschen Gewährleistungsrecht, nach welchen der Verkäufer auf Schadensersatz wegen Nichterfüllung nur im Fall von Zusicherung oder Arglist haftete (§ 463 BGB a. F.).

Ist der Mangel erst zwischen Vertragsschluss und Gefahrübergang eingetreten oder unbehebbar geworden, richtet sich die Haftung des Verkäufers wie im Falle nachträglicher Unmöglichkeit auf Schadensersatz statt der Leistung nach §§ 280 Abs. 1, Abs. 3, 283 BGB. Auch diese Haftung ist eine Haftung für (ver-

---

39 Für die Praxis von entscheidender Bedeutung ist dabei die Frage der Anforderung an den Entlastungsbeweis: Nach der Rspr. des BGH sind an diesen keine übertriebenen Anforderungen zu stellen. Insbesondere hat nach der Rspr. der Verkäufer, der nicht Hersteller der Sache ist, keine Untersuchungspflicht hinsichtlich der von ihm verkauften Waren. Auch muss er sich ein Verschulden des Herstellers oder seines Lieferanten nicht zurechnen lassen, s. dazu BGH NJW 1981, 1269, 1270; BGH NJW 2008, 2837 Rn. 29; 2009, 1660 Rn. 11; *S. Lorenz*, NJW 2013, 207.

mutetes) Vertretenmüssen.[40] Zu vertreten hat der Verkäufer den Mangel in diesem Fall nach § 276 BGB, wenn er ihn vorsätzlich oder fahrlässig verursacht hat.

Das Problem der Haftungsausfüllung bei teilweiser Unmöglichkeit wurde bereits oben dargelegt: Verlangt der Gläubiger Schadensersatz statt der ganzen Leistung, beinhaltet dies eine Rückabwicklung erbrachter Leistungen. Im allgemeinen Leistungsstörungsrecht setzt diese Art des Schadensersatzes nach § 281 Abs. 1 S. 2 BGB (auf den die §§ 311a Abs. 2 S. 2 und § 283 S. 3 BGB verweisen) voraus, dass der Schuldner an der erbrachten Teilleistung kein Interesse hat. Ebenso wie beim Rücktrittsrecht (§ 323 Abs. 5 S. 2 BGB) privilegiert das Gewährleistungsrecht hier den Käufer: Nach § 281 I S. 2 BGB kann er Schadensersatz statt der ganzen Leistung nicht erst bei Interessefortfall verlangen, sondern bereits dann, wenn der Mangel erheblich ist. Die Beweislast liegt überdies beim Verkäufer. Kurz gesagt: Im Fall eines unerheblichen Mangels kann der Käufer lediglich die Wertdifferenz zwischen dem tatsächlichen Wert der Sache und dem hypothetischen Wert der mangelfreien Sache verlangen. Ist der Mangel hingegen erheblich, kann er die mangelhafte Sache zurückgeben und Geldersatz in voller Höhe des Werts der mangelfreien Sache verlangen.

bb)   Schadensersatz neben der Leistung (Mangelfolgeschäden)

Erleidet der Käufer aufgrund des Mangels der Sache Schäden an seinen sonstigen Rechtsgütern, so ist der daraus entstehende Schaden nicht Gegenstand des Schadensersatzes statt der Leistung. Es handelt sich vielmehr um sog. „einfachen" Schadensersatz nach § 280 Abs. 1 BGB. Wenn also etwa durch den Mangel eines gekauften Autos ein Unfall verursacht wird, bei welchem der Käufer verletzt wird, ist dieser Schaden kausal durch die Verletzung der Pflicht zu sachmangelfreier Leistung (§ 433 Abs. 1 S. 2 BGB) entstanden und unmittelbar nach § 280 Abs. 1 BGB zu ersetzen, sofern der Verkäufer nicht den Nachweis fehlenden Vertretenmüssens führen kann. Es ist also seit der Reform nicht mehr notwendig, einen solchen Anspruch auf die (heute in § 241 Abs. 2 BGB gesetzlich geregelten) Grundsätze der positiven Forderungsverletzung zu stützen.

---

40   Dazu s. o. II. 3. a) cc).

3. Haftung für behebbare Mängel (qualitative Verzögerung)

a) Ersetzung des Erfüllungsanspruchs durch den Nacherfüllungsanspruch (§§ 437 Nr. 1, 439 BGB)

Liefert der Verkäufer eine mangelhafte Sache, obwohl ihm eine mangelfreie Lieferung möglich ist, wird er nicht nach § 275 Abs. 1 BGB vom Erfüllungsanspruch befreit. Nach allgemeinen Kriterien würde der Anspruch auf mangelfreie Leistung aus § 433 Abs. 1 S. 2 BGB damit fortbestehen. Das kaufrechtliche Gewährleistungsrecht enthält aber insoweit eine Sonderregelung: Der ursprüngliche Erfüllungsanspruch auf mangelfreie Leistung aus § 433 Abs. 1 S. 2 BGB wird mit dem Eingreifen des Gewährleistungsrechts durch einen speziell geregelten Nacherfüllungsanspruch aus § 439 BGB ersetzt. Dieser Anspruch ist mit dem ursprünglichen Erfüllungsanspruch nicht identisch. Es handelt sich um einen mit dem Eingreifen des Gewährleistungsrechts entstehenden neuen Anspruch, der die Rechte des Käufers in besonderer Weise ausgestaltet: So hat etwa der Käufer ein Wahlrecht, ob die Nacherfüllung im Wege der Beseitigung des Mangels (d. h. durch Reparatur) oder durch die Lieferung einer neuen, mangelfreien Sache erfolgen soll. Da es sich um einen modifizierten Erfüllungsanspruch handelt, entsteht dieser Anspruch unabhängig vom Vertretenmüssen des Verkäufers. Das Unterlassen der Nacherfüllung stellt damit eine eigenständige, in Bezug auf das Vertretenmüssen und die Haftungsausfüllung selbstständige Pflichtverletzung im Sinne von § 280 Abs. 1 BGB dar. Das ist für die später zu erörternde Schadensersatzpflicht des Verkäufers im Fall eines behebbaren Mangels von größter praktischer Bedeutung.

b) Rücktritt (§§ 437 Nr. 2, 323 BGB)

Bei der Lieferung einer mangelhaften Sache liegt im Fall eines behebbaren Mangels eine teilweise Verzögerung der Leistung vor, weil der Verkäufer zwar die Pflicht zur Lieferung aus § 433 Abs. 1 S. 1 BGB, nicht aber die Pflicht zur mangelfreien Leistung nach § 433 Abs. 1 S. 2 BGB erfüllt hat. Das Rücktrittsrecht des Käufers ergibt sich dann aus § 323 BGB. Wichtigste Folge ist, dass der Käufer dem Verkäufer eine Frist zur Nacherfüllung setzen muss, vor deren fruchtlosen Ablauf er den Vertrag nicht auflösen kann. Das Fristsetzungskonzept des allgemeinen Leistungsstörungsrechts wird damit auf das Gewährleistungsrecht übertragen. Das Rücktrittsrecht ist unabhängig vom Vertretenmüssen des Verkäufers. Es ist allerdings - wie im Falle eines unbehebbaren Mangels - nach § 323 Abs. 5 S. 2 BGB ausgeschlossen, wenn der Mangel unwesentlich ist. Den Nachweis hat, wie oben dargelegt, der Verkäufer zu führen.[41]

c) Minderung (§§ 437 Nr. 2, 441 Abs. 1 BGB)
Wie bereits oben dargelegt, besteht nach § 441 Abs. 1 BGB immer dann ein Minderungsrecht, wenn ein Rücktrittsrecht besteht. Für den Fall eines behebbaren Mangels setzt ein Rücktrittsrecht nach § 323 BGB grundsätzlich den fruchtlosen Ablauf einer dem Verkäufer zu setzenden Nacherfüllungsfrist voraus. Damit setzt auch ein Minderungsrecht einen Fristablauf voraus. Ebenso wie das Rücktrittsrecht ist auch das Minderungsrecht vom Vertretenmüssen unabhängig. Das Minderungsrecht besteht, wie oben dargelegt, nach § 441 Abs. 1 S. 2 BGB auch im Fall eines unerheblichen Mangels. Ein solcher rechtfertigt nach Auffassung des Gesetzgebers nicht die Rückabwicklung eines Vertrags, wohl aber eine Minderung durch den Käufer. Andernfalls wäre der Käufer bei einem unerheblichen Mangel letztlich rechtlos, wenn der Verkäufer die Nacherfüllung unterlässt.

d) Schadensersatzansprüche des Käufers (§ 437 Nr. 3 i. V. m. §§ 280 ff BGB)
aa) Schadensersatz statt der Leistung
Schadensersatz statt der Leistung kann der Käufer nach §§ 280 Abs. 1, 3 i. V. m. 281 BGB grundsätzlich erst nach fruchtlosem Ablauf einer dem Verkäufer zur Nacherfüllung gesetzten Frist verlangen. Der Anspruch ist vom Vertretenmüssen abhängig, das nach § 280 Abs. 1 S. 2 BGB vermutet wird. In dieser Hinsicht ist aber von Bedeutung, dass der Verkäufer zum Nachweis fehlenden Vertretenmüssens nicht (nur) beweisen muss, dass er bei Lieferung der Sache den Mangel weder kannte noch sich nicht in fahrlässiger Unkenntnis des Mangels befand. Für die Schadensersatzpflicht ist nämlich ausreichend, dass der Verkäufer die Nichtvornahme der nach § 439 BGB geschuldete Nacherfüllung zu vertreten hat. Da dieser Nacherfüllungsanspruch unabhängig vom Vertretenmüssen des Verkäufers entsteht, wird der Nachweis fehlenden Vertretenmüssens insoweit nur in sehr seltenen Fällen möglich sein: Da der Verkäufer die Nacherfüllung nämlich nicht höchstpersönlich vornehmen muss, wird ein Unterlassen der

---
41 S. o. III. 2. c).

Nacherfüllung häufig entweder daran scheitern, dass der Verkäufer den Mangel bestreitet, oder aber nicht über die für die Nacherfüllung notwendigen Geldmittel verfügt. Ersteres wäre ein Rechtsirrtum, der den Schuldner (Verkäufer) nur dann entlastet, wenn er unvermeidbar ist, Letzteres wäre ein Fall von Geldmangel, den der Schuldner (Verkäufer) nach allgemeinen Grundsätzen auch ohne Verschulden zu vertreten hat. Im wirtschaftlichen Endeffekt führt dies dazu, dass im Fall des *Gattungskaufs* bei einem behebbaren Mangel *de facto* eine vom Vertretenmüssen unabhängige Haftung in Bezug auf das Erfüllungsinteresse (nicht aber für Mangelfolgeschäden) besteht.

Für die Haftungsausfüllung gilt wiederum das zum unbehebbaren Mangel Ausgeführte:[42] Nach § 281 I S. 2 BGB kann er Schadensersatz statt der *ganzen* Leistung nicht erst bei Interessefortfall verlangen, sondern bereits dann, wenn der Mangel erheblich ist. Im Falle eines unerheblichen Mangels kann der Käufer lediglich die Wertdifferenz zwischen dem tatsächlichen Wert der Sache und dem hypothetischen Wert der mangelfreien Sache verlangen. Ist der Mangel hingegen erheblich, kann er die mangelhafte Sache zurückgeben und Geldersatz in voller Höhe des Werts der mangelfreien Sache verlangen.

bb) Schadensersatz neben der Leistung (Mangelfolgeschäden)

Erleidet der Käufer aufgrund des Mangels der Sache Schäden an seinen sonstigen Rechtsgütern, so ist der daraus entstehende Schaden nicht Gegenstand des Schadensersatzes statt der Leistung. Es handelt sich vielmehr um sog. „einfachen" Schadensersatz nach § 280 Abs. 1 BGB. Die Haftung unterscheidet sich hier bei einem behebbaren Mangel nicht von derjenigen bei einem unbehebbaren Mangel.[43]

4. Gewährleistung und Gefahrtragung bei Beschädigung und Untergang der mangelhaften Sache

Die Frage, wer beim Kauf einer mangelhaften Sache die Gefahr einer zufälligen Verschlechterung oder des Untergangs zu tragen hat, ist auch rechtsvergleichend eine der rechtspolitisch streitigsten Fragen des kaufrechtlichen Gewährleistungsrechts. Es geht dabei um die Frage, ob der Käufer einer mangelhaften Sache, bei welchem die Sache durch Zufall untergegangen ist oder sich verschlechtert hat, weiterhin aufgrund des Mangels zum Rücktritt vom Kaufver-

---

42 S. dazu oben III. 2. c) aa).
43 S. dazu oben III. 2. c) bb).

trag berechtigt ist. Diese so umstrittene „mortuus-redhibetur"-Problematik der Gefahrtragung beim Rücktritt wegen eines Sachmangels[44] wird im deutschen Recht aufgrund einer etwas komplizierten Ausnahmeregelung im Rücktrittsfolgenrecht in § 346 Abs. 3 Nr. 3 BGB geregelt. Danach „springt" die Gefahr der Beschädigung oder des Untergangs bei Lieferung einer mangelhaften Sache auf den Verkäufer zurück. Der Käufer kann also, auch wenn die Sache nicht aufgrund ihrer Mangelhaftigkeit beschädigt wurde oder untergegangen ist, weiterhin zurücktreten, den Kaufpreis zurückfordern, ohne dabei seinerseits zum Wertersatz verpflichtet zu sein.[45] Dieses Ergebnis ist rechtsvergleichend alles andere als selbstverständlich[46] und auch in der deutschen Rechtswissenschaft rechtspolitisch hoch umstritten.[47] Der deutsche Gesetzgeber war der Ansicht, dass das „Dilemma, von zwei schuldlosen Beteiligten einem den Verlust auferlegen zu müssen", zu Gunsten des Käufers gelöst werden müsse, da der Rücktritt im Fall eines Mangels der Kaufsache zumindest auf eine objektive Pflichtverletzung des Verkäufers zurückgehe.[48]

Der japanische Reformentwurf geht hier im Grundsatz einen anderen, rechtspolitisch sicherlich besseren Weg als das deutsche Recht. Nach dem *interim proposal* soll der Käufer keine Gewährleistungsrechte haben, wenn die mangelhafte Kaufsache nach der Übergabe beschädigt wird oder untergeht, sofern nicht das jeweilige Ereignis aufgrund der mangelhaften Leistung des Verkäufers eingetreten ist. Das entspricht der Sache nach der französischen Regelung in Art. 1647 Code Civil.[49] Sollte sich dieser Ausschluss allerdings auch auf das Minderungsrecht beziehen, so erscheint das als unangemessen: Da die Minderung nicht zu einer Rückabwicklung des Kaufs führt, wird die Gefahrtragung in

---

44　Siehe dazu nur *G. Wagner*, FS für U. Huber (2006) 591 ff.
45　Zu den Einzelheiten dieser rechtspolitisch hochumstrittenen Frage und der in der Lit. gesuchten Ausnahmen s. *Medicus/Lorenz* a. a. O. (Fn. 4) Rn. 570 ff.
46　So verfolgt insbesondere das französische Recht eine abweichende Lösung, indem der Käufer die Gefahr eines zufälligen, d. h. nicht mangelbedingten Untergangs der Kaufsache trägt, s. dazu Art. 1647 Code Civil: „*Si la chose qui avait des vices a péri par suite de sa mauvaise qualité, la perte est pour le vendeur, qui sera tenu envers l'acheteur à la restitution du prix, et aux autres dédommagements expliqués dans les deux articles précédents. Mais la perte arrivée par cas fortuit sera pour le compte de l'acheteur.*"
47　S. dazu etwa *Thier* FS Heldrich (2005) S. 439 ff m. w. N.; besonders nachdrücklich *Honsell* FS Schwerdtner (2003) S. 575, 580 f.
48　Begründung des Regierungsentwurfs BT-Drs. 14/6040 S. 196.
49　S. o. Fn. 46.

keiner Weise beeinflusst, wenn dem Käufer beim Untergang der Sache das Minderungsrecht erhalten bleibt. Berechtigte Interessen des Verkäufers werden in diesem Fall durch die Aufrechterhaltung des Minderungsrechts nicht tangiert.

5. Verjährung

Eine Sonderregelung enthält das Gewährleistungsrecht hinsichtlich der Verjährung: Während nach allgemeinem Verjährungsrecht eine Verjährungsfrist von 3 Jahren gilt (§ 194 BGB), deren Beginn nach § 199 BGB von der Kenntnis des Gläubigers von Anspruch und Schuldner abhängt (sog. subjektives System), enthält das Gewährleistungsrecht eine vorrangige Spezialregelung in § 438 BGB. Danach verjähren Gewährleistungsansprüche beim Kauf beweglicher Sachen in 2 Jahren (§ 438 Abs. 1 Nr. 3 BGB). Die Verjährung beginnt gem. § 438 Abs. 2 BGB mit der Ablieferung der Sache, unabhängig davon ob der Käufer den Mangel kannte oder kennen musste (sog. objektives System).

6. Zeitpunkt der Geltung des Gewährleistungsrecht – Konkurrenzprobleme

Die zeitliche Abgrenzung zwischen dem allgemeinen Leistungsstörungsrecht und dem kaufrechtlichen Gewährleistungsrecht wird durch den Begriff des Sach- und Rechtsmangels in § 434 und § 435 BGB bestimmt. Danach hat der Kaufgegenstand bei Gefahrübergang (Übergang der Preisgefahr)[50] mangelfrei zu sein. Bis zu diesem Zeitpunkt gilt das allgemeine Leistungsstörungsrecht. Die Unterschiede sind indes gering, da – wie dargelegt – das Gewährleistungsrecht auf dem allgemeinen Leistungsstörungsrecht basiert. Sie bestehen lediglich in einer abweichenden Verjährung und darin, dass der Käufer vor Übergabe bzw. Absendung der Sache noch nicht das Wahlrecht bezüglich der Nacherfüllung nach § 439 BGB, sondern weiterhin seinen ursprünglichen Erfüllungsanspruch auf mangelfreie Leistung aus § 433 Abs. 1 S. 2 BGB hat.

Durch die Angleichung der Rechtsbehelfe des allgemeinen Leistungsstörungsrechts und des Gewährleistungsrechts sind die vielfältigen Konkurrenzprobleme, die das deutsche Gewährleistungsrecht vor der Reform gekennzeichnet haben, nahezu weggefallen. Die Einführung einer Fahrlässigkeitshaftung

---

50 D. h. bei der Übergabe (§ 446 BGB), beim Versendungsverkauf zum Zeitpunkt der Versendung (§ 447 BGB).

sowie die Verlängerung der Verjährung haben insbesondere zu einer vollständigen Entschärfung der Konkurrenz zwischen dem kaufrechtlichen Gewährleistungsrecht und der Haftung aus *culpa in contrahendo* für vorvertragliche Aufklärungspflichtverletzungen geführt.

7. Zusammenfassung und Bewertung

Die Rückführung des kaufrechtlichen Gewährleistungsrechts auf das allgemeine Leistungsstörungsrecht hat zu einer starken Abstraktion des Gewährleistungsrechts geführt. Das entspricht durchaus der Tradition des BGB mit den daraus folgenden Stärken und Schwächen. Den Anspruch, eine für den Nicht-Juristen verständliche Regelung zu sein, kann das Gewährleistungsrecht sicher nicht erheben. Die Vereinheitlichung der Rechtsbehelfe führt aber zu einem weitgehenden Wegfall von Wertungswidersprüchen und damit zu einer klaren Regelung, die – was hier nicht erörtert werden kann – gleichermaßen für das Werkvertragsrecht gilt. Der wichtigste rechtspolitische Fortschritt liegt zweifellos in der Einführung einer Fahrlässigkeitshaftung für den Verkäufer, der Einführung eines vorrangigen Nacherfüllungsanspruchs durch die Übertragung des Fristsetzungskonzepts und der damit verbundenen „zweiten Chance" für den Verkäufer sowie in der Verlängerung der Verjährung.

In der Praxis ist die Neuregelung problemlos rezipiert worden. Selbstverständlich gibt es auch Streitfragen und ungeklärte Fragen. Diese betreffen aber lediglich Details der einzelnen Regelungen,[51] nicht aber das System des Gewährleistungsrechts als solches.

8. Schematischer Überblick

In einem (vereinfachenden) schematischen Überblick lässt sich das System des kaufrechtlichen Gewährleistungsrechts wie folgt darstellen:

---

[51] Das gilt insbesondere für die nähere Ausgestaltung und die sachliche Reichweite des Nacherfüllungsanspruchs. Diese Probleme gehen hauptsächlich auf den Einfluss des Europäischen Rechts auf das deutsche Kaufrecht zurück und sollen im vorliegenden Zusammenhang aus Gründen der Übersichtlichkeit nicht erörtert werden.

System der Sachmängelgewährleistung: Aufbau auf dem allg. Leistungsstörungsrecht

§ 433 I 2: *„Der Verkäufer hat dem Käufer die Sache frei von Sach- und Rechtsmängeln zu verschaffen."*

Die **Sachmangelfreiheit** (Def. in § 434) gehört damit zur **primären Leistungspflicht** des Verkäufers („**Erfüllungstheorie**").

Bei Lieferung einer mangelhaften Sache liegt damit eine **Pflichtverletzung** vor, und zwar in Form von:

- **„Qualitative" Unmöglichkeit** (I.S.v. § 439 nicht behebbarer Sachmangel)
  - **Keine Pflicht** zur Lieferung einer mangelfreien Sache (insoweit Befreiung von der Primärleistungspflicht nach § 275 I); **kein ipso iure-Wegfall** der Gegenleistungspflicht, § 326 I 2
    - **Rücktritt ohne Fristsetzung**, § 437 Nr. 2, 326 V; 323, **nicht bei unerheblichem Mangel** (§ 323 V 2)
    - **Minderung ohne Fristsetzung**, §§ 437 Nr. 2, 441; **auch bei unerheblichem Mangel** (§ 441 I 2)
    - **Schadensersatz statt der Leistung** § 437 Nr. 3
      - **Anfängl. Mangel:** §§ 437 Nr. 3, 311a II 1 Vor.: Kenntnis oder zu vertretende Unkenntnis (§ 276 I: fahrl. Unkenntnis d. Mangels od. Garantie) **Keine Fristsetzung** Kein „großer" Schadensersatz" bei **unerheblichem Mangel** (§ 311a II 3, 281 I 3)
      - **Nachträgl. Mangel:** §§ 437 Nr. 3, 280 I, III, 283 Vor.: **Vertretenmüssen** (§ 276) **Keine Fristsetzung** Kein „großer" Schadensersatz" bei **unerheblichem Mangel** (§ 283 S. 2, 281 I 3)

- **Verzögerung der Leistung** (i.S.v. § 439 behebbarer Sachmangel)
  - **Nacherfüllung §§ 437 Nr. 1, 439**
  - **Rücktritt §§ 437 Nr. 2, 440, 323** (setzt i.d.R. Fristsetzung voraus), **nicht bei unerheblichem Mangel** (323 V 2)
  - **Minderung §§ 437 Nr. 2, 441** (Voraussetzungen wie Rücktritt, d.h. i.d.R. Fristsetzung; **auch bei unerheblichem Mangel** (§ 441 I 2)
  - **SE statt Lstg. §§ 437 Nr. 3, 440, 280 I, III, 281** Vor.: **Vertretenmüssen** in Bezug auf unterl. Nacherfüllung **Fristsetzung** Kein „großer" Schadensersatz" bei **unerheblichem Mangel** (§ 281 I 3)
  - **§§ 437 Nr. 3, 280 I** Schadensersatz neben der Leistung („Mangelfolgeschaden")

© sl 2014

IV. Gesamtbewertung

Das 2002 reformierte deutsche Schuldrecht stellt in Bezug auf das System keinen Paradigmenwechsel dar. Die hergebrachten Grundstrukturen des Leistungsstörungsrechts, d. h. die Aufteilung der Leistungsstörungen in Unmöglichkeit, Verspätung, Nebenpflichtverletzung und vorvertragliche Pflichtverletzungen ist nicht nur erhalten geblieben, sondern sehr viel deutlicher gesetzlich niedergelegt worden. Tatsächlich ist das neue Leistungsstörungsrecht in weiten Teilen nichts anderes als typisch deutsche Dogmatik, gereift in über 100 Jahren Erfahrung mit dem Schuldrecht des BGB des Jahres 1900. Es stellt keinen wirklichen Systemwechsel dar.[52] Weder ist ein „substantieller Verlust an Niveau"[53] eingetreten, noch hat die Reform zu einem „nachhaltigen Qualitätsverlust in der juristischen Alltagsarbeit"[54] geführt.

Insbesondere haben sich die Aufgabe des Unwirksamkeitsdogmas bei anfänglicher Unmöglichkeit sowie die Einführung eines vom Vertretenmüssen unabhängigen Rücktrittsrechts sowohl in der wissenschaftlichen Aufarbeitung als auch in der Praxis bewährt. Jedenfalls wäre ohne diese Mechanismen eine Übertragung des Leistungsstörungsrechts auf das Gewährleistungsrecht sowohl des Kaufvertragsrechts als auch des Werkvertragsrechts nicht möglich gewesen.

Auch die Übertragung des Systems des allgemeinen Leistungsstörungsrechts auf das kauf- und werkvertragliche Gewährleistungsrecht ist technisch gelungen. Die vermehrte Relevanz von Grundsatzfragen stellt dabei keinen Nachteil, sondern einen Vorteil dar. Grundlegende Systemfehler sind nicht hervorgetreten und nach nunmehr 12 Jahren praktischer Anwendung auch nicht zu erwarten: Das System funktioniert.

Im Vergleich zur Rechtsentwicklung im japanischen Recht kann die Schuldrechtsreform als Bestätigung derjenigen Strömungen in der japanischen Rechtswissenschaft gesehen werden, die sich von der „Theorienrezeption" gelöst haben und Art. 415 japZGB im Ausgangspunkt als einen einheitlichen Pflicht-

---

52 S. dazu schon den Befund von *Medicus*, in: *Dauner-Lieb/Konzen/Schmidt* (Hrsg.), Das neue Schuldrecht in der Praxis (2002) S. 61, 70: „Insgesamt kann ich daher an dem Schuldrechtsmodernisierungsgesetz nichts finden, was man als „Systemwechsel" bezeichnen müsste".
53 So aber *Altmeppen* DB 2001, 1131.
54 So aber die Prognose von *Altmeppen* (vorige Fn.).

verletzungstatbestand gesehen haben.[55] Auch die internationalen Entwicklungen (DCFR und CESL) stellen eine solche Bestätigung dar. Ganz ähnliches gilt für das Verhältnis zwischen allgemeinem Leistungsstörungsrecht und Gewährleistungsrecht: Auch dort ermöglicht es bereits der Wortlaut des geltenden Rechts, die Rechtsbehelfe des Gewährleistungsrechts auf das allgemeine Leistungsstörungsrecht zurückzuführen, jedoch konnte sich dies anfangs aufgrund der Theorienrezeption aus dem deutschen Recht nicht durchsetzen. Erst moderne Strömungen in der japanischen Rechtswissenschaft nahmen den Gedanken eines einheitlichen Systems wieder auf, er ist auch ein Leitziel der derzeit geplanten Reform.[56]

Haben sich also das deutsche und das japanische Leistungsstörungs- und Gewährleistungsrecht durch die Schuldrechtsreform auf der Ebene des geschriebenen Rechts angenähert, und will man auch in Japan eine Reform des Leistungsstörungs-und Gewährleistungsrechts in Angriff nehmen, so sind die dort erforderlichen kodifikatorischen Eingriffe deutlich geringer, als sie das bei der Reform des deutschen Leistungsstörung-und Gewährleistungsrechts waren. Im Grunde bedarf es nur eines Abschieds von der Theorienrezeption und einer eigenständigen, modernen Sichtweise des japanischen Leistungsstörungs- und Gewährleistungsrechts. Es verwundert daher nicht, dass die vorgeschlagenen Änderungen des japanischen Zivilgesetzbuchs im Vergleich zu den Eingriffen, die das BGB im Rahmen der Schuldrechtsreform erfahren hat, deutlich geringer sind.

Wenn ein Blick von außen auf den Reformentwurf in seiner letzten Fassung gewagt werden soll, so kann eine große Übereinstimmung zwischen dem japanischen Entwurf und dem reformierten deutschen Schuldrecht festgestellt werden. Die Erfahrungen der deutschen Reform zeigen allerdings auf, dass ein vom Vertretenmüssen unabhängiges Rücktrittsrecht aus rechtspolitischen, aber auch aus systematischen Gründen unbedingt erforderlich erscheint. Ob man im Übrigen im Bereich des Schadensersatzes vom Verschuldensprinzip ausgeht, oder zu einer Garantiehaftung des Schuldners bzw. des Verkäufers gelangt, ist eine rechtspolitische Wertungsfrage, zu der eine wissenschaftliche Stellungnahme kaum möglich ist. Jedenfalls sollte eine neue Regelung eine klare, unmissverständliche Entscheidung enthalten. Die vorgeschlagene Formulie-

---

55 So auch *Kamo* a. a. O. (Fn. 25) S. 132 f.
56 S. auch dazu *Kamo* a. a. O. (Fn. 25) S. 133.

rung in Art. 415 japZGB, die auf „den Sinn des betreffenden Vertrags" (*keiyaku no shushi*) abstellt, erscheint eher auf einen Kompromiss schließen zu lassen, der möglicherweise Grund von Rechtsunsicherheit sein könnte.

Gegen die Abschaffung einer Gefahrtragungsregelung nach dem Modell von § 326 Abs. 1 und 2 BGB und deren Integration in ein Rücktrittsrecht lässt sich nichts einwenden. Sowohl aus Gründen der Rechtssicherheit, als auch aus Gründen der Übersichtlichkeit der Systematik ist eine solche Regelung vielmehr ausdrücklich zu begrüßen.

Zu begrüßen ist auch die vorgeschlagene Regelung über die Gefahrtragung beim Kauf einer mangelhaften Sache. Sie weicht von der Lösung des deutschen Rechts ab, ist ihr aber rechtsethisch überlegen: Der nicht mangelbedingte Untergang der Kaufsache beruht auf einem vom Käufer privatautonom übernommenen und damit von diesem zu verantwortenden Risiko, dessen Verwirklichung in keinem kausalen Zusammenhang mit der Mängelhaften des Verkäufers steht. Ein Minderungsrecht sollte aber weiter gewährleistet sein.

Aus deutscher Sicht ist die japanische Reform spannend. Sie bedeutet vor allem einen längst fälligen Abschied von der Theorierezeption des japanischen Schuldrechts aus dem deutschen Recht und damit nicht nur dessen Modernisierung, sondern vor allem auch dessen Emanzipation. Diese Selbstständigkeit des japanischen Leistungsstörungsrechts unter gleichzeitiger Modernität markiert gerade angesichts der gemeinsamen Wurzeln des japanischen und des deutschen Schuldrechts zugleich eine weitere bedeutende Stufe eines fruchtbaren wissenschaftlichen Austauschs beider Rechtsordnungen, der die deutsche Zivilrechtswissenschaft noch mehr als bisher bereichern kann.

V. Anhang: Zweisprachiger tabellarischer Überblick

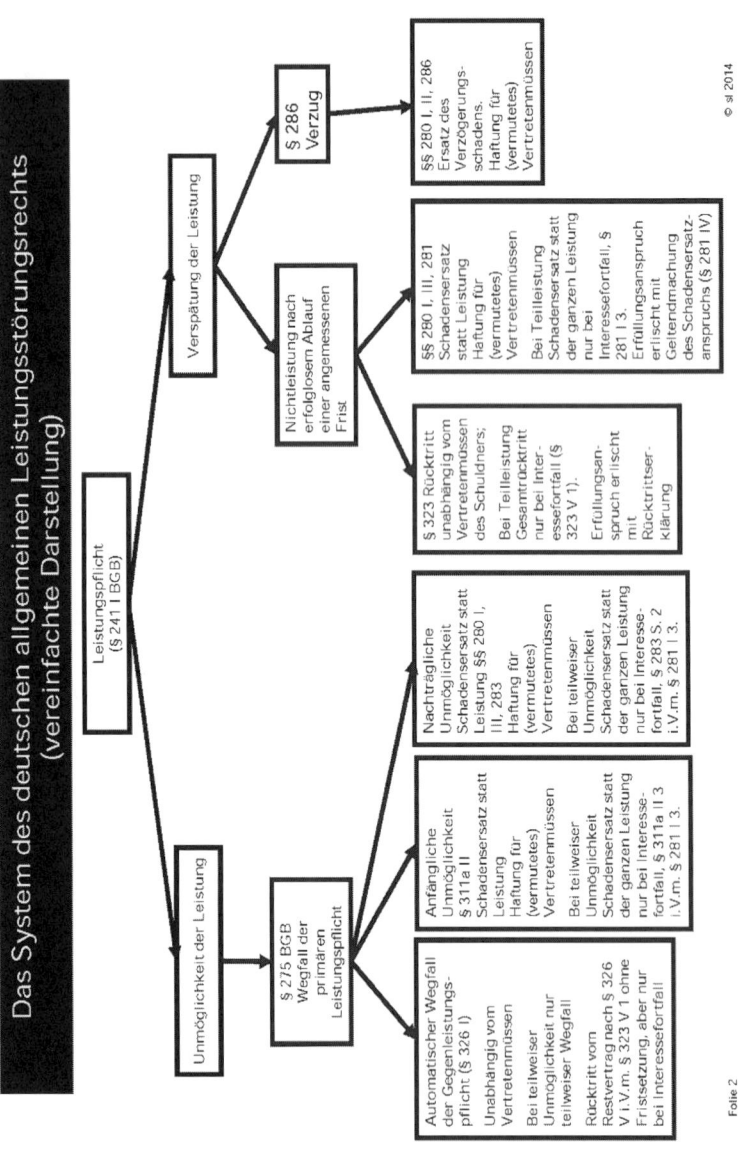

Das System des deutschen allgemeinen Leistungsstörungsrechts (vereinfachte Darstellung)

Leistungspflicht (§ 241 I BGB)

Unmöglichkeit der Leistung

§ 275 BGB Wegfall der primären Leistungspflicht

- Automatischer Wegfall der Gegenleistungspflicht (§ 326 I). Unabhängig vom Vertretenmüssen. Bei teilweiser Unmöglichkeit nur teilweiser Wegfall. Rücktritt vom Restvertrag nach § 326 V i.V.m. § 323 V 1 ohne Fristsetzung, aber nur bei Interessefortfall

- Anfängliche Unmöglichkeit, § 311a II Schadensersatz statt Leistung Haftung für (vermutetes) Vertretenmüssen. Bei teilweiser Unmöglichkeit Schadensersatz statt der ganzen Leistung nur bei Interessefortfall, § 311a II 3 i.V.m. § 281 I 3.

- Nachträgliche Unmöglichkeit Schadensersatz statt Leistung §§ 280 I, III, 283 Haftung für (vermutetes) Vertretenmüssen. Bei teilweiser Unmöglichkeit Schadensersatz statt der ganzen Leistung nur bei Interessefortfall, § 283 S. 2 i.V.m. § 281 I 3.

Verspätung der Leistung

Nichtleistung nach erfolglosem Ablauf einer angemessenen Frist

- § 323 Rücktritt unabhängig vom Vertretenmüssen des Schuldners; Bei Teilleistung Gesamtrücktritt nur bei Interessefortfall (§ 323 V 1). Erfüllungsanspruch erlischt mit Rücktrittserklärung

- §§ 280 I, III, 281 Schadensersatz statt Leistung Haftung für (vermutetes) Vertretenmüssen. Bei Teilleistung Schadensersatz statt der ganzen Leistung nur bei Interessefortfall, § 281 I 3. Erfüllungsanspruch erlischt mit Geltendmachung des Schadensersatzanspruchs (§ 281 IV)

§ 286 Verzug

- §§ 280 I, II, 286 Ersatz des Verzögerungsschadens. Haftung für (vermutetes) Vertretenmüssen

© sl 2014

Folie 2

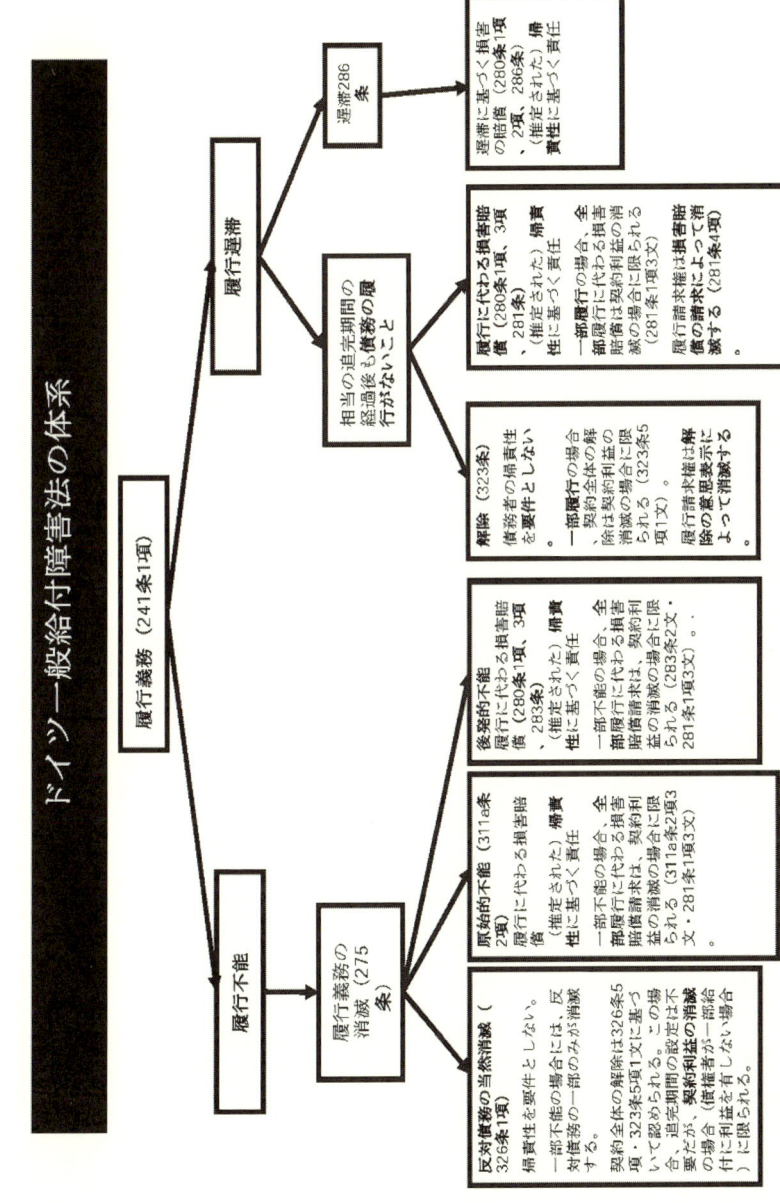

Systematik und Neuordnung von Leistungsstörungs- und Gewährleistungsrecht... *83*

ドイツ一般給付障害法の体系

```
                    履行義務（241条1項）
                    ┌──────┴──────┐
              履行不能              履行遅滞
                │                ┌───┴───┐
         履行義務の消滅         遅滞286   相当の追完期間の
            （275条）                    経過後も債務の履
                                        行がないこと
```

履行義務の消滅（275条）

- 反対債務の当然消滅（326条1項）。帰責性を要件としない。一部不能の場合には、反対債務の一部のみが消滅する。契約全体の解除は326条5項、323条5項次による。一部不能の場合、解除は契約全体の消滅に限られる（311a条2項2文・281条1項3文）。この場合、追完期間の設定を要件としないが、契約利益の一部付与となる場合（債権者が利益を有しない場合）に限られる。

- 原始的不能（311a条2項）。履行に代わる損害賠償（280条1項、3項）（推定された）帰責性に基づく責任。一部不能の場合、全部履行に代わる損害賠償請求は契約利益の消滅に限られる（311a条2項2文・281条1項3文）。

- 後発的不能。履行に代わる損害賠償（280条1項、3項、283条）（推定された）帰責性に基づく責任。一部不能の場合、全部履行に代わる損害賠償請求は契約利益の消滅に限られる（283条1項3文・281条1項3文）。

履行遅滞（相当の追完期間の経過後も債務の履行がないこと）

- 解除（323条）（債務者の帰責性を要件としない）。一部履行の場合、契約全体の解除は契約利益の消滅に限られる（323条5項1文）。履行請求権は解除の意思表示によって消滅する。

- 履行に代わる損害賠償（280条1項、3項）（281条）（推定された）帰責性に基づく責任。一部履行の場合、全部履行に代わる損害賠償請求は契約利益の消滅に限られる（281条1項3文）。履行請求権は損害賠償請求によって消滅する（281条4項）。

遅滞286

- 遅滞に基づく損害の賠償（280条1項2項、286条）（推定された）帰責性に基づく責任

© sl 2014

Folie 3

ドイツ一般給付障害法の体系

Schutzpflichten (§ 241 II BGB)
保護義務 (241条2項)

---

§ 241 II, 311 II, III
Schutzpflichten aus vorvertragl. Schuldverhältnis ohne primäre Leistungspflichten (c.i.c.)

契約成立前の債務関係に基づく保護義務は存在しない。(契約締結上の過失)(241条2項、311条2項、3項)

---

§ 241 II Schutzpflichten aus bestehendem Schuldverhältnis (pFV)

成立した債務関係から生じる保護義務(241条2項)(積極的債権侵害)

Unzumutbarkeit der Hauptleistung für den Gläubiger infolge der Pflichtverletzung:
§§ 280 I, III, 282 SE statt Leistung
§ 324 Rücktritt unabhängig vom Vertretenmüssen des Schuldners

義務違反を原因として、債権者にとってもはや生じた給付が期待できない場合
履行に代わる損害賠償 (280条1項、3項、282条)
解除 (324条)
債務者の帰責性を要件としない。

---

§§ 280 I, 249
Schadensersatz, Haftung für vermutetes Vertretenmüssen

損害賠償 (280条1項、249条)
(推定された) 帰責性に基づく責任

System der Sachmängelgewährleistung: Aufbau auf dem allg. Leistungsstörungsrecht

§ 433 I 2: „*Der Verkäufer hat dem Käufer die Sache frei von Sach- und Rechtsmängeln zu verschaffen.*"

Die Sachmangelfreiheit (Def. in § 434) gehört damit zur primären Leistungspflicht des Verkäufers („Erfüllungstheorie")

Bei Lieferung einer mangelhaften Sache liegt damit eine Pflichtverletzung vor, und zwar in Form von:

„Qualitative" Unmöglichkeit (i.S.v. § 439 nicht behebbarer Sachmangel)

- Keine Pflicht zur Lieferung einer mangelfreien Sache (insoweit Befreiung von der Primärleistungspflicht nach § 275 I); kein ipso iure-Wegfall der Gegenleistungspflicht, § 326 I 2
- Rücktritt ohne Fristsetzung, § 437 Nr. 2, 326 V; 323, nicht bei unerheblichem Mangel (§ 323 V 2)
- Minderung ohne Fristsetzung, §§ 437 Nr. 2, 441; auch bei unerheblichem Mangel (§ 441 2)

Anfängl. Mangel:
§§ 437 Nr. 3, 311a II 1
Vor.: Kenntnis oder zu vertretende Unkenntnis (§ 276 I: fahrl. Unkenntnis d. Mangels od. Garantie)
Keine Fristsetzung
Kein „großer Schadensersatz" bei unerheblichem Mangel (§ 311a II 3, 281 I 3)

Verzögerung der Leistung (i.S.v. § 439 behebbarer Sachmangel)

- Nacherfüllung §§ 437 Nr. 1, 439
- Rücktritt, §§ 437 Nr. 2, 440, 323 (setzt i.d.R. Fristsetzung voraus), nicht bei unerheblichem Mangel (323 V 2)
- Minderung §§ 437 Nr. 2, 441 (Voraussetzungen wie Rücktritt, d.h. i.d.R. Fristsetzung; auch bei unerheblichem Mangel (§ 441 2)

Schadensersatz statt der Leistung § 437 Nr. 3

- SE statt Lstg. §§ 437 Nr. 3, 440, 280 I, III, 281
  Vor.: Vertretenmüssen in Bezug auf unterl. Nacherfüllung Fristsetzung Kein „großer Schadensersatz" bei unerheblichem Mangel (§ 281 I 3)
- Nachträgl. Mangel: §§ 437 Nr. 3, 280 I, III, 283
  Vor.: Vertretenmüssen (§ 276) Keine Fristsetzung Kein „großer Schadensersatz" bei unerheblichem Mangel (§ 283 S. 2, 281 I 3)
- §§ 437 Nr. 3, 280 I Schadensersatz neben der Leistung („Mangelfolgeschaden")

© sl 2014

86　第1部　報　告

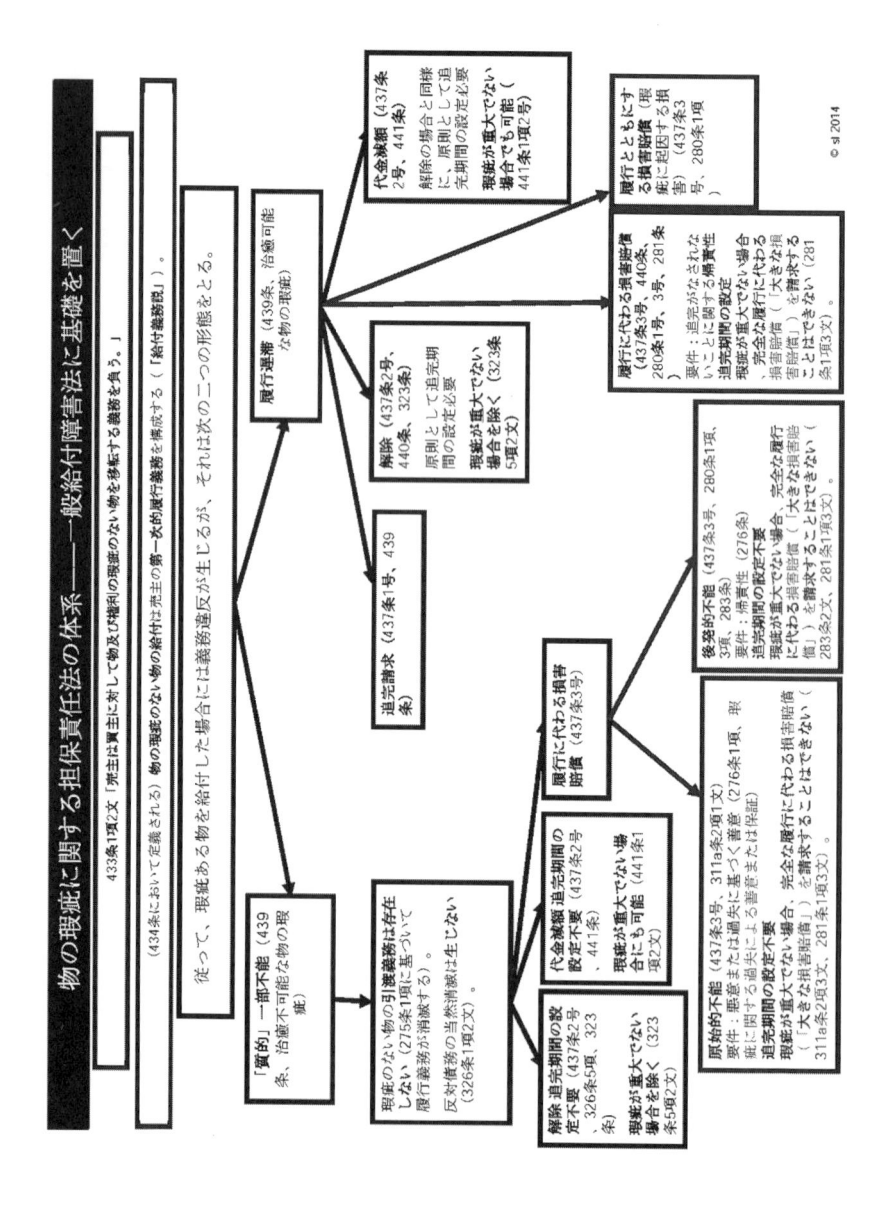

物の瑕疵に関する担保責任法の体系――一般給付障害法に基礎を置く

433条1項2文「売主は買主に対して物及び権利の瑕疵のない物を移転する義務を負う（「給付義務」）。」

（434条において定義される）物の瑕疵のない物の給付は売主の第一次的履行義務を構成する。

従って、瑕疵ある物を給付した場合には義務違反が生じるが、それは次の二つの形態をとる。

「質的」一部不能（439条、治癒不可能な物の瑕疵）

- 瑕疵のない物の引渡義務は存在しない（275条1項）。履行義務は当然に消滅する反対債務の当然消滅は生じない（326条1項2文）。
- 代金減額・追完期間の設定不要（437条2号、441条1項2文）
- 瑕疵が重大な場合でも可能（441条1項2文）
- 解除・追完期間の設定不要（437条2号、326条5項、323条）
- 瑕疵が重大な場合を除く（323条5項2文）

原始的不能（437条3号、311a条2項1文）
要件：悪意または過失に基づく善意（276条1項、311a条2項、但し追完期間の設定不要
瑕疵が重大でない場合、完全な履行に代わる損害賠償（「大きな損害賠償」）を請求することはできない（311a条2項3文、281条1項3文）

履行請求（437条1号、439条）

履行追完（439条、治癒可能な物の瑕疵）
↓
- **解除**（437条2号、440条、323条）原則として追完期間の設定必要
  瑕疵が重大な場合を除く（323条5項2文）
- **代金減額**（437条2号、441条）
  解除の場合と同様、原則として追完期間の設定必要
  瑕疵が重大でも可能（441条1項2号）

履行に代わる損害賠償（437条3号、440条、280条1項、3項、281条）
要件：追完がされないこと（281条）に関する帰責性
追完期間の設定
瑕疵が重大でない場合、完全な履行に代わる損害賠償（「大きな損害賠償」）を請求することはできない（281条1項3文）

履行とともにする損害賠償（437条3号、280条1項）

後発的不能（437条3号、280条1項、3項、283条）
要件：帰責性（276条）
追完期間の設定不要
瑕疵が重大でない場合、完全な履行に代わる損害賠償（「大きな損害賠償」）を請求することはできない（283条2文、281条1項3文）

© sl 2014

日本とドイツの債権譲渡法制の比較
——民法（債権関係）改正要綱案たたき台を素材に——

池 田 真 朗

I　はじめに

　本稿は，2014年2月21日に開催された，中央大学日本比較法研究所主催のシンポジウム「債権法改正に関する比較法的研究—日独法の視点から—」において，「日本の債権譲渡法制と債権法改正中間試案への意見—ドイツ側への質問も含めて」と題して行った報告に若干の整理を加えたものである．

　右のシンポジウム報告では，最初に，議論の前提として，日本とドイツの債権譲渡法制の根本的な相違点を論じ，後半の各論の議論がかみ合うような下地を模索した．その後，各論として，日本で現在進行中の民法（債権関係）改正における債権譲渡に関する論点を挙げて私見も含めて報告した．なお，同報告の時点で，法制審議会民法（債権関係）部会において債権譲渡が扱われた直近の部会は2014年2月4日開催のもので，そこでは，2013年2月に公表された中間試案とはかなり異なった提案もされている．そこで当日は，事前に提出した本シンポジウムの「セッション3：債権譲渡法制」の報告要旨とは異る内容で，その最新の情報を取り入れて報告した[1]．

---

1)　2014年2月4日の法制審議会部会に諮られた部会資料74Aに載せられた「要綱案たたき台」の条文案と，部会資料74Bの「要綱案の取りまとめに向けた検討(10)」に載せられた検討案を抜粋したものを，当日会場で資料として配布した（本稿末尾の**参考資料1，2参照**）．なお，当時の法制審議会民法（債権関係）部会では部会資料をAとBに分けており，74AのようにAがつくものは，部会で意見がまとまりつつあるもので，ほぼ条文案のような体裁を取っており，74BのようにBがつ

II 議論の前提として

1. 日独の債権譲渡法制の根本的な相違点と「公示」の在り方

　日本とドイツは，債権（いわゆる指名債権）譲渡については，まったく異なった法制を持っている．日本はフランス型の対抗要件構成を採る．つまり，物権変動と債権譲渡に共通の，当事者間では合意だけで権利が移転するという意思主義を採ったうえで，その移転を他の第三者に対抗するには一定の法定的な手続きを履践する必要があるという構成である．売掛債権や貸付債権等，一般のいわゆる指名債権の場合，債権譲渡について日本民法が定める第三者対抗要件は，確定日付のある証書による債務者への通知または確定日付のある証書による債務者の承諾である（民法467条2項）．ただし1998年以来，法人のする金銭債権の譲渡については，債権譲渡特例法（現在は動産債権譲渡特例法）によって，法務局のコンピューター上に譲渡情報を登記するやりかたで，この467条2項の確定日付のある証書による通知の代わりとできるようになっている．

　この民法467条の対抗要件の構造は，フランス民法1690条からボワソナード旧民法を経て継受された完全にフランス型の規定で，債務者に情報を集め，誰に払えばよいかを債務者に知らせるとともに，債務者が，譲り受けたい人からの問い合わせに答えることも想定した，つまり債務者がインフォメーション・センターになる形で，不完全ながらも公示の機能を果たすことを考えている．なお，債務者には回答する義務などはないのであるから，これは公示機能としてはもともと不完全なもので，それよりも，債務者には誰が債権者かということがわかるという，債務者保護の機能と公示機能がひとつに合わさっているところに最もメリットがあるものだと理解していただきたい．

　これに対してドイツは，対抗要件主義ではなく，契約だけで第三者に対しても効力を持ち，ただ，譲渡を知らない債務者が二重弁済などの不利をこうむる

くものは意見がまとまっていないものでなお議論の方向を提示するにとどまっているものである．

ないように保護する個別規定を置くやり方である．したがって，ドイツでは少なくとも条文上は公示機能は全く考えていないといってよかろう．しかし，現在のように，将来債権の譲渡までが問題になってくると，債務者は二重払いをしないように保護されるだけでなく，債務者の予測可能性を高めるという意味でも，何らか債務者に知らせる手段を取って債務者を保護する必要があるし，また，譲受人も，将来にわたって権利を確保できる（差押債権者などに優先できる）ためには，何らかの公示力のある手段によってその権利を確保できなければいけないことは当然である．つまり，この二重の意味で，ドイツでも債権譲渡に公示が必要になってきているのではないか．

2．債権譲渡は今日でも「知られたくない」取引か
―― 日本における 1990 年ころからの債権譲渡取引のパラダイムシフト

ドイツでは，現在でも，債権譲渡に「公示はいらない」のか，あるいは，「公示があると困る」のか．あるいは，やはり「公示は必要」と考えるに至っているのか．ちなみに日本では，1990 年ころまでは，債権譲渡は，資産状態が危うくなった譲渡人が苦し紛れにする，危機対応型取引であることが多かったので，債権譲渡をしていることが知られると信用不安を惹起するということがあり，意図的に対抗要件をとらない「サイレントの譲渡」がかなり行われた．しかし，1990 年くらいから後では，日本では，債権譲渡は企業の正常業務の中での資金調達手段として広く使われるようになっている．これを私は債権譲渡のパラダイムシフトと呼んでいる．そうすると資金調達手段としての債権譲渡は，譲受人の権利確保のために，逆に適正な公示を必要とする．このあたりの債権譲渡というものに対する「意識」が，今のドイツではどうなっているのか．

3．民法の問題か商法・会社法の問題か

日本では，企業がする債権譲渡も，個人がする債権譲渡も，すべて民法の問

題になる．つまりそれは，日本では，商法や会社法などには債権譲渡の規定が全くないからである．しかし，そういう状況は現代の世界ではもはや少数派なのではないか．たとえばUCCはアメリカの「統一商事法典」である．ドイツでも，この後論じる譲渡禁止特約は，会社などのする債権譲渡の場合について商法で規定が置かれていると聞く．債権譲渡は本当に民法だけで規定すべきものか．私は，債権譲渡について民法だけに規定があって商法や会社法には全く規定のない日本のやり方のほうがかえって不適切なのではないかと考えるに至っているが，ドイツ側の意見を伺いたい．

III　各論1──譲渡禁止特約

　日本では譲渡禁止特約の資金調達への弊害が言われ，効力を弱める意図で中間試案はできているが，禁止特約も有効，譲渡も有効という非常に複雑な案になっている．日本の債権法改正は，国民に分かりやすい民法典にするというふれこみなのに，ここは全く逆のことがなされているという批判が強い．ただ，2月4日の法制審議会部会に提出された案は，中間試案よりは簡略になっているが，それでも学者や弁護士でも一見しただけでは簡単には理解できないような提案になっている．

　ここでも簡単には説明ができないのだが，配布資料1の最初にあるたたき台の条文案を見ていただきたい．最大の問題は，中間試案と同じく，禁止特約はあっても譲渡は有効で，けれども債務者は譲受人に悪意又は重大な過失がある場合は譲渡を否定して譲渡人に払うことができる，という基本構造が維持されているため，譲受人が悪意・重過失の場合は，譲渡人も譲受人もいずれもが請求することができないことになるところである．譲渡は有効だから譲渡人はもはや支払いを請求できないし，譲渡禁止特約を知っていた譲受人は弁済を拒まれるというわけである．

　そして，このたたき台の条文案は，まず，債務者は譲渡人に払うことができるというところを説明するために，部会資料74Aの第1の1の(2)の，「イ

債務者は，譲受人が権利行使要件を備えた後であっても，譲渡人に対して弁済その他の当該債権を消滅させる行為をすることができ，かつ，その事由をもって譲受人に対抗することができること.」という趣旨の条文が必要になる.

ただこの効果は法律的にどう説明されるのか. つまり，譲渡人は，もはや債権者ではないので，法律上の弁済請求権はないのだが，弁済を受領する権限はなおあるということになるのだろうか.

さらに，そういう譲渡人・譲受人双方が請求できない場合を解決するために，「(3) 上記(2)後段に該当する場合であっても，債務者が債務を履行しないときにおいて，譲受人が債務者に対し，相当の期間を定めて譲渡人に対して履行すべき旨の催告をし，その期間内に履行がないときは，その後，債務者は，上記(2)の特約を譲受人に対抗することができない.」という規定を置いているのである. だからこの(3)は，こういう構成を取らなければなんら必要のない規定であるということになる. しかもここでいう「譲渡人に対して履行すべき旨の催告」の前提に，譲渡人への弁済を請求する権利が譲受人にあるということはどう説明がされるのか.

ここまで複雑な，一見意味の分からない規定を置いて，説明が難しい効果を「法定する」のは，やはり国民に分かりやすい民法を作るという方針からは全く逆のことになると言わざるを得ない. 日本は明治の民法典制定時（ボワソナード旧民法の修正時）にドイツ民法草案を参考に譲渡禁止特約を明文で規定した. したがって，債権譲渡の対抗要件はフランス型だが，譲渡禁止特約の効力を条文で肯定するというのはドイツ型である. 1890年に日本民法典を作った日本人起草委員は，この点，その時点でも譲渡禁止特約を明示するのは世界の立法でも少数派であることを認識しながら，日本の国情，つまり，当時まで譲渡人と譲受人とで債権を自由に譲渡できる慣行がなかったことを考慮して，このような過渡的ともいえる規定を置くのだと説明していた.

ドイツでは現在商法で譲渡禁止特約を制限している. つまり，民法に規定した譲渡禁止特約の効力を商法で否定するやり方を取っていると聞くが，そして私自身はそれは債権譲渡を円滑にするために適切なやり方と考えているのだ

が，この点で民法と商法の関係はどうなっているのか．また，ドイツ国内での実務からの評価はどういうものであるのか，を知りたいところである．比較でいえば，アメリカのUCC統一商事法典のように，譲渡禁止特約はつけても対外的に一切無効というやり方もあり，これだと債権譲渡による資金調達にはもっとも障害がない．しかし，銀行預金債権などのように，貸付債権との相殺を予定しているなど，譲渡禁止特約を付ける一定の合理的理由が債務者にある場合も当然にある．これに対して，日本では，大企業が，債権者が変わることをただ確認が面倒などという理由で譲渡禁止とする例も多く，これは債権譲渡による資金調達の大きな障害になっていると実務界では強く主張されている．

　そうすると，UNCITRALの国際債権譲渡条約のような，預金債権など金融関係の債権を適用除外にして譲渡禁止特約を禁じるやり方（つまり，一般の売掛債権などでは譲渡禁止特約は無効になる）がさらに検討されるべきではないのか．我が国の債権法改正でも，譲渡は有効，しかし債務者の禁止特約も有効，という案は，先に述べたように，適用関係が複雑になり，国民に分かりやすい民法を作るという改正方針に全く反するものであるという批判に加えて，結局禁止特約も有効とわかっていたら，そのような特約のついた債権をあえて譲り受ける（つまり，当事者の特約を有効とわかっていながら破る）ということはしたくないという銀行側の反応などから，法制審議会の改正案には，譲渡禁止特約の効果を今より弱めたいという発想には共感が示されるものの，具体的な立法提案として適切かどうかという批判が強い．私自身は，UNCITRALの国際債権譲渡条約のような，預金債権などだけを例外にして譲渡禁止特約の効力を否定するというやり方のほうがかえって明瞭でよいと考えているのだが，この点についてもご意見を知りたいところである．なおこの私の質問に関係する内容は，資料の74Bにも預金債権について別扱いとする案が出てくるが，そこでは74Aの提案を前提にしてそれに加える議論になっている．私の意見は，74Aの議論は前提にしないで，譲渡禁止特約はすべて対外的には無効というルールで，金融債権は適用除外とするのはどうか，というものである．

IV 各論2——第三者対抗要件

中間試案は一つ目の甲案で，登記一元化の提案もしたが，パブリックコメントでは，登記一元化は簡明でよいという意見はあったが，時期尚早として反対する意見が多数となった．同じく，二つ目の乙案で，対抗要件から承諾を外すという案も実務は猛反対している．結局パブコメでは，審議会の出した甲案乙案のふたつの案が反対多数で，現状維持つまり民法の通知・承諾による対抗要件と債権譲渡特例法の登記による対抗要件制度を当分併存させるというのが多数意見であった．ちなみに報告者も同意見である．法制審議会ではその後もなかなか意見の一致が見られないようで，2月4日の法制審議会部会では，74Aの「要綱案のたたき台(8)」からは債権譲渡の対抗要件は落とされ，74Bの「要綱案の取りまとめに向けた検討(10)」に入れられて，配布の参考資料2にあるように，

2 対抗要件制度（民法第467条関係）債権譲渡の対抗要件制度について，これまでの部会における審議を踏まえ，改正の要否及びその内容をどのように考えるか．

とされた．したがってこの債権譲渡の対抗要件については，条文案ではなく，そもそも改正するかどうかを含めて議論するという提案になったわけだが，その74Bの解説の中ではまた新しい案が議論されたりしている．ただ，パブリックコメントで否定された案を修正して要綱案にして出そうとするなどのことは，よほどの優れた案ができたのでもない限りは適切ではなかろう．今後今年7月に予定されている要綱仮案公表までにはもうパブコメの機会などがないことを考えると，とりあえず今回の改正ではパブコメ多数意見の通り現状を維持して，将来の制度整備や実務の動向を見計らって，しかるべき時期に登記に一元化するなどのしっかりした提案を再度考えるというのが妥当な対応のように思われる．せっかく改正案を出したのだから何とか維持したいと考えるのはナンセンスであって，ここは法改正の基本の発想に立ち返って，その改正

案でどれだけ現状よりも紛争解決に資するのか，どれだけ現状よりも実務に役に立つのか，という検証をしっかりすべきであろう．

つまり，登記一元化は簡明でよいのだが，日本ではまだ国家的な個人番号制度もできておらず（国会で法案が通った段階），現時点ではコンピュータによる登記になじむのは法人だけである．したがって現在の日本の債権譲渡登記制度も，法人のする金銭債権の譲渡に限定されている（ちなみにこの登記制度は，1998年の債権譲渡特例法によって，多数の債権譲渡の場合に一つ一つ確定日付のある通知・承諾を取るのは煩瑣でコストがかかるということから創設された．その後2004年には動産についても登記制度を創設し，法律も動産債権譲渡特例法となっている）．

報告者自身も，将来個人の識別が完全に可能になり，個人がコンピュータで登記できるような時代が来れば，当然修正の議論もされるべきという意見である．また現状では，債権譲渡登記は東京の法務局一局で全国の分を受け付けており，申請はコンピューターでもできるのだがその例はまだほとんどなく，USBなどの磁気ファイルに入れたデータを持参か郵送する方法でされている．費用も，多数の債権を一度に譲渡する場合は，一件の登記で債権個数が5,000個までなら7500円でできるのでコスト的にも有利であるが，単一の債権を譲渡するのであれば，2,000円程度で郵便局でできる内容証明郵便等という制度を使った確定日付のある通知のほうがよほど簡単で安価でいいと言われている．こういう制度基盤の整備をする前に法改正の提案をするのはそもそも適切でなかろう．

さらに，承諾を対抗要件から外すという提案に対しては，そもそも実務的には承諾が大変重要な機能を果たしているのになぜそれを廃止するのかという反論が強かった．たとえば，債務者の承諾があれば，存在しない債権を譲り受けてしまうという，いわゆるフロードリスクを避けることができるなどの利点もあることが，金融業界などから指摘されている．実際，実務では，担保掛目（譲渡担保として譲り受けた債権の総額に対していくら貸し付けをするか）については，通知だけのもの，承諾があるもの，異議を留めないという明示のある承諾があるもの，という順番で掛目を変えている．

（ドイツ側への質問）そもそも日本はフランスから導入した通知承諾の対抗要件システムを採用しているが，債権譲渡に対抗要件制度をとらないドイツから見て，対抗要件システムはどう評価されているのか．それを聞いたうえで登記一元化などの評価を聴きたい．ちなみに，法制審議会の議論では，債務者に情報が集まる（したがって債務者が誰に払えばよいかがわかる）この対抗要件の制度について，債務者に問い合わせがあった場合とか二重譲渡などの場合に債務者が優劣を判断したりするのが債務者に負担であるからいけない，という批判を強くする委員もいたようなのだが，法務省が2013年にした委託調査の報告書では，企業はそれをさしたる負担とは考えていないという結果が出ていることもつけ加えておきたい．

V　各論3——異議をとどめない承諾

日本の現行規定468条1項は，債権譲渡に異議をとどめないで（すなわち無留保で）承諾すると，譲渡人に対して持っていた抗弁が譲受人には使えなくなる，という規定である．これは，フランス民法1290条のルール（相殺の抗弁だけが使えなくなる）をボワソナードの意見で1890年の旧民法ですべての抗弁にひろげ，それを1896（明治29）年にできた現在の民法がとりこんだ，日本独自のルールである．しかし，対抗要件主義のもとでは，通知も承諾も，ドイツから取り入れた法律行為論でいえば意思表示ではなく観念通知にとどまる（権利移転を起こしているのは譲渡契約のほうで，対抗要件具備は別に権利を創設したり消滅させたりするものではないから）．そこで日本では，観念通知で抗弁が全部喪失するというのはおかしいという批判があった（この点ボワソナードは，承諾 acceptation は今でいう意思表示ととらえていたようである）．そこで中間試案では，これを抗弁放棄の意思表示と書き直して規定することにしていたのだが，これも2月4日の要綱案たたき台の提案では，明文規定を置かないことになった．つまり，468条1項は削除されるという提案である．抗弁放棄の意思表示であれば，特別な規定を置く必要もないという判断である．

（ドイツ側への質問）　抗弁放棄の意思表示ルールはもちろん国際基準でどこでも同じと思うが，異議をとどめず承諾しただけで抗弁が切れる現行ルールは，どう評価するか．日本の実務界では，わざわざ抗弁を放棄しますと言わせなくても，留保をつけずに承諾してもらえれば抗弁のない債権になるので，かえって資金調達にメリットがあるとしているが．

VI　各論4——将来債権譲渡

　日本では，1990年代ころから債権譲渡が資金調達のために広く行われるようになり，それにともなって，将来債権譲渡が真正譲渡のものも譲渡担保のものも資金調達のために広く行われている．この点は日本の判例は，UNCITRLの国際債権譲渡条約と同様に，真正譲渡か譲渡担保かによる区別をせず，譲渡があったかなかったかで区別している．そうすると，例えば債権譲渡担保による資金調達では，既発生の債権だけでは足りないので，将来債権も頻繁に使うようになっている．

　なお，売掛債権など債権を資金調達に使うことは，非常に合理性が高いことである．日本では，全企業の保有する不動産を150兆円とすると，売掛債権は全企業ベースでそれとほぼ同じか，ややそれを超えるほど存在することが，毎年の統計で分かっている．日本では1990年代以前は債権まで担保に入れるというのはその企業が危なくなっているからだという，誤った理解があったが，ことに株や社債で市場性資金を調達することが難しい中小企業の場合には，売掛債権や在庫動産を資金調達に活用するのは，当然の推奨すべき方法である．ちなみにアメリカ合衆国では，すでに2000年の統計で，流動資産つまり売掛債権や在庫動産の20％が資金調達に活用されているという．

　中間試案では，例えば不動産の将来の賃料債権を譲渡担保にした場合，期間内に不動産の所有者が変わった時も期間分の将来債権譲渡は有効，つまり譲渡人から第三者がその地位を承継した場合はその地位にもとづいて発生した債権を譲受人は取得できるという規定もあった．しかしこの点はもちろん日本でも

両論があり，紛糾するだろうと思われていたが，2月4日の要綱案たたき台の提案では，この規定は盛り込まれないことになっている．

なお，先の譲渡禁止特約との関係でいうと，中間試案でも，要綱案たたき台でも，将来債権が譲渡され，債務者に対する権利行使要件が具備された場合には，つまり，譲渡について債務者に通知がされたか，債務者が承諾した場合は，その後に債務者が譲渡制限特約を付けても，債務者はそれをもって譲受人に対抗できない，との規定が置かれる．つまり，将来債権の具体的な個々の発生時に債務者が譲渡禁止特約をつけようとしても，その前に権利行使要件が具備されている場合は，できないということである．これも，日本において現在議論が分かれているところを立法で明確にしようとするもので，資金調達に有利に働くものである．

参考資料1
民法（債権関係）部会資料74A【2014年2月4日審議案】より抜粋
民法（債権関係）の改正に関する要綱案のたたき台(8)抄録

第1 債権譲渡
1　債権の譲渡性とその制限（民法第466条関係）
　民法第466条の規律を次のように改めるものとする．
(1)　債権は，譲り渡すことができる．ただし，その性質がこれを許さないときは，この限りでない．
(2)　当事者が上記(1)に反する内容の特約をした場合であっても，債権の譲渡はその効力を妨げられない．この場合において，この特約は，次に掲げる効力を有するものとして，悪意又は重大な過失がある譲受人に対抗することができる．
　ア　債務者は，譲受人が権利行使要件（民法第467条第1項の債務者に対する通知［又は債務者の承諾］をいう．以下同じ．）を備えた後であっても，譲受人に対する債務の履行を拒むことができること．
　イ　債務者は，譲受人が権利行使要件を備えた後であっても，譲渡人に対して弁済その他の当該債権を消滅させる行為をすることができ，かつ，その事由をもって譲受人に対抗することができること．

(3) 上記(2)後段に該当する場合であっても，債務者が債務を履行しないときにおいて，譲受人が債務者に対し，相当の期間を定めて譲渡人に対して履行すべき旨の催告をし，その期間内に履行がないときは，その後，債務者は，上記(2)の特約を譲受人に対抗することができない．
(4) 上記(2)の特約のある債権に対して強制執行がされたときは，債務者は，その特約を差押債権者に対抗することができない．ただし，上記(2)の特約のある債権が悪意又は重大な過失のある譲受人に譲渡された場合において，その譲受人の債権者によって当該債権に対して強制執行がされたときは，この限りでない．

2　将来債権譲渡
　将来債権の譲渡について，次のような規律を設けるものとする．
(1) 将来発生する債権（以下「将来債権」という．）は，譲り渡すことができる．ただし，その性質がこれを許さないときは，この限りでない．
(2) 将来債権の譲受人は，発生した債権を当然に取得する．
(3) 将来債権の譲渡は，民法第467条第2項に定める方法により第三者対抗要件を具備しなければ，第三者に対抗することができない．
(4) 将来債権が譲渡され，権利行使要件が具備された場合には，その後に上記1(2)の特約がされたときであっても，債務者は，これをもって譲受人に対抗することができない．

3　債権譲渡と債務者の抗弁（民法第468条関係）
(1) 異議をとどめない承諾による抗弁の切断
　民法第468条の規律を次のように改めるものとする．
　債権が譲渡された場合において，債務者は，譲受人が権利行使要件を備える時までに譲渡人に対して生じた事由をもって譲受人に対抗することができるものとする．
(2) 債権譲渡と相殺【省略】

第2　契約上の地位の移転【省略】

参考資料2
民法（債権関係）部会資料74B【2014年2月4日検討提案】より抜粋
民法（債権関係）の改正に関する要綱案の取りまとめに向けた検討(10)抄録

第2　債権譲渡
1　債権の譲渡性とその制限（民法第466条関係）
(1)　民法第466条については，当事者間の特約（譲渡制限特約）によって弁済の相手方を固定することができるが，譲渡制限特約違反の譲渡を有効とする方向で改正する考え方が取り上げられているが（部会資料74A第1，1），これに加えて，債権譲渡による資金調達の促進を図るという観点から，さらに一定の限度で譲渡制限特約の効力を制限する規定を設けるという考え方があるが，どのように考えるか．
(2)　民法第466条を部会資料74A第1，1の内容に改める場合には，預金債権を対象として，当事者間の特約によって譲渡を無効とすることができる旨の規律を設けるべきであるという考え方がある．このような規律の要否について，どのように考えるか．

2　対抗要件制度（民法第467条関係）
　　債権譲渡の対抗要件制度について，これまでの部会における審議を踏まえ，改正の要否及びその内容をどのように考えるか．

Zur Entwicklung des Rechts der Forderungsabtretung aus deutscher Sicht

Moritz BÄLZ

I. Die Beständigkeit des deutschen Abtretungsrechts und die Herausforderung internationaler Entwicklungen

Die Regeln für die Abtretung von Forderungen in den §§ 398 ff. des deutschen Bürgerlichen Gesetzbuches (BGB) haben sich seit ihrem Inkrafttreten im Jahre 1900 als erstaunlich beständig erwiesen. Die Rechtsprechung hat sie im Wege der Auslegung in wesentlichen Punkten konkretisiert und fortentwickelt.[1] Der Gesetzeswortlaut wurde indes nur marginal geändert.[2] Auch die Schuldrechtsreform im Jahre 2002 hat die Thematik unberührt gelassen, obwohl auch das BGB die Forderungsabtretung im Schuldrecht regelt.[3] Dies lässt auf die Leistungsfähigkeit des deutschen Abtretungsrechts auch unter den Bedingungen des modernen Wirtschaftslebens schließen.[4]

Schon bei Inkrafttreten des BGB war eine Forderung zweierlei, persönliches Band zwischen Schuldner und Gläubiger und Vermögensgegenstand. Das sich daraus ergebende Regelungsproblem ist im Kern dasselbe geblieben: Auszugleichen sind einerseits das Interesse des Schuldners, durch den Gläubigerwechsel keine Nachteile zu erleiden, andererseits das Interesse des Gläubigers

---

1 Ausführlich Historisch-kritischer Kommentar zum BGB/*Hattenhauer* (2007) §§ 398–413, Rn. 42 ff.
2 Zweifach geringfügig angepasst wurde § 401 BGB. Vgl. Reichsgesetzblatt 1940 I, 1609; Bundesgesetzblatt 1994 I, 2911, 2925.
3 Zur historischen Entscheidung des Gesetzgebers, die Forderung nicht im Zusammenhang mit der Übereignung beweglicher Sachen im Sachenrecht zu normieren, siehe HKK/*Hattenhauer* (Fn. 1) Rn. 5.
4 *H. Eidenmüller*, Die Dogmatik der Zession vor dem Hintergrund der internationalen Entwicklung, Archiv für die civilistische Praxis 204 (2004) 457, 458; HKK/*Hattenhauer* (Fn. 1) Rn. 69.

und des Rechtsverkehrs an der Verkehrsfähigkeit der Forderung.[5] Derweil ist die wirtschaftliche Bedeutung der Forderungsabtretung zu Zwecken der Kreditsicherung, Refinanzierung und Risikoentlastung stetig gewachsen. Der enormen Mobilisierung von Forderungen,[6] welche die Verbreitung von Instrumenten wie Inkassozession, Sicherungsabtretung, Factoring und Verbriefung mit sich gebracht hat, kam das sehr liberale Abtretungsrecht des BGB[7] besonders entgegen.

Dennoch bedarf die Aussage, dass die Regelungen aus dem Jahre 1900 sich auch heute noch als leistungsfähig erweisen, einer wichtigen Einschränkung. Diese betrifft die rechtsgeschäftlichen Abtretungsverbote. Hatte der BGB-Gesetzgeber noch angenommen, solche Abreden seien in der Praxis seltene Ausnahmefälle,[8] haben die Entwicklungen im 20. Jahrhundert gezeigt, dass marktstarke Schuldner massenhaft von ihnen Gebrauch machen, wobei die deutsche Rechtsprechung ihnen dies auch in allgemeinen Geschäftsbedingungen gestattet.[9] Nachdem daher schon länger ein deutlicher Anpassungsbedarf bei der einschlägigen Vorschrift des § 399 2. Alt. BGB diagnostiziert worden war,[10] schränkt die Spezialnorm des § 354a Handelsgesetzbuch (HGB) seit dem Jahre 1994 die praktische Wirkung vertraglicher Abtretungsverbote für den Handelsverkehr stark ein.

Im Zuge des Aufkommens von Verkäufen von Kreditportfolien ist ab Mitte der 2000er Jahre ferner die Angemessenheit der Abtretungsregeln speziell für die Abtretung von Kreditforderungen stark diskutiert worden.[11] Dies hat letzt-

---

5 HKK/*Hattenhauer* (Fn. 1) Rn. 1 m. Nachw.
6 *Eidenmüller* (Fn. 4) 458 f.
7 Vgl. J. Basedow, Internationales Factoring zwischen Kollisionsrecht und Unidroit-Konvention, Zeitschrift für Europäisches Privatrecht 1997, 615, 642.
8 HKK/*Hattenhauer* (Fn. 1) Rn. 39. Dieser formuliert: „Die Gesetzesverfasser begriffen das *pactum de non cedendo* aber vor dem Hintergrund der damaligen Praxis zum einen als enge Ausnahme vom Grundsatz der Übertragbarkeit. Dass die Ausnahme zur Regel und nicht der Schuldner, sondern der von diesem wirtschaftlich abhängige Gläubiger der schutzbedürftige Teil werden würde, war damals nicht vorauszusehen." A. a. O. Rn. 59.
9 Siehe z.B. Bundesgerichtshof, Entscheidungen des Bundesgerichtshofs in Zivilsachen 77, 274, 275 und 112, 387, 389 f.
10 Siehe E. *Wagner*, Vertragliche Abtretungsverbote im System zivilrechtlicher Verfügungshindernisse (Tübingen 1994), 4 ff.; HKK/*Hattenhauer* (Fn. 1) Rn. 55.
11 Zusammenfassend R. *Stürner*, Zeitschrift für das gesamte Handels- und Wirtschaftsrecht 173 (2009), 363 ff.; G. *Nobbe*, Der Verkauf von Krediten, Zeitschrift für Wirtschaftsrecht 2008, 97 ff.

lich im Jahre 2008 zu Sonderregelungen speziell für die Abtretung von Darlehensforderungen durch Kreditinstitute geführt.[12] Auch diese betreffen nicht zuletzt die Wirkungen vertraglicher Abtretungsverbote (vgl. § 354a Abs. 2 HGB).[13]

In der Diskussion über die Weiterentwicklung des Abtretungsrechts spielen internationale Vereinheitlichungsbemühungen eine immer größere Rolle.[14] Zu nennen sind hier auf globaler Ebene u. a. die UNIDROIT-Factoring-Konvention von 1988,[15] das UN-Abtretungsübereinkommen von 2001[16] und das UNIDROIT-Sicherungsrechteübereinkommen von 2001,[17] auf europäischer Ebene der Vorentwurf für ein Europäisches Vertragsgesetzbuch der sog. Gandolfi-Gruppe aus dem Jahre 2001,[18] Band III der Principles of European Contract Law (PECL) aus dem Jahre 2003[19] und der Draft Common Frame of Reference (DCFR) aus dem Jahre 2009.[20] Dabei geht es einerseits darum, sich an international bewährten Lösungen zu orientieren. Andererseits erscheint angesichts der Zunahme grenzüberschreitender Abtretungen eine Vereinheitlichung – innerhalb der EU und darüber hinaus – als wünschenswert, wenn nicht dringlich.

Der Interessenausgleich bei der Forderungsabtretung ist ein komplexes

---

12 Diese Sonderregelungen finden sich im sog. Risikobegrenzungsgesetz, Bundesgesetzblatt 2008 I, 1666. Hierzu *K. Langenbucher,* Kredithandel nach dem Risikobegrenzungsgesetz, Neue Juristische Wochenschrift 2008, 3169 ff.

13 Zu § 496 Abs. 1 BGB siehe unten III. 1, zu § 496 Abs. 2 BGB siehe unten II. 1.

14 *Eidenmüller* (Fn. 4) 459 ff. Speziell zur Behandlung von Abtretungsverboten *M. Armgardt,* Die Wirkung vertraglicher Abtretungsverbote im deutschen und ausländischen Privatrecht, Rabels Zeitschrift für ausländisches und internationales Privatrecht 73 (2009) 314 ff. und *M. Müller-Chen,* Abtretungsverbote im internationalen Rechts- und Handelsverkehr, in: Schwenzer/Hager (Hrsg.), Festschrift für Peter Schlechtriem zum 70. Geburtstag (Tübingen 2003), 903 ff.

15 UNIDROIT Übereinkommen vom 20. 5. 1988 über das internationale Factoring, für die Bundesrepublik seit 1. 12. 1998 in Kraft. Hierzu *Basedow* (Fn. 7) 625 ff.

16 United Nations Convention on the Assignment of Receivables in International Trade. Noch nicht in Kraft, Deutschland hat noch nicht gezeichnet. Siehe zum Status http://www.uncitral.org/ [zuletzt besucht am 2. 2. 2014].

17 UNIDROIT-Übereinkommen über internationale Sicherungsrechte an beweglicher Ausrüstung. In Kraft seit 1. 3. 2006. Von der Bundesrepublik bislang nur gezeichnet.

18 *G. Gandolfi* (ed.), Code Européen de Contracts – Avant Project (Milano 2002).

19 *O. Lando* et al. (eds.), Principles of European Contract Law Part III (The Hague et al. 2003).

20 *Ch. von Bar* et al. (eds.), Principles, Definitions and Model Rules of European Private Law. Draft Common Frame of Reference (DCFR) Full Edition vol. 2 (2009).

Regelungsproblem. Einzelregelungen einer Rechtsordnung lassen sich meist nur mit Blick auf das jeweils gewählte Gesamtsystem verstehen und bewerten. Ich werde daher im folgenden zunächst einen knappen Überblick über das deutsche Recht geben (B.). Sodann möchte ich ausgewählte Fragen mit Blick auf die japanischen Reformvorschläge vertiefen (C.). Mein Referat schließt mit zusammenfassenden Thesen (D.)

II. Überblick über das deutsche Abtretungsrecht

1. Der Mechanismus der Abtretung (§§ 398 ff. BGB)

Die Regeln des BGB für die Abtretung von Forderungen begünstigen deren Verkehrsfähigkeit in unterschiedlicher Hinsicht: Erstens sind Forderungen nach §§ 398, 399 BGB grundsätzlich übertragbar.[21] Dies gilt auch für Teilforderungen und künftige Forderungen. Ferner ist es möglich, durch Globalzession eine ganze Gruppe bestehender oder künftiger Forderungen unter einer Gesamtbezeichnung abzutreten.

Die Abtretung ist zweitens als Verfügungsgeschäft gegenüber dem zugrundeliegenden schuldrechtlichen Verpflichtungsgeschäft (z. B. einem Forderungskauf oder einer Sicherungsabrede) abstrakt, also grundsätzlich auch gültig, wenn ein wirksamer Verpflichtungsgrund fehlt.[22]

Die Abtretung bedarf drittens im Regelfall keiner besonderen Form oder Publizität.[23] Auch stillschweigende Abtretungen sind möglich.

Viertens erfordert die Abtretung keine Mitwirkung oder auch nur Benachrichtigung des Schuldners. Mit dem Abschluss des Vertrags tritt der neue Gläubiger an die Stelle des bisherigen Gläubigers (§ 398 S. 2 BGB). Anders als nach japanischem Recht[24] kann der Abtretungsempfänger die abgetretene Forderung gegenüber jedermann geltend machen, ohne dass der Schuldner die Abtretung

---

21 Historisch ist dies keineswegs eine Selbstverständlichkeit. Siehe HKK/*Hattenhauer* (Fn. 1) Rn. 7 ff., 14 ff. und 21 ff.; *F. Ranieri*, Europäisches Obligationenrecht. Ein Handbuch mit Texten und Materialien (3. Auflage Wien/New York 2009), 1183 ff.

22 Staudingers Kommentar zum Bürgerlichen Gesetzbuch/*Busche* (14. Auflage München 2005) Einl. zu §§ 398 ff. BGB, Rn. 15. Die praktische Bedeutung des Abstraktionsprinzips sollte allerdings nicht überschätzt werden; HKK/*Hattenhauer* (Fn. 1) Rn. 6; zur Kritik ders. a. a. O. 66 ff.

23 Ausnahmen bestehen bei Abtretungen von Forderungen, die durch Grundpfandrechte gesichert sind (§§ 1154, 1192 BGB).

24 Näher unten III. 1.

anerkennt oder von der Abtretung Kenntnis hat.[25] Stille Zessionen, bei denen der Schuldner von der Abtretung keine Kenntnis hat und diesem gegenüber kraft einer Einziehungsermächtigung weiter allein der Abtretende in Erscheinung tritt, sind in Deutschland häufig, etwa als Abtretung zur Sicherung eines Kredits[26] oder zur Verlängerung eines Eigentumsvorbehalts, aber auch im Rahmen von Verbriefungen.[27] Zur Verbreitung trägt sicherlich bei, dass auch die stille Zession grundsätzlich Vorrang genießt gegenüber einer späteren Abtretung, unabhängig vom Zeitpunkt ihrer Offenlegung.[28]

Speziell bei Verbraucherdarlehen ist der Verbraucher von der Abtretung gegen ihn gerichteter Ansprüche aus dem Darlehensvertrag neuerdings gem. § 496 Abs. 2 BGB zu unterrichten, und sind ihm sind bestimmte Informationen zu übermitteln. Auf diese Weise soll sich der Verbraucher frühzeitig auf die veränderten Rahmenbedingungen einzustellen können.[29] Hiervon ist die stille Zession jedoch ausgenommen. Auch berechtigt eine Verletzung der in § 496 Abs. 2 BGB statuierten Pflicht den Verbraucher lediglich zum Schadenersatz, nicht zur Kündigung, geschweige denn dass sie die Abtretung unwirksam machen würde.

2. Schutz des Schuldners (§§ 404 ff. BGB)

Ist der Schuldner nach dem Gesagten an der Abtretung der gegen ihn gerichteten Forderung nicht beteiligt, ja muss er diese im Regelfall nicht einmal kennen, stellt sich die Frage des angemessenen Schuldnerschutzes in aller Schärfe. Das deutsche Recht enthält hierfür in §§ 404 ff. BGB spezielle Vorschriften. Diese zielen darauf, den Schuldner weitgehend, wenn auch nicht lückenlos,[30] vor rechtlichen Nachteilen durch die Abtretung zu schützen. Vor tatsächlichen

---

25 Mit der Abtretung erwirbt der neue Gläubiger zugleich etwaige akzessorische Sicherungsrechte (§ 401 BGB, z. B. Hypotheken oder Bürgschaften) und unselbständige Nebenrechte.
26 Das fehlende Anzeigeerfordernis macht die Sicherungszession gegenüber der Forderungsverpfändung attraktiv (vgl. § 1280 BGB).
27 True Sale-Verbriefungen in Deutschland benutzen in der Regel stille Zessionen. *Deloitte* (ed.), Asset Securitisation in Deutschland (3. Auflage Düsseldorf 2008) 94.
28 In bestimmten Konstellationen korrigiert die Rechtsprechung dieses Ergebnis, siehe zur Kollision einer Sicherungszession mit einem verlängerten Eigentumsvorbehalt unten II. am Ende.
29 Bundestagsdrucksache 16/9821, 15 f.
30 *L. Haertlein,* Die Rechtsstellung des Schuldners einer abgetretenen Forderung, Juristische Schulung 2007, 1073, 1075 ff.

Nachteilen, etwa einer Erschwerung seiner Buchführung oder der Konfrontation mit einem rigideren neuen Gläubiger,[31] ist der Schuldner dagegen nicht geschützt. Der Schuldnerschutz des BGB betrifft folgende Aspekte:

Erstens kann der Schuldner, bis er von der Abtretung (auf welche Weise auch immer) Kenntnis erlangt, mit befreiender Wirkung auch an den alten Gläubiger leisten (§ 407 BGB). Der neue Gläubiger kann in diesem Fall vom alten Gläubiger Herausgabe des Geleisteten nach Bereicherungsrecht verlangen (§ 816 Abs. 2 BGB), trägt allerdings das Weiterleitungsrisiko. Auch forderungsbezogene Rechtsgeschäfte, welche der Schuldner und der bisherige Gläubiger vor Kenntnis des Schuldners von der Abtretung vorgenommen haben (z. B. eine Stundung oder einen Erlass), muss der neue Gläubiger gegen sich gelten lassen.

Der Schuldner kann zweitens dem neuen Gläubiger alle zur Zeit der Abtretung gegen den alten Gläubiger begründeten Einwendungen entgegenhalten (§ 404 BGB).

Drittens kann der Schuldner gegenüber dem neuen Gläubiger mit einer Forderung gegen den alten Gläubiger aufrechnen, es sei denn, er hatte beim Erwerb der Forderung Kenntnis von der Abtretung oder die Forderung ist erst nach der Erlangung der Kenntnis und später als die abgetretene Forderung fällig geworden (§ 406 BGB).[32] Mit dieser komplizierten Regelung soll eine Aufrechnung ermöglicht werden, sofern der Schuldner bei Kenntniserlangung von der Abtretung auf eine Aufrechnung gegenüber dem Abtretenden vertrauen durfte.[33] Manches spricht dafür, *de lege lata* die Aufrechnung mit Forderungen aus demselben Rechtsverhältnis auch ohne Vorliegen dieser Voraussetzungen zuzulassen. Denn der Abtretungsempfänger kann insoweit mit einer Aufrechnung rechnen, und der Schuldner wird diese erwarten.[34]

Viertens genießt der Schuldner in bestimmten Situationen Schutz, in denen der Abtretende dieselbe Forderung mehrfach abtritt. In einem solchen Fall

---

31 Man denke an den Verlust des „Hausbankprivilegs", wenn sich ein Darlehensnehmer nach der Abtretung einem neuen Gläubiger, etwa einem ausländischen Fonds, gegenübersieht, der an einer langfristigen Beziehung kein Interesse hat, sondern auf eine rasche Realisierung vorhandener Sicherheiten abzielt. *Langenbucher* (Fn. 12) 3169.

32 Eine in Unkenntnis der erfolgten Abtretung gegenüber dem Abtretenden erklärte Aufrechnung richtet sich nach § 407 BGB. Ist die Aufrechnung bereits vor der Abtretung erfolgt, besteht schon keine abtretbare Forderung mehr; Erman Bürgerliches Gesetzbuch Handkommentar/*Westermann* § 404, Rn. 2.

33 Zur Bewertung dieses Kriteriums *Eidenmüller* (Fn. 4) 484.

34 *Eidenmüller* (Fn. 4) 484; HKK/*Hattenhauer* (Fn. 1) Rn. 73.

erwirbt nach dem Prioritätsprinzip nur der erste Abtretungsempfänger die Forderung. Denn mit dem Abschluss des ersten Abtretungsvertrages hat der Abtretende seine Verfügungsbefugnis verloren.[35] Leistet der Schuldner in diesem Fall in Unkenntnis der ersten Abtretung an den zweiten Abtretungsempfänger, wird er jedoch gleichwohl frei (§§ 408 Abs. 1, 407 BGB).

Schließlich wird der Schuldner auch dann durch Leistung an den (vermeintlichen) Abtretungsempfänger frei, wenn sich eine ihm durch den Abtretenden angezeigte Abtretung als unwirksam erweist (§ 409 Abs. 1 BGB).

Das deutsche Recht kombiniert also beim Schuldnerschutz subjektive und objektive Elemente: Während es grundsätzlich auf die Kenntnis des Schuldners von der Abtretung ankommt, ist für den Fall einer unrichtigen Anzeige (§ 409 BGB) – nach h. M. kenntnisunabhängig[36] – die Anzeige maßgeblich. Ein durchgängiges Abstellen auf das objektive Element der Anzeige böte zwar ein Mehr an Rechtssicherheit. In bestimmten Fällen käme dies aber bösgläubigen Schuldnern zugute. Ferner blieben Probleme im Falle einer unrichtigen Anzeige durch einen nur vermeintlichen Abtretungsempfänger.[37]

3. Rechtsgeschäftliche Abtretungsverbote (§ 399 Alt. 2 BGB, § 354a HGB)

Von enormer praktischer Bedeutung ist die Frage rechtsgeschäftlicher Abtretungsverbote. Hier sind grundsätzlich drei Modelle denkbar[38]: Eine abredewidrig vorgenommene Abtretung kann (1) absolut, d. h. gegenüber jedermann, unwirksam sein, (2) sie kann nur relativ, d. h. gegenüber dem Schuldner unwirksam sein, gegenüber dem Zessionar und Dritten aber wirksam, oder (3) sie kann absolut, d. h. auch gegenüber dem Schuldner, wirksam sein.

Nach der Auslegung der ständigen Rechtsprechung[39] ist das BGB im Jahre 1900 der schuldnerfreundlichen Variante (1) gefolgt, um dem Interesse des

---

35 Staudinger/*Busche* (Fn. 22) § 398, Rn. 32.
36 Bundesgerichtshof, Entscheidungen des Bundesgerichtshofs in Zivilsachen 64, 117, 119. Ablehnend HKK/*Hattenhauer* (Fn. 1) Rn. 65; für eine gesetzgeberische Korrektur *Eidenmüller* (Fn. 4) 491.
37 *Eidenmüller* (Fn. 4) 487 ff.; HKK/*Hattenhauer* (Fn. 1) Rn. 75.
38 Vgl. *Müller-Chen* (Fn. 14) 910 ff. Dabei gibt es vielfältige Mischformen.
39 Reichsgericht, Entscheidungen des Reichsgerichts in Zivilsachen 136, 395, 399; Bundesgerichtshof, Entscheidungen des Bundesgerichtshofs in Zivilsachen 40, 156, 160 und 112, 387, 390.

Schuldners Rechnung zu tragen, nur an einen bestimmten Gläubiger leisten zu müssen. Rechtsfolge eines rechtsgeschäftlichen Abtretungsverbots ist demgemäß, auch wenn es im Schrifttum starke Gegenstimmen gibt,[40] dass eine gleichwohl vorgenommene Abtretung gegenüber jedermann unwirksam ist und zwar unabhängig von der Gutgläubigkeit des Abtretungsempfängers. Eine gem. § 399 Alt. 2 BGB „vinkulierte" Forderung ist, so die Rechtsprechung, dem Rechtsverkehr von vorneherein entzogen.[41] Gleiches wird für bloße Beschränkungen der Abtretbarkeit angenommen (z. B. eine Bindung an die Zustimmung des Schuldners).[42]

Diese allgemeine Regelung des BGB ist im Jahre 1994 durch eine praktisch eminent wichtige Ausnahme ergänzt worden: Die Sondervorschrift des § 354a HGB bewirkt, dass im Handelsverkehr nunmehr im Ergebnis weitgehend Variante (2) gilt, d. h. die abredewidrige Abtretung nur relativ gegenüber dem Schuldner unwirksam ist. Hintergrund der Reform des Jahres 1994 war die verbreitete Praxis großer Unternehmen, aber auch der öffentlichen Hand, die Abtretbarkeit der Forderungen ihrer Vertragspartner formularmäßig auszuschließen. Insbesondere kleinen und mittleren Unternehmen wurde damit die Möglichkeit genommen, ihre Forderungen zu Finanzierungs- und Kreditsicherungszwecken einzusetzen. Daher bestimmt § 354a Abs. 1 HGB, dass eine Abtretung einer Geldforderung, die aus beiderseitigem Handelsgeschäft stammt oder gegen die öffentliche Hand gerichtet ist, auch bei Bestehen eines rechtsgeschäftlichen Abtretungsverbots zwingend wirksam ist.[43] Die Forderung geht also – auch für Zwecke der Einzel- und Gesamtzwangsvollstreckung – ungeachtet des Abtretungsverbots auf den Abtretungsempfänger über.[44] Damit bleibt

---

40 Für die Gegenansicht etwa *C.-W. Canaris,* Die Rechtsfolgen rechtsgeschäftlicher Abtretungsverbote, in: *Huber* (Hrsg.), Festschrift für Rolf Serick zum 70. Geburtstag (Heidelberg 1992), 9 ff. HKK/*Hattenhauer* (Fn. 1) Rn. 55 ff. mit Nachweisen in Fn. 380.

41 Reichsgericht, Entscheidungen des Reichsgerichts in Zivilsachen 136, 395, 399; Bundesgerichtshof, Entscheidungen des Bundesgerichtshofs in Zivilsachen 40, 156, 160.

42 Bundesgerichtshof, Entscheidungen des Bundesgerichtshofs in Zivilsachen 112, 387 mit Nachweisen.

43 Aus systematischen Gründen fordert die vorherrschende Ansicht auch bei einer gegen die öffentlichen Hand gerichteten Forderung, dass der Gläubiger Kaufmann ist. Münchener Kommentar zum Handelsgesetzbuch/*K. Schmidt* (3. Auflage München 2013) § 354a, Rn. 9 mit Nachweisen.

44 Vollstrecken Gläubiger des Abtretenden in dessen Vermögen, kann der Abtretungsempfänger daher Drittwiderspruchsklage (§ 771 Zivilprozessordnung) erheben, in der Insolvenz des Abtretenden steht dem Abtretungsempfänger ein Aus- oder Absonderungsrecht zu (§§ 47, 51

die Forderung verkehrsfähig.[45] Ob der Abtretende schuldrechtlich gebunden werden kann, ist umstritten.[46] Den Interessen des Schuldners wird dadurch genügt, dass er mit befreiender Wirkung wahlweise auch an den Abtretenden leisten kann. Nach herrschender Auffassung ermöglicht dieser Schuldnerschutz über §§ 406, 407 BGB hinausgehend sogar eine befreiende Leistung in Kenntnis der Abtretung.[47] Bei Verbriefungen löst diese Regelung freilich Risikoabschläge aus.

Die dogmatische Konstruktion des § 354a HGB ist eigenwillig: Kombiniert werden eine absolute Wirksamkeit der abredewidrigen Abtretung mit einem weitgehenden Schuldnerschutz. Indes hat diese Konstruktion gegenüber dem international üblicheren relativen Unwirksamkeit, der sie im Ergebnis nahe kommt, den Vorteil, dass der Abtretungsempfänger direkt gegen den Schuldner vorgehen kann, jedenfalls wenn er diesem die Wahl eröffnet, auch an den Abtretenden zahlen zu können.[48]

Während das Bedürfnis, die flächendeckende Verwendung von Abtretungsverboten zurückzudrängen, breite Anerkennung gefunden hat,[49] ist die konkrete Umsetzung dieses Regelungsziels in § 354a HGB umstritten geblieben: Kritisiert wird die Begrenzung des Anwendungsbereichs auf den kaufmännischen Verkehr.[50] Es sei schwer einzusehen, weshalb nur kaufmännische Gläubiger das Privileg haben sollen, ihre Forderungen trotz Abtretungsverbots abtreten zu können, nicht-kaufmännische Unternehmer (z. B. Architekten oder Rechtsanwälte) und Verbraucher dagegen nicht. Zweifelhaft ist ferner, ob die Schuldnerschutzvorschrift des § 354a Abs. 1 S. 2 HGB dem Schuldner auch das Recht gibt, mit dem Abtretenden forderungsbezogene Rechtsgeschäfte (z. B. einen

---

Insolvenzordnung).
45 Ihr Wert als Wirtschaftsgut ist freilich geschmälert durch § 354a Abs. 1 S. 2. HGB, der dem Schuldner – sogar in Kenntnis der Abtretung – eine befreiende Leistung an den Abtretenden erlaubt. Hierzu sogleich.
46 Siehe MünchKommHGB/*K. Schmidt* (Fn. 43) §354a, Rn. 32 mit Nachweisen.
47 MünchKommHGB/*K. Schmidt* (Fn. 43) § 354a, Rn. 19 mit Nachweisen; Staub Großkommentar zum Handelsgesetzbuch/*Canaris* (4. Auflage Berlin 2004) § 354a, Rn. 13 f. Das Wahlrecht des Schuldners findet seine Grenzen im Rechtsmissbrauchsverbot (§ 242 BGB).
48 Siehe im einzelnen Staub/*Canaris* (Fn. 47) § 354a, Rn. 17.
49 *E. Wagner*, Die Rechtslage bei vertraglichen Abtretungsverboten im kaufmännischen Geschäftsverkehr, Wertpapiermitteilungen 1994, 2093, 2103; MünchKommHGB/*K. Schmidt* (Fn. 43) § 354a, Rn. 4 mit Nachweisen.
50 Staub/*Canaris* (Fn. 47) § 354a, Rn. 20 ff.; E. Wagner (Fn. 49) 2095.

Vergleich oder eine Stundungsvereinbarung) zu schließen. Der Bundesgerichtshof hat dies verneint.[51]

Eine 2008 im Zuge des aufkommenden Handels mit Kreditportfolien eingefügte Gegenausnahme in § 354a Abs. 2 HGB bestimmt, dass es bei der abredewidrigen Abtretung einer Darlehensforderung, deren Gläubiger ein Kreditinstitut ist, bei der Grundregel des § 399 Alt. 2 BGB und damit der Unwirksamkeit der Abtretung bleibt. Soweit der Kreditgeber sich darauf einlässt, können kaufmännische Kreditnehmer seitdem die Abtretbarkeit der gegen sie gerichteten Forderungen wieder wirksam ausschließen. Der Gesetzesänderung war eine intensive Kontroverse darüber vorausgegangen, ob – insbesondere im Hinblick auf die Auskunftspflicht des Abtretenden gegenüber dem Abtretungsempfänger gem. § 402 BGB – aus dem Bankgeheimnis ein stillschweigendes rechtsgeschäftliches Abtretungsverbot (§ 399 2. Alt. BGB) oder aus dem Datenschutzrecht ein gesetzlicher Abtretungsausschluss (§ 134 BGB) herzuleiten sei. Dies hat der Bundesgerichtshof im Jahre 2007 abgelehnt.[52] Der Gesetzgeber hat diese Sicht durch den neuen § 354a Abs. 2 HGB implizit bestätigt, hat als Bestandteil eines umfassenderen Maßnahmenpakets zur Verbesserung des Schutzes des Darlehensnehmers jedoch die Möglichkeit rechtsgeschäftlicher Abtretungsverbote geschaffen.[53] Ob dies rechtspolitisch geboten war ist zweifelhaft. Jedenfalls läuft § 354a Abs. 2 HGB dem internationalen Trend, bei handelsrechtlichen Geldforderungen Abtretungsverboten keine Wirksamkeit zu verleihen,[54] entgegen und schränkt Forderungsübertragungen in einem Bereich ein, der für den Kapitalmarkt von großer Bedeutung ist.[55]

4. Das Sonderproblem der Abtretung künftiger Forderungen (Vorausabtretung)

Die Abtretung künftiger Forderungen ist in Deutschland seit langem aner-

---

51 Bundesgerichtshof, Entscheidungen des Bundesgerichtshofs in Zivilsachen 178, 315.
52 Bundesgerichtshof, Neue Juristische Wochenschrift 2007, 2106; anders zum Bankgeheimnis zuvor Oberlandesgericht Frankfurt, Zeitschrift für Bank- und Kapitalmarktrecht 2004, 330. Zur Diskussion siehe auch die Nachweise in Fn. 11. Später hat der Bundesgerichtshof ferner entschieden, dass die Abtretung einer Darlehensforderung durch eine öffentlich-rechtliche Sparkasse nicht wegen Geheimnisverrats gemäß § 203 Abs. 2 StGB unwirksam ist; Bundesgerichtshof, Neue Juristische Wochenschrift 2010, 361.
53 Eingehend *Langenbucher* (Fn. 12) 3169 ff.
54 *De lege ferenda* in diesem Sinne auch *Eidenmüller* (Fn. 4) 471.
55 *Stürner* (Fn. 11) 371.

kannt[56] und insbesondere als Vorausabtretung einer Mehrheit künftiger Forderungen, d. h. als Globalzession, zur Sicherheit sowie im Rahmen des verlängerten Eigentumsvorbehalts verbreitet. Die Vorausabtretung setzt nach heutigem Stand nicht voraus, dass zum Zeitpunkt der Abtretung bereits der Rechtsgrund für die Forderung gelegt worden ist.[57] Auch hinsichtlich des Bestimmtheitserfordernisses ist die Rechtsprechung großzügig: Sie lässt es genügen, dass die Forderung im Zeitpunkt ihrer Entstehung bestimmbar ist.[58]

Die Probleme der Vorausabtretung sind aus deutscher Sicht heute weniger dogmatischer[59] als rechtspolitischer Art[60]: Im Vordergrund steht zum einen das Problem, dass die Sicherungsabtretung aller oder eines wesentlichen Teils aller künftiger Forderungen die Bewegungsfreiheit des Abtretenden unangemessen einschränken kann. Eine Entscheidung des Großen Senats für Zivilsachen des Bundesgerichtshofs im Jahre 1997 hat diese Problematik dadurch entschärft, dass sie dem Abtretenden im Falle der Übersicherung *ex lege* einen Anspruch auf Rückabtretung einräumt.[61]

Zum anderen ist zu entscheiden, in wieweit eine Vorausabtretung in der Insolvenz des Abtretenden Bestand haben und die vorausabgetretenen Forderungen damit dem Zugriff der Gläubiger des Abtretenden entzogen sein sollen. Dies wird uneinheitlich, aber durchweg differenzierend beurteilt.[62] Diese letztlich insolvenzrechtliche Thematik kann hier nicht vertieft werden.

Zu erwähnen ist schließlich, dass die Rspr. bei der Kollision einer Globalabtretung mit einem verlängerten Eigentumsvorbehalt das Prioritätsprinzip mittels der allgemeinen Ungültigkeitsschranken korrigiert, um dem Warenkreditgeber

---

56 Entscheidung des Reichsgerichts vom 29. 9. 1903, Entscheidungen des Reichsgerichts in Zivilsachen 55, 334.
57 Münchener Kommentar zum Bürgerlichen Gesetzbuch/*Roth* (6. Auflage München 2012) § 398, Rn. 79; HKK/*Hattenhauer* (Fn. 1) Rn. 43.
58 Bundesgerichtshof Neue Juristische Wochenschrift 2000, 275, 276 mit Nachweisen.
59 Zwar ist die Frage, ob es mit Entstehung der Forderung beim Abtretenden zu einem Durchgangserwerb kommt oder der Abtretungsempfänger diese direkt erwirbt, nicht abschließend geklärt. Es besteht jedoch weitgehend Einigkeit, dass für die Beantwortung von Sachfragen nicht diese dogmatische Unterscheidung, sondern die Interessenlage ausschlaggebend sein sollte. HKK/*Hattenhauer* (Fn. 1) Rn. 44; MünchKommBGB/*Roth* (Fn. 57) § 398, Rn. 84.
60 Vgl. *Eidenmüller* (Fn. 4) 463; MünchKommBGB/*Roth* (Fn. 57) § 398, Rn. 83.
61 Bundesgerichtshof, Entscheidungen des Bundesgerichtshofs in Zivilsachen 137, 212.
62 MünchKommBGB/*Roth* (Fn. 57) § 398, Rn. 84 ff. Zur Anfechtbarkeit siehe Bundesgerichtshof Neue Juristische Wochenschrift 2008, 430 (nur als kongruente Deckung anfechtbar).

gegenüber dem Geldkreditgeber Vorrang einzuräumen.[63]

III. Rechtsvergleichende Überlegungen zum japanischen Zwischenentwurf

Nach diesem Abriss des deutschen Rechts der Forderungsabtretung möchte ich nunmehr den Blick vergleichend auf den japanischen Zwischenentwurf vom 26. Februar 2013 richten, wobei ich mich hier auf drei Punkte beschränken werde:

1. Entgegensetzbarkeit

Der wohl elementarste Unterschied zwischen dem deutschen und dem japanischen Recht der Forderungsabtretung besteht hinsichtlich der Voraussetzungen der Entgegensetzbarkeit nach japanischem Recht. Das deutsche BGB folgt wie ausgeführt dem Modell der Übertragung der Forderung zu vollem Recht ohne Beteiligung des Schuldners. Demgegenüber muss nach dem französisch inspirierten Art. 467 des japanischen Zivilgesetzes (ZG)[64], um die Abtretung auch gegenüber dem Schuldner und Dritten geltend machen zu können, der Abtretende die Abtretung dem Schuldner entweder angezeigt oder der Schuldner muss diese anerkannt haben.[65] Zur Entgegensetzbarkeit gegenüber Dritten müssen diese Dokumente mit einem beweiskräftigen Datum versehen sein (Art. 467 Abs. 2 ZG). Bei Geldforderungen juristischer Personen ist es möglich, die Voraussetzungen der Entgegensetzbarkeit gegenüber Dritten auch dadurch zu erfüllen, dass die Abtretung in ein Register eingetragen wird. In diesem Fall kann die Entgegensetzbarkeit gegenüber dem Schuldner erreicht werden, indem diesem ein Nachweis von der Eintragung überlassen wird.[66] Aus deutscher Sicht scheinen diese Erfordernisse die Verkehrsfähigkeit von Forderungen nicht

---

63 Das Kreditinstitut handele sittenwidrig, wenn es sich auch solche Kundenforderungen im Voraus abtreten lasse, die der Schuldner seinem Lieferanten zur Sicherheit abtreten muss. Z. B. Bundesgerichtshof, Neue Juristische Wochenschrift 1999, 940.

64 *Minpō*, Gesetz Nr. 89/1896.

65 Der französische Code Civil geht freilich weiter, insofern als art. 1690 CC die *signification* als Wirksamkeitserfordernis für den Rechtserwerb normiert.

66 Art. 4 Gesetz betreffend Ausnahmen vom Zivilgesetz und anderer Gesetze betreffend die Voraussetzungen der Entgegensetzbarkeit der Übertragung von beweglichen Sachen und Forderungen, *Dōsan oyobi saiken no jōto no taikō yōken ni kan suru Minpō no tokurei-tō ni kan suru hōritsu*, Gesetz Nr. 104/1998.

unwesentlich einzuschränken. Dabei ist der Schuldnerschutz auch anderweitig zu erreichen. Der Vorteil für potentielle Abtretungsempfänger, den Schuldner im Falle einer Anzeige oder eines Anerkenntnisses als Auskunftsstelle nutzen zu können, ist mit einer erheblichen Belastung des Schuldners erkauft.

Was nun die geplante Reform betrifft, so enthält Art. 18(2)(1) des Zwischenentwurfs zwei Alternativvorschläge. Diesen ist gemeinsam, dass sie das Anerkenntnis der Abtretung durch den Schuldner nicht mehr als Kriterium verwenden und begrifflich nunmehr zwischen der Entgegensetzbarkeit gegenüber Dritten und der Rechtsausübung gegenüber dem Schuldner unterscheiden. Während sich Variante B im Wesentlichen auf diese beiden Punkte beschränkt, verlangt Variante A für die Entgegensetzbarkeit gegenüber Dritten für Geldforderungen künftig stets eine Registereintragung, während bei sonstigen Forderungen nur die Abtretung nachzuweisen ist; gegenüber dem Schuldner kann die Forderung geltend gemacht werden, wenn die Erfüllung dieser Voraussetzungen nachgewiesen wird oder der Abtretende dem Schuldner die Abtretung anzeigt (Art. 18(2)(1)Variante A).

Inwieweit sich Variante A empfiehlt, scheint in erster Linie von der praktischen Realisierbarkeit der geforderten Registereintragung abzuhängen. Ob wirklich die technischen Voraussetzungen dafür geschaffen werden können, dass auch natürliche Personen zuverlässig und ohne großen Aufwand Registrierungen vornehmen können, scheint fraglich. Die japanischen Erfahrungen mit dem bestehenden Register sind hier auch aus deutscher Sicht von Interesse. Denn auch in Deutschland wird die Einführung eines – allerdings fakultativen – Registers erwogen, wenn auch nur im Hinblick auf Prioritätskonflikte im Falle mehrfacher Abtretungen. Vorgeschlagen worden ist, Abtretungen, welche in ein solches Register eingetragen worden sind, gegenüber nicht oder später eingetragenen Abtretungen Vorrang einzuräumen.[67] Was die Behandlung von Abtretungen sonstiger (nicht auf Geld gerichteter) Forderungen betrifft, scheint Variante A des japanischen Reformentwurfs dem geltenden deutschen Recht ähnlich. Denn auch nach deutschem Recht kann der Schuldner Zahlung an den Abtretungsempfänger verweigern, solange ihm nicht eine vom Abtretenden ausgestellten Urkunde ausgehändigt worden ist oder der Abtretende dem

---

67 *Eidenmüller* (Fn. 4) 477 ff.; ihm folgend *H. Kötz,* Abtretung in: *Basedow* et al. (Hrsg.), Handwörterbuch des Europäischen Privatrechts Bd. 1 (Tübingen 2009), 9, 12; HKK/*Hattenhauer* (Fn. 1) Rn. 76 ff.

Schuldner die Abtretung angezeigt hat (§ 410 BGB).

Ein Verzicht auf das Anerkenntnis der Abtretung als Möglichkeit, die Voraussetzungen der Entgegensetzbarkeit zu erfüllen, erscheint sinnvoll. Ein Anerkenntnis, zumal wenn es mit einem Einwendungsverzicht verbunden ist, steigert die Umlauffähigkeit der Forderung und sollte daher möglich sein. Dies erfordert allerdings nicht, dies mit der Entgegensetzbarkeit zu verknüpfen. Zu begrüßen ist in diesem Zusammenhang der Vorschlag, den bisherigen Art. 468 Abs. 1 ZG zu streichen, demzufolge der Schuldner seine Einreden weitgehend verliert, soweit er sich diese bei Anerkenntnis der Abtretung nicht ausdrücklich vorbehält. Diese Regelung läuft dem Interesse des Schuldners offensichtlich zuwider und birgt für ihn die Gefahr, unbewusst Einreden aufzugeben. Künftig muss ein Verzicht auf Einreden schriftlich geäußert werden (Art. 18(3)(1)(b) des Zwischenentwurfs). Das deutsche Recht sieht zwar kein Schriftformerfordernis für einen Einredeverzicht vor, die Rechtsprechung fordert jedoch eine unzweideutige Erklärung und legt diese im Zweifel eng aus.[68] Bei Verbraucherdarlehen ist ein Einredeverzicht neuerdings zwingend unwirksam (§ 496 Abs. 1 BGB). Ob diese Einschränkung der Privatautonomie nachahmenswert ist, scheint allerdings zweifelhaft.

Es wäre gewiss ein großer Schritt für das japanische Recht die besonderen Regeln für die Entgegensetzbarkeit im Recht der Forderungsabtretung gänzlich aufzugeben. Die deutschen Erfahrungen lassen das durchaus als erwägenswert erscheinen. Denn der Schutz des Schuldners lässt sich auch durch besondere Schuldnerschutzvorschriften erreichen. Für die Geltendmachung ihm gegenüber zwingend eine Anzeige oder Registereintragung zu verlangen, ist nicht erforderlich (wobei dem Abtretungsempfänger auch nach deutschem Recht häufig an einer Offenlegung der Abtretung gelegen ist, um den Schuldnerschutz „auszuschalten"). Auch der Abtretungsempfänger stünde – insbesondere im Verhältnis zu den Gläubigern des Abtretenden – besser, da er nur die Abtretung als solche nachzuweisen hätte. Aus Sicht des deutschen Rechts, in dem die stille Abtretung weit verbreitet ist, scheint es den Gläubigern des Abtretenden zumutbar, nicht verifizieren zu können, inwieweit Forderungen ihres Schuldners bereits abgetreten sind. Prioritätskonflikte im Falle der mehrfachen Abtretung durch den Gläubiger, wohl der Schwachpunkt der geltenden deutschen Rege-

---

[68] Bundesgerichtshof, Neue Juristische Wochenschrift 1973, 39; Neue Juristische Wochenschrift 83, 1904.

lung, die auf die Priorität der Abtretung abstellt, könnten schließlich schon mit einem nur fakultativen Register entschärft werden.

2. Behandlung rechtsgeschäftlicher Abtretungsverbote

Bei der Behandlung rechtsgeschäftlicher Abtretungsverbote lässt sich ein internationaler Trend beobachten, deren Wirkung im Interesse einer größeren Verkehrsfähigkeit von Forderungen zurückzudrängen.[69] Die Position der deutschen Rechtsprechung, selbst formularmäßig vereinbarten Abtretungsverboten absolute Wirkung zuzubilligen und vinkulierte Forderungen als dem Rechtsverkehr entzogen zu betrachten, stellt sich bei vergleichender Betrachtung als wenig zeitgemäße Extremposition dar. Deutschland steht damit auch in Europa zunehmend isoliert da.[70] Den Bedürfnissen des Wirtschaftsverkehrs ist nach deutschem Recht nur deshalb einigermaßen genügt, weil für den Handelsverkehr weitgehend die Ausnahme des § 354a HGB greift.

Das japanische Recht war gegenüber rechtsgeschäftlichen Abtretungsverboten schon bisher insofern restriktiver, als diese gemäß Art. 466 Abs. 2 2. Halbsatz ZG gegenüber gutgläubigen Abtretungsempfängern keine Wirkung entfalten. Dieser Ansatz findet sich nunmehr in Art. 18(1)(3) des Zwischenentwurfs wieder mit der Präzisierung, dass dem Abtretungsempfänger bereits grobe Fahrlässigkeit schadet. Dies scheint angemessen, auch wenn es die Frage aufwirft, inwieweit – etwa in Branchen, in denen Abtretungsverbote verbreitet sind – Nachforschungspflichten des Abtretungsempfängers bestehen. Zusätzlich definiert Art. 18(1)(4)((a)–(d) nunmehr vier Fälle, in denen der Schuldner sich auch einem bösgläubigen Abtretungsempfänger gegenüber nicht auf das Abtretungsverbot berufen kann. Gegen eine Pfändung der Forderung kann er das Abtretungsverbot ohnehin nicht geltend machen (Art. 18(1)(5)). Letzteres entspricht § 851 Abs. 2 der deutschen Zivilprozessordnung.

Der Zwischenentwurf geht aber noch einen Schritt weiter, indem er auch bei Bösgläubigkeit des Abtretungsempfängers die Wirkungen des Abtretungsverbots auf das Verhältnis zum Schuldner beschränkt. Der Schuldner kann, auch wenn die Voraussetzungen für die Rechtsausübung ihm gegenüber gemäß Art. 18(2)(1) erfüllt sind, Zahlung an den Abtretungsempfänger verweigern und mit dem Abtretenden weiter Rechtshandlungen in Ansehung der Forderung vorneh-

---

69 Vgl. *Eidenmüller* (Fn. 4) 465; *Ranieri* (Fn. 21) 1194 ff.
70 *Eidenmüller* (Fn. 4) 465; *Armgardt* (Fn. 14) 331.

men (Art. 18(1)(3)). Im Verhältnis zu Dritten, nicht zuletzt den Gläubigern des Abtretenden, ist die Abtretung dagegen wirksam. Damit folgt der japanische Zwischenentwurf dem international vordringenden Ansatz[71] einer relativen Unwirksamkeit abredewidriger Abtretungen allein gegenüber dem Schuldner. Diese Regelung scheint der Regelung des deutschen BGB klar überlegen.

3. Zivilrechtliche oder handelsrechtliche Regelung?

Kurz fassen kann ich mich nach dem Gesagten bei der Frage, ob wir es bei der Forderungsabtretung mit einem allgemein-zivilrechtlichen Regelungsproblem zu tun haben oder ob ergänzend handelsrechtliche Spezialvorschriften erforderlich sind. Der japanische Reformgesetzgeber tut meines Erachtens gut daran, die einschlägigen Regelungen vollständig im Zivilgesetz vorzusehen. Soweit das deutsche Recht durch § 354a HGB der Abtretung vinkulierter Forderungen nur im Handelsverkehr zur Wirksamkeit verhilft, ist diese Privilegierung kaufmännischer Gläubiger nicht überzeugend. Pointiert hat Canaris formuliert, dass Schutzzweck und Gerechtigkeitsgehalt des § 354a HGB in keinem inneren Zusammenhang mit dem Erfordernis der Kaufmannseigenschaft stehen.[72] Dass nicht-kaufmännische Gläubiger als Anschlusskunden für die Factoring-Wirtschaft weniger attraktiv sind, rechtfertigt eine handelsrechtliche Sonderregelung nicht,[73] dies muss etwa in Bezug auf Freiberufler auch nicht zutreffen. Der deutsche Gesetzgeber hätte besser im allgemeinen Zivilrecht bei § 399 Alt. 2 BGB angesetzt und dort entweder eine §354a HGB entsprechende Regelung[74] geschaffen oder – in Übereinstimmung mit internationalen Trends und dem japanischen Zwischenentwurf – eine nur relative Unwirksamkeit abredewidrigen Abtretungen bestimmt.[75]

---

71 *Armgardt* (Fn. 14) 331; Ranieri (Fn. 21) 1194 ff.
72 Staub/*Canaris* (Fn. 47) § 354a, Rn. 24.
73 Vgl. *E. Wagner*, Vertragliche Abtretungsverbote im kaufmännischen Verkehr (§ 354a HGB), in: *Hadding/Schneider* (Hrsg.), Die Forderungsabtretung, insbesondere zur Kreditsicherung, in ausländischen Rechtsordnungen (Berlin 1999), 27, 45.
74 So beispielsweise Staub/*Canaris* (Fn. 47) § 354a, Rn. 25.
75 So *Armgardt* (Fn. 14) 333.

IV. Zusammenfassende Thesen

Ich darf für unsere Diskussion abschließend meine Beobachtungen zum japanischen Zwischenentwurf nochmals thesenartig zusammenfassen:

1. Für ein System der Entgegensetzbarkeit im Recht der Forderungsabtretung ist aus deutscher Sicht kein zwingendes Bedürfnis erkennbar. Hiervon wollen sich indes auch die alternativ unterbreiteten Reformvorschläge nicht grundsätzlich lösen. Von diesen ist die Alternative A, die das Registersystem auf alle Geldforderungen ausdehnen möchte und es im Übrigen beim Nachweis der Abtretung bewenden lässt, überzeugender. Sie steht und fällt indes mit der praktischen Realisierbarkeit des Registers. Auch wen es einem Paradigmenwechsel gleichkäme, scheint dem deutschen Juristen daher auch eine Abkehr vom System der Entgegensetzbarkeit insgesamt erwägenswert. Zu begrüßen ist in jedem Fall der Vorschlag, die Regelung betreffend vorbehaltlose Anerkenntnisse in Art. 468 Abs. 1 ZG abzuschaffen.

2. Die Regelungen des Zwischenentwurfs zu rechtsgeschäftlichen Abtretungsverboten sind denen des deutschen Zivilrechts klar überlegen. Sie tragen dem gestiegenen Bedürfnis des modernen Wirtschaftslebens nach Verkehrsfähigkeit von Forderungen Rechnung, ohne die Interessen des Schuldners ungebührlich einzuschränken. Zudem liegen sie eher auf der Linie internationaler Vereinheitlichungsbemühungen.

3. Der japanische Reformgesetzgeber tut gut daran, das Recht der Forderungsabtretung als allgemein-zivilrechtliches Problem zu regeln. Die handelsrechtliche Sondervorschrift des deutschen § 354a HGB ist in ihrem persönlichen Anwendungsbereich zu eng und entbehrt eines spezifisch handelsrechtlichen Gehalts. Auch wenn ihr große praktische Bedeutung zukommt, ist sie kein Beleg für die Notwendigkeit handelsrechtlicher Sonderregelungen.

消費者法と債権法改正
―― 日本の状況 ――

松 本 恒 雄

I 日本における消費者法の法源

　日本において消費者法（本稿では，この用語を消費者私法に限定して使用する）は，以下の3つのルーツから発展してきた．

　第1は，一般法である民法の解釈論としてである．

　第2は，特定の取引分野において行政規制によって消費者保護をはかる行政法規の中に，特定商取引に関する法律のクーリングオフの権利（同法9条など）や割賦販売法における抗弁の接続の規定（同法30条の4，35条の3の19）に代表される消費者に有利な民事ルールが入ってきて，それらが拡大傾向にある．

　消費者保護のための民事ルールを含む主な行政法規としては，次のようなものがある．

- 割賦販売法（1961年）
- 不当景品類及び不当表示防止法（1962年，2009年改正で消費者団体訴訟導入）
- 特定商取引に関する法律（1976年に訪問販売等に関する法律として制定，2000年改正で改称）
- 貸金業法（1983年に貸金業の規制等に関する法律として制定，2007年改正で改称）
- 住宅の品質確保の促進等に関する法律（1999年）
- 食品表示法（2013年，消費者団体訴訟導入，未施行）

　第3に，行政規制とは切り離して，消費者保護のための民法の特別法が制定

されてきている．これには，消費者・事業者間で締結される消費者契約に共通のルールを定める消費者契約法と個別論点についてのピンポイントのルールを定める特別法とがある．

消費者保護に関する主な民事特別法として，以下のものがある．

・利息制限法（1954年）
・製造物責任法（1994年，ただし，被害者を消費者に限定していない）
・消費者契約法（2000年）
・金融商品の販売等に関する法律（2000年）
・電子消費者契約及び電子承諾通知に関する民法の特例に関する法律（2001年）
・消費者の財産的被害の集団的な回復のための民事の裁判手続の特例に関する法律（2013年，未施行）

消費者法の法源が3つあることの主たる理由は，法案起草に責任をもつ官庁（法律の主たる所管官庁）が，それぞれ異なっていることによる．すなわち，民法は，法務省であり，民法（債権関係）改正に向けた審議は法務省の法制審議会民法（債権関係）部会（以下，「部会」として引用）で行われている．他方，消費者契約法は，法務省も関与しているが，消費者庁が所管しており，消費者契約法改正に向けた「消費者契約法の運用状況に関する検討会」が2014年3月から消費者庁に設置された[1]．これに対して，行政法規中の民事ルールについては，当該行政法規の執行担当官庁がその立案も担当している．たとえば，不動産関係及び運輸サービスについては国土交通省，金融サービスについては金融庁，通信サービスについては総務省，医薬品については厚生労働省，一般製品やサービスについては経済産業省などである．

これら3つの法源は，たとえば，抗弁の接続の法理に見られるように，相互に密接に影響を与え合っている．売買契約の代金を消費者の代わりにクレジット会社が販売業者に立替払いをして，後に立替払い金に手数料を加えた金員を

---

1) http://www.caa.go.jp/planning/pdf/keiyaku0304.pdf

消費者がクレジット会社に返還するという，いわゆるクレジット契約において，売買契約における詐欺取消しや債務不履行を理由に，消費者はクレジット会社に対する立替払い金の返還を拒めるという「抗弁の接続」の理論が，下級審裁判例や学説の一部では認められていたが，最判平2・2・20判時1354号76頁は，割賦販売法等の立法による場合以外は認められないとの立場をとっている．

　この点は「部会」における審議においても議論され，2011年4月に決定された「民法（債権関係）の改正に関する中間的な論点整理」[2]（以下，「中間的な論点整理」として引用）では，「第44　消費貸借　5　抗弁の接続」として取り上げられていた．しかし，2013年2月に決定された「民法（債権関係）の改正に関する中間試案」[3]（以下，「中間試案」として引用）では，この論点は消えており，立法化は断念された状態にある．

II　消費者の特質をどこに見るか？

　消費者基本法（1968年に消費者保護基本法として制定，2004年改正で改称）は，消費者政策の根拠を「消費者と事業者との間の情報の質及び量並びに交渉力等の格差」に求め（同法1条），また，消費者契約法も，消費者と事業者との間の情報の質及び量の格差と交渉力の格差から誤認及び困惑を理由とした取消権と不当な契約条項の無効とを定めている（同法1条）．たしかに，これら2つの格差は，消費者が不利益な契約を締結させられる重要な原因ではあるものの，取引における消費者被害は情報の格差と交渉力の格差だけに還元されるものではない．

　まず，消費者は生味の人間として睡眠や食事，排泄が必要であり，傷つきやすく，身体への損傷は多くの場合に不可逆的であるという特質は，とりわけ安全の分野での消費者保護を考える際には不可欠の視点である．そして，この点

---

[2]　http://www.moj.go.jp/content/000074989.pdf
[3]　http://www.moj.go.jp/content/000108853.pdf

は，取引の局面における長時間のしつこい勧誘への耐性や抵抗力のなさとも連動している．

　生身の人間である点が典型的に現れるのが，高齢者の消費者被害である．独立行政法人国民生活センターが公表した「消費者問題に関する2013年の10大項目」[4]のうち，第1が，「高齢消費者トラブルが6年連続で増加　相談全体の3割にまで」である．契約当事者が65歳以上の消費生活相談は2008年から6年連続で増加して，2013年は225,206件（2012年の約1.4倍）となり，契約当事者が65歳以上の相談の全相談件数に占める割合は，従来は2割前後であったのが，2013年は3割にまで増えている．さらに別項目として挙げられている「『健康食品の送りつけ商法』が激増　昨年同時期の約10倍」や「依然として多い投資トラブル　広がる劇場型勧誘（買え買え詐欺）」も，主として高齢者を狙い撃ちするものであるので，10大項目のうちの3つまでが高齢消費者に関するものとなった[5]．

　次に，「契約の自由」とその裏面としての「自己決定に基づく自己責任」の考え方は，民法の基本理念の1つであり，これは新古典派経済学の前提である経済人（homo economicus），あるいはそれを法律的に置き換えた英米法でいう合理人（reasonable man）モデルに基づいている．しかし，最近の行動経済学や認知心理学，脳科学の成果によると，消費者の一見非合理と思える行動には，単に情報を補えばよいとか，交渉力を補えばよいというだけに還元されない消費者の特性というのがあることが明らかになってきている．人間の脳の判断構造そのものに由来する消費者の脆弱性である[6]．

---

4) http://www.kokusen.go.jp/news/data/n-20131219_3.html

5) 2013年に初めてまとめられた『平成25年版消費者白書』でも，「高齢者の消費者トラブル」を特集している．http://www.caa.go.jp/adjustments/hakusyo/2013/summary.html

6) 『平成20年版国民生活白書』112頁以下．http://www5.cao.go.jp/seikatsu/whitepaper/h20/10_pdf/01_honpen/pdf/08sh_0201_07.pdf 依田高典『行動経済学―感情に揺れる経済心理』（中公新書，2010年）．法学者によるものとしては，村本武志「実務から見た民法改正と消費者法」現代消費者法4号（2009年）38頁，広瀬久和

「賢い消費者」になる，あるいはそのような消費者を育てることは望ましいが，それだけでは消費者問題のすべてが解決するわけではない．欲望は人間の本質である．竹内昭夫教授は，1985年6月4日の衆議院商工委員会流通問題小委員会におけるマルチまがい商法をめぐる参考人質疑において，「もちろん法律の世界でも愚かな者は救われないという原理で成り立っている分野もございますけれども，消費者を保護するとか，あるいは投資家を保護するというような法律の分野ではそういうプリンシプルが成り立たないと私は考えております．そうではなくて，要するに人の弱みにつけ込むことは許さないという原理に立たなければならないはずでありまして，そうでなければ他人をだまして暴利をむさぼった者のもうけ得ということになります．それは悪人の天国ということに帰するからであります」と述べている[7]．竹内教授が強調されたこの原理の再確認こそが，消費者政策にはそもそも必要である[8]．

III　消費者法にはどのようなルールが必要か？

1．情報の格差——誤認

消費者法には，上記のような消費者の特質に見合ったルールが必要である．

まず，情報の格差に関しては，消費者契約法が誤認による取消権を規定している（同法4条1項，2項）．ただし，消費者契約法が誤認類型として定めているのは，不実告知，断定的判断の提供，不利益事実の故意の不告知の3タイプのみにすぎない．これらは，英米法の不実表示（misrepresentation）の法理の一部を取り入れたものであり，民法との関係では，欺罔者の故意を不要とするという意味での詐欺の部分的拡張，あるいは相手方の誤った情報の提供が表意者の動機の錯誤の原因である場合に，その動機がたとえ契約内容にならなくても

「法と人間行動」Law and Practice 4号（2010年）163頁など参照．
7)　http://kokkai.ndl.go.jp/SENTAKU/syugiin/102/0279/10206040279001c.html
8)　筆者は，2013年8月から独立行政法人国民生活センターの理事長に就任して，連日多数の消費者相談事例に接することによって，この感を一層強くしている．

無効が認められるという意味での錯誤（民法 95 条）の部分的拡張に対応する[9]．
「中間試案」では，意思表示の錯誤の効果を無効から取消しに変更するとともに，民法 95 条に次のような内容を加えることにより，消費者契約法の不実告知の一般法化を提案している[10]．

第 3　意思表示
 2　錯誤（民法 95 条関係）
　民法 95 条の規律を次のように改めるものとする．
 (1)　略
 (2)　目的物の性質，状態その他の意思表示の前提となる事項に錯誤があり，かつ，次のいずれかに該当する場合において，当該錯誤がなければ表意者はその意思表示をせず，かつ，通常人であってもその意思表示をしなかったであろうと認められるときは，表意者は，その意思表示を取り消すことができるものとする．
　　ア　意思表示の前提となる当該事項に関する表意者の認識が法律行為の内容になっているとき．
　　イ　表意者の錯誤が，相手方が事実と異なることを表示したために生じたものであるとき．
 (3)　略

---

 9)　後藤巻則「フランス契約法における詐欺・錯誤と情報提供義務」民商 102 巻 2 号 180 頁，3 号 314 頁，4 号 442 頁（1990 年），森田宏樹「『合意の瑕疵』の構造とその拡張理論」NBL482 号 22 頁，483 号 56 頁，484 号 56 頁（1991 年）参照．
10)　2013 年 9 月 10 日に開催された「部会」の第 76 回会議では，「動機の錯誤が相手方によって惹起された場合」について，「表意者の錯誤が，相手方が事実と異なることを表示したために生じたものである場合には，それが法律行為の内容になっていないときであっても民法第 95 条の錯誤として顧慮される旨の規定を設けるという考え方があるが，このような規定の要否，具体的な要件の内容等について，どのように考えるか」との提案がなされ（部会資料 66B「民法（債権関係）の改正に関する要綱案の取りまとめに向けた検討(3)」3 頁），ペンディング状態にある．

(4) 略

　1で掲げた消費者保護のための行政法規には，一定の事項についての説明義務・開示義務を課しているものが多い．「中間試案」においても，民法の一般原則として，次のような内容の契約締結過程における情報提供義務に関する提案がなされている[11]．

第27　契約交渉段階
2　契約締結過程における情報提供義務
　契約の当事者の一方がある情報を契約締結前に知らずに当該契約を締結したために損害を受けた場合であっても，相手方は，その損害を賠償する責任を負わないものとする．ただし，次のいずれにも該当する場合には，相手方は，その損害を賠償しなければならないものとする．
(1) 相手方が当該情報を契約締結前に知り，又は知ることができたこと．
(2) その当事者の一方が当該情報を契約締結前に知っていれば当該契約を締結せず，又はその内容では当該契約を締結しなかったと認められ，かつ，それを相手方が知ることができたこと．
(3) 契約の性質，当事者の知識及び経験，契約を締結する目的，契約交渉の経緯その他当該契約に関する一切の事情に照らし，その当事者の一方が自ら当該情報を入手することを期待することができないこと．
(4) その内容で当該契約を締結したことによって生ずる不利益をその当事者

---

11) 2014年2月25日に開催された「部会」の第84回会議では，「契約交渉段階（情報提供義務）」について，「契約交渉段階における情報提供義務に関する規定を設けることの当否，規定の内容について，どのように考えるか．契約交渉段階における一般的な情報提供義務に関する規定とは別に，それを知らなければ生命，身体等に損害を生じさせる可能性が高い情報を対象として情報提供義務を規定するという考え方があるが，このような考え方についてどのように考えるか」との提案がなされ（部会資料75B「民法（債権関係）の改正に関する要綱案の取りまとめに向けた検討(11)」1頁），ペンディング状態にある．

の一方に負担させることが，上記(3)の事情に照らし相当でないこと．

「中間試案」における情報提供義務違反の効果は，債務不履行に基づく損害賠償であり，相手方の過失相殺による賠償額の調整が当然に予定されている．しかし，行政法規によって法定の説明義務・開示義務が課されている場合や民法上の情報提供義務が認められる場合において，説明・開示がなされないことによって消費者がそのようなことがらが存在しないものと理解するのが通常であるようなときは，不実表示による取消しが認められるべきであろう[12]．

2．交渉力の格差——約款・不当条項

交渉力の格差に関しては，消費者契約法は，困惑による取消権を規定する（同法4条3項）とともに，免責条項等の不当な契約条項の無効を規定している（同法8条～10条）．もっとも，不当な契約条項の無効の問題は，そのような契約条項が存在することを知らないままに消費者が契約を締結することも多いので，情報の格差の問題の側面も有している．

消費者契約法の制定段階においては，約款について，その組入要件を定めるべきであるとか，不意打ち条項の無効の規定を導入すべきであるとの主張があったが，現行の消費者契約法には採用されておらず，契約条項アプローチによる内容規制のみとなっている．この点で，「中間試案」は，約款について，以下のような規定を置くことを提案している[13]．

---

12) 後藤巻則『消費者契約と民法改正』（弘文堂，2013年）342頁以下も同旨．後藤教授は，さらに，相手方の受託者や代理人以外の「その行為につき相手方が責任を負うべき者」による詐欺や情報提供義務の取消規定も置くべきであると指摘する．

13) 2014年3月4日に開催された「部会」の第85回会議では，「約款」という用語に代えて「定型条項（仮称）」という用語を使用するという提案とともに，定型条項とは，「約款その他いかなる名称であるかを問わず，当事者の一方が契約の内容を画一的に定めるのが合理的であると認められる取引において，その契約の内容とするために準備された契約条項の集合（当事者が異なる内容の合意をした契約条項を除く．）をいう」との提案がなされている（部会資料75B「民法（債権関係）の

第 30　約款
1　約款の定義
　　約款とは，多数の相手方との契約の締結を予定してあらかじめ準備される契約条項の総体であって，それらの契約の内容を画一的に定めることを目的として使用するものをいうものとする．
2　約款の組入要件の内容
　　契約の当事者がその契約に約款を用いることを合意し，かつ，その約款を準備した者（以下「約款使用者」という．）によって，契約締結時までに，相手方が合理的な行動をとれば約款の内容を知ることができる機会が確保されている場合には，約款は，その内容となるものとする．
3　不意打ち条項
　　約款に含まれている契約条項であって，他の契約条項の内容，約款使用者の説明，相手方の知識及び経験その他の当該契約に関する一切の事情に照らし，相手方が約款に含まれていることを合理的に予測することができないものは，前記2によっては契約の内容とはならないものとする．

改正に関する要綱案の取りまとめに向けた検討 (11)」9 頁）．また，「中間試案」の「約款の組入要件の内容」に関する規律に代えて，「定型条項の内容の表示」として，「定型条項により契約を締結し，又は締結しようとする条項準備者は，契約の締結前又は契約の締結後相当の期間内に相手方から請求のあった場合には，遅滞なく，相当な方法で当該定型条項の内容を示さなければならない．ただし，相手方に対して定型条項を書面又は電磁的方法により提供した場合は，この限りでない」との提案がなされている（同資料 10 頁）．請求があっても条項準備者がそれに応じて内容を開示しない場合の効果については規定がなされていないが，法務省事務当局は，開示を拒否すれば債務不履行として損害賠償の義務を負うが，開示されない限り契約に組み入れられないという立場はとっていない．したがって，契約締結前に開示を求めても条項準備者が応じてくれない場合には，契約を断念するか，内容がわからなくても契約するかという判断を相手方は迫られることになる．他に代替するものがない場合には，契約せざるをえないために，後はそれによって過大な不利益を与えられる場合の無効を主張するしかなくなる．このようなアプローチは，約款による契約特有の問題を軽視して，不当条項規制一般の問題に解消するきらいがあり，適切とは思われない．

4 約款の変更

約款の変更に関して次のような規律を設けるかどうかについて，引き続き検討する．

(1) 約款が前記2によって契約内容となっている場合において，次のいずれにも該当するときは，約款使用者は，当該約款を変更することにより，相手方の同意を得ることなく契約内容の変更をすることができるものとする．

ア　当該約款の内容を画一的に変更すべき合理的な必要性があること．

イ　当該約款を使用した契約が現に多数あり，その全ての相手方から契約内容の変更についての合意を得ることが著しく困難であること．

ウ　上記アの必要性に照らして，当該約款の変更の内容が合理的であり，かつ，変更の範囲及び程度が相当なものであること．

エ　当該約款の変更の内容が相手方に不利益なものである場合にあっては，その不利益の程度に応じて適切な措置が講じられていること．

(2) 上記(1)の約款の変更は，約款使用者が，当該約款を使用した契約の相手方に，約款を変更する旨及び変更後の約款の内容を合理的な方法により周知することにより，効力を生ずるものとする．

5 不当条項規制

前記2によって契約の内容となった契約条項は，当該条項が存在しない場合に比し，約款使用者の相手方の権利を制限し，又は相手方の義務を加重するものであって，その制限又は加重の内容，契約内容の全体，契約締結時の状況その他一切の事情を考慮して相手方に過大な不利益を与える場合には，無効とするものとする．

「中間試案」の上記5との関係で，不当条項のリストについても「部会」の初期の審議では議論されたが，「中間試案」では言及されていない．現行の消費者契約法上の不当な契約条項のリストは，消費者契約法が約款アプローチではなく，不当条項アプローチをとっていることもあってか，「消費者契約にお

ける不公正条項に関する EU 指令」（Unfair Contract Terms Directive, 1993 年）のリスト[14]に比べるとかなり限定的である．

3．交渉力の格差――困惑

「不公正な取引慣行に関する EU 指令」（Unfair Commercial Practices Directive, 2005 年）5 条 1 項は，不公正な取引慣行の禁止を宣言し，同条 2 項が，ある取引慣行が専門家としての注意義務に反し，かつ平均的消費者の経済行動を著しく歪め，または歪めるおそれがある場合は，不公正とされる旨の一般条項を定めている．その上で，同条 4 項が，とりわけ，誤認的取引慣行（misleading commercial practices）と攻撃的取引慣行（aggressive commercial practices）という 2 大類型について不公正な取引慣行にあたるとしている．加えて，当然に不公正とされる取引慣行のブラックリストとして，誤認的取引慣行として 23 種の行為が，また攻撃的取引慣行として 8 種の行為が付表に列挙されている[15]．

誤認的取引慣行は日本の消費者契約法の誤認類型に，攻撃的取引慣行は困惑類型にほぼ対応しているが，消費者契約法の定める不当勧誘は，いずれの類型においても限定的である．とりわけ，困惑類型においては，不退去と退去妨害の 2 タイプしか規定されておらず，その貧弱さが目立つ．EU 不公正取引慣行指令や，アメリカの統一州法である統一欺瞞的取引慣行法（Uniform Deceptive Trade Practices Act）や統一消費者販売慣行法（Uniform Consumer Sales Practices Act），不公正取引慣行及び消費者保護法（Unfair Trade Practices and Consumer Protection Act, いわゆるリトル FTC 法）などの定める行為類型を参考に[16]，取消し

---

14) 法務省民事局参事官室（参与室）編『民法（債権関係）改正に関する比較法資料』別冊 NBL146 号（2014 年）169 頁参照．

15) 同指令の翻訳として，（財）比較法研究センター・潮見佳男編『諸外国の消費者法における情報提供・不招請勧誘・適合性の原則』別冊 NBL121 号（2008 年）227 頁がある．さらに，角田美穂子「EU における競争法の動向――2004 年ドイツ不正競争防止法と 2005 年 EU 不公正取引慣行指令」クレジット研究 35 号（2005 年）1266 頁参照．

16) 松本恒雄「不当顧客誘引行為」判タ 793 号（1992 年）43 頁参照．

の原因となる不当勧誘類型の拡大を検討すべきである．

　もちろん，EU 不公正取引慣行指令 3 条 2 項には，「本指令は，契約法，とりわけ契約の有効性，成立，及びその効果に変更を加えるものではない」と明文で規定されているから，同指令は民事ルールとしての平準化を図る趣旨ではなく，取締規定としての平準化を意図したものである．しかし，これに民事効果を与えること自体は禁じられているわけではない．加盟国の判断で民事効果を付与し，契約法と架橋することも可能である．

　さらに，消費者契約法には，不当契約条項の無効について 10 条の一般条項が存在する．そこで，不当勧誘についても，不当勧誘の個別類型とは別に，誤認類型と困惑類型について，それぞれ一般条項的規定を置くことが考えられる．

4．生身の人間の非合理性——消費者の能力論

　生身の人間の非合理的判断による意思表示から表意者を保護する法理として，民法には，意思能力制度，制限行為能力制度がある．

　未成年の消費者の取引における利益の保護のためには，未成年者取消権（民法 5 条 2 項）の制度が活用されている．また，高齢や障害による判断力の衰えた消費者の取引における利益の保護のための制度として，成年後見制度と制限行為能力者取消権の制度が存在するが，これには前提として家庭裁判所の審判手続が必要であり，かつ適切な後見人等が十分に供給されていないという問題がある．また，後見人による成年被後見人の資産の使い込みという，新たな問題も発生している．

　そこで，一定年齢以上の高齢者に特別の取消権を認めるという「高齢者取消権」の構想が，従来から主張されている[17]．しかし，高齢者について，未成年者と同様に一律に制限行為能力者と位置づけて取消権を認めることに対しては，いくつかの問題がある．

17）　松井美知子「高齢者取引に関する取消権制度の考察」千葉大学社会文化科学研究 4 号（2000 年）93 頁参照．

第1に，高齢者は未成年者以上に判断力の衰えに個体差があり，何歳で一律の線を引くかがきわめて難しい．第2に，そのような者との契約の相手方としては，取消しの危険を避けるために，法定代理人等の同意権者の同意を要求するであろうが，こうなると高齢者は自分で築いた財産であってもその処分の自由を一般的に奪われることになる．これを避けるために，法定代理人制度なしの高齢者の一方的取消権の創設[18]や，同意までは不要だが，一定の者との相談を経ないでした契約は取り消せるという「相談の制度化」[19]が提案されている．しかし，前者では取引がきわめて不安定になるし，後者は，後見，保佐，補助に続く，「相談」という第4類型の成年後見制度を導入するに等しい．第3に，未成年者も行為能力が制限されているが，成人になれば完全な行為能力を取得できるという前向きの世界であるのに対して，高齢者の場合は，どこかで行為能力が制限されると，以後回復することがないという後ろ向きの世界であるという違いがある．

　このような中で，危険性の高い取引である不招請勧誘による取引とリスクのある金融・投資取引に限定して，70歳以上の高齢者に自らの申請による「高齢者取引カード」を自治体が交付し，事業者には年齢確認義務を課し，カード保有者との間では特別の手続なしに取引できるが，非保有者との取引は禁止し，年齢確認義務や禁止義務に違反した場合には，高齢者は契約を解除できるものとするとの「高齢者解除権」の提案が近時なされている[20]．

　なお，家庭裁判所の手続を踏まえて行為能力が制限されていなくても，意思

---

18) 三木俊博「利殖商法の問題点と被害根絶の課題」木村保男＝早川和男編『現代社会と法の役割―甲斐道太郎教授還暦記念論集』（日本評論社，1985年）186頁は，特別の「老人解約権」または老人の場合のクーリングオフ期間の延長を提案している．1988年の訪問販売に関する法律の改正の際に立法化の論議がされたが，最終的に改正法には盛り込まれなかった．

19) 大村敦志「高齢化社会と消費者問題・成年後見」岩村正彦編『高齢社会と法』（有斐閣，2008年）61頁．

20) 薬袋真司「高齢者取引カードと高齢者解除権（試案）」現代消費者法22号（2014年）66頁．

能力を欠く状態でなされた契約などの法律行為が無効であることは，大審院判決 1905 年 5 月 11 日（大判明 38・5・11 民録 11 輯 706 頁）をはじめ，学説上も争いがない．そこで，「中間試案」では，次のような規定が提案されている．

第 2　意思能力
　法律行為の当事者が，法律行為の時に，その法律行為をすることの意味を理解する能力を有していなかったときは，その法律行為は，無効とするものとする．

しかし，「その法律行為をすることの意味」では，複雑なデリバティブ商品や仕組み債の取引をする場合などにおいて，どこまで理解していれば有効な法律行為なのか，中味は理解できなくても損をすることも得をすることもある取引だとさえ分かっていればその契約に縛られて責任を負わされることになるのかが，必ずしも明らかでない[21]．

もっとも，意思能力制度が民法に明定されたとしても，とりわけ判断能力が不安定な者の場合，過去のある意思表示の時点で意思無能力であったことの立証についての困難さがある．

5．生身の人間の非合理性——脆弱性の濫用論

耐性や抵抗力を欠いた生身の人間であるという特質や非合理的判断をするのが不思議ではないという特質に配慮したルールを正面から契約法に入れるとなると，契約の拘束力の根拠そのものを問い直すという大きな課題を提起することになる．そこで，まずは，裁判における事実上の推定や裁判官の心証形成と

---

21) 2014 年 1 月 14 日に開催された「部会」の第 82 回会議では，「意思能力を有しない者の法律行為は，無効とする」として，意思能力の意味については定義しないで解釈に委ねることが提案されている（部会資料 73A「民法（債権関係）の改正に関する要綱案のたたき台(7)」24 頁）．

いった，証拠の面でこれらの知見が貢献することが期待される[22]．

次に，情報と交渉力の格差に還元されないタイプの不当な勧誘行為の受け皿としては，第1に，たとえば，デート商法や親切行為で取り入る商法などを消費者契約法の困惑類型の拡大として取り込んでいくことが考えられる．

第2には，オランダ民法典第3編44条に明文の規定として存在する状況の濫用（abuse of circumstances）による取消しの法理を参考にすることが考えられる．同条1項は，「法律行為が強迫，詐欺または状況の濫用によって成立したときは，その法律行為を取り消すことができる」とし，同条4項が，「状況の濫用は，相手方が窮状，従属，軽卒，異常な精神状態，または無経験のような，特別の状況によって法律行為の着手に導かれたことを知りまたは理解しなければならない者が，その者が知りまたは理解しなければならないような事情によればそれを思いとどまるべきであったにもかかわらず，当該法律行為の実現を促したときに，認められる」と定めている[23]．

日本では，判例・学説が従来から暴利行為の無効を認めており，「中間試案」においても，民法90条に関して，公序良俗違反の現代型類型として規定するとの提案がなされている[24]．

---

22) 廣谷章雄＝山地修『現代型民事紛争に関する実証的研究―現代契約紛争(1)消費者紛争（司法研究報告書63輯1号）』（司法研修所，2010年）はこの面での貴重な研究である．

23) 法務省民事局参事官室（参与室）編・前掲書（注13）4頁，エーウッド・H・ホンディウス「契約法における弱者保護」（松本恒雄＝角田美恵子訳）民商法雑誌109巻4＝5号（1994年）661頁，内山敏和「オランダ民法典における法律行為法の現代化」早稲田法学会誌58巻2号（2008年）98頁，同「オランダ法における状況の濫用(1)：我が国における威圧型不当勧誘論のために」北海学園大学法学研究45巻3号（2009年）445頁参照．

24) 2014年1月14日に開催された「部会」の第82回会議では，「過大な利益を得る法律行為等が無効となる場合」について，「当事者の一方に著しく過大な利益を得させ，又は相手方に著しく過大な不利益を与える法律行為は，相手方の困窮，経験の不足，知識の不足その他の相手方が法律行為をするかどうかを合理的に判断することができない事情があることを不当に利用してされたものであるときは，無効とするものとする」との甲案と，「法律行為が公の秩序又は善良の風俗に反するか否

第1　法律行為総則
 2　公序良俗（民法 90 条関係）
　民法 90 条の規律を次のように改めるものとする．
　(1)　略
　(2)　相手方の困窮，経験の不足，知識の不足その他の相手方が法律行為をするかどうかを合理的に判断することができない事情があることを利用して，著しく過大な利益を得，又は相手方に著しく過大な不利益を与える法律行為は，無効とするものとする．

　しかし，オランダ法の状況の濫用は，日本の暴利行為の法理よりも，「著しく過大な利益」または「著しく過大な不利益」の要件を必要としない分だけ，広範に適用が可能である[25]．日本でも，状況の濫用をオランダ法にならって民法に一般法理として導入することが考えられるが，少なくとも消費者契約法には取り入れるべきである[26]．
　第3に，日本では適合性の原則違反の勧誘や不招請勧誘による消費者被害が大きな問題になっているが，この種の被害の救済については，上述のような困惑類型の拡大によるか，あるいは，消費者の人格権保護のアプローチ（不法行為法的保護）によることが考えられる．
　第4に，情報提供義務に関する現行消費者契約法 3 条のように単なる行為規

　　かについて判断するに当たっては，法律行為の内容，当事者の属性，財産の状況，法律行為に至る経緯その他一切の事情を考慮するものとする．この場合において，法律行為の内容を考慮するに当たっては，当事者がその法律行為によって得る利益及び損失の内容及び程度をも勘案するものとする」との乙案とが提示され，「どのように考えるか」とされている（部会資料 73B「民法（債権関係）の改正に関する要綱案の取りまとめに向けた検討(9)」12 頁））．
25)　フランス民法改正草案（司法省草案 2009 年版）58 条でも，相手型の脆弱状態につけ込んで締結した契約を，経済的強迫による契約であるとして，取り消しうるものとしている（法務省民事局参事官室（参与室）編・前掲書（注13）10 頁，野澤正充「超高齢社会と消費者の保護」立教法務研究 6 号（2013 年）127 頁）．
26)　松本恒雄「民法改正と消費者法　総論」現代消費者法 4 号（2009 年）4 頁．

範として明文化するということも考えられてよい．現時点では民事効果の伴わない行為規範にすぎないものであっても，市場の環境整備には役立つし，さらに，前述の「中間試案」において一定の場合の情報提供義務違反に対して損害賠償責任の立法提案がなされているように，将来の民事効果を伴う規範形成へのきっかけとなる可能性もあるからである．消費者法の領域においては，判例や立法による「行為規範の裁判規範化」への期待を込めて，もっと行為規範の導入が検討されるべきであろう．

IV 消費者法は消費者にのみ特有のルールか？

1. 消費者契約法の「消費者」の定義

　日本の民法の財産法の大部分の規定は，自然人と法人を含む抽象的な意味での人と人との間の関係を規律している．民法には「個人」という用語は登場しないが，2000年に制定された消費者契約法は，「消費者」を「個人（事業として又は事業のために契約の当事者となる場合におけるものを除く）」と定義している（同法2条1項）．「法人」と対比された意味での「自然人」という法律専門用語に対して消費者から拒否感があったために，「個人」という用語が用いられたといういきさつがある．

　他方，「事業者」は，「法人その他の団体及び事業として又は事業のために契約の当事者となる場合における個人」とされている（同法2条2項）．ここでは，「法人その他の団体」は，どのような事業を行っているかと無関係に，当然にその属性として「事業者」とされている．これに対して，個人（自然人）は，その契約の局面，状況に即して，事業者とされることも，消費者とされることもある．

　以上の定義から明らかなように，消費者契約法は，世の中のすべての法主体である人は，消費者か事業者かのいずれかであり，それ以外は存在しないとの素朴な二分法に立っている．

　消費者契約法の定義上，消費者の団体は事業者となる．消費者個人は消費者

であるが，消費者団体は消費者ではないから保護を受けられないという整理がはたして適切か疑問がある．

2．消費者の保護と個人の保護

2004年の民法改正の際に個人根保証人保護のために新たに規定された「貸金等根保証契約」（民法465条の2以下）では，日本の民法史上初めて，法人にも適用可能であるにもかかわらず，法人を除く人，すなわち自然人にのみ適用される規定が登場した．民法465条の2第1項は，「貸金等根保証契約」を「一定の範囲に属する不特定の債務を主たる債務とする保証契約であってその債務の範囲に金銭の貸渡し又は手形の割引を受けることによって負担する債務が含まれるもの」であって「保証人が法人であるものを除く」と定義している．これは，個人で貸金等債務の根保証人となる者を保護するための規定であって，消費者かどうかという視点からの保護ではないが，民法に従来とは異質な原理が混入したことを意味している．

経営者が自己の経営する会社の債務を保証することには一定の合理性があるが[27]，経営者個人の資産をある程度保護するために，日本商工会議所と全国銀行協会が「経営者保証に関するガイドライン」を定め[28]，2014年2月1日から適用されている．そこでは，

① 法人と個人が明確に分離されている場合などに，経営者の個人保証を求めないこと

② 多額の個人保証を行っていても，早期に事業再生や廃業を決断した際に

---

27) なお，消費者契約法の定義上，企業の経営者が自社の債務の保証をする場合は消費者になり，消費者契約法の適用を受けることになる．というのも，個人が保証を自己の事業として，または事業のために行っていれば，それは事業者であるが，そのような例は個人ではあまり考えられない．中小企業の社長が自社の債務の保証をすることがよくあるが，これは，会社の事業として，または会社の事業のために行っているのであって，社長個人の事業として，また社長個人の事業のために行っているのではないからである．

28) http://www.zenginkyo.or.jp/news/2014/01/16130000.html

一定の生活費等（従来の自由財産 99 万円に加え，年齢等に応じて 100 万円〜360 万円）を残すことや，「華美でない」自宅に住み続けられることなどを検討すること

③　保証債務の履行時に返済しきれない債務残額は原則として免除することなどが求められている．

　しかし，経営に関与していない親族や第三者が個人として他人の債務の保証人となる場合は[29]，保証人になってくれという主たる債務者からの依頼を断わり切れない関係にあるか，本気で保証人の重い制裁を負うつもりがないか，あるいは保証人の責任について理解していない場合が大部分であろう．そこで，「中間試案」においては，根保証人が個人である場合の保護の拡大のほか，個人保証人保護の様々な方策について引き続き検討することが提案されている[30]．

---

29) このような場合についても，「経営者保証に関するガイドライン」は，②③については経営者本人と同様の取扱いをすることとなっているので，経営者より責任が軽くなるわけではない．

30) 2013 年 11 月 19 日に開催された「部会」の第 80 回会議で根保証人保護の拡張についてはほぼ決着を見ているが（部会資料 70A「民法（債権関係）改正に関する要綱案のたたき台(5) 1 頁以下），2014 年 3 月 18 日に開催された「部会」の第 86 回会議では，①主たる債務者が事業のために負担した貸金等債務を主たる債務とする保証契約や貸金等根保証契約は，主たる債務者が法人その他の団体である場合の取締役や理事等が保証人となる場合を除いて，手続の厳格な公正証書によって事前に保証意思が確認されている場合にのみ有効であるとすること，②事業のために債務を負担する者が個人に保証を委託する場合は，主たる債務者は保証人に対して一定事項についての情報提供義務を負い，説明がなされなかったり，虚偽の説明によって保証人が誤認して保証をしたときで，そのことを債権者が知り，または知ることができたときは，保証人は保証契約を取り消すことができること，③委託を受けた保証人は債権者に対して主たる債務の履行状況に関する情報提供を求めることができることが提案されている（部会資料 76A「民法（債権関係）改正に関する要綱案のたたき台(10) 6 頁以下），また，④主たる債務者が期限の利益を失った場合における債権者の保証人に対する通知義務及び義務違反の効果，⑤保証人の責任の制限についての規定を設けるとする場合のその内容について「どのように考えるか」とされている（部会資料 76B「民法（債権関係）改正に関する要綱案の取りまとめに向け

第17　保証債務

5　根保証

(1) 民法465条の2（極度額）及び第465条の4（元本確定事由）の規律の適用範囲を拡大し，保証人が個人である根保証契約一般に適用するものとする．

(2) 民法第465条の3（元本確定期日）の規律の適用範囲を上記(1)と同様に拡大するかどうかについて，引き続き検討する．

(3) 略

6　保証人保護の方策の拡充

(1) 個人保証の制限

次に掲げる保証契約は，保証人が主たる債務者の［いわゆる経営者］であるものを除き，無効とするかどうかについて，引き続き検討する．

　ア　主たる債務の範囲に金銭の貸渡し又は手形の割引を受けることによって負担する債務（貸金等債務）が含まれている根保証契約であって，保証人が個人であるもの

　イ　債務者が事業者である貸金等債務を主たる債務とする保証契約であって，保証人が個人であるもの

(2) 契約締結時の説明義務，情報提供義務

事業者である債務者が，個人を保証人とする保証契約を締結しようとする場合には，保証人に対し，次のような事項を説明しなければならないものとし，債権者がこれを怠ったときは，保証人がその保証契約を取り消すことができるものとするかどうかについて，引き続き検討する．

　ア　保証人は主たる債務者がその債務を履行しないときにその履行をする責任を負うこと．

　イ　連帯保証である場合には，連帯保証人は催告の抗弁，検索の抗弁及び分別の利益を有しないこと．

た検討(12)1頁以下).

ウ　主たる債務の内容（元本の額，利息・損害金の内容，条件・期限の定め等）
　　エ　保証人が主たる債務者の委託を受けて保証をした場合には，主たる債務者の［信用状況］
(3)　主たる債務の履行状況に関する情報提供義務
　事業者である債権者が，個人を保証人とする保証契約を締結した場合には，保証人に対し，以下のような説明義務を負うものとし，債権者がこれを怠ったときは，その義務を怠っている間に発生した遅延損害金に係る保証債務の履行を請求することができないものとするかどうかについて，引き続き検討する．
　　ア　債権者は，保証人から照会があったときは，保証人に対し，遅滞なく主たる債務の残額［その他の履行の状況］を通知しなければならないものとする．
　　イ　債権者は，主たる債務の履行が遅滞したときは，保証人に対し，遅滞なくその事実を通知しなければならないものとする．
(4)　その他の方策
　保証人が個人である場合におけるその責任制限の方策として，次のような制度を設けるかどうかについて，引き続き検討する．
　　ア　裁判所は，主たる債務の内容，保証契約の締結に至る経緯やその後の経過，保証期間，保証人の支払能力その他の一切の事情を考慮して，保証債務の額を減免することができるものとする．
　　イ　保証契約を締結した当時における保証債務の内容がその当時における保証人の財産・収入に照らして過大であったときは，債権者は，保証債務の履行を請求する時点におけるその内容がその時点における保証人の財産・収入に照らして過大でないときを除き，保証人に対し，保証債務の［過大な部分の］履行を請求することができないものとする．

このような立法が実現することになると，民法における個人保護と消費者保護の関係を再検討する必要が一層高まるものと思われる．

3．弱者である事業者の保護

個人経営の事業者や農民が仕事に使うために自動車を購入する場合のように，相手方事業者との関係で，情報と交渉力の格差のあることが多い．税金対策上，法人として事業を行っていても，実質的には個人の事業と大差がない場合も多い．そのような場合でも，これらの者は，消費者契約法上は，事業者に分類されて，消費者契約法による保護を受けることができない．また，1で挙げた行政法規である特定商取引に関する法律の多くの規定や割賦販売法の「信用購入あっせん」についての規定は，購入者・役務受領者が営業のためにまたは営業として締結する場合には適用されない（特定商取引法26条1項1号，割賦販売法35条の3の60第1項・第2項）．

そこで，このような状態は不当であるとして，「消費者保護規定の適用を営業行為等について除外する規定を改正し，契約弱者としての事業者の保護を拡大する観点から，それら規定の適用除外の対象を，事業者が既に行っている事業に直接関連するものに限定すべき」との提案[31]や，民法に消費者契約に関する規定を統合するという立法判断を採用する場合についてではあるが，「① 消費者の定義は消費者契約法における定義よりも拡大すべきである（例：「個人（事業活動に直接関連する目的で取引するものを除く）」など）．② 消費者と実質的に大差ない零細事業者などを保護できるよう，上記のような消費者の定義の拡大のほか，『消費者』概念の相対化や，格差契約一般に関する格差是正の理念規定を介した消費者保護規定の準用ないし類推適用といった方策を検討すべきである」との意見も出されている[32]．

---

31) 第30回近畿弁護士会連合会大会「契約弱者としての中小事業者の保護の拡充を求める決議」（2011年）．http://kinbenren.jp/declare/2011/k20111125-01.pdf

32) 日本弁護士連合会消費者問題対策委員会「『民法（債権関係）の改正に関する中間的な論点整理』に対する意見書」（2011年）．http://www.moj.go.jp/content/

V 民法と消費者法をどのように配置すべきか？

　民法の典型契約の1つである雇用契約における一方当事者である労働者は生身の人間でしかありえないが，生身の人間であることに着目した労働者保護規定を民法に定めることには限界があることから，必然的に民法の外側で社会法としての労働法規範が形成されてきた．

　消費者法は，消費者が労働者と同様の生身の人間であることに着目したルールである．そのようなルールと民法とをどのように関係づけるべきかについては，大別して，次の4つの考え方がある[33]．なお，③と④は①を採用するという提案に加えて行われているが，②を採用してなお③ないし④を採用することも考えられる．

① 　民法には法人を含む抽象的な人を前提としたルールのみを規定し，消費者法を別に制定する考え方（この中には，消費法典としてまとめるフランス法モデルと個別法のままのイギリス法モデルがある）

② 　民法に消費者法を統合するという考え方（ドイツ法モデル）

③ 　民法には，消費者契約に民法の規定を適用する場合には情報と交渉力の格差を考慮するようにとの解釈理念規定のみを置く考え方

④ 　民法には，情報と交渉力の格差のある者相互に民法の規定を適用する場合には，その格差を考慮するようにとの解釈理念規定のみを置く考え方

　この点は，「部会」の当初の審議の段階では大いに議論されたが，その後の審議では消費者法契約法の民法への統合という②の考え方は断念された．②案に反対の声は経済界に強い．消費者関係者の中には，消費者契約法の改正作業がまったく進んでいない状況では，現在の消費者契約法より少しは進んだ内容の債権法改正検討委員会案（すなわち②案）を採用したほうがよい，民法に統

---

[33] これは，「中間的な論点整理」の「第62　1　民法に消費者・事業者に関する規定を設けることの当否」における整理である．

合された方が裁判官になる人も消費者法を必ず勉強してくることになるのでよいといった意見もあるが，筆者は，「部会」の40名弱の構成員のうち，経済界代表3名に対して消費者代表は1名しかおらず，他の大部分が学者や法曹であることから，消費者法を議論する場としてふさわしくないこと，及び現在の消費者契約法はまだ低レベルの状態にあり，このような状態で民法に統合され，固定されるのは消費者法の発展を阻害することになるという理由で，現時点における統合には反対であり，③の立場を主張した[34]．

「中間試案」では，①をベースとして，④を採用する考え方が提案されている[35]．

第26　契約に関する基本原則等
4　信義則等の適用に当たっての考慮要素

消費者と事業者との間で締結される契約（消費者契約）のほか，情報の質及び量並びに交渉力の格差がある当事者間で締結される契約に関しては，民法第1条第2項及び第3項その他の規定の適用に当たって，その格差の存在を考慮しなければならないものとする．

したがって，消費者法の具体的発展のための次のステップは，消費者契約法の改正問題へと焦点が移ることとなる[36]．

---

34) 松本恒雄「消費者契約法の10年と今後の課題—民法（債権法）改正との関係を含めて」NBL959号（2011年）39頁．
35) なお，2014年2月25日に開催された「部会」の第84回会議では，この部分は改正の論点としては取り上げないことが提案されている（部会資料75A「民法（債権関係）の改正に関する要綱案のたたき台(9)」4頁）．
36) そのための基礎的作業として，内閣府消費者委員会の消費者契約法に関する調査作業チームから報告書（河上正二編『消費者契約法改正への論点整理』（信山社，2013年））が公表されている．

VI 消費者契約法にはどのようなレベルの規定を配置すべきか？

　現在の消費者契約法は，消費者契約についての定義を定め，それに該当する契約であれば，どのような内容・種類のものであるかを問わずに適用される共通ルールを定めている．すなわち，すべての契約に適用される民法を一階部分，特定のタイプの消費者契約にのみ適用される民事ルール（その大部分は各省庁所管の行政法規中の民事ルールである）を二階部分とすると，消費者契約法はその中間の中二階（mezzanine）に当たる[37]．

　消費者契約法の今後の発展の方向性としては，引き続きすべての消費者契約に適用される一般ルールのみを定めるという中二階型のものを維持するか，それとも，個別契約に特有の民事ルールも含めて定めるかという基本的な選択肢がある．後者の場合は，販売信用取引における抗弁の接続や継続的役務提供契約における中途解約権，訪問販売におけるクーリングオフ権や過量販売解除権なども入ってくることになる．

　もっとも，販売信用の問題を消費者取引に共通の支払手段ないし決済手段の問題と位置付ければ，中二階型の消費者契約法に配置することは十分に可能であろう．さらに，消費者を一方の当事者とする決済法理について，原因取引との有因論の観点からの法理を構築することも必要であると思われる[38]．

---

37)　河上正二「民法における『消費者』の位置」現代消費者法 4 号（2009）56 頁．
38)　最高裁判決 1996 年 4 月 26 日（最判平 8・4・26 民集 50 巻 5 号 1267 頁）では，X が A の当座預金口座に振り込むべき賃料 558 万円を，B の普通預金口座に誤って振り込んだところ，B の債権者 Y が同普通預金口座を差し押さえたので，X が X の振込みに係る部分について第三者異議の訴えを提起したという事案で，最高裁は，「受取人と銀行との間に振込金額相当の普通預金契約が成立し，受取人が銀行に対して右金額相当の普通預金債権を取得するものと解するのが相当である」として，X の請求を棄却した．そして，この後の法律関係については，X は，B に対し，右同額の不当利得返還請求権を取得し得るにとどまるとした．「振込取引の有

VII　むすび——ミクロ消費者法を越えて

　民法にせよ，消費者契約法にせよ，行政法規中の民事ルールにせよ，ある事業者とある消費者との間の個別取引における当事者間での紛争の適切な解決をはかるものであるにすぎない．

　日本では，IIで引用した竹内教授の参考人質疑でも強調されているように，「他人をだまして暴利をむさぼった者のもうけ得」という状況が存在する．その理由として，消費者の被害救済のための実体法がまだまだ未発達であるために救済されないことが多いという点に加えて，救済を求めて立ち上がる消費者はごく少数であり，大部分は費用と手間の点であきらめているか，法律を知らないために被害を受けたという意識すらないことから，事業者としてはクレームを付けてきた消費者に返金や賠償をしても，なお利益がたっぷり残るからである．

　事業者はそもそも経済的利益を目的に活動しているのであるから，違法な行為を行った場合には利得が残らないだけではなく，それ以上の損をするという経済メカニズムを強く働かせることが違法行為の発生や拡大の抑止には効果的である．すなわち，2当事者関係だけでのミクロ消費者法にとどまるのではなく，より広い視点からの民事法であるマクロ消費者法を考える必要がある．

　事業者の不当な利益を金銭の支払という形で放出させるものとして，被害救済，利益吐き出し，制裁の3つが考えられるが，表1は，金銭の支払を迫る主体がだれであるかに着目して現在の日本にどのような制度があるかを当てはめたものである[39]．アルファベット及び空白は存在しないことを意味している．

　因論」の立場から立法的解決を含め，1996年判決の変更を主張する学説として，岩原紳作「誤振込金の返還請求と預金債権」民法判例百選II債権［第6版］（2009年）143頁参照．

39)　詳細は，松本恒雄「消費者被害の賠償・返金と不当収益の剥奪——被害救済とコンプライアンス促進との有機的結合に向けて」鹿野菜穂子ほか編『消費者法と民法』（法律文化社，2013年）288頁参照．

表1　金銭支払の性質と機能

		金銭支払の機能		
		被害救済	利益吐き出し	制　裁
執行主体	被害者	損害賠償請求	不当利得返還請求, 原状回復請求	-A-
	消費者団体	-B-	-C-	-D-
	事業者団体	補償基金		過怠金
	行政	-E-	課徴金	過料
	検察	没収・追徴された犯罪収益の被害者への返還	没収, 追徴	罰金, 科料

　2013年12月にようやく成立した「消費者の財産的被害の集団的な回復のための民事の裁判手続の特例に関する法律」は消費者団体による損害賠償請求を認めるものであり，Bの空白を埋める制度である．従来ならあえて個人で訴訟を起こさない消費者がいることによって，結果的に事業者に不当な利益が残されていたものが，訴訟提起の権限を与えられた特定適格消費者団体の行う第1段階の手続の結果をみて，より多くの被害者が第2段階の手続に参加してくることになるから，利益吐き出しを促進する効果も生じて，Cの空白を埋めることにもつながる．

　被害者が，現実に受けた損害の賠償とは別に，懲罰的な性質の損害賠償を請求できる制度，すなわち，Aを埋める制度は現状ではない．これは，大陸法の流れを汲むわが国における民事と刑事の峻別論という理論的理由と，現実の損害以上の賠償を許すと，被害者の焼け太りという不当な利益をもたらすことになり，好ましくないとの政策判断による．そこで，純粋な懲罰的損害賠償の場合のように被害者が実損害の賠償以上の利益を得ることが不当であり，許されないとの考え方を維持するとしても，実損害を超える部分については，被害者とは別の法主体（仮に「消費者基金」と呼ぶ）に支払わせるということが考えられる．これによって，事業者の違法行為によるやり得を許さないという理念

と，支払いを迫る法執行主体に本来帰属すべきでない金銭的利益が帰属することを防止するという理念を両立させることにある．これは，消費者団体による懲罰的損害賠償の請求，すなわち，Dの空白を埋めることにも使える．

経済協力開発機構（OECD）が2007年に採択した「消費者の紛争解決及び救済に関するOECD理事会勧告」では，① 少額訴訟やADRによる個別被害救済，② 団体訴訟やクラスアクションによる集団的被害救済，③ 消費者保護執行機関，行政機関による消費者被害救済のための損害賠償訴訟のそれぞれの制度の導入を勧告している．この③が実現するとEの空白が埋まるが，今のところ，この方向への議論はまったく進んでいない．

行政官庁が事業者の行為に対して，金銭的な制裁を課すことができる仕組みとしては，「私的独占の禁止及び公正取引の確保に関する法律」（独占禁止法）と金融商品取引法に課徴金の制度があるが，対象となる違法行為類型が限定されているために，消費者保護には活用できていない．2013年秋から顕在化した外食産業の食品偽装表示をきっかけに，同年12月に消費者庁から消費者委員会に対して，「不当景品類及び不当表示防止法」（景品表示法）への課徴金制度の導入等について諮問がなされ，審議が進められている[40]．

---

40) http://www.cao.go.jp/consumer/kabusoshiki/kachoukin/index.html

Verbraucherschutz und Schuldrechtsmodernisierung

Karl RIESENHUBER

I. Einleitung

Im Rahmen der japanischen Schuldrechtsreform[1] wurde ursprünglich auch die Reform des Verbraucherprivatrechts und seine Integration in das Zivilgesetzbuch erörtert. Dass der jetzt vorliegende Vorschlag davon wieder abgerückt ist, erledigt das Thema nicht. Die rechtspolitischen und rechtsdogmatischen Fragen bleiben von anhaltender Bedeutung. Aus der Vielfalt der Themen möchte ich im Folgenden – im Anschluss an die von Professor *Tsuneo Matsumoto* formulierten Fragen – einzelne Aspekte herausgreifen. Dem Schwerpunkt der Reform entsprechend beschränken sich die Überlegungen dabei auf das Vertragsrecht. Dabei sind zunächst allgemeine Fragen der Regulierung im Vertragsrecht zu erörtern (sogleich II.). Sodann wenden wir uns einzelnen Sachfragen des Verbrauchervertragsrechts zu (nachfolgend III.). Und schließlich ist der für die Reformüberlegungen zentralen Frage der Integration des Verbrauchervertragsrechts in das Zivilgesetzbuch nachzugehen (nachfolgend IV.).

Zum Vergleich mit dem japanischen Recht beziehe ich mich auf die Vorschriften des Zivilgesetzbuchs (ZGB)[2] und des Gesetzes über Verbraucherverträge (VerbrVG)[3] in den mir zugänglichen Übersetzungen.

---

1 S. allg. *Handa*, ZJapanR, Sonderheft 7 (2013), 233 ff.
2 Deutsche Übersetzung in *Kaiser* (Hg.), Das japanische Zivilgesetzbuch in deutscher Sprache (2008).
3 Gesetz Nr. 61/2000 v. 12. 5. 2000, deutsche Übersetzung von *Dernauer*, ZJapanR 11 (2001), 247 ff.

II. Regulierung im Vertragsrecht

1. Die Gebote der Rechtfertigung und andauernden Überprüfung von Verbraucherschutz im Vertragsrecht

Das liberale Vertragsrecht des 19. Jahrhunderts beruht auf den Grundsätzen der formalen Rechtsgleichheit und der Vertragsfreiheit. Seine Regeln sind allgemein formuliert und gelten für alle Rechtssubjekte gleichermaßen, unabhängig von ihren individuellen Fähigkeiten, ihrer wirtschaftlichen Situation oder sozialen Rolle. Die ganz überwiegend dispositiv ausgestalteten Vorschriften haben primär eine Erleichterungsfunktion. Sie sollen den typischen Parteiwillen abbilden (sog. *majoritarian default rules*) und so den Rechtsverkehr erleichtern.

Das Verbrauchervertragsrecht hat demgegenüber regulierenden Charakter. Es „ergreift Partei" für den privat handelnden Verbraucher in seinen Rechtsbeziehungen zu professionell handelnden Unternehmern. Dem liegt die Annahme zugrunde, dass der Verbraucher als Privatperson gegenüber dem Unternehmer in bestimmten Situationen oder bei bestimmten Geschäften schutzbedürftig ist. Das Verbrauchervertragsrecht greift so in die formale Vertragsfreiheit ein, regelmäßig mit dem Ziel, auf diese Weise die materiale Vertragsgerechtigkeit zu fördern.[4] Dabei erfolgt dieser Eingriff nicht mit Blick auf den Einzelfall, sondern pauschalierend für die Gruppe der Verbraucher im Verhältnis zur Gruppe der Unternehmer.

Als Eingriff in die Vertragsfreiheit bedarf das Verbraucherrecht in mehrfacher Hinsicht der Rechtfertigung und der andauernden Überprüfung. Zivilrechtssystematisch ist Vertragsfreiheit der Grundsatz, Abweichungen davon bedürfen der Rechtfertigung. Das ist in Deutschland und Europa auch verfassungsrechtlich begründet, da die Vertragsfreiheit als Bestandteil der allgemeinen Handlungsfreiheit (Art. 2 Abs. 1 GG; Art. 15, 16, 17 GRCh) grundrechtlichen Schutz genießt.[5] Verbraucherschutz greift in die Vertragsfreiheit der Unternehmer ein, aber auch in die Vertragsfreiheit der Verbraucher, die nicht

---

4 Allgemein zur Materialisierung im Vertragsrecht *Canaris*, Wandlungen des Schuldvertragsrechts – Tendenzen zu seiner „Materialisierung"?, AcP 200 (2000), 273 ff.

5 *Canaris*, Verfassungs- und europarechtliche Aspekte der Vertragsfreiheit in der Privatrechtsgesellschaft, in: Badura/Scholz (Hrsg.), FS Lerche (1993), 873 f., 889 f.; *Höfling*, Vertragsfreiheit (1991); *Riesenhuber*, EU-Vertragsrecht (2013), § 2 Rn. 20.

individuell, sondern als Gruppe geschützt werden. Dabei können die Verbraucherschutzvorschriften aufgrund ihrer pauschalen, an die Verbraucherrolle und bestimmte situative oder gegenständliche Voraussetzungen anknüpfenden Natur im Einzelfall oder auch generell zu einem Schutzübermaß oder Schutzuntermaß führen[6] und so in besonderer Weise belastend wirken.

Aus ökonomischer Sicht kommt hinzu, dass die Vorgaben des Verbrauchervertragsrechts regelmäßig Kosten verursachen. Diese Kosten fallen zwar zumeist primär beim Unternehmer an, können von diesem aber in aller Regel eingepreist und somit auf den Verbraucher überwälzt werden. Im Ergebnis bedeutet Verbraucherschutz daher nicht nur eine Zwangsversicherung des Verbrauchers, sondern eine *entgeltliche* Zwangsversicherung.

Die Erfahrung zeigt, dass staatliche Steuerung nicht immer gerade und nur die erwünschten Wirkungen hat. Das gilt erstens besonders dann, wenn sich der Gesetzgeber zu Steuerungszwecken des Vertragsrechts bedient. Denn hier hängt der Regulierungserfolg vom Verhalten des Einzelnen ab. Wie der Einzelne auf rechtliche Hilfestellungen und Anreize reagiert, lässt sich oft nicht sicher vorhersagen. Und es gilt zweitens besonders dann, wenn eine Mehrzahl von Schutzinstrumenten eingesetzt wird. Denn hier besteht in besonderem Maße die Gefahr, dass die Überlagerung unterschiedlicher Instrumente kontraintentionale Nebeneffekte hat.[7]

Aus der Gesamtheit dieser Überlegungen ergibt sich, dass Verbraucherschutz nicht nur der anfänglichen Rechtfertigung bedarf, sondern auch der dauernden Überprüfung, ob die dafür eingesetzten Mittel im Hinblick auf die verfolgten Zwecke verhältnismäßig sind, also geeignet, erforderlich und im Hinblick auf den eigentlichen Zweck des Vertragsrechts, die Freiheitsverwirklichung des Einzelnen, verhältnismäßig i. e. S.

Das Gebot andauernder Überprüfung ist in „politisch sensiblen" Bereichen wie dem Verbraucherschutz oder dem Schutz vor Diskriminierungen[8] beson-

---

6 Vgl. *Lorenz,* Der Schutz vor dem unerwünschten Vertrag (1997).
7 *Martinek,* Unsystematische Überregulierung und kontraintentionale Effekte im Europäischen Verbraucherschutzrecht, in: Grundmann (Hrsg.), Systembildung und Systemlücken in Kerngebieten des Europäischen Privatrechts (2000), S. 511 ff.
8 Sachlich kann man auch das Anti-Diskriminierungsrecht dem Verbraucherschutz zurechnen, dem es in vieler Hinsicht dient und auch dienen soll. Entgegen der ursprünglichen Konzeption dieses Beitrags muss das Anti-Diskriminierungsrecht hier indes mit Rücksicht auf den vorgegebenen Rahmen unberücksichtigt bleiben.

ders hervorzuheben. Hier besteht die Gefahr, dass auch eine sachlich begründete Rücknahme des einmal etablierten Schutzes nicht vorgenommen wird, da dies nicht opportun erscheint; mit der Reduzierung von Verbraucher- oder Diskriminierungsschutz (im Vertragsrecht) fängt man keine Wählerstimmen. Umso wichtiger ist die Rolle der Wissenschaft in diesem Bereich.

Dem (sachlichen) Gebot, Verbraucherschutz andauernd zu überprüfen und ggf. anzupassen, steht das gegenläufige (regulierungstheoretische) Interesse gegenüber, Schutzvorschriften möglichst stabil zu halten. Sollen Verbraucherschutzvorschriften praktische Wirksamkeit erlangen, so müssen sie über längere Zeit unverändert bleiben, damit sie sich im Rechtsbewusstsein verankern können. Das Bestandsinteresse und das Anpassungsinteresse sind rechtspolitisch zu gewichten und abzuwägen.

Es ist offenkundig, dass zumal der Europäische Gesetzgeber beiden hier aufgestellten Postulaten nicht gerecht wird. Die Halbwertzeit europäischen Verbraucherschutzes ist gering. Einmal gesetzte Schutzinstrumente werden kaum je zurückgenommen, sondern regelmäßig nur erweitert und ergänzt.

2. Die Bedeutung interdisziplinärer Forschung

Will man, wie dies geboten ist, Verbraucherschutz wissenschaftlich fundieren, so reicht dafür die rechtswissenschaftliche Begründung nicht aus. Normative Erwägungen sind insbesondere durch ökonomische und verhaltenstheoretische Erwägungen zu ergänzen und empirisch zu untermauern.

Diese letztgenannten Aspekte, Verhaltensökonomie und Recht (*behavioral law and economics*) sowie Rechtsempirie (*empirical legal studies*),[9] haben in den vergangenen Jahren erheblich an Bedeutung gewonnen. Die Verhaltensökonomik hat auf eine Fülle von gesetzmäßigen Irrationalitäten menschlichen Verhaltens hingewiesen. Das ist gerade auch im Bereich des Verbraucherschutzes von Interesse.[10] Mit empirischen Mitteln lassen sich Wirkungsweisen von Regelungen und eben auch Verhaltensannahmen überprüfen. Daneben bleiben ökonomische Studien, auch solche auf der Grundlage des hergebrachten

---

9 S. nur *Sunstein* (Hrsg.), Behavioral Law and Economics (2007); *Loacker,* Verhaltensökonomik als Erkenntnisquelle für die Rechtsetzung, in: Verschraegen (Hrsg.), Interdisziplinäre Studien zur Komparatistik und zum Kollisionsrecht (2012), S. 45 ff.
10 *Bar-Gill,* The Behavioral Economics of Consumer Contracts, Minn. L. Rev. 92 (2007–2008), 749 ff.

Modells eines *homo oeconomicus* von Bedeutung, gerade auch im Bereich von Untersuchungen zum Verbraucherschutz.[11]

Drei Dinge sind im Zusammenhang interdisziplinärer Forschung besonders hervorzuheben.

Das ist erstens die Unterscheidung von Rechtsdogmatik und Rechtspolitik. Einsichten anderer Disziplinen können vor allem die rechtspolitische Diskussion befruchten, namentlich im Rahmen von Reformvorhaben. Eingang in die Rechtsdogmatik, also die Lehre vom geltenden Recht, können sie als externe Perspektiven nur dort finden, wo sich das geltende Recht dafür öffnet, sei es durch Verweis auf andere Disziplinen (z. B. im Kartellrecht), sei es im Rahmen der objektiv-teleologischen Auslegung.[12]

Zweitens ist der gleiche Autonomieanspruch aller Sozialwissenschaften hervorzuheben.[13] So wie andere Sozialwissenschaften, erhebt auch die Rechtswissenschaft einen Autonomieanspruch. Das bedeutet nicht, dass sie sich gegen die Einsichten anderer Wissenschaften abschotten würde; im Gegenteil verdient das von *Teubner* formulierte Gebot Zustimmung, sich für die „Irritation" durch andere Wissenschaften zu öffnen.[14] Es bedeutet aber, dass die Rechtswissenschaft nach ihren eigenen Gesetzmäßigkeiten entscheiden muss, welche Einsichten anderer Disziplinen sie in sich aufnehmen kann. Zudem können Erkenntnisse anderer Sozialwissenschaften meist nicht ohne weiteres, sondern nur in einem Prozess des autonomen Nachvollziehens berücksichtigt werden.

Drittens (und mit dem vorherigen Punkt zusammenhängend) ist auf die „normative Schwäche" anderer Disziplinen hinzuweisen. Das ist namentlich im Hinblick auf die Verhaltensökonomik von Bedeutung. Im Zuge der verhaltensökonomischen Forschung hat sich recht bald das Modell eines „asymmetrischen"[15] oder „libertären Paternalismus"[16] herausgebildet. Mit ihm werden aus

---

11 *Epstein*, Behavioral Economics: Human Errors and Market Corrections, U. Chi. L. Rev. 73 (2006), 111 ff.; *ders.*, The Neoclassical Economics of Consumer Contracts, Minn. L. Rev. 92 (2007–2008), 803 ff.

12 *Riesenhuber*, English Common Law versus German Systemdenken, Utrecht L. Rev. 7 (2011), 117 ff.

13 S. zuletzt *Teubner*, Rechtswissenschaft und -praxis im Kontext der Sozialtheorie, erscheint in: Grundmann/Thiessen (Hrsg.), Recht und Sozialtheorie – interdisziplinäres Denken in Rechtswissenschaft und -praxis. Law in the Context of Disciplines – Interdisciplinary Approaches in Legal Academia and Practice; Manuskript liegt dem Verf. vor.

14 *Teubner* (Fn. 13).

15 *Camerer/Issacharoff/Loewenstein/O'Donoghue/Rabin*, Regulation for Conservatives, U.

verhaltensökonomischen Erkenntnissen teilweise sehr weitgehende rechtspolitische Forderungen abgeleitet. Demgegenüber ist hervorzuheben, dass die Einsicht in ein auch regelmäßig irrationales Verhalten nicht ohne weiteres den Schluss auf eine korrigierende staatliche Intervention zulässt. Auf menschliches „Fehlverhalten" kann eine Rechtsordnung auf ganz unterschiedliche Weise reagieren: nämlich durch Untätigkeit, durch Information oder durch Korrektur. Welchen Weg ein Gesetzgeber beschreitet, hängt von verschiedenen Faktoren ab, insbesondere von Folgen des „Fehlverhaltens" (z. B. Vermögensschäden oder Schäden an Leib und Leben), von der Möglichkeit von Lerneffekten sowie von gegenläufigen Wertungen.

3. Menschenbild und Verbraucherschutz (Verbraucherleitbild)

In der Diskussion um die deutsche Schuldrechtsmodernisierung von 2002 hat interdisziplinäre Forschung, soweit ich sehe, keine hervorgehobene Rolle gespielt; im Zentrum standen rechtsdogmatische und europarechtliche Erwägungen.[17] Auch die Reform des Verbraucherrechts stand hier nicht im Vordergrund; sie fällt heute ohnehin weitgehend in die Zuständigkeit des Europäischen Gesetzgebers. Vielmehr hat man weithin die bestehenden Regeln übernommen (und in das BGB übertragen; dazu unten, IV.).

Dem Verbraucherrecht des BGB liegt dementsprechend das seit einigen Jahren etablierte Leitbild eines mündigen Verbrauchers zugrunde.[18] Dieses wiederum beruht im Ansatz auf dem ökonomischen Konzept eines *homo*

Pa. L. Rev. 151 (2003), 1211.
16 *Thaler/Sunstein,* Nudge (2007); *Thaler/Sunstein,* Libertarian Paternalism is not an Oxymoron, The University of Chicago Law Review 70 (2003), 1159; *Sunstein/Thaler,* Libertarian Paternalism, American Economic Review 93 (2) (2003), 175.
17 S. nur *Ernst/Zimmermann* (Hrsg.), Zivilrechtswissenschaft und Schuldrechtsreform (2001); *Grundmann/Medicus/Rolland* (Hrsg.), Europäisches Kaufgewährleistungsrecht – Reform und Internationalisierung des deutschen Schuldrechts (2000); *Schulze/Schulte-Nölke* (Hrsg.), Die Schuldrechtsreform vor dem Hintergrund des Gemeinschaftsrechts (2001).
18 *Drexl,* Die wirtschaftliche Selbstbestimmung des Verbrauchers (1998), S. 397 ff.; *Riesenhuber,* System und Prinzipien des Europäischen Vertragsrechts (2003), S. 264 f.; *Sedlmeier,* Rechtsgeschäftliche Selbstbestimmung im Verbrauchervertrag (2012), S. 45 ff.; differenzierend *Cremer* (EU Primärrecht) und *Stuyck* (EU Sekundärrecht), in: Klinck/Riesenhuber (Hrsg.), Verbraucherleitbilder – Europäische und Interdisziplinäre Perspektiven (2014; in Vorbereitung); a. A. *Buck-Heeb,* ZHR 176 (2012), 66, 84. Missverständlich in der Tat *Mohr,* AcP 204 (2004), 660, 674 f., auf den sich *Buck-Heeb* beruft.

oeconomicus.[19] Wird auch die Schutzbedürftigkeit des Verbrauchers in bestimmten Situationen anerkannt, so sieht man den Verbraucher doch als „mündig" an, d. h. als fähig, aufgrund ausreichender Information eine selbstbestimmte Entscheidung in wirtschaftlichen Angelegenheiten zu treffen. Wenn ich richtig sehe, ist der Ansatz des japanischen Rechts ganz ähnlich.[20]

Dass es dabei nicht allein und auch nicht primär um ein empirisches Leitbild geht,[21] wird vor allem in der Grundfreiheitenrechtsprechung des EuGH deutlich. Der Gerichtshof weist darauf hin, dass das Verbraucherleitbild des EU-Rechts auch von den normativen Erfordernissen des Binnenmarktes geprägt ist.

Im Hinblick auf das Schuldrecht hat seither vor allem *Horst Eidenmüller* die Bedeutung der verhaltensökonomischen Forschung hervorgehoben.[22] Von seinen Überlegungen sei nur das Beispiel der Widerrufsrechte hervorgehoben. Von Widerrufsrechten machen Verbraucher offenbar auffällig selten Gebrauch.[23] Das ist für *Eidenmüller* Anlass, über die Zweckmäßigkeit des Schutzinstruments nachzudenken. Er erwägt, dass die geringe Widerrufsquote u. a. durch den von der Verhaltensökonomik hervorgehobenen Besitzeffekt sowie durch die Vermeidung kognitiver Dissonanzen begründet sein könnte.[24] Dies könnte dafür sprechen, das Widerrufsrecht durch einen Bestätigungsvorbehalt zu ersetzen.[25]

Im Anschluss an die wissenschaftliche Diskussion ist zwischenzeitlich auch bei Abgeordneten des Deutschen Bundestags das Interesse an der Verhaltensökonomik geweckt. So hat z. B. eine Gruppe von SPD Abgeordneten der CDU/CSU/FDP-Bundesregierung im Jahr 2010 im Hinblick auf die Beratungen über die europarechtliche Verbraucherrechterichtlinie die Frage gestellt, ob sie die geplante Widerrufsbelehrung mit den Mitteln der Verhaltensökonomik auf ihre Verständlichkeit für Verbraucher überprüfen werde.[26]

---

19 *Drexl* (Fn. 17), S. 128 ff.
20 *Ikeda/Okuda*, Japanisches Verbraucherschutzrecht und Einflüsse des europäischen Rechts, ZJapanR 14 (2002), 113, 118.
21 *Drexl* (Fn. 17), S. 430 ff.
22 *Eidenmüller*, Der homo oeconomicus und das Schuldrecht: Herausforderungen durch Behavioral Law and Economics, JZ 2005, 216 ff.
23 So BT-Drs.. 10/2876, S. 7 f.: Bei Haustürgeschäften liegt die Widerrufsrate bei nur 1,8 %.
24 *Eidenmüller*, JZ 2005, 216, 221 f.
25 *Eidenmüller*, JZ 2005, 216, 222.
26 S. Antwort der Bundesregierung auf die Kleine Anfrage der Abgeordneten Kerstin Tack, Marianne Schieder (Schwandorf), Dr. Eva Högl, weiterer Abgeordneter und der Fraktion der

Auch die EU-Kommission hat die verhaltensökonomische Forschung aufgegriffen. Auf der Website der Generaldirektion Gesundheit und Verbraucher findet sich im Bereich der Konsumentenforschung unter neun Sachfeldern ein eigener Unterpunkt, der den *behavioural economics* gewidmet ist.[27] Die Kommission weist dort nicht nur auf verhaltensökonomische Studien hin, sondern auch darauf, dass sie diese bei ihrer Politik berücksichtige. Ein konkretes (wenngleich simples) Beispiel ist die Regelung über die händlerseitige Vorauswahl für entgeltliche Leistungen, die sogenannten *pre-ticked-boxes,* in der Verbraucherrechterichtlinie. Nach Art. 22 Verbraucherrechterichtlinie (VerbrRRL) können auf diese Weise zustande gekommene Vereinbarungen einen Zahlungsanspruch nicht begründen.[28]

Zu einem Wandel des Verbraucherleitbilds haben diese Überlegungen indes bislang nicht geführt. Das dürfte auch daran liegen, dass Verbraucherschutzinteressen stets mit gegenläufigen Interessen in Ausgleich zu bringen sind.

4. Konfligierende Ziele

Auch wo es gute Gründe gibt, verbraucherschützende Vorschriften in das Vertragsrecht einzuführen, ist doch stets zu bedenken, dass Verbraucherschutz kein „absoluter" Zweck ist, im Vertragsrecht eher im Gegenteil. Verbraucherschutzzwecke müssen stets mit gegenläufigen anderen Zwecken abgewogen werden. Für das europäische Recht kommt dies auch in der zentralen Kompetenznorm des Art. 114 Abs. 3 AEUV zum Ausdruck. Danach geht die Kommission in ihren Vorschlägen zur Rechtsangleichung nach Absatz 1 der Vorschrift (u. a.) im Bereich Verbraucherschutz von einem hohen Schutzniveau aus und berücksichtigt dabei insbesondere alle auf wissenschaftliche Ergebnisse gestützten neuen Entwicklungen. Verbraucherschutz spielt daher bei der Rechtsangleichung im Binnenmarkt eine hervorgehobene Rolle und auch für die Berücksichtigung neuerer, beispielsweise verhaltensökonomischer Forschung findet sich hier ein Ansatz. Nicht weniger wichtig als diese Hervorhebungen sind indes die Grenzen, die sich für den Verbraucherschutz aus der Vorschrift ergeben. Erstens

---

SPD – BT-Drs. 17/3251 – Zum Stand der Verhandlungen über den Vorschlag für eine EU-Richtlinie über die Rechte der Verbraucher und deren Verbraucherschutzniveau, BT-Drs. 17/3367, S. 5 (Nr. 12).

27 http://ec.europa.eu/consumers/behavioural_economics/index_en.htm
28 S. nur *Riesenhuber* (Fn. 5), § 7 Rn. 25.

ist ein hohes Verbraucherschutzniveau nur der *Ausgangspunkt* für die Vorschläge der Kommission. Zweitens geht es nur um ein *hohes*, nicht das höchste denkbare Schutzniveau.[29] Und drittens ist der Hauptzweck der Rechtsangleichung die Errichtung und das Funktionieren des Binnenmarktes. Verbraucherschutz ist „zwar eines der Ziele der Gemeinschaft, offenkundig aber nicht ihr einziges Ziel".[30] Verbraucherschutzzwecke sind demnach mit anderen Zwecken in Ausgleich zu bringen.

Wir können das noch einmal am Beispiel des Verbraucherleitbildes illustrieren. Aufgrund verhaltensökonomischer Forschung mag sich eine Informationslösung als erhebliche Herausforderung für Verbraucher darstellen und ein weitergehender Schutz, z. B. durch eine gerichtliche Inhaltskontrolle oder ein gesetzliches Verbot, vorzugswürdig erscheinen. Gleichwohl kann der Gesetzgeber mit Rücksicht auf die Erfordernisse des Binnenmarktes daran festhalten.

5. Schutzbedürftigkeit und Schutzwürdigkeit des Verbrauchers

Ähnlich verhält es sich auch mit der Schutzbedürftigkeit des Verbrauchers, die nicht allein *empirisch*, sondern unvermeidlich auch normativ bestimmt wird.[31] Auch wo sich *empirisch* Defizite nachweisen lassen, anerkennt die Rechtsordnung nicht stets eine Schutzbedürftigkeit des Verbrauchers. Anders gesprochen sind die – z. B. empirisch begründete – Schutzbedürftigkeit und die *normative* Schutzwürdigkeit zu unterscheiden. Eine Schutzwürdigkeit kann nur unter Berücksichtigung auch gegenläufiger *normativer* Erwägungen berücksichtigt werden.

Allerdings gibt es in Deutschland und der EU einen Kreis von Schutzbedürfnissen des Verbrauchers, die auch *normativ* weithin anerkannt sind. Dabei geht zumeist um Informationsasymmetrien. Freilich ist es so, dass der „professionell" handelnde Unternehmer praktisch stets eine „informationelle Überlegenheit" gegenüber dem privat handelnden Verbraucher hat. Zum einen kann der Unternehmer Größenvorteile nutzen, weil er die betreffenden Geschäfte immer wieder und meist in größerem Umfang tätigt als der Verbraucher. Zum anderen

---

29 EuGH v. 13. 5. 1997 – Rs. C-233/94 *Deutschland ./. Parlament und Rat*, Slg. 1997, I-2405 Rn. 48; *Leible/Schröder*, in: Streinz (Hrsg.), EUV/AEUV (2. Aufl. 2012), Art. 114 AEUV Rn. 76.
30 EuGH v. 13. 5. 1997 – Rs. C-233/94 *Deutschland ./. Parlament und Rat*, Slg. 1997, I-2405 Rn. 48.
31 *Drexl* (Fn. 17), S. 430 ff.

gehört es zu seinem Geschäft, Preisentwicklungen, Nachfrageentwicklungen, Einkaufsmöglichkeiten, Gewinnmargen usf. zu kennen. Es versteht sich daher, dass nicht jedes Informationsungleichgewicht auch normativ als ausgleichungswürdige Informationsasymmetrie anzusehen ist. Indes sind bestimmte Situationen anerkannt, wo das der Fall ist. Im EU-Vertragsrecht (und damit auch im deutschen) gehören dazu insbesondere der Direktvertrieb „an der Haustür" sowie der Fernabsatz (s. noch unten, III. 3. b)). Hinzu kommt eine Reihe von Vertragstypen, bei denen ein besonderes Informationsbedürfnis des Verbrauchers anerkannt ist, namentlich Verbraucherkredite, Pauschalreise- und Timesharingverträge.

Eine allgemeine „Unterlegenheit" des Verbrauchers als „schwächere Partei" wird demgegenüber nicht als Interventionsgrund anerkannt. Ob der Rechtsanwalt, der Klempner, die Hausfrau oder der Rentner, wenn er/sie sich als Privatperson ein Fahrrad kauft, dem Fahrradhändler „unterlegen" ist, lässt sich schon nicht leicht beurteilen. Vor allem aber geht man davon aus, dass, dem liberalen Vertragsrechtsdenken folgend, der Markt eine ausreichende Kontrolle ausübt, um eine etwaige „Macht" des Unternehmers (Fahrradhändlers) im Zaum zu halten. Nicht zu leugnen ist, dass es einzelne Menschen gibt, die besonderer Fürsorge bedürfen, und dass es besondere Sachverhalte gibt, die besondere Schutzbedürfnisse hervorrufen. Dafür hält indes schon das liberale Vertragsrecht mit den Vorschriften über die Geschäftsfähigkeit und Betreuung sowie über das Verbot sittenwidriger Rechtsgeschäfte das erforderliche Instrumentarium bereit.

Auch psychologische Gesetzmäßigkeiten, die Menschen zu Fehlentscheidungen veranlassen, begründen nicht für sich deren Schutzwürdigkeit. Im Gegenteil ist es primär der Selbstverantwortlichkeit des Einzelnen anheimgestellt, sich über seine „Irrationalitäten" und die daraus resultierenden Gefahren Rechenschaft abzulegen und danach zu handeln, notfalls aus Fehlern klug zu werden.[32] Für einen rechtlichen Rahmen sorgt dabei das Lauterkeitsrecht, das immerhin „sittenwidrigen", heute sagen wir „unlauteren" Vertragsanreizen vorbeugt. Diese Abgrenzung ist normativ besonders stark begründet, denn hier

---

32 *Riesenhuber*, in: ders. (Hrsg.), Das Prinzip der Selbstverantwortung (2011), S. 1, 4. ff.; tendenziell a. A. *Eidenmüller*, JZ 2005, 216, 223, der einen Schutz durch zwingende Rechtsnormen als gerechtfertigt ansieht, wenn und soweit Rationalitätsdefizite dazu führen, dass wir uns selbst schädigen.

geht es um den Kernbereich der Selbstbestimmung des Einzelnen. Ein weitergehender Schutz würde in vielen Fällen bedeuten, dass der Staat in die Präferenzen des Einzelnen eingreifen müsste, z. B. seine Entscheidung, ein bestimmtes (zu großes) Auto oder einen bestimmten (zu teuren) Fernseher zu kaufen.

Problematisch ist, inwieweit die bestehende oder drohende Überschuldung des Einzelnen seine Schutzwürdigkeit im Hinblick auf (weitere) Verträge begründen kann. Hier ist einerseits die zuerst 1993 begründete sog. Bürgschaftsrechtsprechung des Bundesverfassungsgerichts zu beachten,[33] andererseits aber auch das in Deutschland 1999 eingeführte Verbraucherinsolvenzrecht mit seinen Schuldbefreiungsmöglichkeiten. Soweit schon das Insolvenzrecht der Perspektivlosigkeit des Einzelnen wegen Überschuldung in angemessenem Maße Rechnung trägt, kann das Vertragsrecht entsprechend entlastet werden.[34]

III. Aspekte des Verbraucherschutzes im Schuldrecht

Von den vielfältigen Aspekten des Verbraucherrechts greife ich im Folgenden exemplarisch einzelne Sachfragen heraus. Ich versuche dabei, auf aktuelle oder andauernde Probleme einzugehen. Mit Rücksicht auf das Gesamtprogramm der Tagung liegt der Fokus auf allgemeinen und übergreifenden Fragen des Verbrauchervertragsrechts. Sachfragen, die einzelne Vertragstypen betreffen, wie etwa zwingende Kaufgewährleistung, Schutz von Bürgen,[35] Kreditnehmern oder Pauschalreisenden, bleiben als solche außer Betracht und werden nur zur Illustration herangezogen.

1. Abgrenzung des persönlichen Schutzbereichs
   – Verbraucherbegriff

a) Verbraucherbegriff
Im Anschluss an die europarechtlichen Vorgaben ist im deutschen BGB der Verbraucherbegriff mittlerweile gut etabliert. Verbraucher ist „jede natürliche Person, die ein Rechtsgeschäft zu einem Zwecke abschließt, der weder ihrer gewerblichen noch ihrer selbständigen beruflichen Tätigkeit zugerechnet werden kann". Im japanischen Recht wird der Verbraucher offenbar im Ansatz

---
33 BVerfGE 89, 214 ff. = NJW 1994, 36 ff.
34 S. dazu den Beitrag von *Habersack,* in diesem Heft, S. 193 f.
35 S. dazu den Beitrag von *Habersack,* in diesem Heft, S. 189 ff.

ganz ähnlich definiert, Art. 2 Abs. 1 VerbrVG.[36]

b) Verträge mit doppelter Zwecksetzung

Hier gibt es eine Reihe kleinerer Abgrenzungsfragen, die indes bereits breit erörtert sind und keine grundsätzlichen Probleme aufwerfen. Das betrifft zuerst die Verträge mit doppelter, privater und beruflicher oder gewerblicher Zwecksetzung (sog. *dual use*-Problematik).[37] Hier hatte der EuGH zunächst in einer Entscheidung zur EuGVO einen „Vernachlässigbarkeitstest" vorgeschlagen: Bei einer auch-beruflichen Zwecksetzung kommt ein Verbraucherschutz nicht in Betracht, wenn diese nicht vollständig untergeordnet ist.[38] Der Gesetzgeber ist dem nicht gefolgt. In Begründungserwägung (BE) 17 Verbraucherrechterichtlinie (VerbrRRL) wird stattdessen eine Schwerpunktlösung vorgeschlagen. Das erscheint unter Praktikabilitäts- und Schutzwürdigkeitsgesichtspunkten verfehlt. Wer beruflich handelt, von dem ist geschäftliche Erfahrung zu erwarten, und daran ändert auch die Mitverfolgung privater Zwecke nichts.[39] Die Lösung des EuGH wäre vorzugswürdig gewesen.

c) Scheinunternehmer

Eine weitere kleine Frage ist, wie man mit sog. Scheinunternehmern umgehen soll, also mit Verbrauchern, die sich, z.B. um günstigere Großhandelskonditionen in Anspruch zu nehmen, zunächst als Unternehmer gerieren, anschließend aber auf Verbraucherrechte berufen. Der Bundesgerichtshof hat in einem solchen Fall die Berufung auf die Verbrauchereigenschaft als treuwidrig versagt.[40] Das ist zwar deshalb nicht unproblematisch, weil der Verbraucherschutz zwingendes Recht ist und nicht zur Disposition des Einzelnen steht. Das gilt indes auch für das Gebot von Treu und Glauben.[41] Auch mit den europa-

---

36 Dazu *Dernauer*, ZJapanR 11 (2001), 241, 243.
37 S. a. *Dernauer*, (Fn. 36), 241, 243 f.
38 EuGH v. 20. 1. 2005 – Rs. C-464/01 *Gruber*, Slg. 2005, I-439 Rn. 30 ff.; dazu etwa *Gottschalk*, RIW 2006, 576 ff.
39 Ebenso etwa *Wolf/Neuner*, Allgemeiner Teil (10. Aufl. 2012), § 15 Rn. 13.
40 BGH, NZV 2005, 307 ff.; S. aber BGH, NJW 2009, 3780 f.; MünchKommBGB/*Lorenz*, § 474 Rn. 23; *Wolf/Neuner* (Fn. 38), § 15 Rn. 17; *Herresthal*, Scheinunternehmer und Scheinverbraucher im BGB, JZ 2006, 695 ff.; *Oechsler*, FS Canaris Band 1, S. 925 ff., 928 ff.
41 MünchKommBGB/*Roth/Schubert*, § 242 BGB Rn. 91; *Sutschet*, in: BeckOK BGB, § 242 BGB Rn. 38; differenzierend *Looschelders/Olzen*, in: Staudinger BGB (Neubearbeitung 2009), § 242 BGB Rn. 109.

rechtlichen Umsetzungspflichten dürfte das vereinbar sein, da das Verbot treuwidrigen Verhaltens, ähnlich wie das Rechtsmissbrauchsverbots,[42] europarechtl ich anzuerkennen ist[43] und zu den allen Mitgliedstaaten gemeinsamen Grundsätzen des Vertragsrechts gehören dürfte.

d) Branchenfremde Nebengeschäfte von Unternehmern

Umgekehrt stellt sich die Frage, ob den Unternehmer auch dann die besonderen Pflichten gegenüber Verbrauchern treffen, wenn es für ihn um ein branchenfremdes Nebengeschäft geht: wenn z. B. ein Klempner oder ein Rechtsanwalt seinen Firmenwagen verkauft. Formal ist er auch dann als Unternehmer tätig, in der Sache treffen ihn die speziellen Vertragspflichten indes zu Unrecht. Dieses Belastungsübermaß wird man nach geltendem Recht jedoch hinnehmen müssen.[44] Auch *de lege ferenda* sprechen immerhin Erwägungen der Einfachheit und Klarheit für diese Lösung. Im praktischen Ergebnis bedeutet sie, dass sich Unternehmer für branchenfremde Nebengeschäfte eines Intermediärs (im Beispiel: Gebrauchtwagenhändler) bedienen müssen, wenn sie die mit dem Verbrauchervertrag verbundenen speziellen Vertragspflichten vermeiden wollen.

e) Schutz von Unternehmensgründern oder Kleinunternehmern

Rechtspolitisch wird in Deutschland und in Europa bereits seit langem diskutiert, ob man den Schutz des Verbrauchervertragsrechts nicht auch auf Unternehmensgründer, Kleinunternehmer oder die sogenannten kleinen und mittleren Unternehmen (KMU) erstrecken soll. In manchen Bereichen ist das eigens angeordnet, so für Existenzgründungsdarlehen bis zur Höhe von 75.000 €, §§ 512, 655e Abs. 2, 491 ff. BGB.[45]

Grundsätzlich sprechen die besseren Gründe gegen eine solche Erweiterung

---

42 EuGH v. 12. 5. 1998 – Rs. C-367/96 *Kefalas*, Slg. 1998, I-2843 Rn. 20 f.; dazu *Schmidt-Kessel*, Verbot des Rechtsmissbrauchs im Gemeinschaftsprivatrecht – Folgerungen aus der Kefalas-Entscheidung des EuGH, in Jud/Bachner/Bollenberger/Halbwachs/Kalss/Meissel/Ofner/Rabl (Hrsg.), Jahrbuch Junger Zivilrechtswissenschaftler 2000: Prinzipien des Privatrechts und Rechtsvereinheitlichung (2001), S. 61–83.
43 BGH, NZV 2005, 307, 308.
44 BGHZ 179, 126; NJW 2011, 3435; differenzierend *Kannowski*, in: Staudinger BGB (Neubearbeitung 2013), § 13 Rn. 61.
45 *Wolf/Neuner* (Fn. 38), § 15 Rn. 12.

des Verbraucherschutzes. In der Sache könnte die Erstreckung des Verbraucherschutzes auf Unternehmen eine verdeckte Subvention bedeuten.[46] Als solche greift sie in den freien Wettbewerb ein und ist sie schon deswegen abzulehnen. Wenn man Unternehmensgründer oder kleine Unternehmen fördern will, sollte man das durch direkte Transferleistungen tun, aber nicht auf dem indirekten Weg über einzelne Vertragspartner.[47]

Möglich ist freilich gerade umgekehrt, dass der Verbraucherschutz für Unternehmer zurückschlägt und sich als zusätzliche Belastung erweist. Das dürfte dann der Fall sein, wenn die durch die Schutzregeln Verpflichteten die damit verbundenen Kosten einpreisen und auf die Geschützten überwälzen. Das wäre wiederum der Effekt der Zwangsversicherung. Die Nivellierungswirkung einer solchen Zwangsversicherung ist aber im Unternehmensverkehr besonders schädlich, weil sie den tüchtigen Wettbewerber bestraft.

Anders liegen die Dinge freilich, wo Schutzvorschriften nicht spezifisch den Interessen von Verbrauchern dienen, sondern allgemein-vertragsrechtliche Sachfragen betreffen. Nach einer umstrittenen, aber in Deutschland herrschenden Ansicht ist das bei der Inhaltskontrolle von Allgemeinen Geschäftsbedingungen (AGB) der Fall (dazu noch unten, 4.).

2. Vorvertragliche Information

a) Information als Schutzinstrument

Im europäischen und, in dessen Gefolge, im deutschen Verbrauchervertragsrecht ist vorvertragliche Information das hervorragende Schutzinstrument.[48] Beim Vertragsschluss im Fernabsatz sowie bei bestimmten Vertragstypen (Kreditverträge, Pauschalreiseverträge, Timesharingverträge) sieht man ein Informationsdefizit des Verbrauchers als wesentliches Hindernis für eine selbstbestimmte Vertragsentscheidung an. Dieses Defizit wird durch Informationspflichten ausgeglichen. Hier kommt das Leitbild des mündigen Verbrauchers zum Tragen (s. o. II. 3.). Zivilrechtssystematisch haben Informationspflichten

---

46 So noch *Riesenhuber* (Fn. 17), S. 264 (mit tendenziell positiver Würdigung).
47 *Eidenmüller*, Effizienz als Rechtsprinzip (2005), S. 283 f.; grundlegend *Shavell/Kaplow*, Why the Legal System Is Less Efficient than the Income Tax in Redistributing Income, Journal of Legal Studies 23 (1994), 667 ff.
48 S. nur die Beiträge in *Grundmann/Kerber/Weatherill* (Hrsg.), Party Autonomy and the Role of Information in the Internal Market (2001); *Ott*, FS Raiser (2005), S. 730 („das spezifische Instrumentarium des Verbraucherschutzes wie des Anlegerschutzes").

den Vorzug, dass sie einen nur verhältnismäßig geringen Eingriff in die Vertragsfreiheit bedeuten.

b) Allgemeine vorvertragliche Informationspflichten?
Die Intensität des Eingriffs hängt freilich mit der Reichweite der Pflichten zusammen. Insoweit hat die Verbraucherrechterichtlinie die Entwicklung jüngst weiter vorangetrieben. Nach deren Art. 5 soll es künftig nicht nur bei besonderen Absatzformen (Haustür- und Fernabsatzgeschäfte), sondern ganz allgemein vorvertragliche Informationspflichten geben. Diese sind freilich teils redundant, weil sie sich schon aus den allgemein-vertragsrechtlichen Grundsätzen über die Bestimmtheit des Angebots ergeben. Teils wird die Information ohnehin gegeben, z. B. durch Warenauslage und Preisaushang; dann soll die Pflicht entfallen. Insgesamt halte ich diese Erweiterung für misslungen.[49] Spezielle Informationsdefizite sind in diesem Bereich nicht dargetan.

c) Die Problematik der Informationsüberlastung
Den Vorzügen von Informationspflichten stehen Zweifel an der Effektivität von Information als Schutzinstrument gegenüber.[50] Die – freilich bereits seit Jahren besorgte[51] –Informationsüberlastung (*information overload*)[52] wird zunehmend beklagt. Sie ist in jüngerer Zeit auch empirisch belegt worden.[53]

Soweit Informationen nicht zur Kenntnis genommen werden, tritt der damit stets verbundene Aspekt der Selbstverantwortung stärker hervor und tritt der Aspekt der Selbstbestimmung zurück. Informationspflichten bieten stets nicht nur die Chance der selbstbestimmten (nämlich informierten) Entscheidung, sondern bedeuten immer auch die Last einer selbstverantworteten Entschei-

---

49 *Riesenhuber*, Von den Rändern ins Zentrum?, in: Kaal/Schmidt/Schwartze (Hrsg.), Recht im ökonomischen Kontext – FS Kirchner (2014), S. 159 ff.
50 S. bereits *Grunewald*, Aufklärungspflichten ohne Grenzen?, AcP 190 (1990), 609 ff.
51 *Kind*, Grenzen des Verbraucherschutzes durch Information (1998); *Martinek* (Fn. 7), S. 511.
52 *Rehberg*, Der staatliche Umgang mit Information Das europäische Informationsmodell im Lichte von Behavioral Economics, in: Eger/Schäfer, Ökonomische Analyse der europäischen Zivilrechtsentwicklung (2007), S. 284 ff.; S. bereits *Kind*, Die Grenzen des Verbraucherschutzes durch Information – aufgezeigt am Teilzeitwohnrechtegesetz (1998); *Martinek* (Fn. 7), S. 511 ff.
53 *Ben-Shahar/Schneider*, The Failure of Mandated Disclosure, U. Pa. L. Rev. 159 (2011), 647 ff.

dung. Sie können die Selbstbestimmung verstärken, aktivieren aber in jedem Fall auch die Selbstverantwortung.[54] Im japanischen Verbrauchervertragsgesetz kommt das besonders deutlich zum Ausdruck, wenn dort eine Obliegenheit statuiert ist, gegebene Informationen auch zur Kenntnis zu nehmen, Art. 3 Abs. 2 VerbrVG. Auch wenn das im europäischen und deutschen Recht nicht ausdrücklich gesagt ist, gilt doch hier nichts anderes. Wer Informationen ignoriert, tut das auf eigenes Risiko.[55]

d) Ausgestaltung von Informationsvorschriften
Ungeachtet dessen kann der Befund einer Informationsüberlastung für den Gesetzgeber Anlass zur Überprüfung zu sein. Dabei ist unter dem Gesichtspunkt der Freiheitserhaltung zunächst eine Feinjustierung der Informationspflichten geboten, bevor man zu einschneidenderen Maßnahmen greift.[56] Mögliche Stellschrauben sind dabei vor allem der Zeitpunkt und der Grad der Individualisierung der Information.

Was den richtigen Zeitpunkt angeht, ist die Pauschalreiserichtlinie ein gutes Beispiel.[57] Sie dosiert die vom Veranstalter oder Vermittler zu gebenden Informationen treffend nach den einzelnen zeitlichen Abschnitten eines Reisevertrags: der vorvertraglichen Phase, der Phase vor der Abreise und der Phase der Reise selbst.

Was den Grad der Individualisierung angeht, kann man die neue Verbraucherkreditrichtlinie (VerbrKrRL) zum Beispiel nehmen.[58] Sie sieht grundsätzlich die Information durch ein Formblatt vor, vgl. Art. 5 Abs. 1 S. 3 VerbrKrRL. Allerdings wird diese formale Information durch eine individualisierte Erläuterungspflicht ergänzt, Art. 5 Abs. 6 VerbrKrRL. Das Modell bedarf sicherlich noch der praktischen Bewährung, erscheint indes in sich schlüssig und zudem geeignet, dem Verbraucher die nötige Information tatsächlich zu vermitteln.

Ein Beispiel für verfehlte Informationspflichten bietet der Vorschlag der Kommission für ein Gemeinsames Europäisches Kaufrecht (V-GEK).[59] Hier

---

54 *Riesenhuber*, in: ders. (Hrsg.), Das Prinzip der Selbstverantwortung (2011), S. 7 ff.
55 *Riesenhuber* (Fn. 17), S. 557 ff., 560 f.
56 S. bereits *Grunewald*, AcP 190 (1990), 609 ff.
57 *Riesenhuber* (Fn. 5), § 13 Rn. 11 ff.
58 *Riesenhuber* (Fn. 5), § 12 Rn. 17 ff.
59 *Riesenhuber*, Informationen über die Verwendung des Gemeinsamen Europäischen Kaufrechts, GPR 2012, 2 ff.

möchte man die Wahl dieses Regimes als anwendbares Recht u. a. dadurch absichern, dass der Verbraucher vorab auf seine Rechte nach dem GEK hingewiesen wird, und zwar durch ein Formblatt. Das ist barer Unsinn. Nicht einmal geschulte Juristen können in kurzer (oder auch längerer) Zeit die Inhalte des GEK überreißen, geschweige denn sie gegen die Vorzüge und Nachteile einer anderen Rechtsordnung abwägen. In diesem Sinne kann ein Verbraucher, aber wohl auch ein Unternehmer eine informierte Entscheidung hier nicht treffen. Das ist hingegen keineswegs zu beklagen und hindert uns nicht, die Rechtswahlentscheidung trotzdem anzuerkennen. Im Gegenteil: Das ist wohl bei jeder Rechtswahl so. Auf die Informationspflicht sollte man daher vollständig verzichten und offen aussprechen, dass es bei der Eröffnung dieser zusätzlichen Wahloption um Binnenmarktziele geht, die der Gesetzgeber höher bewertet als den Verbraucherschutz.

3. Widerrufsrechte

a) Widerrufsrechte als Schutzinstrument

Das zweite zentrale Verbraucherschutzinstrument sind die Widerrufsrechte. Sie geben dem Verbraucher die Möglichkeit, seine Vertragsentscheidung während der Widerrufsfrist zu bedenken und die Vertragskonditionen mit anderen Angeboten zu vergleichen. In dieser Frist kann sich sein im Augenblick des Vertragsschlusses vielleicht erhitztes Gemüt beruhigen.

Widerrufsrechte bedeuten als prozeduraler Mechanismus ebenfalls einen verhältnismäßig geringen Eingriff in die Vertragsfreiheit der Beteiligten.[60] Zudem entlasten sie den Verbraucher nur verhältnismäßig wenig um seine Selbstverantwortung für den Vertragsschluss.[61] Bindet ihn auch das erste Wort noch nicht endgültig, so reicht doch für die Vervollständigung der Vertragsbindung danach die bloße Untätigkeit (vorausgesetzt freilich, dass er über sein Widerrufsrecht belehrt wurde). Widerrufsrechte tragen einem aus der Alltagserfahrung bekannten Verhaltensdefizit Rechnung – dass man sich unter bestimmten Umständen zum Vertrag hinreißen lässt. Sie werden heute in bestimmten Fällen auch verhaltensökonomisch begründet.[62] Freilich wird der Schutzme-

---

60 *Canaris*, Wandlungen des Schuldvertragsrechts – Tendenzen zu seiner „Materialisierung", AcP 200 (2000), 273, 345.
61 *Riesenhuber* (Fn. 17), S. 561 ff.
62 *Thaler/Sunstein* (Fn. 16); eingehende Erörterung unter Berücksichtigung auch verhaltens-

chanismus, wie wir gesehen haben (oben, II. 3.) auch verhaltensökonomisch kritisiert.

b) Zwingende Ausgestaltung
Andauernd umstritten bleibt, in welchen Fällen ein Widerrufsrecht geboten ist. Während es für Haustürgeschäfte wegen der damit verbundenen Überrumpelungssituation weitgehend anerkannt ist, wird die Berechtigung eines Widerrufsrechts im Fernabsatz mit guten Gründen bestritten.[63] Hier lässt sich schon ein einheitlicher Schutzzweck für die verschiedenen davon erfassten Fälle nicht benennen. Heute geht es praktisch vor allem um den Internethandel, der den traditionellen Kataloghandel in vielen Bereichen ersetzt hat. Hier aber besteht keine Überrumpelung und auch kein Mangel an Transparenz und Wettbewerb. Den wesentlichen Grund sieht man darin, dass der Kunde die Ware nicht ansehen, anfassen und ggf. anprobieren kann. Das ist freilich auch beim Ladenkauf mitunter der Fall (eigens georderte Ware; verpackte Ware) und trägt ohnehin nur für den Warenkauf, nicht auch für Dienstleistungen. In vielen Bereichen, nämlich bei standardisierten Waren wie Büchern, erscheint die Prüfungsmöglichkeit ohnehin nachrangig; in einer Vielzahl von Fällen, nämlich beim Wiederholungskauf, ist sie jedenfalls für den einzelnen Käufer ohne Interesse. Und schließlich kann man davon ausgehen, dass sich Widerrufsrechte auch privatautonom am Markt herausbilden würden, und zwar als Wettbewerbsparameter.

Diese Erwägungen sprechen dafür, auf ein zwingend vorgeschriebenes Widerrufsrecht beim Fernabsatz zu verzichten. Stattdessen kommen zwei andere Möglichkeiten in Betracht, nämlich zum einen ein dispositives Widerrufsrecht, zum anderen ein sog. Optionsmodell.[64] Als dispositives Recht könnten Anbieter wählen, ob sie mit oder ohne Widerrufsrecht anbieten oder sogar sowohl mit als auch ohne Widerrufsrecht mit Preisdifferenzierung. Beim Optionsmodell würde zwingend vorgeschrieben, das Angebot mit einer wählbaren Widerrufsoption auszugestalten, für die wiederum regelmäßig ein Preis-

---

ökonomischer Erwägungen jetzt bei *Eidenmüller,* Die Rechtfertigung von Widerrufsrechten, AcP 210 (2010), 67 ff.
63 S. z.B. *Schäfer,* in: Riesenhuber/Nishitani (Hrsg.), Wandlungen oder Erosion der Privatautonomie (2007), S. 187 ff.
64 *Wagner,* in: Eidenmüller/Faust/Grigoleit/Jansen/Wagner/Zimmermann, Revision des Verbraucher-acquis (2011), S. 29 f.

aufschlag zu zahlen wäre.

4. Inhaltskontrolle

a) Inhaltskontrolle als Schutzinstrument
Gegenüber Informationspflichten und Widerrufsrechten ist die Inhaltskontrolle ein verhältnismäßig weitgehender Eingriff in die Vertragsfreiheit und bedarf daher besonderer Rechtfertigung. Anders als Informationspflichten und Widerrufsrechte betrifft die Inhaltskontrolle nicht lediglich die Vorgehensweise der Parteien, sondern schränkt ihren Gestaltungsspielraum ein.

b) AGB-Kontrolle als allgemeines oder als Verbraucherschutzinstrument
Die bereits im Zusammenhang mit dem persönlichen Anwendungsbereich des Verbraucherschutzes angesprochene Frage, ob die Inhaltskontrolle von AGB ein Problem des Verbraucherschutzes ist oder ein allgemeines Problem des Vertragsrechts, wird in unterschiedlichen Ländern verschieden beantwortet. Die heute wohl herrschende Ansicht in Deutschland geht davon aus, dass bei Verwendung von AGB ein Marktversagen eintritt, das die Inhaltskontrolle rechtfertigt.[65] AGB unterschiedlicher Anbieter kann man nicht mit vertretbarem Aufwand vergleichen, daher gibt es keinen Konditionenwettbewerb. Anders als Hauptleistung und Preis unterliegen sie daher nicht der von der Vertragsfreiheit vorausgesetzten Marktkontrolle. Diese Überlegungen gelten aber nach herrschender Ansicht – jedenfalls im Grundsatz – nicht nur für Verbraucherverträge (zwischen Unternehmern als AGB-Verwender und Verbrauchern als Vertragsgegner), sondern auch im Unternehmensverkehr. Daher ist die Kontrolle von AGB auch im Unternehmensverkehr gerechtfertigt. Dementsprechend sind die Vorschriften der §§ 305–310 BGB zunächst allgemein anwendbar auf alle Verträge; § 310 BGB enthält in Abs. 1 und 3 lediglich einzelne Erleichterungen für den Unternehmensverkehr und Verschärfungen für Verbraucherverträge.

Vor allem im Vereinigten Königreich beurteilt man das anders. Hier sieht man bestehende Ungleichgewichtslagen zwischen den Parteien als Grund für die AGB-Kontrolle. Sie ist dementsprechend primär im Rechtsverkehr zwischen Unternehmern und Verbrauchern gerechtfertigt, nicht aber im Verkehr zwischen Unternehmern.

---

65 S. nur MünchKommBGB/*Basedow*, vor §§ 305 ff. BGB Rn. 4 ff.

Der Europäische Gerichtshof folgt einer Art Vereinigungstheorie, die die unterschiedlichen Ansätze verbindet.

> „[D]as mit der Richtlinie geschaffene Schutzystem([geht)] davon [. . .)] (. . .)), dass der Verbraucher sich gegenüber dem Gewerbetreibenden in einer schwächeren Verhandlungsposition befindet und einen geringeren Informationsstand besitzt, was dazu führt, dass er den vom Gewerbetreibenden vorformulierten Bedingungen zustimmt, ohne auf deren Inhalt Einfluss nehmen zu kön [. . .)](. . .)."[66]

c) Kontrollmaßstäbe in verschiedenen Bereichen

In Europa ist jetzt im Zusammenhang mit dem DCFR und mit dem Vorschlag für ein GEK[67] in der Diskussion, welche Kontrollmaßstäbe bei Verbraucherverträgen einerseits und im Unternehmensverkehr andererseits Anwendung finden sollen.

Im deutschen Recht haben wir in § 307 Abs. 1 BGB einen einheitlichen Maßstab, wonach AGB-Klauseln unwirksam sind, die den Vertragspartner des Verwenders entgegen den Geboten von Treu und Glauben unangemessen benachteiligen. Allerdings sind bei Verwendung von AGB gegenüber Unternehmen „auf die im Handelsverkehr geltenden Gewohnheiten und Gebräuche angemessen Rücksicht zu nehmen", § 310 Abs. 1 S. 2 BGB.

Im V-GEK sind unterschiedliche Maßstäbe vorgesehen. In Verbraucherverträgen ist eine nicht individuell ausgehandelte Klausel „unfair", wenn sie

> „entgegen dem Gebot von Treu und Glauben und des redlichen Geschäftsverkehrs in Bezug auf die vertraglichen Rechte und Pflichten der Vertragsparteien ein erhebliches Ungleichgewicht zulasten des Verbrauchers herstellt", Art. 83 Abs. 1

---

66 St. Rspr., (mit leicht variierenden Formulierungen) EuGH Rs. C-92/11 *RWE Vertrieb AG*, noch nicht in Slg., Rn. 41; Rs. C-415/11 *Aziz*, noch nicht in Slg., Rn. 44; Rs. C-472/11 *Banif Plus Bank*, noch nicht in Slg., Rn. 19 f.; Rs. C-472/10 NFH ./. *Invitel*, noch nicht in Slg., Rn. 33; Rs. C-453/10 *Pereničová und Perenič*, noch nicht in Slg., Rn. 27; Rs. C-618/10 *Banco Español de Crédito*, noch nicht in Slg., Rn. 39; Rs. C-484/08 *Caja de Ahorros*, Slg. 2010, I-4785 Rn. 27; Rs. C-137/08 VB *Pénzügyi Lízing*, Slg. 2010, I-10847 Rn. 46; Rs. C-40/08 *Asturcom Telecomunicaciones*, Slg. 2009, I-9579 Rn. 29; Rs. C-168/05 *Mostaza Claro*, Slg. 2006, I-10421 Rn. 25; verb. Rs. C-240/98 bis 244/98 *Océano Grupo Editorial*, Slg. 2000, I-4941 Rn. 25.

67 Dazu *Möslein*, Kontrolle vorformulierte Vertragsklauseln, in: Schmidt-Kessel (Hrsg.), Ein einheitliches europäisches Kaufrecht? – Eine Analyse des Vorschlags der Kommission, München (2013), S. 255 ff.

V-GEK.

In Verträgen zwischen Unternehmern wird eine Klausel als unfair angesehen, wenn sie

> „so beschaffen ist, dass ihre Verwendung unter Verstoß gegen das Gebot von Treu und Glauben und des redlichen Geschäftsverkehrs gröblich von der guten Handelspraxis abweicht", Art. 86 Abs. 1 V-GEK.

Es ist deutlich, dass damit etwas ganz Ähnliches angestrebt wird wie im deutschen Recht, nämlich ein großzügiger Kontrollmaßstab im Unternehmensverkehr. Allerdings ist die Formulierung gerügt worden, weil danach „unfaire AGB im Geschäftsverkehr akzeptabel sind, sofern die Unfairness nicht jedes Maß übersteigt".[68] Das dürfte indes eine allzu malevolente Auslegung der Vorschrift sein, die im Wortlaut keinen Anhalt findet.[69] Entscheidender Maßstab ist, ob die Klausel „gröblich von der Handelspraxis abweicht", nicht dass sie „grob unfair" ist. Tatsächlich leuchtet es im Grundsatz ein, dass Unternehmern eine breitere Abweichungsmarge von den üblichen Regeln und Gepflogenheiten zugestanden wird.[70] Sie kann hier sachlich geboten sein, und von Unternehmern ist zu verlangen, dass sie selbstverantwortlich darüber entscheiden, ob sie das hinnehmen wollen.

In unserem Zusammenhang ist nur darauf hinzuweisen, dass die Praxis deutscher Gerichte bei der Inhaltskontrolle von AGB im Geschäftsverkehr seit geraumer Zeit als zu streng empfunden wird.[71] Möglicherweise besteht hier die Gefahr eines unangebrachten „Überschwappens" (*overspill*) der Kontrollstandards für Verbraucherverträge.

d) Die Kontrolle von individuell ausgehandelten Klauseln

Bei der Inhaltskontrolle von Verbraucherverträgen war in der EU von Anfang an umstritten, ob diese sich auf nicht im Einzelnen ausgehandelte Klauseln beschränken oder auch auf Individualabreden erstrecken sollte. Insbesondere in

---

68 *Eidenmüller/Jansen/Kieninger/Wagner/Zimmermann*, JZ 2012, 269, 279.
69 *Möslein* (Fn. 67), S. 284.
70 *Pfeiffer*, Unfaire Vertragsbestimmungen, EPRL 2012, 835 ff.
71 S. nur *Schlosser*, in: Staudinger BGB (Neubearbeitung 2013), § 305 Rn. 35 ff.; *Graf v. Westphalen*, Vertragsrecht und AGB-Klauselwerke (34. Ergänzungslieferung 2013), Individualvereinbarung Rn. 1 f.

den nordischen Vertragsrechten ist eine Kontrolle auch von ausgehandelten Vereinbarungen anerkannt. Dem scheinen auch Art. 8-10 ZGB in Japan zu folgen.[72] In Deutschland wird sie vehement abgelehnt.[73] Nach deutschem Verständnis ist die Inhaltskontrolle von individuell ausgehandelten Klauseln sowohl aus prinzipiellen Gründen als auch unter dem Gesichtspunkt der Schutzwürdigkeit abzulehnen. Sie bedeutet einen Eingriff in den Kernbereich der Vertragsfreiheit. Dieser Eingriff ist nicht begründet, da insofern der Vertragsmechanismus und der Markt für ausreichende Kontrolle und eine „Richtigkeitschance" sorgen.

IV. Rechtsetzungstechnische Aspekte

1. Modelle

Für die rechtsetzungstechnische Umsetzung des Verbraucherprivatrechts gibt es eine Reihe unterschiedlicher Modelle, die in verschiedenen Ländern verwendet werden.[74]

(1) Erstens kommt der Erlass sachbezogener Einzelgesetze für einzelne Regelungsfragen in Betracht. Dieses Modell war in Deutschland bis zur Schuldrechtsmodernisierung weitgehend vorherrschend. Schon das Abzahlungsgesetz von 1894, das man heute als einen Vorläufer des Verbraucherprivatrechts ansehen kann, war in einem Sondergesetz untergebracht. Ihm folgte eine Fülle von Einzelgesetzen, insbesondere das Verbraucherkreditgesetz (VerbrKrG), das Haustürgeschäfte-Widerrufsgesetz (HtWG), das Fernabsatzgesetz (FernAbsG), das Teilzeitwohnrechtsgesetz (TzWrG), das Fernunterrichtsschutzgesetz (FernUSG) sowie das (freilich nicht verbraucherrechtlich konzipierte) AGB-Gesetz.

(2) Zweitens kann man verbraucherprivatrechtliche Vorschriften systematisch in einem Verbrauchergesetzbuch kodifizieren. So gibt es z.B. in Frankreich einen *Code de la Consommation*. Auch Griechenland hat ein Verbraucherge-

---

72 *Dernauer*, (Fn.36), 241, 245 f.
73 S. v. a. *Brandner/Ulmer*, EG-Richtlinie über missbräuchliche Klauseln in Verbraucherverträgen – Kritische Bemerkungen zum Vorschlag der EG-Kommission, BB 1991, 701–709; *Canaris, Claus-Wilhelm*, FS Lerche (1993), S. 873–891
74 Eingehend Darstellung und Erörterung bei *Pfeiffer*, Die Integration von „Nebengesetzen" in das BGB, in: Ernst/Zimmermann (Hrsg.), Zivilrechtswissenschaft und Schuldrechtsreform (2001), S. 481 ff.

setzbuch (daneben freilich auch noch einige Sondergesetze).[75] Im japanischen Recht ist man mit dem Verbrauchervertragsgesetz von 2000[76] für einen Teilbereich einen ähnlichen Weg gegangen.[77]

(3) Drittens kann man die Verbraucherschutznormen in das allgemeine Zivilrecht integrieren. Diesen Weg hat der deutsche Gesetzgeber des Schuldrechtsmodernisierungsgesetzes für das Vertragsrecht im Grundsatz beschritten und insbesondere das AGBG, das HtWG, das FernAbsG, das TzWrG sowie das VerbrKrG in das BGB integriert. Freilich ist das nur der Grundsatz. Einzelne Gesetze wie das FernUSG bleiben daneben bestehen.

(4) *Matsumoto* erwähnt noch ein weiteres Modell, das man als eine Variante des hier vorgestellten dritten Modells verstehen kann. Danach sollen, wenn ich richtig verstehe, für alle Verträge grundsätzlich dieselben Vorschriften des allgemeinen Zivilrechts gelten. Diese sollen aber in zwei Varianten entweder für (a) Verbraucherverträge oder (b) für Verträge, in denen eine Informationsasymmetrie oder ungleiche Verhandlungsmacht vorliegt, zugunsten der unterlegenen Partei ausgelegt werden. Das kann man auf unterschiedliche Weise verstehen: Zum einen kommt in Betracht, das *Gesetz* zugunsten von Verbrauchern auszulegen; es ginge also um eine Auslegungsregel oder Methodennorm. Zum anderen kommt in Betracht, (Verbraucher-) *Verträge* zugunsten von Verbrauchern auszulegen; dann ginge es um eine spezielle Vertragsauslegungsregel als Ergänzung zu Vorschriften wie §§ 133, 157 BGB.

2. Sachgründe

Jedes Modell hat Sachgründe für sich.

a) Äußeres und inneres System

Es entspricht einem allgemeinen Postulat, dass das äußere System der Rechtsordnung auf das innere System bezogen sein soll.[78] Für die Gesetzgebung folgt daraus, dass innerlich Zusammengehöriges auch zusammenhängend geregelt wird. Herkömmliche Subsysteme des Zivilrechts sind dabei insbesondere das

---

[75] S. nur *Karakostas*, Consumer Protection Law (2012); *Paparseniou*, Griechisches Verbrauchervertragsrecht – Eine Untersuchung vor dem Hintergrund des Gemeinschaftsprivatrechts (2008).
[76] S. o., Fn. 3.
[77] Dazu *Dernauer*, (Fn.36), 241 ff.; *Ikeda/Okuda*, (Fn.20), 113, 114.
[78] *Bydlinski*, System und Prinzipien des Privatrechts (1996), S. 49 ff.

Schuldrecht und, als Teil davon, das Vertragsrecht (das Recht der rechtsgeschäftlichen Schuldverhältnisse).[79] Soweit man im Verbrauchervertragsrecht ergänzende Regeln des Vertragsrechts sieht, wäre daher geboten, sie hier zu verorten. Freilich war in Deutschland auch die Lozierung von Verbraucherschutznormen in Sondergesetzen mit systematischen Erwägungen begründet. Man sah diese Regelungen als systemfremd an, und daher erschien es folgerichtig, sie auch äußerlich vom BGB als Kernstück des Zivilrechtssystems zu trennen.

Man kann erwägen, ob nicht das Verbraucherrecht selbst eine Systemkategorie ist.[80] Das könnte dafür sprechen, sämtliche Verbraucherrechtsnormen, nicht nur die Vorschriften, die das Vertragsrecht betreffen, in ein eigenes Gesetzbuch zusammenzuführen. Verbraucherrecht als Ganzes knüpft indes nicht an einen Teilbereich des Rechtssystems an, dem normative Spezifizität zukäme, sondern an eine geschützte Personengruppe.

b) Systematische Zusammenhänge

Eine weitere systematische Erwägung liegt darin, dass sachlich zusammenhängende Vorschriften auch (einheitlich) zusammenhängend geregelt sein sollten. Angesprochen sind damit die vielfältigen Bezüge von Verbraucherschutzvorschriften zu Subsystemen des Zivilrechts. Wenn der Widerruf eines Vertrags dessen Rückabwicklung zur Folge hat, so sind die dafür anwendbaren Vorschriften mit anderen Restitutionsnormen (in Deutschland v. a. Rücktritt und ungerechtfertigte Bereicherung) abzustimmen.[81] Ähnliches gilt für die Folgen von Verletzungen von Informationspflichten (die freilich oft verbraucherrechtsspezifisch ausgestaltet sind; z. B. Verlängerung der Widerrufsfrist) oder für die Folgen der Nichteinbeziehung oder Unwirksamkeit von AGB oder nicht-ausgehandelten Vertragsklauseln.[82]

c) System und Rechtsfindung

Die Erwägungen zum Rechtssystem haben nicht nur für die Rechtsetzung Bedeutung, sondern naturgemäß auch für die Rechtsanwendung. Das äußere

---

79 *Bydlinski* (Fn. 78), S. 171 ff., 179 ff.
80 Eingehend (und kritisch) *Bydlinski* (Fn. 77), S. 708 ff.
81 S. a. *Dernauer,* (Fn. 36), 241, 245.
82 Vgl. *Dernauer,* (Fn. 36), 241, 246.

System kann für die systematische Auslegung herangezogen werden, das innere System für die teleologische Auslegung. Dabei kommt freilich dem inneren System die größere Bedeutung zu. Teleologische Erwägungen können sich schon im Rahmen der Auslegung gegenüber äußerlich-systematischen Erwägungen durchsetzen; z. B. bereitet es keine Schwierigkeiten, § 278 Abs. 2 S. 2 BGB ungeachtet seiner systematischen Stellung „wie einen Absatz 3 " der Vorschrift „zu lesen".[83] Teleologische Erwägungen können zudem eine Rechtsfortbildung tragen, sei es in Form der Analogie oder der teleologischen Reduktion. Gute Gesetzgebung ist indes gleichsam „spiegelbildliche Rechtsanwendung" und vermeidet unnötige methodische Komplikationen.

Systemfremde Normen loziert man daher am besten in Sondergesetzen, systemkonforme hingegen in der Hauptkodifikation.[84]

Die Versammlung verbraucherschutzrechtlicher Normen in einem eigenen Gesetzbuch kann für die Rechtsanwendung eine besondere Gefahr bergen: Sie kann den fehlerhaften Eindruck erwecken, dass dem Verbraucherschutz überragende Bedeutung zukommt. Diese Gefahr sieht man in vergleichbarer Weise in der EU-Rechtsetzung auf dem Gebiet des Arbeitsrechts.[85] Da dort die allgemein-vertragsrechtlichen Regelungen als mitgliedstaatliches Recht vorausgesetzt werden, enthält das Europäische Arbeitsrecht lediglich (oder doch weit überwiegend) regulierende Eingriffe zugunsten von Arbeitnehmern. Sieht man isoliert auf die EU-Rechtsetzung, so droht eine „Eindimensionalität" der Betrachtung, bei der die gegenläufigen Interessen des Arbeitgebers außer Betracht bleiben.

Tatsächlich liest man Entsprechendes auch über das japanische Verbrauchervertragsgesetz. Dazu schreibt *Dernauer* (referierend), es solle „nach seinem grundsätzlichen Sinn und Zweck, nämlich zum Schutz des Verbrauchers" ausgelegt und angewendet werden.[86] Die Verortung der Vorschriften in einem Konsumentenschutzgesetz scheint zu suggerieren, dass Verbraucherschutz für sich ein Zweck sei. Es steht nicht

---

83 *Larenz*, Schuldrecht I (14. Aufl. 1987), § 31 I d) (S. 545 f.); *Looschelders*, Schuldrecht – Allgemeiner Teil (11. Aufl. 2013), Rn. 1033 ff.; *Harke*, Allgemeines Schuldrecht (2010), Rn. 326 ff.
84 Vgl. auch *Canaris*, Systemdenken und Systembegriff in der Jurisprudenz (2. Aufl. 1983), S. 131 ff.
85 S. nur *Franzen*, Privatrechtsangleichung durch die Europäische Gemeinschaft (1999), S. 451 f.; *Riesenhuber*, Europäisches Arbeitsrecht (2009), § 1 Rn. 62.
86 *Dernauer*, (Fn. 36), 241, 242.

mehr der Ausgleich der gegenläufigen Interessen im Vordergrund.

Diese Gefahr wird vermieden, wenn man die punktuellen Schutzvorschriften in ihren vertragsrechtssystematischen Zusammenhang einordnet.

Abzulehnen scheint mir aus diesen Erwägungen auch der Vorschlag *Matsumotos*, die allgemeinen Zivilrechtsregeln (oder Verbraucherverträge) nach einer Auslegungsregel zugunsten von Verbrauchern auszulegen.[87] In der Sache handelt es sich dabei um eine Art Verbraucherschutz-Generalklausel. Sie geht unvermeidlich mit großer Rechtsunsicherheit einher, die nicht nur Unternehmer, sondern auch Verbraucher belastet. Zudem sind inhaltliche Vorrangregeln zugunsten einer Gruppe ausgesprochen ideologieanfällig. Sie bergen die Gefahr einer konturlosen Billigkeitsrechtsprechung.

d) Der Kodifikationsgedanke

Dem Gedanken einer Kodifikation entspricht es, dass die Gesamtheit der Rechtsregeln systematisch geordnet niedergeschrieben ist. Auch wenn Abgeschlossenheit und Vollständigkeit dabei nicht zu erreichen sind, so ist es doch ein Desiderat, dass die praktisch wichtigsten Regeln im Gesetz enthalten sind.

Diese Erwägungen dürften tendenziell für eine Integration des Verbraucherschutzrechts in die Zivilrechtskodifikation sprechen. Jede natürliche Person ist einmal in der Verbraucherrolle, regelmäßig bei einer Fülle alltäglicher Geschäfte. Es wäre ganz unbefriedigend, diesen praktisch außerordentlich wichtigen Bereich des Zivilrechtsverkehrs nicht in dem „Bürgerkodex" zu regeln.

e) Übersichtlichkeit des Rechtsstoffs

Zu bedenken ist weiterhin die Übersichtlichkeit des Rechtsstoffs. Darin kann man wiederum eine systematische Erwägung sehen, weil die Übersichtlichkeit regelmäßig dadurch gefördert wird, dass eine Regelung dort verortet wird, wo sie dem Sachzusammenhang nach hingehört. Freilich wird das nicht ausnahmslos befolgt. So enthalten z.B. die Vorschriften des Auftragsrechts weithin eine

---

87 *Riesenhuber*, Kein Zweifel für den Verbraucher, JZ 2005, 829 ff.; ders., Zweifel über Zweifel? – Schlusswort gegen den Auslegungsgrundsatz „in dubio pro consumatore", JZ 2006, 404 ff.; ders., Die Auslegung, in: ders. (Hrsg.), Europäische Methodenlehre (2. Aufl. 2010), § 11 Rn. 54 ff.

Art „Allgemeinen Teil" des Rechts der Geschäftsbesorgung und zudem Vorschriften, die auch im Allgemeinen Teil des BGB oder im Allgemeinen Schuldrecht einen Platz finden könnten. Das AGB-Recht der §§ 305–310 BGB enthält teils Sonderregeln über Vertragsschluss und Auslegung, teils solche über die Inhaltskontrolle und ist gleichwohl (a) nicht im Allgemeinen Teil des BGB verortet und (b) nicht nach diesen Sachbereichen getrennt geregelt. Letzteren Weg, nämlich eine Trennung von Einbeziehungs- und Inhaltskontrolle, ist beispielsweise im Vorschlag für ein Gemeinsames Europäisches Kaufrecht vorgenommen;[88] wenn man die Regelung des BGB gewohnt ist, erscheint das weniger übersichtlich.

Was das Verbraucherrecht angeht, muss man freilich zunächst sagen: Es ist in mancher Hinsicht so detailliert (man könnte auch sagen: detailverliebt) und „technisch",[89] dass es schon wegen der Fülle der Einzelregeln besser aus der Zivilrechtskodifikation herausgehalten wird.[90] Tatsächlich war der deutsche Gesetzgeber der Ansicht, dass jedenfalls die Einzelheiten der Informationspflichten jeden Rahmen sprengen – und diese daher in das EGBGB ausgelagert.

Sieht man davon ab, so spricht regelmäßig der Aspekt der Übersichtlichkeit regelmäßig für eine systematisch treffende Einbeziehung der Verbraucherrechtsregeln in das BGB. Man findet die Regeln leichter, wenn sie in den richtigen Sachzusammenhang gestellt sind.

f) Bürgernähe

Ein weiteres Kriterium könnte man in der „Bürgernähe" finden. Das könnte besonders für ein Verbraucherschutzgesetz sprechen: ein Gesetzbuch, in dem der Verbraucher alle seine Rechte nachlesen kann. Überzeugend erscheint das aus mehreren Gründen nicht.

Dem Verbraucherschutz dienen nicht nur einzelne Sonderrechte, sondern dient vielfältig schon das allgemeine Vertragsrecht, z. B. mit seinen Vorschriften über die Irrtumsanfechtung, die Unwirksamkeit sittenwidriger oder verbotswidriger Verträge oder die Kaufgewährleistungsrechte. Ein Verbrauchergesetzbuch, das nur die speziellen Verbraucherrechte enthält, wäre daher ganz unvoll-

---

88 Dazu nur *Möslein* (Fn. 67).
89 Für einen bemerkenswerten und bedenkenswerten Gegenentwurf, S. jetzt Art. 16–18 OR 2020, in: *Huguenin/Hilty* (Hrsg.), OR 2020 (2013).
90 S. a. *Ikeda/Okuda*, (Fn. 20), 113, 114.

ständig und müsste zentrale Rechtsbehelfe voraussetzen. Das illustriert auch Art. 11 VerbrVG.[91] Zudem setzen die speziellen Verbraucherrechte nicht selten die Regeln des allgemeinen Vertragsrechts voraus und bauen darauf auf; sie sind ohne jene nicht zu verstehen.

Vor allem aber kann ein ausdifferenziertes Zivilrechtssystem den Anspruch auf Bürgernähe ohnehin nicht erfüllen. Auch dort, wo Zivilgesetzbücher weniger technisch ausgefeilt sind als das deutsche BGB, sind sie doch nicht für den Bürger geschrieben – und ihm auch nicht ohne weiteres verständlich. Der *citoyen* kann den Code civil so wenig (vollständig und richtig) verstehen wie der Eidgenosse das Obligationenrecht. Vollends überfordert wird der *mündige EU-Verbraucher* von seinem Gesetzgeber, da die Sprache des EU-Verbraucherrechts nur wenig ausgefeilt und öfter verwirrend ist und die Regeln außerordentlich detailreich und auch daher nicht leicht zugänglich sind. Bürgernähe anzustreben erscheint für eine Zivil- oder Verbraucherrechtskodifikation von vornherein ein illusorisches Ziel.

Allerdings ist es durchaus von Bedeutung, gerade Verbrauchern ihre Rechte zu vermitteln. EU-Richtlinien verpflichten die Mitgliedstaaten öfter dazu. Diese Aufgabe ist aber nicht durch Abdruck im Gesetzblatt zu erfüllen, sondern mittels Aufklärung durch verschiedenste Intermediäre: Lehrer in der Schule und Berufsschule; Verbraucherschutzorganisationen; Aufklärungskampagnen staatlicher Stellen usf.[92]

g) Regulierungszwecke

Regulierung – und dazu rechnen wir auch Verbraucherschutzrecht – birgt nach unseren Eingangsüberlegungen (oben, II.) stets die Gefahr, unerwünschte Nebenfolgen zu haben oder ihre Zwecke nicht zu erreichen. Diese Gefahr ist umso größer, wenn verschiedene Bestandteile der Regulierung nicht auf einander abgestimmt werden.

Diese Erwägungen können dafür sprechen, Verbraucherschutzrecht in einem eigenen Kodex zusammenzufassen. Werden die Einzelregeln nach Sachgegenständen privatrechtssystematisch verortet, so finden sie sich ganz verstreut im Rechtssystem. Was regulatorisch zusammengehört, ist privatrechtssystematisch zu trennen. Zum Verbrauchervertragsrecht kann man so unterschiedliche Dinge

---

91 Vgl. auch *Dernauer,* (Fn. 36), 241, 242, 245.
92 Vgl. auch *Dernauer,* (Fn. 36), 241 f.

wie das Kartellrecht, das Lauterkeitsrecht, das Preisangabenrecht, das Lebensmittelrecht und das Produkthaftungsrecht zählen. Vertragsrechtliche und lauterkeitsrechtliche Informationspflichten können vom regulatorischen Ziel her betrachtet äquivalent sein. Ähnliches gilt für den kaufrechtlichen und den deliktsrechtlichen Schutz vor fehlerhaften Produkten.

3. Würdigung

Die Übersicht über einzelne Sachgründe zeigt, dass es für die regelungstechnische Frage keine eindeutige Antwort gibt. In einer Gesamtwürdigung dürfte es aber gute und möglicherweise überwiegende Gründe für eine Integration jedenfalls der Zentralnormen des Verbrauchervertragsrechts in die Zivilrechtskodifikation geben. (Freilich mag dieses Votum auch von dem in der Rechtsvergleichung und im IPR nicht unbekannten *homeward trend* oder dem Wunsch nach einer Vermeidung kognitiver Dissonanzen beeinflusst sein.)

In Deutschland versteht man die verbrauchervertragsrechtlichen Normen heute ganz überwiegend als punktuelle Ergänzungen des Vertragsrechts, die aus sachlichen Gründen geboten oder doch sachlich gerechtfertigt sind. Überwiegend dienen sie der Sicherung oder Stärkung der (materiellen) Selbstbestimmung des Verbrauchers (Informationspflichten; Widerrufsrechte). Damit handelt es sich um Sachgesichtspunkte des Vertragsrechts, die auch in diesem Zusammenhang geregelt werden sollten. Die Vorschriften über die AGB-Kontrolle enthalten als Einbeziehungskontrolle Sonderregeln über den Vertragsschluss und als Inhaltskontrolle Sonderregeln über die inhaltliche Wirksamkeit von Vertragsabreden. Damit gehören auch sie sachlich dem Vertragsrecht zu. Das gilt zumal dann, wenn man, wie wir in Deutschland, die Kontrolle von AGB nicht als spezifisches Problem des Verbraucherrechts, sondern als allgemeines Problem des Vertragsrechts ansieht.

V. Thesen

1. Auch wenn das Verbrauchervertragsrecht im Rahmen der japanischen Schuldrechtsreform nicht in das Zivilgesetzbuch integriert wird, bleiben die damit verbundenen Sachfragen von andauernder Bedeutung. (Oben, I.)
2. a) Verbraucherschutzvorschriften greifen in die Vertragsfreiheit ein und verursachen regelmäßig Kosten; sie bergen die Gefahr unerwünschter

Effekte. Aus diesen Gründen bedürfen sie nicht nur der anfänglichen sachlichen Rechtfertigung, sondern auch der andauernden Überprüfung. (Oben, II. 1.)

b) Interdisziplinäre Forschung kann dabei (für die Gesetzgebung) eine wichtige Rolle spielen. Insbesondere ökonomische, verhaltenstheoretische und empirische Untersuchungen sind insoweit von Nutzen. Indes sind sie mit (teils, wenn auch nicht notwendig) gegenläufigen normativen Erwägungen in Ausgleich zu bringen. (Oben, II. 2.)

c) Verbraucherschutz ist zwar ein wichtiges Anliegen, es ist aber nicht absolut zu setzen. Vertragsrecht ist primär ein Instrument zur Gewährleistung der individuellen Freiheit. (Oben, II. 3.–5.)

3. a) Der Verbraucherbegriff ist im deutschen und Europäischen Vertragsrecht klar konturiert. Es gibt einzelne Streitfragen, die aber bereits breit erörtert sind (Verträge mit doppelter Zwecksetzung; Scheinunternehmer; Behandlung branchenfremder Nebengeschäfte). Eine Ausdehnung von Verbraucherschutzregeln auf Kleinunternehmer erscheint nicht wünschenswert. (Oben, III. 1.)

b) Im deutschen und Europäischen Vertragsrecht sind (vor allem vorvertragliche) Informationspflichten das wichtigste Schutzinstrument. Sie bedeuten einen verhältnismäßig geringen Eingriff in die Vertragsfreiheit und belassen es weitgehend bei der Selbstverantwortung des Verbrauchers. Allerdings hat der Europäische Gesetzgeber mit der Verbraucherrechte-Richtlinie eine allgemeine vorvertragliche Informationspflicht eingefügt, die für „andere als Fernabsatzverträge und außerhalb von Geschäftsräumen geschlossene Verträge" gilt; diese Pflicht ist m. E. sachlich nicht geboten. Schon seit langem wird eine informationelle Überlastung beklagt. Ihr kann zum Teil durch die richtige Ausgestaltung der Informationspflichten Rechnung getragen werden (richtiger Zeitpunkt; Grad der Individualisierung). (Oben, III. 2.)

c) Ein weiteres zentrales Schutzinstrument sind Widerrufsrechte. Umstritten ist, in welchen Fällen sie vorzusehen sind. Insbesondere ist die sachliche Rechtfertigung eines Widerrufsrechts im Fernabsatz zweifelhaft. Umstritten ist auch, ob sie stets zwingend auszugestalten sind oder nicht auch optional vorgesehen werden können. (III. 3.)

d) Die Inhaltskontrolle von Allgemeinen Geschäftsbedingungen wird in

Deutschland überwiegend damit begründet, dass ein Konditionenwettbewerb nicht stattfinde (Marktversagen). Danach handelt es sich um eine Sachfrage des allgemeinen Vertragsrechts. In anderen Mitgliedstaaten sieht man das anders. Allerdings rechtfertigt der Verbraucherschutz eine höhere Kontrollintensität und kann umgekehrt im Unternehmensverkehr die Kontrollintensität herabgesetzt werden. Nach der in Deutschland vorherrschenden Auffassung ist die Kontrolle von individuell ausgehandelten Klauseln auch in Verbraucherverträgen strikt abzulehnen. Darin liegt ein Eingriff in den Kernbereich der Vertragsfreiheit. Auch das wird in anderen EU-Mitgliedstaaten teilweise anders gesehen. (Oben, III. 4.)

4. Für die rechtsetzungstechnische Umsetzung von Verbraucherschutzrecht gibt es drei Hauptmodelle: Spezialgesetze, ein Verbrauchergesetzbuch und die Integration in das allgemeine Zivilgesetzbuch. Mit der Schuldrechtsmodernisierung von 2002 hat der deutsche Gesetzgeber die bis dahin bestehenden Spezialgesetze weitgehend in das BGB integriert. Diese Lösung wird heute weitgehend als gelungen angesehen. Für sie sprechen verschiedene Sachgründe. Die Verbraucherschutzregeln werden so in den zivilrechtssystematisch richtigen Zusammenhang gestellt. Dadurch wird der gebotene Ausgleich mit gegenläufigen vertragsrechtlichen Interessen hervorgehoben. Zudem werden die systematischen Bezüge zu anderen Teilgebieten des Privatrechts (z. B. Willensmängel; vorvertragliche und vertragliche Pflichten; Schadensersatz; Restitution) besser sichtbar. (Oben, IV.)

日本の債権法改正論議における保証の問題の検討状況

山野目 章夫

I 保証の概念

　本日は、研究報告の機会を頂戴し、まことに、ありがとうございます。また、マティアス・ハーベルザック教授におかれましては、このセッションの研究報告をお引き受けいただき、日本においでいただきましたことに、あらためて深く御礼申上げます。

　このセッションの主題は、保証であり、保証とは何であるか、ということは、あらためて確認するまでもないことであるかもしれません。しかし、御話の前提として申上げるとしますと、保証は、民法が定める制度であり、主たる債務者が債務を履行することができない場合において、保証人が、その債務を代わって履行する責任を負うものであります。この保証人の責任は、保証人になろうとする者と債権者との間の契約で成立するものであるということが、日本の民法が定める保証の法的構成にほかなりません。日本の民法と申しましたところを丁寧にお話しますと、446条1項が規定するところです。

　この保証は、社会事象で観察されるところから例を拾いますと、子が事業を始めるときに銀行からする借入れの債務を親が保証する、とか、子会社の債務を親会社が保証する、とか、会社の債務をその代表者である個人が保証する、といったように用いられてまいりました。

　このように現行の制度上、保証は、主たる債務者となる者と保証人のいずれについても、個人がなることもあれば法人がなることもあります。

II　保証の機能

そのような観察の確認のうえに,保証の社会経済的な機能をお話しますと,保証が,信用を補完する制度として役割を果たしている側面があることは,否定することができません.主たる債務者である法人や個人のそのものの資力のみでは融資が得られないような場合において,保証人に対し融資の返済を求めることができるという状況が調うならば,そうでなかったときには実現しなかった融資が可能になることがあります.

III　保証の実態

半面において,保証の実態を見ると,問題もあります.保証のどこに問題があるか.利便もみられる半面において,保証には,多くの問題があることも指摘されています.日本においては,保証人となった個人が巨額の債務を負って生活の再建や経済的な再起が困難になったり,さらに自殺に追い込まれたりする状況が観察されます[1].保証人は,債務を履行することができない場合において,その財産に強制執行を受けることになります.保証人が破産に至ることがあるし,とても支払いきれない債務を負担させられて,保証人となった者の

---

[1] 保証人が自ら死を選ぶ場合に加え,いたましいことは,主たる債務者にも同じ問題があることである.2013年2月18日の毎日新聞に次のような記事が載った.事業のために借金をした男性は,その借金をする際に保証人を立てることを求められ,知人に頼んで保証人になってもらった.その後,事業に失敗し,多額の負債を抱え込むことになり,どうしようもなくなった彼は,生命保険の給付の要件を充たすということを確認したうえで,自ら命を絶つ.家庭をもっていた人であり,遺書があって,娘さんに,お父さんらしいことを何もしてあげられず,ごめんなさい,とあり,そのほか,奥さんに対する言葉も記されていた.これは,けっして特殊な事例ではなく,「追い込まれた死をなくすために／いのちとお金を考える」群馬司法書士会『執務の現場から』43号（2011年）27頁（中林和典）にも,同様の事例が紹介されている.

家計は破綻します．当然のことながら，保証人その人本人のみならず，家族をも巻き込んで，きわめて困難な状況に追い込まれ，自ら命を絶つ人すら現われます．

このような実態が観察されるからには，これに対し，民事法制上何らかの手立てを講じなければならないのではないでしょうか．

一つの喩え話をすることをお許しください．

日本には，柔道という格闘技があります．格闘技であるからには，相手を打ち負かすことに選手は精力を注ぎます．そして，強い選手は勝ち，弱い選手は負けることでしょう．しかし，今日の柔道は，スポーツです．柔道の起源は武術であり，そこでは相手を無力化するために，場合によっては生命を奪ってもやむをえないという側面があったかもしれません．しかし，スポーツにおいて，相手の生命を危険に晒すことは許されません．そこで，今日の柔道においては，相手を死に至らしめる危険な技のいくつかが禁じられます．

経済社会における融資や担保も同じことでしょう．ドイツと同じように日本も市場経済の国であり，経済取引は原則として自由です．経済取引であるからには，成功して大きな利潤を得ることもあれば，反対に大損をして倒産をすることもあることでしょう．しかし，大損をする側の生命を奪ってもよいというところまで追いつめてよいということにはなりません．そのような取引は，国家法が介入して禁じなければなりません．

そのような国家法の介入を基礎づける国法学的な説明は，各国の憲法思想に応じて説明の仕方は，いろいろあるかもしれません．フランス法の思考であれば，憲法的価値（valeur constitutionnelle）という概念が用いられます．同じヨーロッパにあっても，そうではなく，個人の幸福や生存に関する基本権を保護する義務が国家に課せられているという思考も，あるかもしれません．日本の憲法は，生命・自由・幸福追求の権利ということが，国政において最大の尊重を要する（13条）という立法府に対する指示を与えています．そのような意味において，個人保証のコントロールは，単に民事法制上の技術的な課題に終始するものでなく，人権理念を背景において考察されなければなりません[2]．

この観点の関係において特に注意をしなければならないことは，日本の憲法の場合で言うと財産権の保障に当たる原理（29条1項）を偏って強調すると，むしろ保証に対するコントロールをすることそのものに制約が設けられるべきである，という論議を招きかねない，ということでしょう．そうではなく，上述のとおり生命・自由・幸福追求の権利ということの国政における最大の尊重という対抗原理が既に憲法原理として用意されている，ということが，つねに想起されなければなりません[3]．

IV　個人保証における保証人保護方策という論点の抽出

もちろん保証という制度を全廃する必要はありませんし，話を事業の世界に限って言うならば，一つの金融のツールとして，それを彫琢してゆくことは，経済の発展のために望まれさえすることでしょう．しかし半面において，そのような高度化ないし精緻化の圧力の下にある保証の一つの側面の動向に引きずられる仕方で個人の保証も同じ扱いとするならば，保証に端を発する悲劇は，さらに増えるにちがいありません．このようにみてくるならば，個人のする保証について特別の配慮をする，ということは，もともと避けられないことでありました．外国の法制にも，そのようなルールを整備するものがみられるところです[4]．

---

[2]　本文で言及する憲法13条が人権理念において担う役割について，山野目「人権理念／私たちの手はふるえているか」法律時報臨時増刊『「憲法改正論」を論ずる』（2013年）69頁注20とその対応本文．

[3]　財産権保障の観点からの偏った思考に陥るのは，小山剛＝山野目「憲法学に問う／民法学からの問題提起と憲法学からの応答」法律時報81巻5号（2009年）で取り上げたものと同様の，いわば逆立ちした憲法思考である．財産権保障そのものについて言うならば，古典的な論点ではあるにせよ，29条2項の意義の強調的な確認と共に，そこにいう公共の福祉の概念の深化がなお要請されている．中島徹『財産権の領分／経済的自由の憲法理論』（2007年）193頁参照．

[4]　藤澤治奈「諸外国における保証人保護法制」現代消費者法16号（2012年），法制審議会民法（債権関係）部会第1分科会第4回会議資料「保証人保護の方策の拡

V 法制審議会の調査審議において取り上げられている検討事項

このような状況の認識を踏まえ，今般の債権法改正においては，保証人の責任を制限することが論議の対象となっています．その際の論議においては，フランス消費法典 L341-4 条が定める比例原則が一つの示唆を与えました．つまり，そこでは，同条が定める比例原則の発想を日本で採り入れることができないか，という問題提起がされています．

さらに，消費貸借に基づく借入債務を主たる債務とする保証のうち，不特定の債務を担保するものなど一定の形態のものは，それをしても効力を有しないものとすることが検討されています．ひとことで申しますと，一定形態の個人保証の効力の否定という論点になります．

そのほか，保証契約の成立に際し，保証人となる者に対し，保証の趣旨や内容を的確に説明し，また，必要な情報を提供する義務を考え，これらの義務が適切に履行されなかった場合は保証契約を取り消すことができる，というルールの導入も検討されています．説明義務や情報提供義務の論点です[5]．

VI 特定の領域における個人保証の効力の否定

これらのうち，一定形態の個人保証の効力の否定という論点を取り上げますと，これは，個人保証における保証人保護の方策のなかでも，最も徹底した手法です．保証契約の効力が否定される領域においては，個人保証が禁止されることになります．

もっとも，そのような禁止が提案されている領域は，限定的なものにとどま

充に関する補足資料」（2012 年），参照．
5) 齋藤由起「法制審議会における保証をめぐる議論の展開／個人保証人の保護に関する事項を中心に」現代消費者法 19 号（2013 年）．

ります.

　すなわち,まず,保証契約により担保される債務の種類の観点からは,消費貸借に基づく貸金債務を主な対象として,最高額の限度まで不特定の債務を保証するものが,禁止の対象として想定されます.このように一定の範囲に属する不特定の債務を担保する保証は,日本において,根保証とよばれてきました.また,債務者が事業のためにする借入れに係る貸金債務などを主たる債務とする保証契約も,禁止の候補とされています[6].

　ただし,いずれにしても,主たる債務者である企業の経営者が保証人となる場合は,これらの禁止から外され,経営者を保証人とする保証は効力が認められます.

　くわえて,法制審議会における審議が2013年の中盤からあとになりますと,経営者でない者が保証人となる場合も,公証人が関与して保証がされるというような手順の要件が遵守されるならば,保証の効力を認めてもよいのではないか,という議論が始められています[7].その背景には,保証という担保の手段に頼って融資をしてきた経済界からの政治的な巻き返しという側面があります.

　そして,そのような政治的な側面には,それとして留意をしておくことが求められるとしても,そもそも学理的な理論の準備の側において,そのような論議を許容してしまう契機があるということも,反省されなければなりません.

　もともと個人保証は,さまざまな事情からそれをすることを拒み難い抗拒困難性が構造的にみられる契約であり,それについて意思決定の自由を素朴に説く態度は,そのこと自体において問題があると言わなければなりません.意思決定の自由が確保されることが重要であり,裏返すと,それが確保されるならば個人保証のコントロールをそれ以上考える必要がないという発想は,個人保証に内在する内容のうえでの問題性を手順の次元の論議にすりかえて論じようとする態度です.そこで語られる意思の自由は,神話でしかなく,そのような

---

6) 法制審議会民法（債権関係）部会の部会資料70A第1,2.

7) 前掲・部会資料70A第1,2(1)ウ.

気楽な論議で済まされるのであるならば，保証被害に取り組む弁護士らの労苦はなくなるはずでありますが，現実は，そのようなものではありません．〔フランスの個人保証の規律のなかでも，保証人となろうとする者が保証契約の締結に際し，手書きで契約証書を作成することを求める消費法典 L341-2 条については，そのような手順の問題によって適切な解決を得られるかどうか，について，シンポジウムの席上，発言をした人々の間の見方が分かれた．分かれた，ということ自体は，健全な討議の様子を象徴するものであったと感ずる．〕

VII 比 例 原 則

　個人保証に対する規制のもう一つの大きな論点としては，さきほどもお話しした比例原則の採否ということがあります．比例原則とは，保証人の責任が，保証契約成立時において過大であると認められる場合において，保証の履行請求時においても過大であると認められるときに，保証人の負担を減免しようとするものです．具体的には，お話ししておりますとおり，フランス消費法典 L341-4 条を参考にして，つぎのようなルールの採用の適否が論じられます．すなわち，保証契約を締結した当時における保証債務の内容がその当時における保証人の財産や収入に照らして過大であったときは，債権者は，保証債務の履行を請求する時点におけるその内容がその時点における保証人の財産や収入に照らして過大でないときを除き，保証人に対し，保証債務の全部または一部の履行を請求することができないとするルールです[8]．

　フランスにおいては，消費法典が担う役割が日本の消費者契約法などとは異なる側面がありますから，ご紹介したルールが消費法典に置かれていますが，日本においては，民法の規定の見直しのなかで，民法に置くことの要否が検討されています．

　保証人の資力に着眼した債権者の権利に対する制限は，むしろ倒産法や執行

8）山野目「フランス個人保証法における比例原則の考え方」中小商工業研究 117 号（2013 年）．

法制のなかで扱われるべきであるとも考えられるかもしれません．それにもかかわらず，日本において，この論点が民法の規定の見直しのなかで扱われる背景には，理論的な観点と実践的なそれとがあります．たしかに，問題を苛酷執行の抑制というふうに捉えるのであるならば，個別執行や，さらに包括執行としての本質をもつ破産に係る法制のなかで扱うほうが，体系的な説得力があります．そして，それも考えられてよい方策でありますが，それと共に，そもそも保証というものが契約の構造上，抗拒困難性という問題を内在させているとするならば，そのような契約の設えをしている民法それ自体がその効力のコントロールに任ずべきでありましょう．そのことに加え，個別の保証契約に即してみたときに，保証契約成立時において既に保証人の責任がその資力に照らして過大であると認められる状況においてされるものであるならば，それ自体として暴利行為に類比される法律行為として，初発から問題を内在させていたと考えられます．このような点が理論的に見て指摘されなければなりませんし，くわえて実践的に見ても，保証債務のほかには額の大きな債務を負っておらず，普通の市民生活をしている者が，過大な保証契約の負担を免れるためには，必ず倒産とそこでの免責や再生計画の成立といった回路を経なければならないとすることも，避けられなければなりません．

VIII 比較法的な考察の重要性

　個人保証における保証人保護の方策のなかでも，とりわけ保証の過大性のコントロールに関しては，このように，いまのところ，おもにフラン法を参照して考察が展開されてきました．しかし，各国の立法手法は多彩であり，ドイツの法制や判例法理の展開においても，多くの注目すべきものもあると聞きます．

　このたびのシンポジウムは，このような関心から，ドイツの問題状況を知るうえで貴重な機会であると感じております．ご清聴いただき，ありがとうございました．

〔追記〕　この講演は，山野目「個人保証における保証人保護の課題と展望」現代消費者法19号（2013年）における考察をこのシンポジウムの趣旨に即してあらためて提示するものである．

Der Schutz des Bürgen

Mathias HABERSACK

I. Grundlagen

Friedrich Schiller hat in seiner Ballade „Die Bürgschaft" aus dem Jahr 1798 auf die Gefahren, denen sich der Bürge aussetzt, aufmerksam gemacht, und zwar am Beispiel des Freundes, der sich mit seinem Leben für die rechtzeitige Rückkehr Damons (des Hauptschuldners) beim Tyrannen Dionys (dem Gläubiger) verbürgt hat. Auch derjenige, der mit den Schriften Schillers nicht vertraut ist, kennt Zeilen 13 und 14 der Ballade, die da lauten:

„Ich lasse den Freund dir als Bürgen,
Ihn magst Du, entrinn ich, erwürgen."

Der Freund konnte bekanntlich in letzter Sekunde gerettet werden: Der Hauptschuldner erschien gerade noch rechtzeitig vor der Hinrichtung des Bürgen, und der Tyrann – der Gläubiger – fühlte ob der Treue des Hauptschuldners gegenüber dem Bürgen ein menschliches Rühren, so dass er sogar von der Durchsetzung der Hauptschuld – der Tötung Damons – absieht. Und dennoch hat die Ballade das Risiko der Bürgschaft und die Notwendigkeit eines Schutzes vor leichtfertiger Übernahme einer Bürgschaft fest in dem Bewusstsein der Leser Schillers verankert.

Möglicherweise ist es denn auch hierauf zurückzuführen, dass das BGB, bekanntlich am 1. Januar 1900 in Kraft getreten und durch einen im Allgemeinen recht liberalen, wenn nicht gar paläo-liberalen Geist geprägt, dem Schutz des Bürgen durchaus Raum widmet. Neben dem Schriftformerfordernis des § 766 S. 1 BGB, der Subsidiarität der Bürgenhaftung und dem in § 776 BGB geregelten Freiwerden des Bürgen bei Aufgabe einer anderen Sicherheit durch den Gläubiger ist es vor allem der Grundsatz der Akzessorietät, der für den Schutz des Bürgen sorgen soll.[1] Dieser Grundsatz ist vor dem Hintergrund zu sehen, dass der Bürgschaftsvertrag zwar eine von der Hauptschuld zu unterscheidende, rechtlich selbständige Verbindlichkeit begründet, die freilich – anders als die Schuld des Garanten – in Entstehung, Fortbestand, Inhalt, Durchsetzbarkeit und Rechtszuständigkeit auf der Gläubigerseite von der Hauptschuld abhängig ist. Ihren gesetzlichen Niederschlag findet der Akzessorietätsgrundsatz in § 765 Abs. 1 BGB, soweit dort die Existenz einer Hauptschuld vorausgesetzt ist, in §§ 767, 768 BGB, soweit danach der Bürge Einwendungen und Einreden des Hauptschuldners geltend machen kann, sowie in der *cessio legis* gemäß § 774 Abs. 1 S. 1 BGB. Hinzu kommen die in § 770 Abs. 1, 2 BGB geregelten Einreden der Anfechtbarkeit und der Aufrechenbarkeit,[2] von denen die Reformkommission die Einrede der Aufrechenbarkeit künftig in Art. 457 Abs. 2 des ZGB geregelt wissen möchte. Wichtig ist, dass der Grundsatz der Akzessorietät Einschränkungen zum Schutz des Bürgen erfährt. So verliert der Bürge nach § 768 Abs. 2 BGB eine abgeleitete Einrede nicht dadurch, dass der Hauptschuldner auf sie verzichtet. Eine entsprechende Klarstellung fehlt bislang im japanischen Recht und wird wohl auch von der Reformkommission nicht vorgeschlagen. Anderes gilt für die Vorschrift des § 767 Abs. 1 S. 3 BGB, wonach nachträgliche Erweiterungen der Hauptschuld nicht zu einer Erweiterung auch der Bürgenschuld führen; nach dem Vorschlag der Reformkommission soll das künftig in Art. 448 Abs. 2 des ZGB klargestellt werden.

Ungeachtet dieser nicht wenigen Vorkehrungen, die das BGB von Anfang zum Schutz des Bürgen bereithielt, lässt sich sagen, dass das deutsche Recht zunächst vor allem mit bürgschaftsspezifischen Instrumenten gearbeitet hat. Allgemeine Grundsätze wie namentlich die Nichtigkeit sittenwidriger Verträge oder gar AGB- und verbraucherschutzrechtliche Grundsätze spielten keine Rolle. Der Ansatz des BGB war vielmehr ein sehr formaler, dem Zeitgeist des ausgehenden 19. Jahrhunderts verpflichteter. Sofern nur das Schriftformerfordernis des § 766 S. 1 BGB beachtet wurde, konnte sich der geschäftsfähige

---

1 Näher zum Akzessorietätsgrundsatz *Medicus* JuS 1971, 497 ff.; *Habersack* JZ 1997, 857, 860 ff., dort auch rechtshistorische und rechtsvergleichende Hinweise; monographisch *Becker-Eberhard*, Die Forderungsgebundenheit der Sicherungsrechte, 1993, S. 48 ff., 104 ff., 251 ff.; *Chr. Schmidt*, Die sogenannte Akzessorietät der Bürgschaft, 2001, S. 45 ff., 96 ff.

2 Zur dogmatischen Einordnung der Einreden des Bürgen aus § 770 Abs. 1, 2 BGB s. *Habersack*, in: Münchener Kommentar zum BGB, 6. Aufl., 2013, § 770 Rn. 1 f.

Bürge auch dann wirksam verpflichten, wenn keinerlei Aussicht darauf bestand, dass er im Falle eines Eintritts des Sicherungsfalles die Bürgschaftssumme aus eigenem Vermögen aufzubringen in der Lage war. Dies änderte sich fundamental mit der Entscheidung des BVerfG vom 19. Oktober 1993,[3] auf die im Folgenden einzugehen ist.

II. Schutz des Bürgen vor finanzieller Überforderung

1. Vorgaben des BVerfG und ihre Umsetzung durch den BGH[4]

Ihren Ausgangspunkt nimmt die erwähnte Entscheidung des BVerfG in der Rechtsprechung des seinerzeit für das Bürgschaftsrecht zuständigen IX. Zivilsenats des BGH, wonach die Übernahme von Bürgschaften durch Angehörige des Hauptschuldners, auch soweit sie die Leistungsfähigkeit des Bürgen übersteigen, von der Vertragsfreiheit gedeckt sei und auch bei geschäftlicher Unerfahrenheit des geschäftsfähigen Bürgen grundsätzlich keiner Inhaltskontrolle unterliege.[5] Nachdem diese Rechtsprechung auf zunehmende Kritik im Schrifttum gestoßen war[6] und sich auch der XI. Zivilsenat des BGH mehr und mehr von ihr distanziert hatte,[7] ist sie vom BVerfG auf die Verfassungsbeschwerde einer 21-jährigen, arbeits- und vermögenslosen Bürgin hin als Verletzung der durch Art. 2 Abs. 1 GG gewährleisteten Privatautonomie der Beschwerdeführerin qualifiziert worden. Das BVerfG hat Funktion und Funktionsvoraussetzungen der Vertragsfreiheit betont und die Verpflichtung der Zivilgerichte statuiert, mit den von der Zivilrechtsordnung bereit gestellten Mitteln, darunter insbesondere den Generalklauseln der §§ 138, 242 BGB, auf „strukturelle Störungen der Vertragsparität angemessen zu reagieren" und darauf zu achten, „dass Verträge nicht als Mittel der Fremdbestimmung dienen".[8] Allerdings bestehe diese Verpflichtung „schon aus Gründen der Rechtssicherheit" nur unter der doppelten

---

3 BVerfGE 89, 214 = NJW 1994, 36.
4 Die nachfolgenden Ausführungen folgen im Wesentlichen MünchKommBGB/*Habersack* (Fn. 2), § 765 Rn. 17 ff.
5 BGHZ 106, 269; BGHZ 107, 92; BGH NJW 1989, 1605; BGH NJW 1992, 896.
6 *Derleder*, Festschrift für Bärmann und Weitnauer, 1990, S. 121 ff.; *Grün* NJW 1991 925 ff.; *Honsell* JZ 1989, 495 ff.; *Reifner* ZIP 1990, 427 ff.; *Tiedtke* ZIP 1990, 413, 415 f.
7 BGH NJW 1991, 923; BGHZ 120, 272.
8 BVerfGE 89, 214, 233 f. = NJW 1994, 36; s. ferner BVerfG NJW 1994, 2749, 2750 sowie bereits BVerfGE 81, 242, 255.

Voraussetzung, dass es sich um eine typisierbare Fallgestaltung handelt, die eine strukturelle Unterlegenheit des einen Vertragsteils erkennen lässt, und dass die Folgen des Vertrags für den unterlegenen Vertragsteil ungewöhnlich belastend sind.[9]

Der IX. Zivilsenat des BGH hat diese verfassungsrechtlichen Vorgaben unter Rückgriff auf die Generalklausel des § 138 Abs. 1 BGB (danach sind sittenwidrige Rechtsgeschäfte nichtig) umgesetzt und sich – wie zuvor der XI. Zivilsenat für die im Wege des Schuldbeitritts erfolgende Mithaftung[10] – gegen die Heranziehung des insbesondere auch in den Rechtsfolgen flexibleren § 242 BGB entschieden.[11] Zusammengefasst und unter Außerachtlassung aller Details[12] lässt sich als Stand der Rechtsprechung festhalten, dass die Bürgschaft eines nahen Angehörigen des Hauptschuldners im Zweifel nichtig ist, wenn der Bürge kein Eigeninteresse an dem verbürgten Kredit hat und bei Übernahme der Bürgschaft davon auszugehen ist, dass er (der Bürge) bei Einritt des Sicherungsfalles voraussichtlich nicht einmal in der Lage sein wird, mit Hilfe des pfändbaren Teils seines Vermögens und Einkommens die laufenden Zinsen auf Dauer aufzubringen.[13] Bei Vorliegen dieser Voraussetzungen wird – widerleglich – vermutet, dass der dem Hauptschuldner persönlich nahestehende Bürge die Personalsicherheit allein aus emotionaler Verbundenheit mit dem Hauptschuldner gestellt und der Kreditgeber dies in sittlich anstößiger Weise ausgenutzt hat.

2. Abweichende Konzeptionen

Das japanische Recht geht derzeit einen konzeptionell anderen Weg, indem es neben der Geschäftsfähigkeit die für die Erfüllung der Bürgschaftsschuld erforderliche Zahlungsfähigkeit als „persönliche Voraussetzung des Bürgen" statuiert und damit für den Schutz eines jeden Bürgen (nicht nur naher Angehöriger

---

9 BVerfGE 89, 214, 232 = NJW 1994, 36.
10 S. die Nachw. in Fn. 7.
11 Vgl. insbesondere BGHZ 125, 206, 209 ff.; BGHZ 128, 230, 232 BGH NJW 996, 513, 514; zu weit. Nachw. s. MünchKommBGB/*Habersack* (Fn. 2), § 765 Rn. 18, 23 ff.
12 Aktueller Überblick zum Stand der Rechtsprechung bei *Ellenberger*, in: Palandt, BGB, 73. Aufl., 2014, § 138 Rn. 37 ff.; *Horn*, in: Staudinger, BGB, 13. Bearbeitung, 2013, § 765 Rn. 177 ff.; MünchKommBGB/*Habersack* (Fn. 2), § 765 Rn. 23 ff.
13 S. neben den Nachw. in Fn. 11 noch BGHZ 135, 66, 70; BGH NJW 2009, 2671; BGH ZIP 2013, 664.

des Hauptschuldners) sorgt. Das französische Recht macht hingegen in Art. L341⁻5 des Verbraucherschutzgesetzes die Bürgschaft eines jeden Verbrauchers gegenüber einem professionellen Kreditgeber (mithin nicht nur die Bürgschaft naher Angehöriger des Hauptschuldners) grundsätzlich davon abhängig, dass die Haftung auf einen Höchstbetrag begrenzt wird, der neben der Hauptschuld auch Zinsen und Kosten umfasst. Anders als das japanische Recht erkennt es also Bürgschaften mittelloser Bürgen an, sofern nur die Bürgschaft auf einen Höchstbetrag begrenzt ist.

In der Tat dürfte es zu weit gehen, die Wirksamkeit eines Bürgschaftsversprechens davon abhängig zu machen, dass der Bürge über Zahlungsfähigkeit verfügt. Auch abgesehen davon, dass sich dieses Kriterium, soll es Wirksamkeitsvoraussetzung der Bürgschaft sein, auf den Zeitpunkt der Übernahme der Bürgschaft beziehen muss und deshalb nicht notwendigerweise sicherzustellen vermag, dass der Bürge auch im Zeitpunkt der Inanspruchnahme noch zahlungsfähig ist: Es liegt nun einmal im Wesen des Kredits, dass der Kreditnehmer seine fehlende Liquidität gegen das Versprechen späterer Rückzahlung des ihm überlassenen Kredits zu überwinden sucht. Dann aber sollte auch die Kreditsicherung nicht davon abhängig gemacht werden, dass der Sicherungsgeber – hier: der Bürge – im Zeitpunkt der Risikoübernahme liquide ist.

Die Problematik der Bürgschaft vermögensloser Bürgen ist vielmehr im Zusammenhang mit den Pfändungsgrenzen des Zwangsvollstreckungsrechts sowie vor allem der zahlreichen Insolvenzrechten bekannten Möglichkeit der Restschuldbefreiung zu sehen.[14] Diese muss jedenfalls insoweit auf das materielle Recht ausstrahlen, als die mit dem fraglichen Rechtsgeschäft verbundene wirtschaftliche Belastung als solche grundsätzlich als sittlich indifferent anzusehen ist.[15] Entsprechendes hat für die Person des Hauptschuldners und dessen persönliches Verhältnis zum Bürgen zu gelten. Mag sich der Bürge dem Hauptschuldner auch persönlich verbunden fühlen, so folgt daraus doch nicht, dass er

---

14 Vgl. bereits *Habersack/Giglio* WM 2001, 1100 ff.; MünchKommBGB/*Habersack* (Fn. 2), § 765 Rn. 20; ferner *Aden* NJW 1999, 3763 f.; *Gernhuber* JZ 1995, 1086, 1094 f.; *Schlachter* BB 1993, 802, 803.

15 Vgl. neben den Nachw. in voriger Fn. Insbesondere noch *Zöllner* WM 2001, 1, 5; *Medicus* JuS 1999, 833, 835 f.; *H.-F. Müller* KTS 2000, 57, 59; *Foerste* JZ 1998, 574, 575 f.; *ders.* JZ 2002, 562, 564; aA – dezidiert ablehnend – BGH ZIP 2002, 210, 211 f.; BGH NJW 2009, 2671 Rn. 29 ff.; *Nobbe/Kirchhof* BKR 2001, 5, 7 f.

die Tragweite seines Handelns nicht überblicken könnte;[16] schon gar nicht ergibt sich daraus eine strukturelle Unterlegenheit des Bürgen, die es rechtfertigen könnte, dass sich der Bürge, der sich wider die wirtschaftliche Vernunft, aber aus freien Stücken und in Kenntnis der Folgen für die Übernahme der Bürgschaft entscheidet, der Folgen seines Handelns unter Hinweis auf die von ihm bewiesene Solidarität mit dem Hauptschuldner entledigen kann.

Als vorzugswürdig erscheint es vielmehr, primär auf die den Vertragsschluss begleitenden Umstände abzustellen und zu fragen, ob der Gläubiger entweder selbst auf die Entscheidungsfreiheit des Bürgen eingewirkt hat (etwa indem er das Risiko bagatellisiert oder übermäßigen Druck auf den Bürgen ausgeübt hat) oder ihm ein entsprechendes Verhalten des Hauptschuldners bekannt war und ihm deshalb entsprechend dem Rechtsgedanken des § 123 Abs. 2 S. 1 BGB zugerechnet werden kann. Die Konsequenz dieser Lösung wäre, dass der Schutz des Bürgen von dem ruinösen Charakter der Bürgschaft befreit wäre und auch denjenigen Bürgen erfassen würde, der zwar vermögend ist, indes sein Vermögen aufgrund einer vom Gläubiger ausgehenden oder diesem zumindest zurechenbaren unangemessenen Beeinträchtigung der Entschließungsfreiheit aufs Spiel setzt. Dass auch ein solcher Bürge schutzwürdig ist, sollte sich eigentlich von selbst stehen. Eine Rechtsordnung, die den materiell-rechtlichen Schutz des Bürgen von dem ruinösen Charakter abhängig macht, agiert deshalb in gewisser Weise unsystematisch, zumal wenn sie, wie das deutsche Recht, über die Möglichkeit der Restschuldbefreiung verfügt.

Soweit die Reformdiskussion vorschlägt, dem Gläubiger einen Erfüllungsanspruch gegen den Bürgen zu verweigern, soweit die Bürgschaft im Zeitpunkt des Vertragsschlusses eine Überschuldung des Bürgen zur Folge hat und der Bürge auch im Zeitpunkt der Inanspruchnahme nicht über ausreichende Mittel verfügt, kann dem deshalb nicht gefolgt werden. Nicht vollauf zu gefallen vermag auch der Alternativvorschlag, dem Gericht die Möglichkeit zuzusprechen, die Bürgschaftsschuld unter Berücksichtigung aller Gesichtspunkte wie insbesondere den Umständen des Vertragsschlusses, den Vermögensverhältnissen des Bürgen und den Entwicklungen nach Abschluss des Bürgschaftsvertrages herabzusetzen. Auch abgesehen von der Unbestimmtheit der Kriterien und der Weite des richterlichen Ermessens spricht gegen diesen Vorschlag, dass er

---

16 *Zöllner, Foerste*, jew. aaO (vorige Fn.).

den Grundsatz des *pacta sunt servanda* und das Prinzip der Selbstverantwortung des geschäftsfähigen Bürgen weitgehend ignoriert. Maßgebend sollte vielmehr allein die Beeinträchtigung der Entscheidungsfreiheit des Bürgen im Zeitpunkt des Vertragsschlusses sein.

Folgt man der hier vertretenen Ansicht, so bestünde bei hinreichender Intensität der Einflussnahme auf den Bürgen Anlass, die Bürgschaft als sittenwidrig anzusehen; in minder schweren Fällen einer unangemessenen Einflussnahme wäre an einen auf Befreiung von der Bürgschaftsschuld gerichteten, indes unter dem Vorbehalt des § 254 BGB stehenden Schadensersatzanspruch aus *culpa in contrahendo* zu denken.[17] Fehlt es hingegen an einer vom Gläubiger ausgehenden oder diesem zurechenbaren unangemessenen Beeinträchtigung der Entschließungsfreiheit des Bürgen, sollte die Wirksamkeit und Durchsetzbarkeit der Bürgschaft auch dann anerkannt sein, wenn sie die Leistungsfähigkeit des Bürgen übersteigt. Für den Schutz des Bürgen sorgen dann – neben der schon erwähnten Restschuldbefreiung und den noch anzusprechenden Widerrufsrechten – gesteigerte Anforderungen an die Transparenz des Bürgschaftsrisikos und Widerrufsrechte.

3. Transparenz des Bürgschaftsrisikos

Was zunächst den Schutz des Bürgen durch Transparenz des Bürgschaftsrisikos anbelangt, so wird er im deutschen Recht vor allem durch das Schriftformerfordernis des § 766 S. 1 BGB besorgt. Danach ist zur Gültigkeit des Bürgschaftsvertrags schriftliche Erteilung der Bürgschaftserklärung erforderlich. § 766 S. 2 BGB bestimmt ausdrücklich, das die Erteilung der Bürgschaftserklärung in elektronischer Form ausgeschlossen ist. Die Erfüllung der Hauptverbindlichkeit durch den Bürgen heilt nach § 766 S. 3 BGB einen etwaigen Formmangel.

Das Schriftformerfordernis des § 766 BGB ist ersichtlich von Informationspflichten zu unterscheiden, wie sie etwa im französischen Verbraucherschutzgesetz begegnen und wie sie auch von der Reformdiskussion für das japanische ZGB vorgeschlagen werden, denen zufolge der professionelle Kreditgeber einen bürgenden Verbraucher über Zahlungsschwierigkeiten des Hauptschuldners und über den jeweiligen Stand der Hauptschuld zu informieren hat. Derlei nachvertragliche Informationspflichten kennen wir für den Bereich des Ver-

---

17 Näher und mit weit. Nachw. MünchKommBGB/*Habersack* (Fn. 2), § 765 Rn. 21, 29; *Habersack/Giglio* WM 2001, 1100, 1104 ff.

braucherkreditrechts aus Art. 11 der Verbraucherkredit-Richtlinie.[18] Derlei Informationspflichten sind durchaus nützlich und hilfreich. Für einen *präventiven* Bürgenschutz vermögen sie allerdings nicht zu sorgen. Umso erstaunlicher ist es, dass nach ganz herrschender Meinung bei einer Bürgschaft für eine Forderung aus einem Verbraucherdarlehensvertrag die Angaben, die § 492 BGB, Art. 247 §§ 6 ff. EGBGB für den Darlehensvertrag vorschreibt, in die Bürgschaftsurkunde auch nicht insoweit aufgenommen werden müssen, als sie dem Bürgen das Ausmaß der von ihm übernommenen Verpflichtung verdeutlichen.[19] Dies sollte de lege ferenda geändert werden. Die diesbezüglichen Vorschläge der Reformkommission sind meines Erachtens sehr zu begrüßen, soweit sie darauf zielen, dass der Bürge über die Risiken der Bürgschaft im Allgemeinen und über die Details der Hauptschuld belehrt werden soll. Darüber hinausgehend sollte daran gedacht werden, in Anlehnung an Art. L314-2 des französischen Verbraucherschutzgesetzes ein qualifiziertes Schriftformerfordernis einzuführen, nämlich zu verlangen, dass der Bürge die Erklärung nicht nur unterschreibt, sondern den wesentlichen Inhalt seines Versprechens handschriftlich oberhalb seiner Unterschrift wiedergibt.

III. Schutz des Bürgen durch AGB- und Verbraucherschutzrecht

1. AGB-Recht

a) Im sachlichen und zeitlichen Zusammenhang mit der Rechtsprechung des BVerfG und sodann des BGH zur Sittenwidrigkeit einer den Bürgen finanziell überfordernden Bürgschaft[20] steht die drastische Verschärfung der Kontrolle von Klauseln, die den Sicherungszweck und damit den Kreis der gesicherten Forderungen bestimmen.[21] Sie hat die weitgehende Verdrängung sog. Globalbürgschaften zur Folge und stellt sicher, dass die Haftung des Bürgen auf die Hauptschuld begrenzt wird, die den *Anlass* für die Bürgschaftsübernahme

---

18 Näher *Schürnbrand*, in: Münchener Kommentar zum BGB, 6. Aufl., 2012, § 493 Rn. 3 ff.
19 BGHZ 138, 321, 327 ff.; Palandt/*Sprau* (Fn. 12), § 766 Rn. 3; aA MünchKomm BGB/*Habersack* (Fn. 2), § 766 Rn. 19; *Ulmer* JZ 2000, 781, 782 f.
20 S. unter II. 1.
21 Grundlegend BGHZ 126, 174, 176 ff.; BGHZ 130, 19, 24 ff.; sodann BGH NJW 1996, 1470; BGH NJW 1996, 924; BGHZ 156, 302, 310; näher und mit weit. Nachw. MünchKommBGB/*Habersack* (Fn. 2), § 765 Rn. 72 ff.; Staudinger/*Horn* (Fn. 12), § 765 Rn. 44 ff.

gebildet hat. Eine spezielle gesetzliche Regelung zu dieser Problematik existiert im deutschen Recht übrigens nicht. Die Rechtsprechung hat vielmehr auf die allgemeinen Instrumente des AGB-Rechts zurückgegriffen, nämlich auf das Verbot überraschender Klauseln und auf die Inhaltskontrolle.

Diese Rechtsprechung zum Erfordernis der „Überschaubarkeit" des Bürgschaftsrisikos ist ihrerseits ergänzt worden durch eine Reihe von höchstrichterlichen Entscheidungen, in denen die formularmäßige Abbedingung bürgenschützender Vorschriften erschwert worden ist. Wo die AGB-rechtlichen Grenzen der Gestaltungsfreiheit genau verlaufen, ist noch nicht in allen Einzelheiten geklärt und bedarf für die Zwecke dieser Untersuchung auch keiner Klärung. Immerhin sei erwähnt, dass nach der Rechtsprechung des BGH jedenfalls die vollständige Abbedingung des § 768 BGB unangemessen und damit unwirksam ist.[22] Auch hat der BGH in dem AGB-förmigen Ausschluss der Einrede der Aufrechenbarkeit (§ 770 Abs. 2 BGB) eine unangemessene Benachteiligung des Bürgen gesehen, soweit sich der Ausschluss auch auf liquide oder gar rechtskräftig festgestellte Gegenforderungen des Hauptschuldners bezieht.[23]

b) Unabhängig von diesen und weiteren Einzelheiten ist bedeutsam, dass nach deutschem Recht die AGB-rechtliche Inhaltskontrolle im Unterschied zu verbraucherschützenden Vorschriften[24] grundsätzlich (und vorbehaltlich des § 310 Abs. 1 BGB) auch zugunsten von Bürgen zur Anwendung gelangt, die nicht Verbraucher, sondern Unternehmer sind. Demgegenüber beschränkt sich das AGB-Recht zahlreicher anderer Staaten – ebenso wie die Mindestvorgaben der Richtlinie über missbräuchliche Klauseln – auf den Schutz von Verbrauchern.[25]

Keine Besonderheit des deutschen Rechts, vielmehr weit verbreitet ist hingegen die Tatsache, dass sich die Rechtsfolgen unangemessener Vertragsbedingungen grundsätzlich in der Unwirksamkeit der jeweiligen Klausel erschöpfen

---

22 BGHZ 181, 278 Rn. 13 ff., 25 ff.; s. ferner BGHZ 179, 374 Rn. 14, wo offengelassen wird, ob der Ausschluss einzelner Einreden wirksam ist; zu weit. Nachw. s. MünchKomm-BGB/*Habersack* (Fn. 2), § 768 Rn. 3; Staudinger/*Horn* (Fn. 12), § 768 Rn. 31.
23 BGHZ 153, 293, 298 ff. = JZ 2003, 845 mit Anm. *Habersack/Schürnbrand*; BGHZ 156, 302, 310; näher MünchKommBGB/*Habersack* (Fn. 2), § 770 Rn. 3; Staudinger/*Horn* (Fn. 12), § 770 Rn. 16 f.
24 Dazu sogleich unter 2.
25 Überblick zur Richtlinie sowie zu den AGB-Rechten der EU-Mitgliedstaaten bei *Ulmer/Habersack*, in: Ulmer/Brandner/Hensen, AGB-Recht, 11. Aufl., 2011, Einl. Rn. 87 ff., 105 ff.

und der Vertrag im Übrigen fortbesteht. Auch die unangemessene Abbedingung bürgschaftsrechtlicher Schutzvorschriften hat also nicht die Unwirksamkeit des Bürgschaftsvertrags zur Folge. Das gilt auch für Globalzweckerklärungen; sie lassen die Haftung des Bürgen für den „Anlasskredit" unberührt.[26]

2. Widerrufsrechte

Für einen spezifischen Schutz des bürgenden Verbrauchers sorgt das Widerrufsrecht aus § 312 BGB, wenn und soweit die Bürgschaft auf Vertragsverhandlungen außerhalb von Geschäftsräumen – und damit auf eine sogenannte „Haustürsituation" – zurückgeht. Dieses Widerrufsrecht ist vor dem Hintergrund zu sehen, dass die EU-Richtlinie betreffend den Verbraucherschutz in Fällen von außerhalb von Geschäftsräumen geschlossenen Verträgen[27] nach der Rechtsprechung des EuGH auf Bürgschaftsverträge Anwendung findet, wenn es sich bei dem Bürgen um einen Verbraucher handelt und sich auch die gesicherte Forderung gegen einen Verbraucher richtet.[28] Der XI. Zivilsenat ist über diese Mindestvorgaben hinausgegangen und hat sich für das Eingreifen des § 312 BGB unabhängig von der Verbrauchereigenschaft des Hauptschuldners oder einer auf die Hauptschuld bezogenen Haustürsituation ausgesprochen.[29] Dem ist zu folgen: Schutzwürdigkeit und Schutzbedürftigkeit des Bürgen sind unabhängig von der Art und dem Zustandekommen der verbürgten Forderung, so dass es für das Recht zum Widerruf allein darauf ankommen kann, dass in der Person des Bürgen die situativen Voraussetzungen des § 312 Abs. 1 BGB gegeben sind. Nach zutr. Ansicht ist deshalb jede Verbrauchereigenschaft in den sachlichen Anwendungsbereich des § 312 BGB einzubeziehen.[30]

Hingegen finden die Vorschriften der §§ 312b ff. BGB über Fernabsatzverträge nach herrschender Meinung keine Anwendung auf Bürgschaftsverträge, die ein Verbraucher mit einem Unternehmer schließt.[31] Entsprechendes gilt für

---

26 BGHZ 130, 19, 33 f.; näher MünchKommBGB/*Habersack* (Fn. 2), § 765 Rn. 76.
27 Richtlinie 85/577/EWG vom 20. 12. 1985, ABl. EG Nr. L 372/11.
28 EuGH NJW 1998, 1295; dazu *Auer* ZBB 1999, 161, 163; *Canaris* AcP 200 (2000), 273, 352 ff.; *Habersack* DStR 1998, 946; *Lorenz* NJW 1998, 2937.
29 BGHZ 165, 363, 367 ff.; BGHZ 171, 180 Rn. 36.
30 S. neben den Nachw. in Fn. 26 f. noch MünchKommBGB/*Habersack* (Fn. 2), Vor § 765 Rn. 9 mit umf. Nachw.
31 OLG Dresden OLGR 2009, 521; *Wendehorst*, in: Münchener Kommentar zum BGB, 6. Aufl., 2012, § 312b Rn. 40 mit weit. Nachw.

die Vorschriften der §§ 491 ff. BGB über Verbraucherdarlehensverträge.[32] Das deutsche Recht unterscheidet sich insoweit von dem französischen Recht, das die Vorschriften über den Verbraucherkredit auch auf Bürgschaftsverträge zur Anwendung bringt. Allerdings war schon darauf hinzuweisen,[33] dass gute Gründe dafür sprechen, jedenfalls die Angaben, die nach § 492 BGB, Art. 247 §§ 6 ff. EGBGB in dem Darlehensvertrag enthalten sein müssen, in die Bürgschaftsurkunde insoweit aufzunehmen, als sie dem Bürgen das Ausmaß der von ihm übernommenen Verpflichtung verdeutlichen. Auch dürfte es sich de lege ferenda empfehlen, dem Bürgen, sofern er Verbraucher ist, das Widerrufsrecht aus § 495 BGB zuzubilligen und ihn damit nicht schlechter zu stellen als den Hauptschuldner, der einen Verbraucherkredit in Anspruch nimmt.

3. Die Folge: Zweiteilung des Bürgschaftsrechts

a) In der Summe sorgen AGB- und Verbraucherschutz für eine Zweiteilung des Bürgschaftsrechts: Der Bürgschaftsübernahme *durch* professionelle Kreditgeber und die Bürgschaftsübernahme *ohne* Beteiligung professioneller Kreditgeber, die jeweils durch eine weitgehende Gestaltungsfreiheit und durch den Verzicht auf Widerrufsrechte geprägt sind, steht die Bürgschaftsübernahme *gegenüber* professionellen Kreditgebern gegenüber; für diese verbleibt nur wenig Spielraum zur Abbedingung dispositiven Rechts, sie ist zudem jedenfalls dann widerruflich, wenn der Bürgschaftsübernahme eine Haustürsituation zugrunde liegt. Allerdings gilt auch für die Bürgschaft eines Verbrauchers, dass sie grundsätzlich auch dann wirksam ist, wenn es sich bei dem Hauptschuldner um einen Unternehmer handelt. Im deutschen Recht begegnen solche Bürgschaften vor allem in Fällen, in denen der Bürge dem Hauptschuldner als Gesellschafter oder als Geschäftsführer verbunden ist. Insbesondere eine GmbH erhält im Allgemeinen keinen Bankkredit, wenn nicht ihr Geschäftsführer und/ oder ihre Gesellschafter die persönliche Mithaftung übernehmen. Aber auch jenseits solcher Fallgestaltungen wird für das deutsche Recht ein Verbot von Bürgschaften von Verbrauchern für Verbindlichkeiten eines Unternehmers derzeit, soweit ersichtlich, nicht erwogen. Soweit die Reformdiskussion für das japanische Recht ein entsprechendes Verbot in Erwägung zieht, ginge dies

---

32 BGHZ 138, 321; OLG Düsseldorf WM 2009, 847; MünchKommBGB/*Habersack* (Fn. 2), Vor § 765 Rn. 8 mit umf. Nachw.
33 Unter II. 3.

meines Erachtens zu weit. Für den Schutz des geschäftsfähigen Bürgen sollte nicht durch ein absolutes Verbot der Bürgschaft eines Verbrauchers für Verbindlichkeiten eines Unternehmers, sondern durch die in diesem Beitrag skizzierten spezifischen Schutzinstrumente gesorgt werden.

b) Das vorstehend angedeutete Phänomen einer Zweiteilung des Bürgschaftsrechts zeigt sich auch im Zusammenhang mit der Bürgschaft auf erstes Anfordern. Individualvertraglich kann eine solche Bürgschaft durch jedermann übernommen werden, wenn nur das erweiterte Risiko klar und unmissverständlich zum Ausdruck kommt.[34] Die Übernahme einer Bürgschaft auf erstes Anfordern durch AGB ist dagegen, wenn nicht der Bürge selbst Verwender ist, grundsätzlich überraschend (§ 305c Abs. 1 BGB) und unangemessen (§ 307 Abs. 1 BGB);[35] anders verhält es sich nur, wenn es sich bei dem Bürgen um ein Unternehmen handelt, dessen Geschäftsbetrieb die Abgabe solcher Erklärungen typischerweise mit sich bringt.[36]

IV. Zusammenfassende Würdigung

1. Zur Grundausstattung eines Bürgenschutzprogramms gehören die Formbedürftigkeit des Bürgschaftsversprechens und der Grundsatz der Akzessorietät. Letzterer soll insbesondere sicherstellen, dass die Haftung des Bürgen nicht über die Haftung des Hauptschuldners hinausgeht und der Bürge deshalb bei Erlöschen der Hauptschuld befreit wird und sich auf Gegenrechte des Hauptschuldners berufen kann. Das Formerfordernis hingegen soll für Übereilungsschutz sorgen.

2. Modernes Bürgschaftsrecht begnügt sich indes nicht mit prozeduralen und formalen Schutzmechanismen.

a) Verbreitet und mit Blick auf die Funktionsvoraussetzungen der Vertragsfreiheit unerlässlich ist zunächst eine AGB-rechtliche Inhaltskontrolle, die allerdings grundsätzlich nur an der einzelnen Klausel ansetzt und bei deren

---

34 Str., s. BGH NJW 1992, 1446, 1447; BGH NJW 1998, 2380, 2381; BGH ZIP 2001, 1089, 1090 f.
35 BGH NJW 2002, 3627.
36 BGH NJW 2001, 1857, 1858.

Unwirksamkeit die Wirksamkeit des Restvertrags unberührt lässt. Von besonderer Bedeutung ist diese Kontrolle im Zusammenhang mit Globalbürgschaften. Hinzu kommen gegebenenfalls Widerrufsrechte. Nach derzeitigem Stand des deutschen Rechts existiert ein solches Widerrufsrecht allerdings nur hinsichtlich solcher Bürgschaftsverträge, die in einer Haustürsituation angebahnt worden sind; de lege ferenda sollte man – in Anlehnung an das französische Recht – ein Widerrufsrecht jedenfalls dann einführen, wenn sich ein Verbraucher für einen Verbraucherkredit verbürgt.

b) Was die Transparenz der Bürgschaftskonditionen und des vom Bürgen übernommenen Risikos anbelangt, so sprechen gute Gründe dafür, für Verbraucherbürgschaften das allgemeine Schriftformerfordernis des § 766 S. 1 BGB um das Erfordernis qualifizierter Angaben zur Hauptschuld anzureichern. Zudem sollte für die Bürgschaft eines Verbrauchers ein qualifiziertes Schriftformerfordernis nach Art desjenigen in Art. L341-2 des französischen Verbraucherschutzgesetzbuchs eingeführt werden.

c) Die Leistungsfähigkeit des Bürgen schließlich ist zunächst ein Thema des Zwangsvollstreckungs- und Insolvenzrechts im Allgemeinen und der Restschuldbefreiung im Besonderen. Soweit das deutsche Recht einen speziellen Schutz von Angehörigen des Hauptschuldners vor der Übernahme ruinöser Bürgschaften kennt, vermag dies konzeptionell nicht zu überzeugen. Als vorzugswürdig erscheint es vielmehr, primär auf die den Vertragsschluss begleitenden Umstände abzustellen und zu fragen, ob der Gläubiger entweder selbst auf die Entscheidungsfreiheit des Bürgen eingewirkt hat oder ihm ein entsprechendes Verhalten des Hauptschuldners bekannt war und ihm deshalb entsprechend dem Rechtsgedanken des § 123 Abs. 2 S. 1 BGB zugerechnet werden kann. Hingegen sollte die Wirksamkeit des Bürgschaftsvertrags nicht davon abhängig gemacht werden, dass der Bürge – mag er ein Angehöriger des Hauptschuldners sein oder nicht – über hinreichende Leistungsfähigkeit verfügt.

継続的契約の終了

高　田　　　淳

　法制審議会民法（債権関係）部会「民法（債権関係）の改正に関する中間試案」[1]（以下，「中間試案」と表記する）は，いわゆる継続的契約について，約定の存続期間が満了する際の契約終了に，一定の制限を設けることを提案している（中間試案第34・1）．本稿は，この提案を「当該提案」と呼び，その妥当性を検証する．

I　当該提案の内容

1．現行法の概観

　日本の現行法には，期間の定めのある継続的契約の全てについて，期間満了によって契約が終了することに一定の制限を設けるような，包括的・一般的な制度はない．期間満了による契約終了を制限する制度は，賃貸借契約（借地借家法5条以下および26条以下）や労働契約（労働契約法18条以下）などに関して，個別に規定されている．

2．当該提案の内容

　当該提案の内容はつぎのとおりである．すなわち，期間の定めのある継続的契約について，期間が満了すれば契約は終了することが原則である．しかし，当該契約の趣旨，契約で定められた期間の長短その他の事情に照らし，「当該

---

[1]　http://www.moj.go.jp/content/000108853.pdf 中間試案は，法制審議会民法（債権関係）部会第71回会議（平成25年2月26日開催）において決定された．

契約を存続させることにつき正当な事由がある」と認められるときには，法律上，更新があったものと扱われる，というものである．

当該提案によれば，「正当な事由」があるときは，契約期間満了時に，その期間の定めに反して，強制的に契約が更新されることになる．したがって，当該提案は，契約自由の原則を，部分的にではあるが制限している．

なお，中間試案は，期間の定めのない継続的契約についても，同様の仕組みとして，契約終了への制限を定めている（中間試案第34・2）が，本稿は，これについては論じない．

3．当該提案の射程

1) 継続的契約の定義

一般に，継続的契約とは，「一定の期間にわたり契約関係の存在が前提にされている契約」であるとされている[2]．その例は，賃貸借契約，雇用契約・労働契約，継続的な物品供給契約，フランチャイズ契約等である[3]．

当該提案は，継続的契約のうち，契約終了について特別の法律規定のないものを適用対象として想定している[4]．したがって，当該提案の主な想定適用対象は，継続的な物品供給契約，特約店契約，フランチャイズ契約などであると考えられる．

2) 期間満了による終了

中間試案では，契約期間存続中の即時の解約告知（解除）に関する規定ではなく，期間満了による契約終了に関する規定を設けることが提案されている[5]．この提案は，2002年の債務法改正において，継続的契約における即時の

---

[2] 加藤新太郎編『判例CHECK 継続的契約の解除・解消』（2001年）2頁．
[3] 法務省民事局参事官室『民法（債権関係）の改正に関する中間試案の補足説明』（2013年4月，http://www.moj.go.jp/content/000109950.pdf）（以下，『補足説明』として引用）392頁．
[4] 『補足説明』393頁．
[5] なお，中間試案は，期間の定めのない継続的契約の終了についても，規定を提案している（中間試案第34・2）．

解約告知に関する一般規定を創設したが（BGB 314 条），期間満了による契約終了については，同改正前と同様に一般的制度を定めていないドイツ民法と対照的である．

4．論　　点

このような内容の規律を想定する当該提案については，それが契約自由の原則に重大な制限を創設しようとするものであることに鑑みれば，これがどのように根拠づけられるのか，十分な検討がされなければならないであろう．

ところが，『民法（債権関係）の改正に関する中間試案の補足説明』（以下，『補足説明』と表記）では，その根拠づけとして，更新拒絶に一定の制限を設けることが，裁判例・学説上「一般的な理解」であることしかあげられていないようである[6]．

そこで本稿は，当該提案が，はたして裁判例における「一般的な理解」に基づくものであるといえるかという一点に絞り，検討を行う．

II　当該提案は，裁判例における「一般的理解」といえるか

1．中間試案の立場

中間試案は，提案内容は，裁判例における「一般的な理解」を「明文化」するもの，と説明する．中間試案は，下記①更新拒絶制限説が「一般的理解」であるとの認識をとるもののようである[7]．

2．裁判例の現況

継続的契約の期間満了による終了時に更新拒絶を制限するべきか否かという問題について，解釈を明らかにした最高裁の判決は，まだ出ていない[8]．これ

---

6)　『補足説明』392 頁.
7)　『補足説明』392 頁.

に対し，この問題に関する下級審裁判例は，かなり多くのものを見つけることができる．期間の満了による契約終了に制限を加えるべきか否かを基準にして分類すると，下級審裁判例は，つぎの二つの立場に分けることができる．

1) ①　更新拒絶制限説

下級審裁判例の中には，期間満了による契約終了に，一定の制限を加えるべきであるとの解釈をとるものがある．代表的な判決として，つぎのものを挙げることができる．

名古屋地判平成2・8・31判例時報1377号94頁（「ほっかほっか亭」をめぐる判断）

この判決の事案では，弁当店を運営するためのフランチャイズチェーンをめぐるものであり，当該フランチャイズ契約には，特別の申出がない限り契約は自動的に更新されるとの契約条項があった．

裁判所は，「契約を終了させるには，当事者双方の公平の見地から判断してこれを継続し難いやむをえざる事由が必要であると解すべき」であるとした．

このように解する根拠として，加盟店（フランチャイジー）は，研修用の店舗を設置するなど多大な宣伝費用を支出していたこと，本部（フランチャイザー）は，加盟店に営業計画と達成状況を提出させ営業努力を求めるなど，加盟店の業務遂行に深く関わっていたこと，ほかの加盟店との契約が期間満了で終了した例はないこと，などが挙げられた．

---

8)　もっとも，フランチャイザーが行った更新拒絶の効力をフランチャイジーが争ったケースにおいて，「本件更新拒絶の意思表示は，公平の観念に照らして，信義則上許されないものというべきである．」とした福岡高裁宮崎支部判平成8・11・27 TKC法律情報データベース文献番号28061026について，最高裁は，「原審の認定判断は，原判決挙示の証拠関係に照らし，正当として是認することができ」るとして，これを維持する判断を行っている（最判平成12・4・25 TKC法律情報データベース文献番号28061039）．

同様の判断をするものとしては，つぎの裁判例を数えることができる．

札幌高決昭和62・9・30判例時報1258号76頁

鹿児島地判平成4・8・28 TKC法律情報データベース文献番号28061024（「ほっかほっか亭」をめぐる判断）

大阪高判平成8・10・25判例時報1595号70頁

東京地判平成17・12・20 Westlaw 2005WLJPCA12208001

東京高決平成20・9・17判例時報2049号21頁　（「ほっかほっか亭」をめぐる判断）

東京地判平成22・5・11判例タイムズ1331号159頁　（「ほっかほっか亭」をめぐる判断）

東京地判平成23・3・15

福岡地判平成23・3・15

札幌高判平成23・7・29判例時報2133号13頁

東京地判平成24・1・30判例時報2149号74頁　（「ほっかほっか亭」をめぐる判断）

東京高判平成25・6・27　Westlaw2013WLJPCA06276001 ＝ TKC法律情報データベース文献番号25501382　（「ほっかほっか亭」をめぐる判断）

2）　②　更新拒絶非制限説

これに対して，期間満了による契約終了に，制限を加えるべきではないとの解釈をとるものもある．代表的な判決として，つぎのものを挙げることができる．

名古屋地判平成1・10・31判例時報1377号90頁（「ほっかほっか亭」をめぐる判断）

「本件契約のように，有効期間が予め定められているフランチャイズ契約においては，……期間の満了とともに終了するものと解するのが相当である．」

「本来私人間の契約の内容は，公序良俗に反しない限り，自由に定められるべきものであり，期間に関する定めもその例外ではない」「フランチャイズ契約についてのみ，なんら法律の定めがないのに，……更新拒絶という契約の終了事由について制限をすることはできない」．

同様の判断をするものとしては，つぎの裁判例がある．
東京高判平成 4・10・20 判例タイムズ 811 号 149 頁
福岡高判宮崎支部判平成 8・11・27 TKC 法律情報データベース文献番号 28061026 （「ほっかほっか亭」をめぐる判断）
東京地判平成 20・5・28Westlaw 2008WLJPCA05288001
東京地判平成 21・9・17Westlaw 2009WLJPCA09178005
東京地判平成 24・10・5Westlaw 2012WLJPCA10058009
東京地判平成 25・1・21Westlaw 2013WLJPCA01218001 = TKC 法律情報データベース文献番号 25510464

3．検　　討

以上の具体的諸判決を前提として，判例に，「一般的理解」が存するといえるだろうか．

第 1 に，上記の具体的諸判決の状況への評価として，更新拒絶に制限を加えるべきかについては，裁判例の見解は分かれており，統一的判例法理はないとの評価がある[9]．

第 2 に，①更新拒絶制限説に属する判決のうち，6 件が，特定の同じフランチャイズチェーン，すなわち「ほっかほっか亭」という弁当店のフランチャイズチェーンを対象としている．この「ほっかほっか亭」は，極めて特殊な要素を抱えている[10]ので，「ほっかほっか亭」に関する判決を一般化するのは適当

---

9) 加藤新太郎編・前掲書 21 頁，コンビニエンス・フランチャイズ・システムをめぐる法律問題に関する研究会「コンビニエンス・フランチャイズ・システムをめぐる法律問題に関する研究会報告書（5・完）」NBL 952 号（2011 年）57 頁．
10) 長谷川貞之・東京地判平成 24・1・30 判批・私法判例リマークス 47 号（2013

でないと考えられる．

　以上から，裁判例において①更新拒絶制限説をもって一般的理解と認めうる状況にあるとはいえないと考えられる．

III　当該提案内容は，更新拒絶を制限する要件を適切に定立しているか

　このように，下級審の裁判例において，①更新拒絶制限説が一般的理解であるとの評価には疑問がある．しかし，①更新拒絶制限説が多くの裁判例で採用されているのは事実である．当該提案は，①更新拒絶制限説を採用しようとするものであろう．

　しかしながら，当該提案が①更新拒絶制限説を忠実に反映するものであるか，という点にも疑問がある．

　第1に，当該提案は，原則として期間満了によって契約は終了することを前提としつつ，契約存続をさせる「正当な事由」がないときに限り，例外的に更新拒絶の効力を否定する．これに反し，下級審の①更新拒絶制限説は，契約を終了させるべきやむを得ない事由の証明がない限り，原則として契約を存続させる（更新拒絶の効力を否定する）解釈である．両者の定式は，原則・例外の関係が逆である．

　第2に，当該提案と①更新拒絶制限説とでは，契約を終了させるか否かを判断する際の，判断要素が大きく異なる．①更新拒絶制限説におけるやむを得ない事由として想定されているのは，債務不履行か，それに準ずる事由（例えば，当事者（フランチャイジーなど）に帰責事由はないが，その当事者の販売業績が不振であること．）である[11]．これに対して，当該提案では，契約存続を相当と判断さ

　　年）29頁．拙稿「フランチャイズ契約における即時解約権」法学新報112巻9＝10号（2006年）163頁以下参照．
11)　コンビニエンス・フランチャイズ・システムをめぐる法律問題に関する研究会・前掲報告書58頁参照．

せるあらゆる事情が考慮される．そこには，当該提案自体が指摘する当該契約の趣旨，契約期間の長短が含まれる．これに加え，①更新拒絶制限説におけるやむを得ない事由も，これがないことが，当該提案における「正当な事由」を基礎づける考慮要素の一つとなろう．さらには，信義則違反や権利濫用にあたる事実や，契約終了が独占禁止法違反などの違法行為の一環として行われているという事実も含まれよう．当該提案は，このような種々の考慮要素を包括的に衡量して更新拒絶の可否を決するべきとするものであると考えられ，そうすると，機能的には，当該提案は一般条項に近づくと思われる．これに対して，下級審における①更新拒絶制限説は，このような種々の考慮要素を包括的・総合的に判断することをもって，契約の存続を決するべきとする解釈ではないと考えられる．そうであれば，当該提案は，契約終了をめぐる制度として，①更新拒絶制限説とは無縁の，全く独自の判断基準を提案するものであるように思われる．

IV 結　　論

　日本比較法研究所・独日法律家協会合同シンポジウム「債権法改正に関する比較法的検討―日独法の視点から」において，ヴェラー教授が報告された[12]とおり，ドイツ法には，契約上の期間の定めの効力を直接に否定する一般的制度は存しない．ドイツ法は，継続的契約の終了のときに当事者が不利益を被る場合，契約の種類を問わずに一律に更新拒絶を制限するのでなく，不利益を受ける当事者に個別の保護を与えることで，妥当な問題解決を図る方向を示しているとみることができる．

　これに加え，本稿で検討してきたように『補足説明』は，当該提案が裁判例における「一般的理解」を反映するものであると主張しているが，この主張には疑問がある．

---

12) 2014 年 2 月 22 日．

以上から，私見は，日本法においても，継続的契約について一般的・包括的な更新拒絶制限制度を導入することは適当でないと考える．継続的契約の終了によって不当な不利益を被る当事者が生じるとしたら，契約の存続を強制する一般的制度によってそれに対処するのではなく，その当事者に個別の救済を与えるべく，解釈論および立法論を検討していくべきであると考える．

Das Kontinuitätsinteresse bei der Kündigung von Dauerschuldverträgen: Generalklausel in Japan versus Kündigungsschranken in Deutschland

Marc-Philippe WELLER*

I. Einführung

Rom 2013: Der Direktionsrat von UNIDROIT beschließt, sich künftig mit *long term contracts* befassen zu wollen.[1] Ergänzend zu den Unidroit-Principles of International Commercial Contracts[2] soll ein international-einheitsrechtliches Regelwerk geschaffen werden, das den Besonderheiten von Dauerschuldverhältnissen Rechnung trägt.[3] Konzipiert werden sollen etwa Regelungen, die sich mit dem typischerweise gestreckten Vertragsabschluss bei komplexen Verträgen und dem Abbruch von Vertragsverhandlungen beschäftigen.[4] Darüber hinaus soll über Regeln nachgedacht werden, welche die gesteigerten Kooperationspflichten und den entwicklungsoffenen Charakter von Dauerschuldverträgen und die damit gegebenenfalls einhergehende Anpassungsnotwendigkeit

---

* unter Mitwirkung von *Marietta PIETREK* und *Franziska GRETHE*, Universität Freiburg
1 UNIDROIT 2013, C. D. (92) 4 (b), abrufbar unter http://www.unidroit.org (zuletzt abgerufen am 25. 11. 2013).
2 3. Aufl. 2010.
3 Bislang sahen die Unidroit-Principles (3. Aufl. 2010) nur vereinzelte auf Dauerschuldverhältnisse bezogene Regelungen vor, vgl. Art. 5. 1. 8 (contract for an indefinite period): A contract for an indefinite period may be ended by either party by giving notice a reasonable time in advance. Art. 7. 3. 7 (Restitution with respect to contracts to be performed over a period of time): (1) On termination of a contract to be performed over a period of time restitution can only be claimed for the period after termination has taken effect, provided the contract is divisible. Vgl. auch die Ausführungen im Memorandum von UNIDROIT 2013, C. D. (92) 4 (b), Tz. 3 ff.
4 UNIDROIT 2013, C. D. (92) 4 (b), Tz. 5 ff.

thematisieren.[5] Schließlich sollen Bestimmungen zur Art und Weise der Beendigung von Dauerschuldverträgen entworfen werden.[6] Die Dogmatik der Dauerschuldverträge ist mithin 100 Jahre nach *Otto v. Gierkes* bahnbrechendem Aufsatz zu den „Dauernden Schuldverhältnissen"[7] auch auf der internationalen Bühne prominent angekommen.

Das 20. Jahrhundert stand dagegen noch ganz im Zeichen des Kaufvertrages, dem klassischen Kern des Schuldrechts. Den Anfang machte *Ernst Rabels* berühmtes rechtsvergleichendes Werk „Das Recht des Warenkaufs" (1936)[8]. Daran anknüpfend entstand auf internationaler Ebene zunächst das Haager Kaufrechtsübereinkommen (1955) und sodann das weltweit sehr erfolgreiche Wiener UN-Kaufrecht/CISG (1980). In Europa folgte im Jahr 1999 noch die EU-Verbrauchsgüterkaufrichtlinie, die in Deutschland den entscheidenden Impuls zur Reform des Schuldrechts 2001 setzte.

Während das rechtswissenschaftliche Interesse im 20. Jahrhundert vornehmlich auf der Dogmatik des Kaufvertrages lag, liegt der Fokus heute auf anderen Vertragstypen. Hierzu gehören auch die Dauerschuldverträge. Mit dem technischen Fortschritt und der Globalisierung hat insbesondere die Bedeutung von Vertriebsverträgen und Investitionsverträgen zugenommen.[9] Zu letzteren zählen Verträge über die Errichtung und den Betrieb industrieller Großanalgen, über die Entwicklung und Fertigung neuer Produkte, die Erforschung medizinischer oder pharmazeutischer Medikamente oder die Erkundung und Ausbeutung von Rohstoffen. Vielfach weisen solche Verträge Bezüge zum Gesellschaftsrecht (Joint Ventures), zum Recht des geistigen Eigentums (Lizenzverträge) oder zum Völkerrecht (Investor-Staat-Verträge) auf.[10]

Im Folgenden werden diese spezialrechtlichen Ausprägungen von *long term contracts* ausgeklammert; auch geht es nicht um einen international-einheitsrechtlichen, sondern um einen rechtsvergleichenden Fokus auf das japanische und das deutsche Recht der Dauerschuldverträge.[11]

---

5   UNIDROIT 2013, C. D. (92) 4 (b), Tz. 9 ff.
6   UNIDROIT 2013, C. D. (92) 4 (b), Tz. 13.
7   *Gierke*, Dauernde Schuldverhältnisse, in: JherJb. Bd. 64, 1914, S. 355, 357 ff.
8   *Rabel*, Das Recht des Warenkaufs – Eine rechtsvergleichende Darstellung, Band 1 (1936) und Band 2 (1957).
9   UNIDROIT 2013, C. D. (92) 4 (b), Tz. 1.
10 UNIDROIT 2013, C. D. (92) 4 (b), Tz. 1, 15 („State contracts").
11 Zum vergleichenden Arbeitsrecht bereits *Meinhardt*, Die Änderung von Arbeitsbedingun-

II. Die Reform des Rechts der Dauerschuldverträge in Japan

Das japanische Schuldrecht[12] hat eine lange eigene Tradition, die teilweise aber auch vom deutschen Recht inspiriert ist. Zehn Jahre nach dem deutschen Schuldrechtsmodernisierungsgesetz[13] plant man in Japan ebenfalls eine Schuldrechtsreform.[14] Bislang finden sich im japanischen ZGB[15] nur Bestimmungen zu spezifischen Dauerschuldvertragstypen, namentlich zum Mietvertrag (Art. 601 ff. japan. ZGB) und zum Dienstvertrag (Art. 623 ff. japan. ZGB).

1. Nicht adressierte Regelungsbereiche

Nunmehr sollen gemäß Art. 34 des Reformvorschlags[16] auch einige allgemeine

---

gen in Deutschland und Japan - ein Vergleich, ZVglRWiss 104 (2005), S. 257–283; *Hashimoto*, Der Begriff der arbeitnehmerähnlichen Person unter besonderer Berücksichtigung der Rechtsstellung des Handelsvertreters und des Franchisenehmers - zugleich mit einem Seitenblick auf die Rechtslage in Japan, 2004.

12 Vgl. hierzu z. B. *Igarashi*, Einführung in das japanische Recht, 1990.
13 Gesetz vom 26. 11. 2001, BGBl. I, S. 3138; hierzu Artz/Lorenz/Gsell (Hrsg.), Zehn Jahre Schuldrechtsmodernisierung, 2013 (im Erscheinen).
14 *Handa*, Die Reformarbeiten am japanischen Zivilgesetz, in: Baum/Bälz/Riesenhuber (Hrsg.), Rechtstransfer in Japan und Deutschland (Zeitschrift für Japanisches Recht, Sonderheft 7), 2013, S. 233.
15 Act No. 89 v. 27. 4. 1896; eine englische Übersetzung ist abrufbar unter www.japaneselawtranslation.go.jp (zuletzt abgerufen am 6. 11. 2013); vgl. ferner *Kaiser*, Das japanische Zivilgesetzbuch in deutscher Sprache, 2008.
16 Article 34. Ongoing contract
    1. Termination of a term contract
    (1) A contract with a fixed term shall terminate upon the expiration of such term.
    (2) Notwithstanding the provision in (1) above, if either party of a contract proposes an *extension of the contract*, and if the continuation of such contract is deemed justifiable considering the purport of the contract, the length of the term specified in the contract, past extension(s) of the term, the progress of the contract and other circumstances, such contract shall be regarded to be extended with the same terms and conditions of the current contract; no specific rule should be set for the length of such extension.
    2. Termination of a contract without a fixed term
    (1) If either party of a contract without a fixed term proposes to the other party termination of the contract, such contract shall *terminate upon the lapse of a reasonable time* from the date of termination proposal. If such proposal of termination specifies a reasonable *notice period*, the contract shall terminate upon termination of such notice period.
    (2) Notwithstanding the provision in (1) above, if either party of a contract proposes termination of the contract, and there is a justifiable reason to continue such contract conside-

Regeln zu Dauerschuldverträgen kodifiziert werden. Diese betreffen allerdings im „Lebenszyklus" von Dauerschuldverhältnissen lediglich deren „Ende", also namentlich die Kündigung. Insofern ist der japanische Entwurf mit dem deutschen Schuldrechtsmodernisierungsgesetz vergleichbar, das mit § 314 BGB ebenfalls nur die Kündigung von Dauerschuldverträgen adressierte.

Demgegenüber finden sich weder im japanischen Entwurf noch im deutschen Recht Bestimmungen, welche die anderen von UNIDROIT als dauerschuldspezifisch identifizierten Regelungsbereiche betreffen. Nicht adressiert werden zunächst die Vertragsanbahnungsphase und der Abbruch von Vertragsverhandlungen. Auch die Kooperationspflichten und die Anpassung bei geänderten Umständen werden nicht dauerschuldspezifisch behandelt. Dies mag man bedauern; andererseits erweist sich die allgemeine Schuldrechtsdogmatik jedenfalls in Deutschland – und vermutlich auch in Japan - als so elastisch, dass diesen Besonderheiten im Rahmen der generellen Bestimmungen Rechnung getragen werden kann.

2. Artikel 34 des japanischen Reformvorschlages

Im japanischen Gesetzentwurf neu vorgesehen ist die klarstellende Bestimmung, dass ein befristeter Dauerschuldvertrag mit Ablauf der vereinbarten Befristung endet (Art. 34 Nr. 1 Abs. 1 Entwurf). Ferner soll geregelt werden, dass ein unbefristeter Dauerschuldvertrag durch Kündigung storniert werden kann; der Vertrag endet dann nach Ablauf eines angemessenen Zeitraums (Art. 34 Nr. 2 Abs. 1 S. 1 Entwurf). Die kündigende Partei hat aber die Möglichkeit, den genannten Zeitraum durch Setzung einer angemessenen Kündigungsfrist zu konkretisieren (S. 2). Schließlich wird bestimmt, dass Dauerschuldverträge mit Wirkung *ex nunc* enden (Art. 34 Nr. 3 Entwurf).[17] Diese Regelungsvorschläge entsprechen alle auch der deutschen Dauerschulddogmatik. Der japanische Gesetzentwurf sieht indes anders als die deutsche Schuldrechtsreform (§

---

ring the purport of the contract, the length of the period from the conclusion of the contract to the proposal of termination, provision of a notice period and other circumstances, such contract *shall not be terminated* by such proposal of termination.

3. Effect of termination

If a contract is terminated in accordance with paragraph 1. (1) or 2. (1) above, such termination shall have effect only on the future.

17 Dies regeln die Art. 620, 630 japan. ZGB bislang schon für den Mietvertrag und den Dienstvertrag.

314 BGB) keine allgemeine Bestimmung zur außerordentlichen Kündigung aus wichtigem Grund vor.

Aus deutscher Sicht besonders interessant sind die Generalklauseln des Reformentwurfs, welche die *Verlängerung* befristeter oder gekündigter Dauerschuldverträge auf Verlangen einer der Parteien betreffen. Der Fokus liegt bei diesen Regelungsvorschlägen auf dem Fortsetzungs- bzw. Kontinuitätsinteresse einer Partei. Das Kontinuitätsinteresse drückt den Wunsch einer Vertragspartei aus, die bisherige vertragliche Regelung beizubehalten.[18] Gerade Dauerschuldverhältnisse können bei den Parteien Kontinuitätserwartungen erzeugen, die sich auf den zukünftigen Fortbestand der Vertragsbeziehung richten.[19]

Nach dem japanischen Reformvorschlag soll das Fortsetzungsinteresse bei befristeten Verträgen über einen Verlängerungsanspruch (Art. 34 Nr. 1 Abs. 2 Entwurf) und bei gekündigten Verträgen mittels einer Einrede gegen die Kündigungserklärung (Art. 34 Nr. 2 Abs. 2 Entwurf) realisiert werden. Beiden Konstellationen liegt ein via Generalklausel implementiertes Abwägungsmodell zugrunde. Abzuwägen sind das Liberationsinteresse auf der einen und das Fortsetzungsinteresse auf der anderen Seite. In die Abwägung einzustellen sind insbesondere folgende, in Art. 34 beispielhaft enumerierte Kriterien: Der Zweck des Vertrages, seine bisherige Laufzeit, frühere Vertragsverlängerungen, der Stand der Vertragsdurchführung, sowie die Länge der Kündigungsfrist. Kann die fortsetzungswillige Vertragspartei hiernach ein berechtigtes Interesse für die Weitergeltung des Dauerschuldvertrages darlegen, so soll der Vertrag ungeachtet der Befristung bzw. Kündigung weiterlaufen.

3. Vergleich mit dem deutschen Recht

Ein unmittelbares Pendant zu den im japanischen Reformentwurf enthaltenen Generalklauseln zur Fortsetzung von Dauerschuldverträgen gibt es im deutschen Recht nicht. Funktional vergleichbar sind im Bürgerlichen Recht jedoch die verschiedenen *Voraussetzungen* und *Schranken*, welchen die ordentliche und die außerordentliche Kündigung unterliegen.[20] Sie verwirklichen ebenfalls das Kontinuitätsinteresse einer Partei an der zukünftigen Fortsetzung des Dau-

---

18 Vgl. in Bezug auf die Anknüpfungskontinuität im IPR *Mansel*, Personalstatut, Staatsangehörigkeit und Effektivität, 1988, S. 72 ff.
19 *Oetker*, Dauerschuldverhältnisse, 1994, S. 273 f., 279 ff.
20 Vgl. auch *Oetker*, Dauerschuldverhältnisse, 1994, S. 279 ff.

erschuldverhältnisses. Sie stehen im Fokus der nachfolgenden Ausführungen.

Zunächst soll der Begriff der Dauerschuldverhältnisse umrissen werden (unter III.). Es wird sich erweisen, dass Dauerschuldverträge – im Unterschied zu punktuellen Austauschverträgen – nicht durch Naturalerfüllung erlöschen, sondern nur durch eine Kündigung beendet werden können. Die daraus abgeleitete Kündigungsfreiheit steht freilich in einem Spannungsverhältnis zur Vertragsbindung (unter IV.), weshalb die ordentliche und die außerordentliche Kündigung spezifischen Voraussetzungen unterliegen (unter V. und VI.). Darüber hinaus bildet der Grundsatz von Treu und Glauben eine allgemeine Kündigungsschranke (unter VII.). Eine generalklauselartige allgemeine Verlängerungsregel wie im japanischen Reformvorschlag existiert im deutschen Recht dagegen nicht. Nur bei stillschweigender Fortführung eines an sich beendeten Dauerschuldverhältnisses verlängert sich dieses (unter VIII.). Lediglich in seltenen Ausnahmefällen kann § 242 BGB als Grundlage für weitere Leistungsansprüche aus dem Dauerschuldverhältnis fungieren (unter IX.). Schließlich: Wenn ein Gesetzgeber dem Bestands- und Kontinuitätsinteresse einer Partei über Kündigungsvoraussetzungen und -schranken Rechnung trägt, muss er auch dafür Sorge tragen, dass diese Voraussetzungen und Schranken in der Gestaltungspraxis nicht durch die systematische Vereinbarung *befristeter* Verträge umgangen werden. Dementsprechend gibt es im deutschen Recht bei Miet- und Arbeitsverträgen Sonderbestimmungen, welche die Befristungsmöglichkeit einschränken (unter X.).

III. Der Begriff des Dauerschuldverhältnisses[21]

1. Historischer Rückblick

Dauerschuldverträge bilden heute eine eigenständige dogmatische Kategorie.[22] Das römische Recht kannte zwar Mietverträge (*locatio conductio*[23]), die heute als Paradigma der Dauerschuldverträge[24] gelten, hatte allerdings noch

---

21 Hierzu bereits *Weller*, JZ 2012, 881.
22 Vgl. insbesondere die Habilitationsschriften von *Oetker*, Das Dauerschuldverhältnis und seine Beendigung, 1994; *Paschke*, Das Dauerschuldverhältnis der Wohnraummiete, 1991.
23 Hierzu *Honsell*, Römisches Recht, 7. Aufl. (2010), § 49, S. 140 ff.
24 *Gierke*, Dauernde Schuldverhältnisse, in: JherJb. Bd. 64, 1914, S. 355, 394; *Oetker*, Das Dauerschuldverhältnis und seine Beendigung, 1994, S. 146 f.; *Paschke*, Das Dauerschuldverhältnis der Wohnraummiete, 1991.

keine dauerschuldspezifischen Strukturen und Regelungsmechanismen entwickelt.[25] Die terminologische Unterscheidung zwischen „vorübergehenden" und „dauernden" Leistungen geht auf *Friedrich Carl v. Savigny* zurück.[26] Der eigentliche Begriff des „Dauerschuldverhältnisses" wurde dann erstmals en passant von *Paul Oertmann*[27] in einer Kommentierung zum BGB im Jahr 1910 verwendet.[28] Vier Jahre später gelang *Otto v. Gierke* in seinem Beitrag über „Dauernde Schuldverhältnisse" eine wirkungsmächtige These; er arbeitete heraus, dass Dauerschuldverhältnisse abweichend von punktuellen Austauschverträgen besonderen Regelungsmechanismen unterliegen.[29] Sie seien, so *Gierke*, dadurch gekennzeichnet, dass die (Natural-)Erfüllung aller Leistungs- und Gegenleistungspflichten abweichend von § 362 BGB *nicht* zur Vertragsbeendigung führe.[30] Diese Erkenntnis hat sich durchgesetzt. Aus dem Dauerschuldverhältnis erwachsen fortlaufend neue Pflichten, so dass sich die Parteien durch vertragsgemäße Pflichterfüllung allein nicht vom Gesamtvertrag befreien können. Daher wurde für Dauerschuldverträge – im Gegensatz zu punktuellen Austauschverträgen – der Grundsatz der einseitigen Beendigungsfreiheit entwickelt. Die Liberation erfolgt durch einseitige Gestaltungserklärung in Form der Kündigung.[31]

2. Bestimmung des Leistungsumfangs nach der Kategorie „Zeit"

Angesichts der besonderen Rechtsfolgen von Dauerschuldverhältnissen[32] gilt

---

25 *Oetker*, Das Dauerschuldverhältnis und seine Beendigung, 1994, S. 48.
26 *Savigny*, Obligationenrecht, Bd. I, 1850, S. 302.
27 *Oertmann*, Recht der Schuldverhältnisse, 1910, § 325 BGB, Anm. 6c a. E. (S. 201), zum Vorrang der außerordentlichen Kündigung vor der pVV bei „Dauerschuldverhältnissen".
28 *Oetker*, Das Dauerschuldverhältnis und seine Beendigung, 1994, S. 50.
29 *Gierke*, Dauernde Schuldverhältnisse, in: JherJb. Bd. 64, 1914, S. 355 ff.
30 *Gierke*, Dauernde Schuldverhältnisse, in: JherJb. Bd. 64, 1914, S. 355, 363 ff.: „Das gemeinsame Merkmal der dauernden Schuldverhältnisse ist [. . .], dass sie als solche durch Erfüllung nicht erlöschen." Vgl. ferner BGH, NJW 1954, 231, 232: Die Erfüllung einer bereits entstandenen Prämienforderung bringe den Versicherungsvertrag gerade nicht zum Erlöschen.
31 *Gierke*, Dauernde Schuldverhältnisse, in: JherJb. Bd. 64, 1914, S. 355, 380 ff., 386: „Das Rechtsinstitut der Kündigung ist kennzeichnendes Merkmal der dauernden Schuldverträge." Die Indifferenz der Vertragsbeendigung gegenüber der Naturalerfüllung lässt sich auch mit den anderen Abgrenzungsmerkmalen in Einklang bringen, wonach Dauerschuldverhältnisse „ständig neue Leistungspflichten" hervorbringen und in ihrer Gesamtleistung unbestimmt sind, Palandt/*Grüneberg*, BGB, 73. Aufl. (2014), § 314 Rn. 2 f.
32 Nicht behandelt werden im Folgenden die Besonderheiten von *Wiederkehrschuldverhält-*

es Kriterien zu finden, die tatbestandlich deren Abgrenzung von punktuellen Austauschverträgen[33] möglich machen.[34] Dabei rückt das Zeitmoment als Identifizierungsmerkmal für Dauerschuldverträge in den Fokus.[35] Dauerschuldverträge sind in Abgrenzung Sukkzessivlieferungs- und Ratenzahlungsverträgen und abweichend von Werkverträgen mit komplexer, zeitraubender Hauptleistung nur solche Verträge, deren Leistungsumfang nicht mit den Gattungsmerkmalen Gewicht, Maß oder Menge sondern *nur durch die Kategorie „Zeit"* bestimmt werden kann.[36] Eng mit dem Faktor Zeit zusammenhängend sehen *Josef Esser* und *Peter Ulmer* in der „ständigen Pflichtenanspannung" des Schuldners in Form eines fortdauernden Verhaltens ein Spezifikum der Dauerschuldverträge.[37]

3. Die personale Dimension von Dauerschuldverträgen

Über den Faktor „Zeit" hinausgehend gilt als weiteres Kennzeichen der Dauerschuldverträge im Anschluss an *Günther Beitzke* deren gesteigertes personales

---

nissen. Diese sind *kein einheitliches* Vertragsverhältnis; sie zeichnen sich vielmehr durch eine ständige Wiederholung des *Vertragsschlusses* für bestimmte Abrechnungszeiträume aus, RGZ 148, 326, 330. Ursprünglich waren Versorgungsverträge über Strom, Gas und Wasser Wiederkehrschuldverhältnisse, OLG Köln, NJW 1981, 1105. Seit 1980 sind die mit Tarifkunden geschlossenen Versorgungsverträge einheitliche Dauerschuldverhältnisse, vgl. Ziffer 32 AVBEltV, AVBGasV, AVBWasserV; Jauernig/*Stadler*, BGB, 14. Aufl. (2011), § 311, Rn. 15 (str.).

33 Ein einheitlicher begrifflicher Gegenpol zum Terminus „Dauerschuldverhältnis" hat sich nicht herausgebildet; hierfür stehen vielmehr eine Reihe unterschiedlicher Bezeichnungen im Raum, etwa „punktuelle Austauschverträge", „vorübergehende Schuldverhältnisse", „einfache Schuldverhältnisse", so etwa *Ulmer*, Der Vertragshändler, 1969, S. 255. Nach *Gernhuber*, Das Schuldverhältnis, 1989, S. 380, gibt es „keinen Komplementärbegriff zum Dauerschuldverhältnis, der nicht Missverständnisse provoziert." Der griffigeren Abgrenzung wegen soll hier gleichwohl dem Dauerschuldvertrag der Begriff des punktuellen Austauschvertrages gegenübergestellt werden.

34 Für die Zwecke der vorliegenden Untersuchung genügt die bipolare Einteilung der Schuldverträge in punktuelle Austauschverträge und Dauerschuldverträge. Vgl. zu anderweitigen, z. T. tripolaren Einteilungen, *Horn*, Die Vertragsdauer als schuldrechtliches Regelungsproblem, in: BMJ, Gutachten, 1981, S. 551, 560 ff.

35 Siehe bereits *Gierke*, Dauernde Schuldverhältnisse, in: JherJb. Bd. 64, 1914, S. 355, 393 ff.; Palandt/*Grüneberg*, BGB, 73. Aufl. (2014), § 314, Rn. 2.

36 *Oetker*, Das Dauerschuldverhältnis und seine Beendigung, 1994, S. 20 ff., 115 f., 143.

37 *Esser*, Schuldrecht, Bd. I, 4. Aufl. 1970, S. 136; *Ulmer*, Der Vertragshändler, 1969, S. 253; vgl. ferner *Nicklisch*, JZ 1984, S. 757, 761; Palandt/*Grüneberg*, BGB, 73. Aufl. (2014), § 314, Rn. 2.

Element.[38] Die personale Dimension wird offensichtlich bei der Wohnraummiete.[39] Sie äußert sich darin, dass die Nutzungsüberlassung der Wohnung nicht ausschließlich der Befriedigung der materiellen Konsumbedürfnisse des Mieters, sondern darüber hinaus seiner Persönlichkeitsentfaltung dient.[40] Eine gesteigerte personale Prägung weisen auch Arbeitsverträge[41] sowie langfristige Kooperationsverträge des Handelsrechts auf, etwa Franchise- oder Vertriebsverträge.[42] In punktuellen Austauschverträgen wie Kauf- oder Werkverträgen ist die Persönlichkeitsentfaltung demgegenüber weitgehend ein rechtlich unbeachtliches Motiv mit der Konsequenz, dass etwa eine bestellte Hochzeitstorte auch dann bezahlt werden muss, wenn die Hochzeit ausfällt.[43]

4. Gesteigerte Bedeutung von Treu und Glauben (§ 242 BGB)

Der Zeitfaktor und die gegenüber punktuellen Austauschverträgen ausgeprägte Zukunftsgerichtetheit führen bei Dauerschuldverträgen schließlich zu einer Intensivierung des Grundsatzes von Treu und Glauben.[44] Dies gilt namentlich für die Leistungstreuepflicht. Diese ist ein von der Rechtsprechung auf die §§

---

38 *Beitzke*, Nichtigkeit, Auflösung und Umgestaltung von Dauerrechtsverhältnissen, 1948, S. 10; das personale Element noch stärker betonend *W. Schwarz*, Dauerschuldverhältnis, FS Wilburg, 1975, S. 355, 362 f.

39 Sie wird zu den sog. personalen Dauerschuldverhältnissen gerechnet, *Oetker*, Das Dauerschuldverhältnis und seine Beendigung, 1994, S. 202 ff.; allerdings ist das personale Element bei der Miete weniger intensiv als in einer personengesellschaftsrechtlichen Verbindung, vgl. *Flume*, Allgemeiner Teil des Bürgerlichen Rechts, Bd. I/1, Die Personengesellschaft, 1977, S. 12.

40 BGH, NJW 2006, 220, 221. Dieser personale Einschlag verwundert nicht, ist doch die Wohnung als Enklave der Intim- und Privatsphäre der räumliche Nukleus der freien Persönlichkeitsentfaltung, wie das Bundesverfassungsgericht unter Verweis auf das Grundrecht auf Unverletzlichkeit der Wohnung in Art. 13 GG unterstreicht: „Der verstärkte verfassungsrechtliche Schutz gerade der Wohnräume [...] hängt eng zusammen mit dem Schutz der Persönlichkeitsentfaltung in Art. 2 Abs. 1 GG. Dem einzelnen soll das Recht, „in Ruhe gelassen zu werden" [...], in seinen Wohnräumen gesichert werden", BVerfG, NJW 1979, 1539.

41 Siehe nur die Zweifelsregel des § 613 BGB: Höchstpersönlichkeit der Leistungspflicht des Arbeitnehmers und die Unübertragbarkeit des Anspruchs auf die Dienste.

42 Das Vertrauensverhältnis zwischen Vertragshändler und Hersteller auf Grund des Interessenwahrungscharakters dieses Vertragstyps betont *Ulmer*, Der Vertragshändler, 1969, S. 409 f.

43 Ein weiteres Lehrbuchbeispiel ist die für den geplanten Urlaub mit der Freundin gekaufte Sommerkleidung wenn die Reise danach wegen eines Streits entfällt, vgl. *Leipold*, BGB Allgemeiner Teil, 7. Aufl. (2013), § 18 Rn. 5, S. 259.

44 *Ulmer*, FS Möhring, 1975, S. 295, 311; *Weller*, Die Vertragstreue, 2009, S. 202.

242, 241 Abs. 2 BGB gestütztes Teilelement der Vertragstreue.[45] Inhaltlich verpflichtet sie die Parteien alles zu unterlassen, was die Erreichung des Vertragszwecks beeinträchtigen könnte sowie – positiv – alles für die Vertragsdurchführung Notwendige zu tun, soweit dies dem Verpflichteten ohne Preisgabe eigener Interessen möglich und zumutbar ist und nicht in den Risikobereich des Berechtigten fällt.

Auch das japanische Recht kennt das Prinzip von Treu und Glauben (Art. 1 Abs. 2 japan. ZGB). Dieses soll auch außerhalb von Unternehmer-Verbraucher-Konstellationen bei einem Ungleichgewicht der Parteien besondere Berücksichtigung erfahren (Art. 35 Entwurf).[46]

Die Entwicklung der Leistungstreuepflichten im Lauf des 20. Jahrhunderts ist im Kontext der zunehmenden Überlagerung der Freiheits- durch die Verantwortungsethik zu sehen.[47] Das Freiheitsmodell, das der historische Gesetzgeber des BGB als Leitbild vor Augen hatte, wurde peu à peu durch ein „soziales" und „materialisiertes" Modell ergänzt.[48] Im Vertragsrecht wird die Rolle des Menschen nicht mehr nur als kompetitiv, sondern als kooperativ begriffen.[49] *Franz Wieacker* formuliert plastisch: Das „Rechtspathos der Zusammenarbeit" drängt das „Pathos des Wettbewerbs" zurück: „Kooperation der einzelnen untereinander im Individualvertrag des bürgerlichen Rechts [...] scheint das Modell der privat- und sozialrechtlichen Grundbeziehungen in der Gesellschaft unserer Zeit zu sein."[50] In internationalen Einheitswerken spiegelt sich der Kooperationsgedanke in der *duty to co-operate* wider.[51] In Deutschland hat der Reform-

---

45 Ausführlich *Weller*, Die Vertragstreue, 2009, S. 46 ff., 302 ff.
46 *Article 35. Considerations for applying the principle of faith and trust etc.*
    In addition to contracts concluded between consumers and business operators (consumer contracts), if a contract is concluded between parties whose *quality and quantity of information and negotiation ability differ significantly*, such differences shall be taken into consideration when applying the provisions in Articles 1. (2) and 1. (3) and other similar provisions in the Civil Code.
47 *Wieacker*, Industriegesellschaft und Privatrechtsordnung, 1974, S. 30 f.
48 *Mansel*, Grundlagen der Informationshaftung, Habil. Heidelberg 1998, S. 100 ff.; *ders.*, FS Henrich, 2000, S. 427, 439 ff.; *Schön*, FS Canaris, 2007, S. 1191 ff.
49 Vgl. *Parry*, The Sanctity of Contracts in English Law, 1959, S. 73: „[...] we are confronted today with the paradox that man is at once a social being, and therefore co-operative, and an individual personality, and therefore competitive."
50 *Wieacker*, Industriegesellschaft und Privatrechtsordnung, 1974, S. 30.
51 Vgl. Art. 2 und 3 Draft Common European Sales Law (DCESL); Art. III.-1: 103 DCFR („Good faith and fair dealing") sowie Art. III.-1: 104 DCFR („Co-operation"); ferner *Ernst*,

gesetzgeber des Jahres 2001 diesen Anschauungswandel im BGB abgebildet. Der neue § 241 Abs. 2 BGB verpflichtet „jeden Teil" „zur Rücksicht auf die Rechte, Rechtsgüter und *Interessen* des anderen Teils."

IV. Vertragsbindung versus Kündigungsfreiheit

1. Die Kündigung als Liberationsinstrument

Bei Dauerschuldverträgen kollidiert die Vertragsbindung mit dem Liberationsinteresse des Schuldners.[52] Denn während die Vertragsbindung bei punktuellen Austauschverhältnissen endet, sobald alle vertraglichen Haupt- und Nebenleistungspflichten im Sinne des § 362 BGB erfüllt sind,[53] erneuern sich bei Dauerschuldverhältnissen die Leistungspflichten fortlaufend. Da die Naturalerfüllung nicht zur Vertragsbeendigung führt, würde die Bindung an Dauerschuldverträge an sich zeitlich unbeschränkt dauern.[54] Solche Ewigkeitsbindungen toleriert die deutsche Rechtsordnung indes im Interesse der Selbstbestimmungsfreiheit des Einzelnen nicht.[55] Selbst die auf Lebenszeit geschlossene Ehe (§ 1253 Abs. 1 S. 1 BGB) kann durch einseitig initiierte Scheidung wieder gelöst werden, §§ 1564 ff. BGB. Durch die Scheidung wird die grundrechtlich geschützte Eheschließungsfreiheit wieder gewonnen und gehört insofern – so das Bundesverfassungsgericht in der berühmten Spanier-Entscheidung – zum deutschen *ordre public*.[56] Auch im allgemeinen Vertragsrecht steht das Liberationsinteresse unter dem Grundrechtsschutz der persönlichen und wirtschaftlichen Hand-

---

AcP 208 (2008), 248, 262 mit Fn. 48.

52 Zum Liberationsinteresse *Weller*, Die Vertragstreue, 2009, S. 334 ff.

53 Ferner müssen auch etwaige nachwirkende Rücksichtspflichten erloschen sein, *Schur*, Leistung und Sorgfalt, 2001, S. 215.

54 Es sei denn, die Parteien haben das Dauerschuldverhältnis autonom auf eine bestimmte Laufzeit begrenzt, vgl. allgemein §§ 163 i. V. m. 158 Abs. 2 BGB sowie am Beispiel des Mietrechts § 542 Abs. 2, 1. Var. BGB.

55 *Oetker*, Dauerschuldverhältnisse, 1994, S. 251, 254; Grenzen bilden u. a. die Sittenwidrigkeit (§ 138 BGB) und das Verbot, sein künftiges Vermögen zu übertragen (§ 311b Abs. 2 BGB). Vgl. auch § 1 GWB; BGH, NJW 1972, 1459; BGHZ 147, 279, 282 ff. (keine Knebelung in der Möglichkeit, sich veränderten Umständen in der Betriebsführung anzupassen).

56 BVerfG, Beschl. v. 4. 5. 1971, 1 BvR 636/68, BVerfG 31, 58: „Die Vorschriften des deutschen IPR und die Anwendung des durch sie berufenen ausländischen Rechts im Einzelfall sind an den Grundrechten zu messen."

lungsfreiheiten gemäß Art. 2 Abs. 1, 12 und 14 GG,[57] wie der Bundesgerichtshof in seiner Entscheidung über Vorfälligkeitsentschädigungen bei vorzeitigen Darlehenstilgungen betont.[58]

Vor diesem Hintergrund hat sich für Dauerschuldverhältnisse der Grundsatz der unilateralen Beendigungsfreiheit herausgebildet, der sich im Institut der Kündigung manifestiert (vgl. z. B. § 542 Abs. 1 BGB).[59] Während die außerordentliche Kündigung einen sachlichen Grund voraussetzt und insofern dem Rücktritt bei punktuellen Austauschverträgen entspricht und daher keine Besonderheit darstellt, ist die ordentliche Kündigung ein echtes Spezifikum der Dauerschuldverhältnisse; sie erweist sich in Ermangelung einer Liberation durch Naturalerfüllung als systemnotwendige Korrektur der Vertragsbindung.[60] Die Kündigung beendet den Vertrag nur für die Zukunft, lässt also die Bindung an zuvor bereits entstandene Pflichten unberührt.[61]

2. Ausbalancierung mit der Vertragsbindung

Allerdings steht die einseitige Beendigungsmöglichkeit nicht gänzlich im Belieben des Kündigenden, d. h. sie ist nicht frei von jeglichen Voraussetzungen bzw. Schranken.[62] Vielmehr existiert zwischen der einseitigen Beendigungsmöglichkeit und der Vertragsbindung ein Spannungsverhältnis. Denn die Vertragsbindung als Ausprägung der Privatrechtsmaxime der Vertragstreue besagt, dass sich eine Vertragspartei grundsätzlich *nicht einseitig* ohne rechtlich anerkannten Grund vom Vertrag lösen kann.[63]

---

57 Näher *Weller*, Die Vertragstreue, 2009, S. 334 f.
58 BGHZ 136, 161, 167.
59 *Gierke*, Dauernde Schuldverhältnisse, in: JherJb. Bd. 64, 1914, S. 355, 380 ff.; *Oetker*, Das Dauerschuldverhältnis und seine Beendigung, 1994, S. 248 ff.; *Schimansky*, Der Franchisevertrag nach deutschem und niederländischem Recht, 2003, S. 187 f.; *Ulmer*, Der Vertragshändler, 1969, S. 257 ff.
60 *Oetker*, Dauerschuldverhältnisse, 1994, S. 272 ff.; vgl. ferner BGH, NJW 1969, 37; *Huber*, Leistungsstörungen, 1999, S. 439 ff.; *Looschelders*, Mietrechtliche Gewährleistung und allgemeines Leistungsstörungsrecht, in: DMT-Bilanz 2011, S. 141, 147.
61 BGH, Urt. v. 15. 1. 1959, VII ZR 15/58, BGHZ 29, 171, 173: Die bis zur Kündigung entstandenen vertraglichen Leistungen „waren und bleiben auf Grund des Vertrages geschuldet"; *Oetker*, Dauerschuldverhältnisse, 1994, S. 255 f.: „Die Vertragstreue gilt [...] bei Dauerverträgen ohne Einschränkung für die konkreten, aus dem unbeendeten Vertragsverhältnis folgenden Leistungspflichten."
62 *Oetker*, Dauerschuldverhältnisse, 1994, S. 248 ff.
63 Dies ergibt sich im Umkehrschluss aus den von besonderen Voraussetzungen abhängigen

Zwischen dem allgemeinen Grundsatz der Vertragsbindung einerseits und der dauerschuldspezifischen Notwendigkeit einseitiger Beendigungsmöglichkeit via Kündigung andererseits muss die Rechtsordnung mithin eine Balance finden.[64] Diese äußert sich darin, dass Kündigungen nur unter bestimmten Voraussetzungen oder jedenfalls nur unter gewissen Einschränkungen möglich sind. Im Einzelnen:

V. Die ordentliche Kündigung

Die ordentliche Kündigung entfaltet grundsätzlich erst nach Ablauf einer Kündigungsfrist ihre Beendigungswirkung (unter 1.). Darüber hinaus existieren bei bestimmten Dauerschuldverträgen mit besonders intensiver personaler und sozialer Dimension sachliche Kündigungsschranken (unter 2.).

1. Die Kündigungsfrist

Dauerschuldverhältnisse, die auf unbestimmte Zeit geschlossen werden, können durch eine ordentliche Kündigung für die Zukunft beendet werden.[65] Diese bedarf in der Regel keines sachlichen Grundes, sie unterliegt aber einer Kündigungsfrist,[66] die meist zum Ende eines Monats Wirkung entfaltet.[67] Die Kündigungsfrist bezweckt, dass sich die andere Partei auf die neue Situation einstellen kann.[68] Kündigungstermine haben eine lange Tradition und erleichtern die Planung und Disposition der Vertragsparteien, etwa die Personalplanung des Arbeitgebers wie auch die Arbeitsplatzsuche des Arbeitnehmers.[69]

Im Mietrecht (§ 573c Abs. 1 S. 2 BGB) und im Arbeitsrecht (§ 622 Abs. 2 BGB) verlängern sich die Kündigungsfristen für eine arbeitgeberseitige bzw.

Vertragsstornierungsgründen, *Weller*, Die Vertragstreue, 2009, S. 274 ff.
64 *Oetker*, Dauerschuldverhältnisse, 1994, S. 248 ff., 279 ff.
65 *Medicus/Lorenz*, Schuldrecht I, 20. Aufl. (2012) Rn. 611.
66 Vgl. §§ 620 II, 621, 624 (Dienstverhältnisse); §§ 620 II, 622 (Arbeitsverhältnisse); §§ 542 Abs. 1, 549, 573c, 576, (Wohnraummietverhältnisse); §§ 542 I, 580a (Miete von Grundstücken, gewerblichen Räumen, beweglichen Sachen); §§ 489, 608 BGB (Darlehensverträge), § 89 HGB (Handelsvertreter). Fristlos ordentlich kann dagegen eine Gesellschaft nach § 723 Abs. 1 S. 1 und § 724 gekündigt werden.
67 Vgl. z. B. §§ 622, 573c BGB.
68 *Larenz*, Schuldrecht II/1, 13. Aufl. (1986), § 52, S. 331; *Medicus/Lorenz*, Schuldrecht I, 20. Aufl. (2012) Rn. 611.
69 MüKo-BGB/*Hesse*, 6. Aufl. (2012), § 622 Rn. 3 m. w. N.

vermieterseitige Kündigung mit zunehmender Dauer des Vertragsverhältnisses.[70] Im Mietrecht beruht die Staffelung auf dem Gedanken, dass sich der Mieter mit zunehmender Zeit in seiner Umgebung „einlebt" und deshalb die Möglichkeit haben soll, innerhalb dieses Viertels eine neue Wohnung zu suchen.[71] Im Arbeitsrecht werden die zunehmend längeren Kündigungsfristen mit dem Gedanken des Bestandsschutzes sowie der immer intensiver werdenden persönlichen Bindung des Arbeitnehmers an „sein" Arbeitsverhältnis begründet.[72] Sowohl im Mietrecht als auch im Arbeitsrecht ist die Staffelung der Kündigungsfristen Ausdruck der besonders schutzbedürftigen Stellung der „schwächeren" Partei und ist daher nicht ohne weiteres verallgemeinerungsfähig. Erwägenswert erscheint immerhin, den Staffelungsgedanken auf andere Dauerschuldverhältnisse mit ähnlich disparaten Kräfteverhältnissen zu übertragen.

2. Sondertatbestände: Kündigungsgrund

Neben der Kündigungsfrist hat der Gesetzgeber bei bestimmten Dauerschuldverträgen mit besonders intensiver personaler und sozialer Dimension im Interesse der Kontinuitätserwartungen der typischerweise „schwächeren" Partei besondere Kündigungshürden normiert. Diese werden verbreitet mit dem plakativen Begriff des „Bestandsschutzes" umschrieben.[73] Bei der Wohnraummiete und bei Arbeitsverträgen muss ein sachlicher Grund vorliegen und bei Vertriebsverträgen entfaltet der Ausgleichsanspruch des Handelsvertreters aus § 89a HGB zumindest mittelbar eine kündigungshemmende Wirkung.

a) Wohnraummiete: Der Eigenbedarf
Im Wohnraummietrecht ist eine vermieterseitige Kündigung nur bei Eigenbedarf möglich, § 573 Abs. 1 Nr. 2 BGB.[74] Diese Kündigungsschranke will

---

70 Im Arbeitsrecht können die Parteien die Frist für den Arbeitnehmer an die für den Arbeitgeber nach § 622 Abs. 5 S. 3, Abs. 6 angleichen (sog. Gleichbehandlungsabrede), ErfK/*Müller-Glöge*, 14. Aufl. (2014), § 622 BGB Rn. 10; MüKo-BGB/*Hesse*, 6. Aufl. (2012), § 622 Rn. 24 m. w. N.
71 Schmidt-Futterer/*Blank*, Mietrecht, 11. Aufl. (2013), § 573c Rn. 11.
72 Vgl. jüngst Hessisches LAG, Urteil v. 13. 5. 2013, Az. 7 Sa 511/12, Tz. 30 f.
73 *Oetker*, Dauerschuldverhältnisse, 1994, S. 280.
74 Zur Verfassungskonformität grundlegend BVerfG, NJW 1974, 1499, 3. Leitsatz: „Der Ausschluss der Änderungskündigung sowie die Begrenzung der Mietpreise bei laufenden Mietverhältnissen auf die ortsübliche Vergleichsmiete [. . .] sind verfassungsrechtlich nicht zu

gewährleisten, dass dem Mieter die Wohnung als räumliches Substrat der Persönlichkeitsentfaltung nicht ohne weiteres entzogen werden kann.[75] Selbst wenn ein Eigenbedarf in Bezug auf die konkrete Wohnung vorliegt, muss dem Mieter als Alternative eine andere verfügbare Wohnung angeboten werden, sofern diese vergleichbar ist und sich in derselben Wohnanlage befindet.[76] Der BGH begründet diesen Kontrahierungszwang gerade mit der personalen Dimension der Wohnraummiete: „[...] die Kündigung von Wohnraum [greift] in die Lebensführung eines Mieters besonders stark ein [...]. Der Vermieter ist deshalb gehalten, diesen Eingriff abzumildern, soweit ihm dies möglich ist."[77]

b) Arbeitsvertrag: Die soziale Rechtfertigung
Arbeitsverhältnisse unterliegen zugunsten der Arbeitnehmer einem besonderen Bestandsschutz, steht doch die ordentliche Kündigung durch den Arbeitgeber im Anwendungsbereich des Kündigungsschutzgesetzes (KSchG) den zusätzlichen Voraussetzungen einer sozialen Rechtfertigung.[78] Deren Kriterien werden durch § 1 Abs. 2 - 4 KSchG präzisiert, wobei in Abs. 2 S. 1 abschließend nur drei Kündigungsgründe eröffnet sind: Der Kündigungsgrund kann in der *Person*[79] des Arbeitnehmers liegen, der diesen aufgrund persönlicher Fähigkeit bzw. Eigenschaft daran hindert, die geschuldete Arbeitsleistung zu erbringen[80] oder in dessen Verhalten,[81] bei (schuldhafter) Verletzung der Haupt- bzw.

---

beanstanden." Vgl. ferner BVerfG, NJW 1979, 31; BVerfG, NJW 1980, 1617; BVerfG, NJW 1994, 308. Noch weitergehend ist die Beschränkung für den (neuen) Eigentümer einer Wohnung, die nach der Überlassung an den Mieter in Wohnungseigentum umgewandelt und veräußert wurde. § 577a Abs. 1BGB legt eine Eigenbedarfs-Kündigungssperre für die ersten drei Jahre fest.
75 BVerfG, NJW 1994, 308, 309: „Die Wohnung als der räumliche Mittelpunkt freier Entfaltung seiner Persönlichkeit, als Freiraum eigenverantwortlicher Betätigung, kann ihm nicht ohne beachtliche Gründe durch Kündigung entzogen werden."
76 BGH, NJW 2003, 2604 und 2605. Kommt der Vermieter dieser Anbietpflicht nicht nach, ist die Eigenbedarfskündigung wegen Rechtsmissbrauchs unwirksam, BGH, NJW 2006, 220, 221.
77 BGH, NJW 2003, 2604.
78 „Die Kündigung des Arbeitsverhältnisses [...] ist rechtsunwirksam, wenn sie sozial ungerechtfertigt ist", § 1 Abs. 1 KSchG.
79 BAG, NZA 2007, 680, 681.
80 Hauptanwendungsfall ist die krankheitsbedingte Kündigung, BAG, NJW 2007, 3148, 3149.
81 BAG, NZA 2012, 607, 608.

Nebenpflichten.[82] Auch kann der Kündigungsgrund in dringenden *betrieblichen Erfordernissen* begründet sein, die einer Weiterbeschäftigung des Arbeitnehmers im Betrieb entgegenstehen. Hierbei wird der Kündigungsgrund durch eine unternehmerische Entscheidung aufgrund inner- oder außerbetrieblichen Umständen ausgelöst.[83] § 1 Abs. 2 stellt dabei eine Konkretisierung des Grundsatzes von Treu und Glauben gem. § 242 BGB dar.[84] Bei vorliegendem Kündigungsgrund nach § 1 Abs. 2 S. 1 KSchG schließen sich im Rahmen der Prüfung der sozialen Rechtfertigung ferner drei Prinzipien an, die weitere unabdingbare Voraussetzungen darstellen: Der Kündigungsgrund muss zukünftig gegeben sein (Prognoseprinzip);[85] die Kündigung muss nach § 1 Abs. 2 S. 2, 3 KSchG den Grundsatz der Verhältnismäßigkeit wahren (Ultima-Ratio-Prinzip)[86] sowie gem. § 1 Abs. 3, 4 KSchG der Interessenabwägung[87] bzw. der Sozialauswahl[88] genügen.

c) Vertriebsverträge: § 89b HGB als Kündigungsschranke?

§ 89b HGB sieht einen Ausgleichsanspruch des Handelsvertreters vor, wenn diesem ordentlich gekündigt wird. Nach h.M. bezweckt die Norm primär, dem Handelsvertreter eine Vergütung für den beim Unternehmer verbleibenden Kundenstamm zu schaffen, den der Handelsvertreter für diesen aufgebaut hat.[89] Zugleich wirkt die Norm jedoch indirekt – wie *Ulmer* herausgearbeitet hat – als Kündigungsschranke; sie habe insoweit Sozialschutzcharakter.[90]

---

82 Bsp. Beleidigung des Arbeitgebers, unentschuldigtes Fehlen, genesungswidrige Aktivitäten bei Krankschreibung, vgl. *Junker*, Grundkurs Arbeitsrecht, 12. Aufl. (2012), Rn. 368.
83 U. A. bei Rationalisierung, Betriebsstillegung, Absatzproblemen; BAG, NJW 1987, 776; BAG, NZA 2009, 312, 314.
84 BAG, NJW 1964, 1542, 1543; 2001, 2994; v. Hoyningen-Huene/Linck/*Krause*, 15. Aufl. (2013), § 1 Rn. 181, § 13 Rn. 82.
85 BAG, NZA 1991, 185, 186 (Krankheit); BAG, NZA 1991, 891 (betriebsbedingte Kündigung); BAG, NJW 1995, 1851, 1853 (verhaltensbedingte Kündigung); vgl. auch *Preis*, Prinzipien des Kündigungsrechts bei Arbeitsverhältnissen (1987), S. 322–357.
86 Grundlegend BAG, NJW 1954, 1949; BAG, NZA 2008, 812.
87 BAG, NZA 1993, 115, 116; 1997, 487, 488; BAG, NJW 1990, 2953, 2954 (personen- und verhaltensbedingte Kündigung).
88 BAG, NZA 1986, 260; 1987, 776 (betriebsbedingte Kündigung).
89 MüKo-HGB/*von Hoyningen-Huene*, 3. Aufl. (2010), § 89b Rn. 2 f.; Baumbach/Hopt/*Hopt*, 35. Aufl. (2012) § 89b Rn. 2 f., jeweils mit zahlreichen Nachweisen; BGH, NJW 2010, 3226.
90 *Ulmer*, FS Möhring, 1975, S. 295, 311.

Die Regelung gilt für alle Handelsvertreter sowie nach Abs. 5 auch für Versicherungs- und Bausparkassenvertreter. Sie wird zudem entsprechend auf Vertragsverhältnisse angewandt, die sich nicht in einer bloßen Käufer-Verkäufer-Beziehung erschöpfen, sondern bei denen der Händler so in die Absatzorganisation des Herstellers oder Lieferanten eingebunden ist, dass er wirtschaftlich in erheblichem Umfang dem Handelsvertreter vergleichbare Aufgaben erfüllt und ebenso wie dieser am Ende den aufgebauten Kundenstamm zu übertragen hat.[91] In Bezug genommen sind damit insbesondere Vertragshändler, Kommissionsagenten,[92] Franchisenehmer[93] und Lizenznehmer.[94]

VI. Die ausserordentliche Kündigung

Die außerordentliche Kündigung war schon vor ihrer Kodifizierung im Zuge der Schuldrechtsreform in § 314 BGB richterrechtlich anerkannt (unter 1.). Da sie das Dauerschuldverhältnis *fristlos* auflöst[95] und insofern stärker mit der Vertragstreue kolliert als die ordentliche Kündigung, unterliegt sie gleich mehreren Schranken. So ist sie nur wirksam unter den Voraussetzungen.

- eines wichtigen Grundes (unter 2.),
- einer vorherigen fruchtlosen Fristsetzung bzw. Abmahnung (§§ 314 Abs. 2, 543 Abs. 3 BGB), die den Primat der Naturalerfüllung von Verträgen sichert (unter 3.),
- einer beiderseitigen Interessenabwägung (unter 4.),
- sowie einer kurzen Kündigungsausübungsfrist (unter 5.).

1. Kodifikation in § 314 BGB

Schon vor der Schuldrechtsmodernisierung 2001 war anerkannt, dass Dauerschuldverhältnisse auch dann aus wichtigem Grund gekündigt werden können,

---

91 St. Rspr., BGH GRUR 2010, 1107, 1109; NJW 2011, 848; Baumbach/Hopt/*Hopt*, 35. Aufl. (2012) § 89b Rn. 4.
92 Baumbach/Hopt/*Hopt*, 35. Aufl. (2012), § 89b Rn. 4; § 84 Rn. 19.
93 Baumbach/Hopt/*Hopt*, 35. Aufl. (2012), § 89b Rn. 4, § 84 Rn. 10, 19, Überbl. 43 vor § 373; *Schimansky,* Der Franchisevertrag nach deutschem und niederländischem Recht, 2003, S. 190 f.
94 BGH, GRUR 2010, 1107; Baumbach/Hopt/*Hopt*, 35. Aufl. (2012) § 89b Rn. 4.
95 Vgl. § 314 Abs. 1 S. 1 BGB: „ohne Einhaltung einer Kündigungsfrist."

wenn dies weder vertraglich noch gesetzlich geregelt war.[96] Die Rechtsprechung begründete dies mit einer Gesamtanalogie zu speziellen außerordentlichen Kündigungsbestimmungen wie den §§ 626, 723 BGB.[97] Die Möglichkeit der außerordentlichen Kündigung ist in ihrem Kern zwingendes Recht[98] und kann demnach insbesondere auch durch Allgemeine Geschäftsbedingungen nicht eingeschränkt werden.[99]

Mit der Einführung der Regelung zur Kündigung von Dauerschuldverhältnissen aus wichtigem Grund gemäß § 314 BGB im Jahr 2001 wollte der Gesetzgeber kein materiell neues Recht schaffen, sondern lediglich die bis dato geltenden Rechtsprechungs-Grundsätze aufgrund ihrer hohen praktischen Bedeutung im Gesetz kodifizieren.[100] Die heute geltende Vorschrift entspricht weitgehend dem Vorschlag aus dem im Jahr 1991 vorgelegten Abschlussbericht der Schuldrechtskommission,[101] der seinerseits auf Vorschlägen von *U. Huber*[102] und *Horn*[103] basiert.

2. Der wichtige Grund

Voraussetzung der außerordentlichen Kündigung ist zunächst das Vorliegen eines wichtigen Grunds, der dem kündigenden Teil unter Berücksichtigung aller Umstände des Einzelfalls und unter Abwägung der beiderseitigen Interessen die Fortsetzung des Vertragsverhältnisses bis zum Ablauf einer Kündigungsfrist unzumutbar macht, § 314 Abs. 1 S. 2 BGB (vgl. ferner §§ 543 Abs. 1, 626 BGB).

In der Regel[104] muss der wichtige Grund in der Risikosphäre des Kündi-

---

96 BT-Drucks 14/6040, S. 176.
97 RGZ 105, 167; BGHZ 9, 157, 162; BGHZ 50, 312, 314.
98 BGH. NJW 1986, 3134; 2012, 1431, 1432 f.; MüKo-BGB/*Gaier*, 6. Aufl. (2012), § 314 Rn. 4; Palandt/*Grüneberg*, BGB, 73. Aufl. (2014), § 314 Rn. 3.
99 BGH, NJW 1986, 3134; BGH NJW 2012, 1431, 1432 f.
100 BT-Drucks. 14/6040, S. 177.
101 BMJ, Abschlussbericht der Kommission zur Überarbeitung des Schuldrechts, 1992, S. 152 ff.
102 Abgedruckt in: BMJ, Gutachten und Vorschläge zur Überarbeitung des Schuldrechts, Bd. 1, 1981, S. 647, 842.
103 Abgedruckt in: BMJ, Gutachten und Vorschläge zur Überarbeitung des Schuldrechts, Bd. 1, 1981, S. 551, 639.
104 Eine Ausnahme vom Risikosphärengedanken kann greifen, wenn zwischen den Parteien ein über gewöhnliche Austauschverträge hinausgehendes, besonders enges Vertrauensverhältnis besteht, BGH, NJW 2005, 1360, 1362.

gungsgegners liegen,[105] Störungen aus dem eigenen Risikobereich begründen kein Kündigungsrecht.[106] So trägt der Kunde bei einem DSL-Internetanschluss das Risiko, die Leistungen aufgrund von Veränderungen in den persönlichen Verhältnissen nicht mehr nutzen zu können.[107] Ein Verschulden des Kündigungsgegners ist indes weder erforderlich noch ausreichend.[108]

Zwar sind bei der Beurteilung der Zumutbarkeit die Umstände des Einzelfalls maßgeblich, zuvor ist jedoch zu prüfen, ob der vorliegende Grund generell geeignet ist, eine außerordentliche Kündigung zu rechtfertigen.[109] Insoweit hat die Rechtsprechung typisierend Fallgruppen gebildet:

a) Leistungsstörungen

Bei in Vollzug gesetzten Dauerschuldverhältnissen kann sich der wichtige Grund aus einer Leistungsstörung des Schuldners, mithin der nicht oder nicht vertragsgemäß (mangelhaft) erbrachten Leistung im Sinne des § 323 BGB oder einem Zahlungsverzug ergeben.[110] Wer zu leisten nicht in der Lage ist oder nicht leisten will, kann das Festhalten der anderen Partei am Vertrag nicht erwarten.[111] Dieser das Rücktrittsrecht in punktuellen Austauschverhältnissen tragende Gedanke kann auf Dauerschuldverhältnisse übertragen werden[112] und eröffnet hier die Kündigung aus wichtigem Grund.[113]

b) Zerstörung des erforderlichen Vertrauensverhältnisses

Ein wichtiger Grund kann auch in einem zerstörten Vertrauensverhältnis zwischen den Parteien liegen. Vertrauenstorpedierend wirken nicht nur erwiesene vorsätzliche Straftaten einer Seite.[114] Schon der bloße Verdacht einer schwerwiegenden Pflichtverletzung[115] kann eine Kündigung rechtfertigen,[116] etwa ein

---

105 BGH, NJW 2010, 1874, 1875; BGHZ 133, 316, 320 f.; 136, 161, 164.
106 BT-Drucks 14/6040, S. 178. Vgl. ferner den *tu quoque*-Einwand, infra unter VII. 3.
107 BGH, NJW-RR 2011, 916, 917.
108 BT-Drucks 14/6040 S. 178.
109 *Lorenz/Riehm*, Lehrbuch zum neuen Schuldrecht, 2002, Rn. 242.
110 MüKo-BGB/*Gaier*, 6. Aufl. (2012), § 314 Rn. 11.
111 *Canaris*, Schuldrechtsreform, 2002, S. XVII.
112 MüKo-BGB/*Gaier*, 6. Aufl. (2012), § 314 Rn. 11.
113 BGHZ 50, 312, 315; BGH, NJW 1987, 2004, 2006; BGH NJW 2002, 1870.
114 jurisPK/*Weth*, 6. Aufl. (2013), § 314 Rn. 14; MüKo-BGB/*Gaier*, 6. Aufl. (2012), § 314 Rn. 11. Vgl. auch BGH, MDR 1985, 302.
115 Geringfügige Pflichtverletzungen reichen hingegen nicht aus, vgl. für den Handelsvertre-

qualifizierter Dopingverdacht bei einem Sportsponsoring-Vertrag.[117]

Allerdings unterliegt die Verdachtskündigung regelmäßig folgenden besonderen Voraussetzungen:[118] (1.) Der Verdacht, auf dem die Kündigung fußt, hat sich aus objektiven Umständen zu ergeben. (2.) Ferner muss für die Tat eine überwiegende Wahrscheinlichkeit sprechen. (3.) Hätte die Tat tatsächlich vorgelegen, müsste sie ein solches Gewicht aufweisen, dass eine außerordentliche Kündigung gerechtfertigt wäre. (4.) Allein schon der Verdacht muss geeignet sein, das für die Fortsetzung des Arbeitsverhältnisses erforderliche Vertrauen zu zerstören. (5.) Der Arbeitgeber hat ferner alle ihm zumutbaren Schritte zur Aufklärung des Sachverhalts zu tätigen und dem Arbeitnehmer die Möglichkeit zu einer angemessenen Stellungnahme zu geben.

Beim Kündigungsgrund des zerstörten Vertrauensverhältnisses ist die infra genannte Abwägung von besonderer Bedeutung; maßgebend sind dabei Art und Zweck des Vertrages, das Ausmaß der persönlichen Bindung sowie die „Loyalitätstiefe".[119] Stellt sich später die Unbegründetheit des Verdachts heraus, steht dem Arbeitnehmer ein Anspruch auf Wiedereinstellung zu.[120]

3. Die vorherige Abmahnung

Wird ein Kündigungsgrund geltend gemacht, der auf einer Pflichtverletzung des Schuldners fußt, so muss der Gläubiger den Schuldner gemäß § 314 Abs. 2 S. 1 BGB vor der Kündigung abmahnen bzw. den Ablauf einer Abhilfefrist abwarten.[121] Eine insoweit zuvor schon etablierte Rechtsprechungslinie wurde von Schuldrechtsmodernisierung übernommen.[122] Das Erfordernis der Abmahnungs- oder Abhilfefrist hat eine Schutz- und eine Qualifizierungsfunktion.[123] In

---

tervertrag BGH NJW 2001, 608, 609.
116 BGH, NJW 1977, 1778; Vgl. zu einem Projektsteuerungsvertrag BGH, NJW 2000, 202; st. Rspr. im Arbeitsrecht, BAG, NJW 2008, 1097, 1099.
117 *Humberg*, JR 2005, 271, 273.
118 BGH, NJW 1995, 1110; BAG, NZA 2005, 1056; Vgl. *Junker*, Grundkurs Arbeitsrecht, 12. Aufl. (2012), Rn. 412.
119 BGH, NJW 2000, 202.
120 BAG, NJW 1964, 1918; ErfK/*Preis,* 14. Aufl. (2014), § 611 BGB Rn. 325.
121 *Lorenz/Riehm*, Lehrbuch zum neuen Schuldrecht, 2002, Rn. 244; *Bitter/Alles*, WM 2013, 537, 541.
122 BT-Drucks. 14/6040, S. 178.
123 MüKo-BGB/*Gaier,* 6. Aufl. (2012), § 314 Rn. 15.

Parallele zum Fristsetzungserfordernis nach § 323 Abs. 1 BGB[124] vermittelt es dem Schuldner eine zweite Chance zum vertragsgemäßen Verhalten und verwirklicht insofern den Primat der Naturalerfüllung und damit den Grundsatz der Vertragstreue.[125] Zum anderen qualifiziert es Pflichtverletzungen dahingehend, dass diese regelmäßig erst nach erfolglosem Ablauf der Abhilfefrist zu einem wichtigen Grund i. S. d. § 314 BGB erwachsen.[126] Dementsprechend muss die Frist so bemessen sein, dass dem Schuldner tatsächlich eine weitere Chance zur Abhilfe geboten wird.[127] Eine zu kurz bemessene Abhilfefrist setzt stattdessen eine angemessene Frist in Lauf.[128] Zwischen Abmahnung und Abhilfefrist besteht kein Wahlrecht, vielmehr muss bei andauernder Pflichtverletzung eine Abhilfefrist gesetzt werden; hingegen ist bei bereits abgeschlossenem vertragswidrigem Verhalten abzumahnen, vgl. § 323 Abs. 3 BGB.[129] Ob die Abmahnung im Anwendungsbereich des § 314 BGB mit der Androhung der Kündigung als „qualifizierte Abmahnung" verbunden sein muss, ist streitig.[130]

Auf den Fall der Entbehrlichkeit der Abhilfefrist bzw. der Abmahnung finden gem. § 314 Abs. 2 S. 2 BGB die Vorschriften des sofortigen Rücktritts nach § 323 Abs. 2 BGB entsprechend Anwendung.[131]

---

124 BT-Drucks. 14/6040, S. 178.
125 BT-Drucks. 14/6040, S. 185; Bamberger/Roth-*Unberath*, 3. Aufl. (2012), § 314 Rn. 17.
126 MüKo-BGB/*Gaier*, 6. Aufl. (2012), § 314 Rn. 15.
127 AnwK/*Krebs*, 2. Aufl. (2012), § 314, Rn. 38f.; jurisPK/*Weth*, 6. Aufl. (2013), § 314 Rn. 32.
128 MüKo-BGB/*Gaier*, 6. Aufl. (2012), § 314 Rn. 16; Vgl. BGH, NJW 1985, 2640 zu § 323 aF.
129 jurisPK-BGB/*Weth*, 6. Aufl. (2013), § 314 Rn. 35; AnwK/*Krebs*, 2. Aufl. (2012), § 314 Rn. 39; Müko-BGB/*Gaier*, 6. Aufl. (2012), § 314 Rn. 16.
130 Bejahend Bamberger/Roth-*Unberath*, 3. Aufl. (2012), § 314 Rn. 18; a. A. MüKo-BGB/ *Gaier*, 6. Aufl. (2012), §314 Rn. 16; *v. Hase*, NJW 2002, 2278, 2280.
131 Aufgrund einer Neufassung des § 323 Abs. 2 BGB durch das VerbrRRL-UG, welche die dortige Möglichkeit des sofortigen Rücktritts unter besonderen Umständen bei Abwägung beiderseitiger Interessen (Nr. 3) durch den Zusatz „im Falle einer nicht vertragsgemäß erbrachten Leistung" einschränkt (BR- Drucks. 817/12, S. 96), wird auch § 314 Abs. 2 S. 2 BGB ab dem 13. 6. 2014 durch die folgenden Sätze ersetzt: „*Für die Entbehrlichkeit der Bestimmung einer Frist zur Abhilfe und für die Entbehrlichkeit einer Abmahnung findet § 323 Absatz 2 Nummer 1 und 2 entsprechende Anwendung. Die Bestimmung einer Frist zur Abhilfe und eine Abmahnung sind auch entbehrlich, wenn besondere Umstände vorliegen, die unter Abwägung der beiderseitigen Interessen die sofortige Kündigung rechtfertigen.*", BT-Drucks. 17/13951, S. 16. Der bisherige generelle Verweis auf § 323 Abs. 2 BGB eröffnet aufgrund der dortigen Beschränkung nun nicht mehr die in Abs. 2 Nr. 3 genannte Möglichkeit des sofortigen Rücktritts in ihrem vollem Umfang, daher soll durch die Neufassung des § 314 Abs. 2 S. 2 BGB die bisherige Rechtslage aufrechterhalten werden, Palandt/*Grüneberg*,

4. Beiderseitige Interessenabwägung

Eine außerordentliche Kündigung ist lediglich *ultima ratio*; eine Fortsetzung des Schuldverhältnisses bis zum Ablauf der Kündigungsfrist muss unzumutbar sein.[132] Die Unzumutbarkeit der kündigenden Partei muss auf einer umfassenden Abwägung der Interessen beider Vertragsparteien fußen.[133] Die Schwere der Belastung für den Kündigenden allein genügt nicht;[134] vielmehr müssen auch die Interessen des Kündigungsgegners angemessene Berücksichtigung finden.[135] Abwägungskriterien für die Beurteilung sind die Schwere der Pflichtverletzung, die verbleibende Dauer der noch laufenden Vertragsbeziehung[136] sowie der maßgeblicher Zweck des Vertrages und die Besonderheiten des Vertragstyps.[137] Beispielsweise kann bei Fitness-Studio-Verträgen die Kündigung bei einer Schwangerschaft – obwohl sie in die Risikosphäre der Kündigenden fällt – unter Abwägung der Interessen möglich sein.[138]

5. Kündigungsausübungsfrist, § 314 Abs. 3 BGB

Nach § 314 Abs. 3 BGB ist eine Kündigung „nur innerhalb einer angemessenen Frist" möglich, andernfalls ist die Kündigung unwirksam.[139] Angesichts der Verschiedenheit der einzelnen Dauerschuldverhältnisse wurde auf die Bestimmung einer festen Frist verzichtet,[140] entscheidend ist daher stets der Einzelfall unter Berücksichtigung des Kündigungszwecks, der Umfang der benötigten Ermittlungen und der Auswirkungen für die Beteiligten.[141] Als Orientierungshilfe kann auf die Zwei-Wochen Frist bei Dienstverträgen gemäß § 626 Abs. 2

BGB, 73. Aufl. (2014), § 314 Rn. 14.
132 *Lorenz/Riehm*, Lehrbuch zum neuen Schuldrecht, 2002, Rn. 244.
133 Hk-BGB/*Schulze*, 7. Aufl. (2012), § 314 Rn. 3.
134 BT-Drucks. 14/6040, S. 178.
135 Vgl. BGH, NJW 1978, 947, 948 zur Kündigung wegen Überziehung des Kontokorrentkredits.
136 *Lorenz/Riehm*, Lehrbuch zum neuen Schuldrecht, 2002, Rn. 243.
137 BT-Drucks. 14/6040, S. 178.
138 BVerfG, NJW 2005, 2383.
139 Hierzu BGH, NJW-RR 2010, 1500; Palandt/*Grüneberg*, BGB, 73. Aufl. (2014), § 314 Rn. 10; MüKo-BGB/*Gaier*, 6. Aufl. (2012), § 314 Rn. 20.
140 BT-Drucks. 14/6040 S. 178.
141 BGH, NZM 2010, 552, 553, Tz. 15; BGH, NJW 2011, 1438, 1440; Palandt/*Grüneberg*, BGB, 73. Aufl. (2014), § 314 Rn. 10.

BGB rekurriert werden.[142]

VII. Treu und Glauben als allgemeine Kündigungsschranke

1. Rechtsbegrenzungsfunktion des § 242 BGB

Das Kontinuitätsinteresse wird schließlich – außerhalb der vom Gesetzgeber speziell normierten Kündigungsgründe – über den Grundsatz von Treu und Glauben als allgemeine Kündigungsschranke gewahrt.[143] Diesem werden verschiedene Funktionen zugeschrieben.[144] In erster Linie entfaltet § 242 BGB eine Rechts*begrenzungs*funktion, d. h. er schränkt die Ausübung an sich gegebener Rechte ein; zu nennen ist hier insbesondere die Fallgruppe der unzulässigen Rechtsausübung bzw. des Rechtsmissbrauchs.[145] Darüber hinausgehend kann § 242 BGB in Ausnahmefällen aber auch rechts*begründend* wirken; so wird Treu und Glauben auch als Basis für die Begründung von Nebenpflichten herangezogen.[146]

Wenn es bei *Dauerschuldverhältnissen* um die Schranken der Kündigung geht, ist umstritten, ob damit die Rechtsbegrenzungs- oder aber die – tatbestandlich strengere - Rechtsbegründungsfunktion des § 242 BGB angesprochen sind. *Ulmer* will auf die strengeren Anforderungen einer Rechts*begründung* aus § 242 BGB rekurrieren mit dem Argument, die Begrenzung der Kündigungsmöglichkeit führe zu einer ständigen Neubegründung von Pflichten im (weiterlaufenden) Dauerschuldvertrag.[147] *Canaris* ordnet demgegenüber die Schran-

---

142 *Lorenz/Riehm*, Lehrbuch zum neuen Schuldrecht, 2002, Rn. 246; *v. Hase*, NJW 2002, 2278, 2279.
143 *Bitter/Alles*, WM 2013, 537 ff.; *Ulmer*, FS Möhring, 1975, S. 295, 317.
144 (1.) Ergänzungsfunktion bzgl. Nebenleistungs- und Schutzpflichten; (2.) Rechtsbegrenzungsfunktion; (3.) Korrekturfunktion, z. B. im Schadens- und Bereicherungsrecht; (4.) Ermächtigungsgrundlage zur Entwicklung von billigen Rechtssätzen, Jauernig/*Mansel*, 14. Aufl. (2011), § 242 Rn. 5 ff.
145 Unter den Rechtsmissbrauch bzw. die unzulässige Rechtsausübung fallen missbilligtes oder widersprüchliches vorangegangenes Verhalten (*venire contra factum proprium*), die Verwirkung wegen Zeitablaufs oder das Fehlen eines berechtigten Interesses an der Rechtsdurchsetzung (*dolo agit qui petit quod statim redditurus est*: Unverhältnismäßigkeit der Nachteile für die Gegenseite bei milderen Mitteln, etc.), MüKo-BGB/*Roth/Schubert*, 6. Aufl. (2012), § 242 Rn. 199, 241 f., 281, 284 ff., 329, 408 ff, 417 ff.
146 Insbesondere Nebenpflichten in bestehenden Vertragsverhältnissen wie Informations- und Auskunftspflichten; (Leistungs-) treuepflichten; Schutzpflichten, die keine Leistungsbeziehung voraussetzen, Jauernig/*Mansel*, 14. Aufl. (2011), § 242 Rn. 6, 19 ff.

ken einer Kündigung der Rechtsbegrenzungsfunktion zu.[148] Dies überzeugt.[149] Dogmatisch geht es um eine Einschränkung eines an sich bestehenden Gestaltungsrechts, mithin um eine Begrenzung. Die Interessenlage spricht – wie *Canaris* ausführt – ebenfalls für eine bloße Rechtsbegrenzung, da bei der Kündigung als *einseitigem* Rechtsgeschäft die *andere* Seite, der Kündigungsadressat, einen erhöhten Schutz verdiene.[150] Bei einer Rechtsbegründung wäre dagegen umgekehrt die *verpflichtete* Partei, hier also der Kündigende, schützenswerter, da ihr die autonome Zustimmung zur Vertragsfortführung entzogen werde.[151] Die Kündigungsschranken bezwecken jedoch gerade den Schutz des Kündigungsadressaten vor der Gestaltungsmacht des Kündigenden, mithin steht die Rechtsbegrenzung im Fokus. Rechtsbegrenzende Fallgruppen im Rahmen des § 242 BGB sind insbesondere die Verbote widersprüchlichen Verhaltens (*venire contra factum proprium*) sowie das privatrechtliche Übermaßverbot *(inciviliter agere)*.[152]

2. Keine Kündigung zur Unzeit

a) Tatbestand und Sinn und Zweck

Eine Ausprägung der Rechtsbegrenzungsfunktion von Treu und Glauben stellt das Verbot einer Kündigung zur Unzeit dar.[153] Es hat partiell eine gesetzliche Regelung erfahren.[154] So dürfen nach §§ 723 Abs. 2, 627 Abs. 2 und 671 Abs. 2 BGB[155] eine Gesellschaft, ein Dienstvertrag durch den Dienstverpflichteten und ein Auftrag durch den Beauftragten nur zu einem Zeitpunkt gekündigt werden, der auf die vertraglich relevanten Interessen des Vertragspartners Rücksicht nimmt,[156] es sei denn, es liegt ein wichtiger Grund gerade für den gewählten

---

147 *Ulmer*, FS Möhring, 1975, S. 295, 303, 305.
148 *Canaris*, ZHR 143 (1979), 113, 123.
149 So auch *Bitter/Alles*, WM 2013, 537, 538.
150 *Canaris*, ZHR 143 (1979), 113, 123.
151 *Canaris*, ZHR 143 (1979), 113, 123.
152 *Bitter/Alles*, WM 2013, 537, 538; *Canaris*, ZHR 143 (1979), 113, 124, 128. Eingehend zum Übermaßgedanken *M. Stürner*, Die Verhältnismäßigkeit im Schuldvertragsrecht, 2010.
153 *Bitter/Alles*, WM 2013, 537, 540 f.; ErfK/*Müller-Glöge*, 14. Aufl (2014), § 627 BGB Rn. 6; van Venrooy, JZ 1981, 53 ff.
154 Vgl. auch § 671 Abs. 2 S. 1 BGB für den Beauftragten; § 712 Abs. 2 i. V. m. für den Gesellschafter-Geschäftsführer; § 2226 S. 3 i. V. m. § 671 BGB für den Testamentsvollstrecker.
155 Auf § 671 Abs. 2 S. 1 BGB verweisen § 712 Abs. 2 i. V. m. für den Gesellschafter-Geschäftsführer und § 2226 S. 3 für den Testamentsvollstrecker.

Kündigungszeitpunkt vor. Das Verbot der Kündigung zur Unzeit zielt ebenso wie das Erfordernis bestimmter Kündigungsfristen auf den Dispositionsschutz des Kündigungsempfängers.[157] Gesetzlich ist das Verbot unzeitiger Kündigungen daher nur angeordnet, wenn ein Vertrag ohne die Einhaltung einer Frist beendet werden kann.[158] Allerdings ist anerkannt, dass es auch für die außerordentliche Kündigung Geltung beansprucht.[159]

Die Kündigung einer Gesellschaft erfolgt dann zur im Unzeit, „wenn gerade dieser Zeitpunkt die gemeinschaftlichen Interessen der Gesellschafter verletzt bzw. dem einzigen Mitgesellschafter Schaden zufügt";[160] diejenige durch einen Dienstverpflichteten dann, wenn sich der Dienstberechtigte die Dienste nicht rechtzeitig anderweitig beschaffen kann, § 627 Abs. 2 S. 1 BGB. Beispielsweise darf nach § 627 Abs. 2 BGB ein Rechtsanwalt seinen Mandanten nicht so kurz vor einem wichtigen Fristablauf oder Termin verlassen, dass eine anderweitige Vertretung nicht möglich ist[161] oder ein Arzt seine Behandlung nur abbrechen, wenn dadurch keine Gesundheitsgefahr für den Patienten erwächst.[162] Bei einem Darlehensvertrag bedeutet das Verbot, dass die Kündigung nicht ohne Vorwarnung und ohne dem Kreditnehmer eine Abhilfemöglichkeit zu geben, erfolgen kann.[163]

Da das Verbot der Kündigung zur Unzeit Ausfluss von Treu und Glauben ist, ist es auf alle anderen Dauerschuldverhältnisse übertragbar.[164] Namentlich die

---

156 Vgl. MüKo-BGB/*Carsten Schäfer*, 6. Aufl. (2013) § 723 Rn. 53.
157 Oetker, Das Dauerschuldverhältnis und seine Beendigung, 1994, S. 313.
158 Oetker, Das Dauerschuldverhältnis und seine Beendigung, 1994, S. 314.
159 Je länger die Kündigungsfrist ist, desto weniger kommt eine Kündigung zur Unzeit in Betracht, *Oetker*, Das Dauerschuldverhältnis und seine Beendigung, 1994, S. 314. Nach *Hadding*, FS Heinsius, 1991, S. 183, 198 f., verbleibe dagegen dem Verbot der unzeitigen Kündigung bei Vorliegen eines wichtigen Grundes für die Kündigung überhaupt kein Raum.
160 OLG Karlsruhe, NZG 2003, 324, 325; vgl. Palandt/Sprau, 73. Aufl. (2014), § 723 Rn. 6.
161 MüKo-BGB/*Henssler*, 6. Aufl. (2012) § 723 Rn. 33 m. w. N.; BeckOK-BGB/*Fuchs*, 28. Edition (2013), § 627 Rn. 8; Erman/Belling, 13. Aufl. (2011), § 627 Rn. 9.
162 Staudinger/*Preis*, BGB, Neubearb. 2012, § 627 Rn. 28; MüKo-BGB/*Henssler*, 6. Aufl. (2012) § 723 Rn. 33; BeckOK-BGB/Fuchs, 28. Edition (2013), § 627 Rn. 8.
163 LG Frankenthal, ZIP 2006, 752, 752 f. Auf den Darlehensvertrag ist das Verbot aus Treu und Glauben sowie aus einer Analogie zu den § 627 Abs. 2, § 671 Abs. 2, § 675 Abs. 1 Halbs. 2, § 723 Abs. 2 BGB anzuwenden, LG Frankenthal, ZIP 2006, 752, Orientierungssatz.
164 MüKo-BGB/*Henssler*, 6. Aufl. (2012) § 723 Rn. 31, 37; Oetker, Das Dauerschuldverhältnis und seine Beendigung, 1994, S. 313; *Canaris*, ZHR 143 (1979), 113, 114; nach ErfK/ *Müller-Glöge*, 14. Aufl. (2014), § 627 BGB Rn. 6 wohl nur auf solche, die wie § 627 BGB auf einer besonderen Vertrauensstellung basieren.

Regelung des § 627 Abs. 2 BGB lässt sich z. B. auf das Arbeitsverhältnis[165] und den Darlehensvertrag[166] erstrecken. Allerdings ist die Kündigung eines Kredits nicht schon dann „unzeitig", wenn sie im Moment von Sanierungsbemühungen eines Unternehmens ausgesprochen wird.[167] Sie ist allerdings so zu formulieren, dass dem Kreditnehmer Zeit für eine Umschuldung verbleibt.[168]

b) Rechtsfolgen einer unzeitigen Kündigung

Eine unzeitig vorgenommene Kündigung berührt indes die Wirksamkeit der Kündigung nicht,[169] sondern führt (lediglich) zu einer Schadensersatzpflicht des Kündigenden, § 723 Abs. 2 S. 2[170] bzw. § 627 Abs. 2 S. 2 BGB.[171]

Ausnahmsweise kann eine Kündigung zur Unzeit nach § 242 BGB jedoch unwirksam sein, z. B. wenn absichtlich oder auf Grund einer Missachtung der persönlichen Belange des Arbeitnehmers ein besonders ungünstiger Zeitpunkt der Kündigung für den anderen Vertragsteil gewählt wird.[172] In dem Kündigungszeitpunkt muss „eine Beeinträchtigung berechtigter Interessen des Kündigungsgegners, insbesondere auf Achtung seiner Persönlichkeit" liegen.[173] Dies sind jedoch seltene Ausnahmefälle: So haben z. B. nicht genügt die Kündigung einer Arbeitnehmerin im Zeitraum zwischen Versterben und Beerdigung ihres langjährigen Lebensgefährten in einem nur wenige Monate bestehenden

---

165 BAG NJW 2001, 2994; MüKo-BGB/*Henssler*, 6. Aufl. (2012) § 723 Rn. 31.
166 LG Frankenthal, ZIP 2006, 752; Oetker, Das Dauerschuldverhältnis und seine Beendigung, 1994, S. 313; *Hadding*, FS Heinsius, 1991, S. 183, 198; *Canaris*, ZHR 143 (1979), 113, 114; Schimansky/Bunte/Lwowski/*Bruchner/Krepold*, Bankrechts-Handbuch, 4. Aufl. (2011), § 79 Rn. 162 ff.
167 *Canaris*, ZHR 143 (1979), 113, 115.
168 *Hadding*, FS Heinsius, 1991, S. 183, 198; *Canaris*, ZHR 143 (1979), 113, 115; Schimansky/Bunte/Lwowski/*Bruchner/Krepold*, Bankrechts-Handbuch, 4. Aufl. (2011), § 79 Rn. 163.
169 H. M., vgl. *Canaris*, ZHR 143 (1979), 113, 115; Schimansky/Bunte/Lwowski/*Bruchner/Krepold*, Bankrechts-Handbuch, 4. Aufl. (2011), § 79 Rn. 164 m. w. N.; a. A. *van Venrooy*, JZ 1981, 53, 57, welcher eine Nichtigkeit der unzeitigen Kündigung wegen Gesetzesverstoß nach § 134 BGB annimmt. Anders kann dies bei Vorliegen besonderer, weitergehender Umstände liegen: dann kommt eine Unwirksamkeit der Kündigung nach § 242 BGB in Betracht, MüKo-BGB/*Henssler*, 6. Aufl. (2012) § 723 Rn. 38.
170 OLG Karlsruhe, NZG 2003, 324, 325.
171 MüKo-BGB/*Henssler*, 6. Aufl. (2012) § 723 Rn. 34; *Oetker/Maultzsch*, Vertragliche Schuldverhältnisse, 4. Aufl. (2013), § 7 Rn. 121.
172 BAGE 97, 294 = NJW 2001, 2994, 2995; BAG, NZA 2001, 63, 65.
173 BAGE 97, 294 = NJW 2001, 2994, 2995; BAG, NZA 2001, 63, 65.

Arbeitsverhältnis, da hier die Pflichten zur Rücksichtnahme noch nicht so ausgeprägt waren wie bei einem langjährigen Arbeitsverhältnis;[174] der bloße zeitlich enge Zusammenhang mit einer Fehlgeburt der Arbeitnehmerin, da hier das Mutterschutzgesetz nicht eingreift;[175] der Zugang der Kündigung am Heiligabend, insbesondere da der 24. 12. ein Werktag ist und der Zugang zur Einhaltung der Kündigungserklärungsfrist des § 626 Abs. 2 BGB notwendig war.[176] Dagegen wurde eine Kündigung, die dem Arbeitnehmer nach einem schweren Arbeitsunfall am gleichen Tag unmittelbar vor seiner Operation im Krankenhaus ausgehändigt wurde, als unwirksam erachtet.[177]

3. Der *tu quoque*-Einwand des Kündigungsgegners

Ein weiterer Anwendungsfall der Rechtsbegrenzungsfunktion des § 242 BGB ist der sog. *tu quoque*-Einwand.[178] Hiernach ist eine außerordentliche, vom Vorliegen einer Pflichtverletzung abhängige Kündigung unwirksam, wenn der Kündigende selbst vertragsuntreu ist.[179] Kündigt etwa der Vermieter wegen Zahlungsverzuges, kann der Mieter mit dem sog. *tu quoque*-Einwand die fehlende eigene Vertragstreue des Vermieters rügen, wenn letzterer Mängel am Mietobjekt nicht beseitigt hat.

Allgemein kann ein Schuldner etwaigen Gestaltungs- oder Forderungsrechten des Gläubigers den Einwand mangelnder Vertragstreue entgegenhalten,[180] wenn dessen Verhalten „nach Art und Tragweite" geeignet ist, „den Vertragszweck zu gefährden oder zu vereiteln."[181] Bekannt ist dieser Einwand als *tu quoque*-Einwand.[182] Dieser gilt als „Rechtssatz von beinahe axiomatischem Format",[183] wobei für seine Fundierung verschiedene Erklärungsansätze bereitgehalten werden. Teils wird er als „Sanktionsausschluss nach eigenem

---

174 BAGE 97, 294 = NJW 2001, 2994, 2995.
175 BAG, NZA 1991, 63, 66 f.
176 BAG, NZA 1986, 97, 98.
177 LAG Bremen, LAGE § 242 BGB Nr. 1 = Betriebsberater 1986, 393.
178 Vgl. zum Folgenden Abschnitt bereits *Weller*, Die Vertragstreue, 2009, S. 52 f.
179 *Ulmer*, FS Möhring, 1975, S. 295 f. mit Fn. 4.
180 Vgl. *Hüffer*, Leistungsstörungen durch Gläubigerhandeln, 1976, S. 209 f.
181 BGH, Urt. v. 6. 7. 2004 – XI ZR 250/02, BGHReport 2005, 78 unter II. A. 2. b); BGH, Urt. v. 15. 10. 1993 – V ZR 141/92, WM 1994, 215, 216.
182 BGH, Urt. v. 13. 11. 1998, V ZR 386/97, NJW 1999, 352, 353: „Einwand eigener Vertragstreue des Zurücktretenden (‚tu quoque')."
183 *E. Lorenz*, JuS 1972, 311, 312.

Normbruch",[184] teils als Ausfluss der *unclean hands*-Doktrin[185] verstanden. *Wieacker* hat den Grundgedanken der *tu quoque*-Formel positiv formuliert: „Nur der selbst Rechtstreue darf Rechtstreue fordern."[186] Die Rechtsprechung leitet den *tu quoque*-Grundsatz aus § 242 BGB ab:

Es kann „gegen Treu und Glauben verstoßen, wenn jemand die eigene Vertragspflicht verletzt, aber trotzdem von seinem Vertragsgegner die Erfüllung des Vertrages verlangt oder aus dessen Vertragsverletzung Rechte herleiten will."[187]

Der *tu quoque*-Einwand wurde für einen Teil der Fälle der Gläubigerverantwortlichkeit für die Leistungsstörung im Rahmen der Schuldrechtsmodernisierung kodifiziert. So schließt § 323 Abs. 6 BGB das Rücktrittsrecht des Gläubigers aus, wenn der Gläubiger für den Umstand, der ihn zum Rücktritt berechtigen würde, überwiegend verantwortlich ist.[188]

Für die Kündigung aus wichtigem Grund kann nichts anderes gelten. Das Verhalten des Kündigenden kann hier bereits im Tatbestandsmerkmal des wichtigen Grundes (alle Umstände des Einzelfalls und umfassende Interessenabwägung, § 314 Abs. 1 S. 2 BGB) berücksichtigt werden. Ein eigenes Verschulden des Kündigenden schließt das Kündigungsrecht zwar nicht per se aus.[189] Anders ist dies aber zu bewerten, wenn der Kündigende die Störung des Vertrauensverhältnisses überwiegend selbst verursacht hat.[190] So hielt das Reichsgericht eine Kündigung durch einen Mieter wegen eines Mangels der Wohnung in Form von Ungezieferbefall für unwirksam, weil der Mieter „die Bemühungen des Kammerjägers nicht positiv unterstützt" habe.[191] Positivrechtlich findet sich der *tu quoque*-Einwand heute in § 536c BGB, wonach der Mieter dem Vermieter einen Mangel anzuzeigen hat, andernfalls er eigene Rechte einbüßt (§ 536c Abs. 2 S. 2 BGB).[192]

---

184 *Teubner*, Gegenseitige Vertragsuntreue, 1975, S. 3.
185 *Prölss*, ZHR 132 (1969), 35, 55 f.
186 *Wieacker*, Zur rechtstheoretischen Präzisierung des § 242, 1960, S. 31 f.
187 So BGH Urt. v. 19. 11. 1959 – VIII ZR 115/58, LM § 326 (C) BGB Nr. 1a.
188 *Grigoleit*, FS Canaris, Bd. I, 2007, S. 275, 280.
189 BGH, Urt. v. 15. 11. 1962, VII ZR 113/61 = BB 1963, 160; NJW 1969, 1845, 1846.
190 BGH, NJW 1966, 347, 348; BGH, NJW 1981, 1264, 1265; BeckOK-BGB/*Unberath*, 28. Edition (2011), § 314 Rn. 8.
191 RG, Urt. v. 17. 2. 1911, III 676/09, JW 1911, 359, 360: „Es ist demnach unzutreffend, wenn die Revision ausführt, die Beklagten [= Sachleistungsgläubiger] seien zur Mitwirkung bei der Beseitigung nicht, d. h. nach dem Zusammenhange: überhaupt nicht verpflichtet gewesen."

VIII. Verlängerung durch stillschweigende einvernehmliche Fortsetzung des Dauerschuldvertrages

Anders als im japanischen Reformvorschlag vorgesehen kennt das deutsche Recht keine allgemeine Bestimmung, die (einseitig!) dem Fortsetzungsinteresse einer Seite gegenüber dem Beendigungsinteresse der anderen Seite Rechnung tragen würde. Anerkannt ist im deutschen Recht ausgehend von einigen Spezialregelungen wie § 545 BGB[193] lediglich, dass ein gekündigtes oder aufgrund Befristung endendes Dauerschuldverhältnis[194] unbefristet auf Grundlage der alten Konditionen weitergeführt wird, wenn es von beiden Seiten stillschweigend einvernehmlich fortgeführt wird.[195]

§ 545 wie auch § 625 BGB soll nach allgemeiner Meinung[196] vorwiegend der

---

192 Neben der Sicherung des Integritätsinteresses will die Vorschrift den Vermieter in die Lage versetzen, seinen zukünftigen Naturalerfüllungspflichten nachzukommen, BeckOK-BGB/*Ehlert*, 28. Edition (2012), § 536c, Rn. 1.

193 Im Dienstvertragsrecht existiert eine vergleichbare Regelung (§ 625 BGB), ebenso im Arbeitsrecht (§ 15 Abs. 5 TzBfG), wobei allein der Dienstberechtigte widersprechen kann, sowie im Handelsvertreterrecht (§ 89 Abs. 3 S. 1 HGB), wo ein beiderseitiger Fortsetzungswille nötig ist, der bei dem Widerspruch einer der Parteien ausscheidet, Baumbach/Hopt/*Hopt*, § 89 Rn. 21. Im Falle des § 24 Berufsbildungsgesetz wird sogar ein neues, andersartiges Vertragsverhältnis an Stelle des abgelaufenen befristeten Ausbildungsverhältnisses begründet, MüKo-BGB/*Henssler*, 6. Aufl. (2012), § 625 Rn. 5; BAG, Urteil vom 05. April 1984 – 2 AZR 54/83 = EzB BBiG § 14 Abs. 2 Nr. 18; Staudinger/*Preis*, BGB, Neubearb. 2012, § 625 Rn. 5; ErfK/*Müller-Glöge*, 14. Aufl. (2014), § 625 BGB Rn. 2.

Dagegen weicht § 724 S. 2 BGB von dieser Regelung ab, der für den Falle der Fortsetzung einer Gesellschaft nach dem Ablauf ihrer bestimmten Zeit eine Auslegungsregel für ihre jederzeitige Kündbarkeit aufstellt, MüKo-BGB/*Carsten Schäfer*, 6. Aufl. (2013) § 724 Rn. 11.

194 Irrelevant ist bei § 545 BGB, auf welcher Grundlage das Mietverhältnis ausläuft, ob durch Kündigung, Befristung, Anfechtung, Aufhebungsvertrag etc., vgl. MüKo-BGB/*Bieber*, 6. Aufl. (2012), § 545 Rn. 5; Schmidt-Futterer/*Blank*, Mietrecht, 11. Aufl. (2013), § 545 Rn. 4 ff. Beim Aufhebungsvertrag ist aber eine mögliche Abbedingung des § 545 BGB zu berücksichtigen, die jedoch nicht automatisch anzunehmen ist, Schmidt-Futterer/*Blank*, Mietrecht, 11. Aufl. (2013), § 545 Rn. 9.

195 Die Gebrauchsfortsetzung liegt in einem rein tatsächlichen Verhalten, Jauernig/*Teichmann*, 14. Aufl. (2011), § 545 Rn. 2. Anders bei dem die gleiche Funktion einnehmenden § 594 S. 2–4 BGB für den (auf mindestens drei Jahre) befristeten Pachtvertrag: hier muss der Verlängerungsinteressent der anderen Partei im drittletzten Jahr! eine Anfrage stellen und darauf hinweisen, dass der Vertrag verlängert wird, sollte die Anfrage nicht abgelehnt werden.

196 BT-Drucks. 14/4553, S. 44; MüKo-BGB/*Bieber*, 6. Aufl. (2012), § 545 Rn. 1; MüKo-BGB/*Henssler*, 6. Aufl. (2012), § 625 Rn. 1; ErfK/*Müller-Glöge*, 14. Aufl. (2014), § 625 BGB

Rechtsklarheit dienen, um keinen vertragslosen Zustand zu schaffen, mithin weniger dem Schutz des Mieters/ Dienstverpflichteten. Daher sind § 545 BGB[197] und § 625 BGB[198] abdingbar.[199] Da die Verlängerung nicht auf der besonderen Schutzbedürftigkeit einer Partei beruht, ist das in §§ 545, 625 BGB aufscheinende Kontinuitätsprinzip einer Verallgemeinerung zugänglich und daher auf alle Dauerschuldverhältnisse zu übertragen, um einen „Schritt ins Leere" der Parteien zu verhindern. Insbesondere kann den Parteien für gewöhnlich ein Verlängerungswille unterstellt werden,[200] wenn (1.) die eine Partei weiter ihre Leistung erbringt, da eine Rückabwicklung nach Bereicherungsrecht für sie in der Regel zu nachteiligen Ergebnissen führen wird, und (2.) die andere Partei davon weiß, da sie andernfalls aus ihren nachvertraglichen Schutzpflichten dazu verpflichtet sein müsste, die Leistung zurückzuweisen. Die (negative) Vertragsabschlussfreiheit[201] der Parteien ist hier durch die einfache Verhinderungsmöglichkeit der Verlängerung durch Widerspruch nur geringfügig betroffen; die Vorteile der Rechtssicherheit wiegen diesen Eingriff auf.

IX. Treu und Glauben als Grundlage für weitere Leistungsansprüche

Treu und Glauben kann ausnahmsweise über seine rechtsbegrenzende Funktion hinaus auch rechtsbegründend wirken, d. h. weitere oder neue klag- und vollstreckbare Leistungsansprüche hervorbringen.

1. Rechtsbegründende Funktion von § 242 BGB

§ 242 BGB schränkt über seine Rechts*begrenzungs*funktion Kündigungen bei rechtsmissbräuchlichem Verhalten ein.[202] Darüber hinausgehend wirkt § 242 BGB aber auch rechts*begründend*; namentlich Treue- und Leistungstreuepflich-

---

Rn. 1.
197 MüKo-BGB/*Bieber*, 6. Aufl. (2012), § 545 Rn. 4.
198 ErfK/*Müller-Glöge*, 14. Aufl. (2014), § 625 BGB Rn. 8; MüKo-BGB/*Henssler*, 6. Aufl. (2012), § 625 Rn. 23.
199 Nicht abdingbar ist dagegen der speziell arbeitsrechtliche § 15 V TzBfG, ErfK/*Müller-Glöge*, 14. Aufl. (2014), § 625 BGB Rn. 8; MüKo-BGB/*Henssler*, 6. Aufl. (2012), § 625 Rn. 23.
200 Ebenso BT-Drucks. 14/4553, S. 44, unter Verweis auf die komplizierte und nach dem mutmaßlichen Parteiwillen zu verhindernde Abwicklung nach den §§ 987 ff., 812 ff. BGB.
201 Hierzu *Weller*, Die Vertragstreue, 2009, S. 154 ff.

ten werden aus § 242 BGB abgeleitet.[203] Diese sind auf Rechtsfolgenseite als Rücksichtspflichten grundsätzlich nur schadensersatzbewehrt (§§ 280 Abs. 1, 241 Abs. 2 BGB), nicht jedoch klagbar (§ 241 Abs. 1 BGB).[204] Eine Ausnahme gilt bei hinreichender Bestimmbarkeit des Treuepflichtinhalts und überwiegendem schutzwürdigen Interesse des Gläubigers.[205] In diesem Fall können auch Treuepflichten in Natur durchgesetzt werden.

2. Anspruch auf Vertragsverlängerung am Beispiel der Kreditlinie

Dies lässt sich für Dauerschuldverträge am Beispiel der Verlängerung einer Kreditlinie exemplifizieren. So kann sich ein Anspruch auf Kreditverlängerung oder –erhöhung grundsätzlich aus den aus § 242 BGB folgenden Treuepflichten ergeben.[206] Jedoch sind hierfür noch höhere Anforderungen als für Beschränkungen der Beendigungsfreiheit zu stellen, da die Leistungspflichtbegründung mangels Mitwirkungsbefugnis des Kreditgebers in diesem Fall *keine privatautonome*, sondern „nur" eine gesetzliche Legitimationsgrundlage aufweist.[207]

Die Intensität der Treuepflichten hängt von der Tiefe der konkreten vertraglichen Vertrauensbeziehung ab.[208] Ungeachtet dessen sind Treuepflichten bei Verträgen mit Fremdinteressenwahrungscharakter besonders ausgeprägt.[209]

Der Bankvertrag ist ein (Fremd-) Interessenwahrungsvertrag,[210] weshalb den Treuepflichten hier eine besondere Bedeutung zukommt. Jeder Verlängerungsanspruch ist begrenzt durch die schutzwürdigen Interessen des Kreditgebers. Diesem muss die Kreditverlängerung *zumutbar* sein.[211] Dies hängt insbesondere davon ab, ob die zu gewährende Kreditlinie von ausreichenden Sicherheiten des Kreditnehmers gedeckt ist, sei es, dass diese noch vorhanden und nicht

---

202 Supra unter VII.
203 Insbesondere Nebenpflichten in bestehenden Vertragsverhältnissen wie Informations- und Auskunftspflichten; (Leistungs-)treuepflichten; Schutzpflichten, die keine Leistungsbeziehung voraussetzen, Jauernig/*Mansel*, 14. Aufl. (2011), § 242 Rn. 6, 19 ff.
204 Ausführlich zu Tatbestand und Rechtsfolgen von Rücksichtspflichten *Weller*, Die Vertragstreue, 2009, S. 240 ff., 260 ff.
205 *Weller*, Die Vertragstreue, 2009, S. 265 ff., 268 f.
206 Ausführlich *Canaris*, ZHR 143 (1979), 113, 121, 123 f.; relativierend *Bitter/Alles*, WM 2013, 537, 538: „sehr weitreichender Vorstoß".
207 *Canaris*, ZHR 143 (1979), 113, 123 f.
208 Vgl. MüKo-BGB/*Roth/Schubert*, 6. Aufl. (2012), § 242 Rn. 232 ff.
209 *Ulmer*, FS Möhring, 1975, S. 295, 298 f; *Canaris*, ZHR 143 (1979), 113, 116 f.
210 Schimansky/Bunte/Lwowski/*Hopt*, Bankrechts-Handbuch, 4. Aufl. (2011), § 1 Rn. 25.
211 *Canaris*, ZHR 143 (1979), 113, 121.

ausgeschöpft, sei es, dass sie neu angeboten werden.[212] Auch können besondere Maßnahmen zum Schutz der Bank erforderlich sein, beispielsweise die Einschaltung eines Treuhänders oder der Bank selbst in die Kontrolle der Unternehmensführung.[213]

Nach *Canaris*[214] sind die Verbote des *venire contra factum proprium* (widersprüchliches Verhalten) sowie des *inciviliter agere* („privatrechtliches Übermaßverbot") – neben ihrer rechtsbegrenzenden Eigenschaft als Kündigungsschranke – mögliche rechtsbegründende Grundlagen für einen Verlängerungsanspruch des Kreditnehmers.[215] So könne sich aus § 826 BGB im außervertraglichen Bereich (unstreitig) ein Kontrahierungszwang ergeben; im vertraglichen Bereich müsse dieser aus § 242 BGB folgen.[216] Das Verbot des widersprüchlichen Verhaltens könne dann zu einem Verlängerungsanspruch führen, wenn ohne berechtigten Grund eine Verlängerung verweigert werde *obwohl* der Kreditgeber einen besonderen Vertrauenstatbestand geschaffen hatte, der den schutzwürdigen Kreditnehmer zu Dispositionen veranlasst habe.[217] Dies könne der Fall sein bei einer besonders starken Abhängigkeit des Kreditnehmers von seiner Bank, welche diese mit herbeigeführt habe.[218] Dagegen folge z. B. aus der Duldung eines Verhaltens in der Vergangenheit, insbesondere der Überziehung der Kreditlinie durch den Kreditnehmer, kein Erfüllungsanspruch für die Zukunft, da vielmehr der Kreditnehmer selbst für eine Erhöhung der Kreditlinie zu sorgen habe.[219]

Aus dem „privatrechtlichen Übermaßverbot" folge daneben in Form der Konkretisierung einer bestehenden Treuepflicht, dass ein grobes Missverhältnis zwischen den den Parteien drohenden Nachteilen zu einer – allerdings nur kurzfristigen – Kreditgewährung führen könne.[220] Denkbar erscheint dies insbesondere bei Sanierungsbedürftigkeit eines Unternehmens im Falle einer noch hinreichend besicherten Kreditlinie:[221] die Schäden, die dem Unternehmen aus

---

212 *Canaris*, ZHR 143 (1979), 113, 121, 123, 133, insbes. 135 f.
213 *Canaris*, ZHR 143 (1979), 113, 134.
214 *Canaris*, ZHR 143 (1979), 113, 122 ff.
215 *Canaris*, ZHR 143 (1979), 113, 124, 128.
216 *Canaris*, ZHR 143 (1979), 113, 122.
217 *Canaris*, ZHR 143 (1979), 113, 124, 126.
218 *Canaris*, ZHR 143 (1979), 113, 125.
219 *Canaris*, ZHR 143 (1979), 113, 128.
220 *Canaris*, ZHR 143 (1979), 113, 130 ff.
221 Vgl. zu Kündigungsschranken bei Sanierungskrediten *Bitter/Alles*, WM 2013, 537 ff.

dem Entzug der Kreditlinie drohten, könnten den „Todesstoß" bedeuten; für den Kreditgeber ergäben sich demgegenüber nur geringe Nachteile.[222]

X. Befristete Dauerschuldverträge: Schutz vor Umgehung der Kündigungsschranken

Ein Rechtssystem, das dem Bestand- und Kontinuitätsinteresse einer Vertragsseite über Kündigungsvoraussetzungen und -schranken Rechnung trägt, muss dafür Sorge tragen, dass diese Regelungen nicht durch entsprechende Vertragsgestaltungen umgangen werden.[223] Eine Umgehungskonstruktion besteht insbesondere im Abschluss befristeter Verträge oder gar im wiederholten Abschluss befristeter Verträge (Kettenverträge).[224] Daher unterliegen im Arbeits- und im Mietrecht Befristungen zwingenden Voraussetzungen.[225]

§ 575 Abs. 1 BGB statuiert für den Abschluss eines befristeten Mietvertrags enge Voraussetzungen.[226] Liegen diese Gründe bei Vertragsschluss nicht vor oder werden sie dem Mieter nicht schon beim Vertragsschluss mitgeteilt, gilt der Vertrag als unbefristet geschlossen (§ 575 Abs. 1 S. 1, 2. Hs., S. 2 BGB).[227] Verschiebt sich der Befristungsgrund oder fällt er vollständig weg, hat der Mieter einen Verlängerungsanspruch (§ 575 Abs. 3 BGB).

Entsprechendes gilt im Arbeitsrecht, wo gemäß § 620 Abs. 3 BGB i. V. m. § 14 Abs. 1 TzBfG[228] der Abschluss eines befristeten Arbeitsvertrags nur bei Vorliegen eines sachlichen Grundes zulässig ist.[229] Der vom Gesetzgeber angstrebte Normalfall soll der unbefristete Arbeitsvertrag sein.[230] Eine sachgrundlose

---

222 *Canaris*, ZHR 143 (1979), 113, 131.
223 Einer Abbedingung der Kündigungsschranken steht deren zwingender Charakter entgegen, vgl. §§ 557 Abs. 4, 569 Abs. 5, 572 BGB.
224 Begründung RegE Mietrechtsreformgesetz, BT-Drucks. 14/4553, S. 69.
225 § 575 Abs. 4 BGB; § 22 TzBfG; BeckOK-Arbeitsrecht/*Bayreuther*, 29. Edition (2012), § 14 TzBfG Rn. 6.
226 Dazu gehören der Eigenbedarf des Vermieters, der ihn nach § 573 Abs. 2 Nr. 2 BGB auch bei unbefristeten Verträgen zur Kündigung berechtigt (§ 575 Abs. 1 S. 1 Nr. 1 BGB), eine umfassende bauliche Veränderung der Räume (Nr. 2) und der Bedarf für Dienstberechtigte (Nr. 3).
227 Begründung RegE Mietrechtsreformgesetz, BTDrucks. 14/4553, S. 69.
228 Gesetz über Teilzeitarbeit und befristete Arbeitsverträge.
229 Auch ohne einen sachlichen Grund, aber mit weiteren Voraussetzungen, ist der Abschluss befristeter Arbeitsverträge bis max. 2–5 Jahre möglich, S. § 14 Abs. 2–3 TzBfG.
230 Begründung RegE TzBfG, BTDrucks. 14/4374, S. 12.

Befristung ist in den engen Grenzen der Abs. 2–3 TzBfG möglich. Das Hintereinanderschalten mehrere befristeter Verträge hat die Geltung des Arbeitsvertrags auf unbestimmte Zeit zur Folge, § 16 TzBfG.[231] Solche Kettenarbeitsverträge waren bereits zuvor bei Umgehung der Kündigungsschutzbestimmungen unwirksam.[232]

Die Beschränkungen der Abschlussfreiheit beruhen auf der besonderen sozialen Schutzbedürftigkeit des Arbeitnehmers und des Mieters, die sich in den Kündigungsschutzvorschriften ausdrücken. Auf andere Dauerschuldverhältnisse, die bei unbefristeter Laufzeit keinem zwingenden Kündigungsschutz unterliegen, sind die Befristungsbeschränkungen nicht übertragbar, da insoweit der Zweck der Befristungsregeln, Umgehungen zu verhindern, nicht verfängt.[233]

XI. Bilanz und Würdigung des japanischen Reformvorschlags

Abschließend soll eine Bilanz gezogen und der japanische Reformvorschlag aus Sicht des deutschen Rechts gewürdigt werden.

1. Besonderheiten von Dauerschuldverträgen

Dauerschuldverträge unterliegen einer besonderen Dogmatik. Als Identifizierungsmerkmale gelten insbesondere die *Zeit* als Gattungsmerkmal zur Festlegung des Leistungsumfangs (*Oetker*), die ständige Pflichtenanspannung des Schuldners (*Esser*), das ausgeprägte personale Element (*Beitzke*) sowie die Unerheblichkeit der Erfüllung für die Vertragsbeendigung (*v. Gierke*).

Die Vertragserfüllung (§ 362 BGB) hat in Dauerschuldverhältnissen anders als in punktuellen Austauschverträgen keine befreiende Wirkung. Eine Liberation kommt nur durch Kündigung in Frage. Daraus leitet die h.M. den Grundsatz der Kündigungsfreiheit ab: Jede Vertragspartei muss sich durch Kündigung wieder vom Vertrag lösen können.

Die Kündigungsfreiheit steht allerdings in einem Spannungsverhältnis zur

---

231 Str. für die neue Fassung des § 14 Abs. 3 TzBfG, BeckOK-Arbeitsrecht/*Bayreuther*, 29. Edition (2012), § 14 TzBfG Rn. 129.
232 ErfK/*Müller-Glöge*, 14. Aufl. (2014), § 14 TzBfG Rn. 1 m. N.
233 Ebenso für den Vertragshändler *Ulmer*, Der Vertragshändler, 1969, S. 478 f.

Vertragsbindung und kann dem Kontinuitätsinteresse des Kündigungsgegners widersprechen. Diesem kann an einer Aufrechterhaltung bzw. Fortsetzung des Dauerschuldverhältnisses gelegen sein.

2. Das Kontinuitätsinteresse im deutschen Recht

Das deutsche Recht trägt dem Kontinuitätsinteresse des Kündigungsgegners sehr differenziert Rechnung, was zu einem relativ komplexen Regelungsgefüge führt:

a) Bei der ordentlichen Kündigung sorgt die Kündigungsfrist für eine – freilich nur temporäre – Fortsetzung des Vertragsverhältnisses.

b) Bei sozial besonders schutzbedürftigen Rechtsverhältnissen – Miete und Arbeitsvertrag – wird der schwächere Mieter/Arbeitnehmer zudem noch insofern in seinem Bestandsinteresse geschützt, als selbst eine ordentliche Kündigung nur bei Vorliegen eines sachlichen Kündigungsgrundes (Eigenbedarf, verhaltens-, personen- bzw. betriebsbedingte Kündigung) möglich ist.

c) Beim Handelsvertreter und vergleichbaren Vertriebsverhältnissen wird das Kontinuitätsinteresse nur mittelbar über den pekuniären Ausgleichsanspruch geschützt.

d) Bei der außerordentlichen Kündigung sorgen die strengen Kündigungsvoraussetzungen (wichtiger Grund, vorherige Abmahnung, Interessenabwägung, kurze Kündigungsausübungsfrist) dafür, dass das Kontinuitätsinteresse des Kündigungsadressaten hinreichend berücksichtigt wird.

e) Der in Dauerschuldverträgen aufgrund des personalen Einschlags besonders intensive Grundsatz von Treu und Glauben fungiert zudem als allgemeine Kündigungsschranke. Er verbietet insbesondere eine Kündigung zur Unzeit.

f) Außerdem kann der Kündigungsgegner bei Kündigungen wegen einer Vertragsverletzung, z. B. wegen Zahlungsverzuges des Mieters, den *tu quoque*-Einwand erheben, wenn der Kündigende selbst vertragsuntreu war.

g) Im deutschen Recht gibt es – anders als nach dem japanischen Reformvorschlag – keine allgemeine Bestimmung, welche einseitig einer Partei einen Anspruch auf Verlängerung eines beendeten Dauerschuldvertrages einräumen würde. Eine Verlängerung kommt vielmehr nur bei einer stillschweigenden (einvernehmlichen) Fortsetzung des Dauerschuldvertrages in

Betracht.

h) Nur ganz ausnahmsweise hat eine Vertragspartei auf Grundlage von § 242 BGB einen einseitig durchsetzbaren Fortsetzungsanspruch, etwa auf Verlängerung einer Kreditlinie.

3. Würdigung des japanischen Reformvorschlages

a) Sinnvolle Regelungen

Im japanischen Reformentwurf scheinen aus deutscher Sicht folgende Regelungen sinnvoll:

- Die Klarstellung in Art. 34 Nr. 1 Abs. 1, wonach ein befristeter Dauerschuldvertrag mit Ablauf der vereinbarten Zeit endet.
- Die Regelung in Art. 34 Nr. 2 Abs. 1, dass eine ordentliche Kündigung erst nach einer angemessenen Kündigungsfrist Wirkung entfaltet.
- Art. 34 Nr. 3, demzufolge eine Kündigung lediglich pro futuro wirkt; bereits ausgetauschte Leistungen bleiben von der Kündigung mithin unberührt.

b) Regelungslücken

Der deutsche Betrachter vermisst im japanischen Reformvorschlag eine Regelung zur außerordentlichen Kündigung entsprechend § 314 BGB. Eine Ergänzung um die außerordentliche Kündigung erschiene im Übrigen auch aus Sicht des japanischen Reformvorschlages insofern systemkohärent, als die ordentliche Kündigung bereits in Art. 34 Nr. 2 adressiert wird.

Aus der Perspektive von UNIDROIT[234] fehlen freilich noch weitere dauerschuldspezifischer Regelungen. Wie eingangs erwähnt könnte man noch Besonderheiten beim Vertragsschluss, die Kooperationspflichten oder die Anpassung bei veränderten Umständen thematisieren. Allerdings zeigt die deutsche Dogmatik, dass man diese Fragestellungen auch durch eine entsprechende, nach punktuellen Austauschverträgen und Dauerschuldverhältnissen differenzierende Auslegung der allgemeinen Bestimmungen in den Griff bekommen kann. Weitere spezielle Regelungen erscheinen vor diesem Hintergrund entbehrlich.

---

234 UNIDROIT 2013, C. D. (92) 4 (b), abrufbar unter http://www.unidroit.org

c) Überschießende Berücksichtigung des Kontinuitätsinteresses

Im Hinblick auf den Schutz des Kontinuitäts- und Bestandsinteresses des Kündigungsadressaten geht der japanische Entwurf zu Lasten des Liberationsinteresses des Kündigenden sehr weit:

- In seinem Anwendungsbereich wählt Art. 34 einen generalisierenden Ansatz, der nicht nur auf sozial schutzbedürftige Rechtsverhältnisse wie Miete und Arbeitsverträge beschränkt ist, sondern alle Dauerschuldverträge betrifft.
- Auch inhaltlich hat der Vorschlag eine weitgehende Wirkung. Der Kündigungsgegner muss nur einen berechtigten Grund für die Fortsetzung des Vertragsverhältnisses vorbringen, um der Kündigung nach Art. 34 Nr. 2 Abs. 2 ihre Wirkung zu nehmen. Dadurch kommen das Liberationsinteresse und damit die Vertragsfreiheit des Kündigenden relativ kurz.
- Regelungsdogmatisch wird aus der englischen Übersetzung des Entwurfs nicht hinreichend klar, inwiefern das Kontinuitätsinteresse geltend zu machen ist: Ist Art. 34 Nr. 1 Abs. 2 als *Anspruch* desjenigen konzipiert, der eine Fortsetzung begehrt und Art. 34 Nr. 2 Abs. 2 als *Einrede* gegen die Kündigung, die der Kündigungsgegner zu erheben hat? Oder ist die Fortsetzung im Streitfall von Amts wegen durch den Richter zu prüfen?
- Regelungstechnisch nicht stringent erscheint schließlich eines der beispielhaft enumerierten Kriterien, anhand derer das Kontinuitätsinteresse zu würdigen ist: Der Zusammenhang zwischen der Vertragsfortsetzung und einer vom Kündigenden gesetzten Kündigungsfrist in Art. 34 Nr. 2 Abs. 2 wird nicht recht klar; denn eine Kündigung ohne oder zu kurze Kündigungsfrist löst nach Art. 34 Nr. 2 Abs. 1 lediglich den Lauf einer angemessenen Frist aus, nicht jedoch die unbefristete Vertragsfortsetzung.

4. Modellvergleich: Deutsches Kündigungsregime versus japanische Generalklausel

Insgesamt trifft der japanische Reformvorschlag mit seinem *generalklauselartigen* Fokus auf das Kontinuitätsinteresse einen gewichtigen Punkt. Das deutsche Modell, das zwischen verschiedenen Kündigungsvoraussetzungen und Kündigungsschranken abstuft, deren Anwendungsbereich dann mitunter per analogiam ausdehnt und schließlich auch noch Vorsorge gegen Umgehungen durch befristete Kettenverträge treffen muss, bildet ein relativ komplexes Regelungsregime. Demgegenüber beschränkt sich der japanische Vorschlag auf ein im Regelungsdesign schlankes, für alle befristeten *und* gekündigten Dauerschuldverträge geltendes Abwägungsmodell.

Möglicherweise liegen die beiden Modellansätze im praktischen Ergebnis gar nicht so weit auseinander. Denn vermutlich werden die japanischen Gerichte die Generalklausel des Art. 34 durch Fallgruppen zu konkretisieren suchen, die dann letztlich auf diejenigen Abstufungen hinauslaufen, die wir aus dem deutschen Recht kennen: also eine stärkere Berücksichtigung des Bestandsinteresses zugunsten sozial schwächerer Parteien.

Doch zurück nach Rom zu UNIDROIT: Aus Japan kommt für die internationale Rechtsvereinheitlichung der interessante Impuls, das Kontinuitäts- und Bestandsinteresse in Dauerschuldverträgen rechtsdogmatisch nicht auf Ebene der Kündigung, sondern allgemein über eine Abwägungslösung im Rahmen einer Generalklausel zu adressieren. Eine solche Überlegung könnte auch „frischen Wind" in die deutsche Dauerschulddiskussion bringen, die sich – wie aufgezeigt – in einer Fülle an dogmatischen Figuren und Konstruktionen zu verlieren droht. Der weiteren Entwicklung dieser wichtigen Vertragsart kann man jedenfalls mit Spannung entgegensehen.

XII. Anhang: Gesetzestexte

Article 34 Japanese Interim Proposal (Ongoing contract)

1. Termination of a fixed term contract

(1) A contract with a fixed term shall terminate upon the expiration of such term.
(2) Notwithstanding the provision in (1) above, if either party of a contract proposes an extension of the contract, and if the continuation of such contract is deemed justifiable considering the purport of the contract, the length of the term specified in the contract, past extension(s) of the term, the progress of the contract and other circumstances, such contract shall be regarded to be extended with the same terms and conditions of the current contract; no specific rule should be set for the length of such extension.

2. Termination of a contract without a fixed term

(1) If either party of a contract without a fixed term proposes to the other party termination of the contract, such contract shall terminate upon the lapse of a reasonable time from the date of termination proposal. If such proposal of termination specifies a reasonable notice period, the contract shall terminate upon termination of such notice period.

(2) Notwithstanding the provision in (1) above, if either party of a contract proposes termination of the contract, and there is a justifiable reason to continue such contract considering the purport of the contract, the length of the period from the conclusion of the contract to the proposal of termination, provision of a notice period and other circumstances, such contract shall not be terminated by such proposal of termination.

3. Effect of termination

If a contract is terminated in accordance with paragraph 1. (1) or 2. (1) above, such termination shall have effect only on the future.

§ 241 BGB *Pflichten aus dem Schuldverhältnis*	Section 241 Civil Code *Duties arising from an obligation*
(1) Kraft des Schuldverhältnisses ist der Gläubiger berechtigt, von dem Schuldner eine Leistung zu fordern. Die Leistung kann auch in einem Unterlassen bestehen. (2) Das Schuldverhältnis kann nach seinem Inhalt jeden Teil zur Rücksicht auf die Rechte, Rechtsgüter und Interessen des anderen Teils verpflichten.	(1) By virtue of an obligation a creditor is entitled to claim performance from the debtor. The performance may also consist in forbearance. (2) An obligation may also, depending on its contents, oblige each party to take account of the rights, legal interests and other interests of the other party.
§ 242 BGB *Leistung nach Treu und Glauben*	Section 242 Civil Code *Performance in good faith*
Der Schuldner ist verpflichtet, die Leistung so zu bewirken, wie Treu und Glauben mit Rücksicht auf die Verkehrssitte es erfordern.	A debtor has a duty to perform according to the requirements of good faith, taking customary practice into consideration.
§ 314 BGB *Kündigung von Dauerschuldverhältnissen aus wichtigem Grund*	Section 314 Civil Code *Termination, for a compelling reason, of contracts for the performance of a continuing obligation*
(1) Dauerschuldverhältnisse kann jeder Ver	(1) Each party may terminate a contract for the

tragsteil aus wichtigem Grund ohne Einhaltung einer Kündigungsfrist kündigen. Ein wichtiger Grund liegt vor, wenn dem kündigenden Teil unter Berücksichtigung aller Umstände des Einzelfalls und unter Abwägung der beiderseitigen Interessen die Fortsetzung des Vertragsverhältnisses bis zur vereinbarten Beendigung oder bis zum Ablauf einer Kündigungsfrist nicht zugemutet werden kann.

(2) Besteht der wichtige Grund in der Verletzung einer Pflicht aus dem Vertrag, ist die Kündigung erst nach erfolglosem Ablauf einer zur Abhilfe bestimmten Frist oder nach erfolgloser Abmahnung zulässig. § 323 Abs. 2 findet entsprechende Anwendung.

(3) Der Berechtigte kann nur innerhalb einer angemessenen Frist kündigen, nachdem er vom Kündigungsgrund Kenntnis erlangt hat.
(4) Die Berechtigung, Schadensersatz zu verlangen, wird durch die Kündigung nicht ausgeschlossen.

§ 536c BGB
Während der Mietzeit auftretende Mängel; Mängelanzeige durch den Mieter

(1) Zeigt sich im Laufe der Mietzeit ein Mangel der Mietsache oder wird eine Maßnahme zum Schutz der Mietsache gegen eine nicht vorhergesehene Gefahr erforderlich, so hat der Mieter dies dem Vermieter unverzüglich anzuzeigen. Das Gleiche gilt, wenn ein Dritter sich ein Recht an der Sache anmaßt.
(2) Unterlässt der Mieter die Anzeige, so ist er dem Vermieter zum Ersatz des daraus entstehenden Schadens verpflichtet. Soweit der Vermieter infolge der Unterlassung der Anzeige nicht Abhilfe schaffen konnte, ist der Mieter nicht berechtigt,
1. die in § 536 bestimmten Rechte geltend zu machen,
2. nach § 536a Abs. 1 Schadensersatz zu verlangen oder
3. ohne Bestimmung einer angemessenen Frist zur Abhilfe nach § 543 Abs. 3 Satz 1 zu kündi

performance of a continuing obligation for a compelling reason without a notice period. There is a compelling reason if the terminating party, taking into account all the circumstances of the specific case and weighing the interests of both parties, cannot reasonably be expected to continue the contractual relationship until the agreed end or until the expiry of a notice period.

(2) If the compelling reason consists in the breach of a duty under the contract, the contract may be terminated only after the expiry without result of a period specified for relief or after a warning notice without result. Section 323 (2) applies with the necessary modifications.

(3) The person entitled may give notice only within a reasonable period after obtaining knowledge of the reason for termination.
(4) The right to demand damages is not excluded by the termination.

Section 536c Civil Code
Defects occurring during the lease period; notice of defect by the lessee

(1) If a defect in the leased property comes to light during the lease period or if action to protect the leased property from an unforeseen hazard becomes necessary, then the lessee must without undue delay report this to the lessor. The same applies if a third party arrogates to himself a right to the thing.
(2) If the lessee fails to report this, then he is liable to the lessor for damage incurred thereby. To the extent that the lessor was prevented from providing relief due to the failure of the lessee to report it, the lessee is not entitled
1. to assert the rights specified in section 536,
2. to demand damages under section 536a (1), or
3. to give notice without specifying a reasonable period for relief under section 543 (3) sentence 1.

§ 542 BGB
Ende des Mietverhältnisses

(1) Ist die Mietzeit nicht bestimmt, so kann jede Vertragspartei das Mietverhältnis nach den gesetzlichen Vorschriften kündigen.

(2) Ein Mietverhältnis, das auf bestimmte Zeit eingegangen ist, endet mit dem Ablauf dieser Zeit, sofern es nicht
1. in den gesetzlich zugelassenen Fällen außerordentlich gekündigt oder
2. verlängert wird.

§ 573 Abs. 1, 2 Nr. 1 und Nr. 2 BGB
Ordentliche Kündigung des Vermieters

(1) Der Vermieter kann nur kündigen, wenn er ein berechtigtes Interesse an der Beendigung des Mietverhältnisses hat. Die Kündigung zum Zwecke der Mieterhöhung ist ausgeschlossen.

(2) Ein berechtigtes Interesse des Vermieters an der Beendigung des Mietverhältnisses liegt insbesondere vor, wenn
1. der Mieter seine vertraglichen Pflichten schuldhaft nicht unerheblich verletzt hat,
2. der Vermieter die Räume als Wohnung für sich, seine Familienangehörigen oder Angehörige seines Haushalts benötigt

§ 627 Abs. 2 BGB
Fristlose Kündigung bei Vertrauensstellung

(2) Der Verpflichtete darf nur in der Art kündigen, dass sich der Dienstberechtigte die Dienste anderweit beschaffen kann, es sei denn, dass ein wichtiger Grund für die unzeitige Kündigung vorliegt. Kündigt er ohne solchen Grund zur Unzeit, so hat er dem Dienstberechtigten den daraus entstehenden Schaden zu ersetzen.

§ 1 KSchG
Sozial ungerechtfertigte Kündigungen

(1) Die Kündigung des Arbeitsverhältnisses

Section 542 Civil Code
End of the lease

(1) If the lease period is indefinite, then each of the parties to the contract may give notice of termination in accordance with the statutory provisions.

(2) A lease entered into for a definite period of time ends at the end of that period unless it
1. has been terminated for cause in legally permissible cases, or
2. is extended.

Section 573 (1, 2 Nr. 1 and Nr. 2) Civil Code
Notice of termination by the lessor

(1) The lessor may only give notice if he has a justified interest in the termination of the lease. Notice of termination for the purpose of increasing the rent is excluded.

(2) A justified interest of the lessor in the termination of the lease exists, without limitation, in cases where
1. the lessee has culpably and non-trivially violated his contractual duties,
2. the lessor needs the premises as a dwelling for himself, members of his family or members of his household

Section 627 (2) Civil Code
Termination without notice in the case of a position of trust

(2) The person obliged to perform services may only give notice in such a manner that the person entitled to services can obtain the services elsewhere, unless there is a compelling reason for untimely notice of termination. If he should give notice in untimely fashion without such cause, then he must compensate the person entitled to services for damage arising from this.

§ 1 Protection Against Dismissal Act (PADA)
Socially Unjustified Dismissals

(1) The termination of the employment relati

gegenüber einem Arbeitnehmer, dessen Arbeitsverhältnis in demselben Betrieb oder Unternehmen ohne Unterbrechung länger als sechs Monate bestanden hat, ist rechtsunwirksam, wenn sie sozial ungerechtfertigt ist.

(2) Sozial ungerechtfertigt ist die Kündigung, wenn sie nicht durch Gründe, die in der Person oder in dem Verhalten des Arbeitnehmers liegen, oder durch dringende betriebliche Erfordernisse, die einer Weiterbeschäftigung des Arbeitnehmers in diesem Betrieb entgegenstehen, bedingt ist.

onship of an employee who has been employed in the same establishment or the same Company without interruption for more than six months is legally invalid if it is socially unjustified.

(2) A dismissal is socially unjustified if it is not due to reasons related to the person, the conduct of the employee, or to compelling operational requirements which preclude the continued employment of the employee in the establishment.

第 2 部
シンポジウム記録
報告概要・翻訳・コメント

シンポジウム
「債権法改正に関する比較法的検討」の趣旨

笠　井　修

　昨年の2月，ちょうど1年前に「民法（債権関係）の改正に関する中間試案」が法務省より公表されました．本シンポジウムは，この中間試案に対して，日独の優れた法律家が分析・検討を行い，ご参加の多くの皆様方とのご議論を通して債権法改正の意義と方向について認識を深め，さらには一定の見解の発信をも試みようとするものでございます．

　特に，ドイツの先生方を日本の法改正に関するシンポジウムにお招きしたことにつきましては，日本国内で行われたパブリックコメントに，ドイツの先生方にもご参加いただくという仮定の状況をイメージしていただければと存じます．ドイツ側には，前もって，日本の中間試案を翻訳のうえお送りいたしました．

　本シンポジウムのようなかたちで，日独の学者が現実の法改正について共同して分析・検討を行う試みは，これまであまり例がなかったように思いますが，ドイツ民法学と日本民法学の学術交流ということ自体は，すでにたいへんに長い歴史を持っております．

　日本民法典の編別構成やそこに含まれる規定のいくつかは，ドイツ民法第一草案に由来しておりますが，そのような由来のみならず，日本の法律家は，自己の民法典の解釈を支える基礎となる法理論そのものを，民法典成立以後，長くドイツ民法学から学んでまいりました．これもひとつの交流ではありますが，ただ，ある高名なドイツの民法学者の言葉を借りますと，法学の分野にお

けるドイツと日本の学術交流は，長い間 Einbahnstrasse でありました．もっぱら日本の法律家がドイツから理論を学ぶという状況が長く続いておりました．そのためか，かつてドイツ側には，日本民法学はドイツ民法学のコピーであるという極端な誤解さえ存在したのです．

　しかし，戦後の一定時期を過ぎたころからは，もう少し冷静にあるいは批判的にドイツ法を眺める姿勢が，日本の法律家にも生まれるようになりました．1970 年代以降は，日本の学者による日本法とドイツ法の関係に関するドイツ語論文も現れるようになり，これに対するドイツ側の反応も見られるようになりました．また，1980 年代以降は，ドイツ側からも日本民法学に対して関心を寄せる研究が現れ，ドイツの学者による日本法研究の成果も発表されるようになりました．さらにその後，ドイツ法学に対する日本の法律家からの率直な評価や意見も発信されつつあります．学術交流が少しずつ双方向のものに変わり始めたわけでございます．

　このような意見が出されるようになったひとつの背景として，比較法研究が進み，双方の法律家が，世界の中でドイツ民法をそして日本民法をとらえることが一般的となった，ということがあるように思われます．

　さらに，今世紀に入ってから実現したドイツの債務法現代化に関しては，日本の法律家も，早い段階からその分析・検討を行い，ドイツ民法学の特徴やその長所，さらには短所についても，率直な意見を表明いたしました．その中にはおそらくドイツの法律家も気が付いていなかったのでないかと思われる視点も含まれていたように思われます．ただ，その声がどれほどドイツに届いたのかははっきりしません．また，日独の法律家による本格的な協働を実現するという課題も残っておりました．

　このような状況の中で，今度は日本側の債権法改正について，日独の法律家が協力し本格的な共同研究を試みる機会が巡ってきたのでございます．その成果は，後日刊行される記録により確実に多くの日本の法律家に伝達されることが予定されております．

日本の債権法改正の事業において，特に重視されるべき問題点につきましては，本日のセッション1でその意義付けをめぐる包括的なご議論が予定されておりますが，その中の多くの論点が，ドイツ民法学の影響のもとにわが国で形成され，実務にも広く深く浸透した考え方であると申し上げてよいかと存じます．中でも，セッション2で掘り下げられます「債務不履行」に関するテーマは，そのような性格を色濃く残すものであります．日本民法の債務不履行に関する規定は必ずしもドイツ民法をモデルにしたものではありませんが，日本民法はそのような規定の解釈についてもあえてドイツから輸入した理論を基にドイツ式に解釈してまいりました．債権法改正の中間試案には，その具体的方向としては，過日のドイツ債務法現代化に近い改革提案もいくつか見られますが，同時に，ドイツにおける現代化とは全く方向を異にする考え方も含まれているわけであります．これは，日本がかつてドイツから輸入した多くの理論を今まさに捨て去るべきかどうかをめぐって逡巡しているかのようにドイツ側には見えるのではないでしょうか．このような立法政策の隔たりが生じつつある状況そのものは，双方の法律家の目にはどのように映るのでありましょうか．ドイツ債務法現代化におけるよりも徹底した改革を日本民法が成し遂げ，ドイツ民法よりも進んだ民法を日本が手にしようとしているのでしょうか．それとも日本の歩み始めた方向は，必ずしも支持されるものではないのでしょうか．あるいは，それぞれが異なる方向に進もうとしていることにはそれぞれの必然性があるという冷静な大人の評価が正しいのでしょうか．報告者および討論に参加される皆様方には，忌憚のないご意見をお示しいただければと存じます．

　他方，中間試案の重要論点の中には，従来必ずしもドイツと日本の関わりが大きくはなかった問題点も含まれております．例えば，セッション3でご議論いただく「債権譲渡法制」やセッション5でご議論いただく「保証制度」は，日本がこれまでドイツ以外の国，特にフランス法との関わりの中から多くを学び発展してきた分野でございます．テーマの歴史自体において，日本におけるドイツ法の影響が希薄であった論点，あるいは比較的限定的であった論点とい

うことができます．このようテーマに関する中間試案の方向性をめぐっては，例えばセッション3では，日本側からすでに明確な問題提起がドイツ側に投げかけられております．このような問題において，日本法とドイツ法の間ではどのような対話が成り立つのでありましょうか．ドイツ側からは日本の動向にどのような評価がなされるのでしょうか．その評価に対して日本側は同意するべきでしょうか．どうか積極的なご議論をお願いいたします．

　さらに，本シンポジウムのテーマの中には，日本とドイツとがともに経済的に高度に発展した国家であるということから，両国が，ほぼ同時期において，きわめて類似した問題を抱え，それぞれが並行して知恵を絞り取り組んできた問題も含まれております．例えば，セッション4でご議論いただく「消費者法」に関するテーマは，一方的にどちらかが他方から学ぶという関係にはありませんでした．そのような同時代的問題でありながら，その進もうとしている方向は，そこに含まれる多くの論点やアプローチの手法を見ただけでも大きく異なるようであります．一例をあげれば，ドイツは，先ごろの債務法現代化において，消費者法を民法典の中に取り込み統合して位置付けました．他方，日本の中間試案では消費者法を民法典に統合するということについては，否定的な意見もなお強いように見えます．これには，民法典というものの性質や位置付け，消費者法の性格のとらえ方，そこで用いられる多様なアプローチに関する考え方の違いが現れているように思われます．このような，民法典のきわめて長い歴史から考えれば比較的今日的なテーマについてすら，両国が逆の方向を向いて進もうとしている面があるようであります．そこに現れた基本的考え方の相違は，両国の法律家の目にはどのように映るのでしょうか．また，その背景にはどのような事情があるのでしょうか．あるいは，法政策的判断の適否として議論されるべきでしょうか．このような点についてご議論が期待されるところであります．また，同様の側面は，セッション6でご議論いただく「継続的契約」に関するテーマにも伺うことができるように思われます．

以上申し上げましたことから，すでにお気付きと存じますが，本シンポジウムのテーマを，日本とドイツとの比較法的観点というフィルターを通して見るときには，それがそのまま現在のドイツ民法学に対する日本からの意見の表明ともなっている，ということができるのでございます．本シンポジウムが，日本の中間試案に対し日本とドイツの双方の側が評価・検討を試みる機会となり，また同時に，現在のドイツ民法学に対する日本からの問題提起と意見表明を行う機会ともなり，それがドイツに届くことを強く期待いたします．また，本日のシンポジウムにご関心を寄せられここにお越しの皆様方におかれましては，中間試案に対する日本側・ドイツ側のそれぞれの評価につきまして，ぜひご自身のご判断をお示しいただき議論にご参加いただきたいと思います．

セッション 1:
債権法改正に関する概観

1. Sektion:
Gründe, Ziele, Konzeption und
Probleme der Reform

債権法改正への歩みと現在の概観

奥 田 昌 道

I 債権法改正への足どり

  1 法務省が債権法改正の検討に着手すると決定したことを受けて，学界からも改正試案を提示しようという意図のもとに，2006 年 10 月，民事法の学者 30 数名が「民法（債権法）改正検討委員会」（Untersuchungsausschuß）を設立した．2 年 6 か月の期間，260 回に及ぶ精力的な審議ののち，その成果を「債権法改正の基本方針」として取りまとめ，公表した．

  2 2009 年 10 月 28 日，法務大臣から法制審議会（Beratungsausschuß über das Rechtswesen）に対して，民法の債権関係の規定及び関連する民法総則の規

定について，①民法制定以来の社会・経済の変化への対応を図り，②国民一般に分かりやすいものとする等の観点から，見直しを行うための要綱を示すようにとの諮問がなされた．

　3　法制審議会での審議は「民法（債権関係）部会」（Abteilung für die Schuldrechtsreform）において次の三つのステージにおいて行われるものとされた．第1ステージでは，同部会の審議の結果を「中間的な論点整理」として取りまとめること，第2ステージでは，「中間試案」（vorläufige Reformvorschläge）の取りまとめがなされた．2013年7月16日開催の会議から第3ステージの審議が開始され，「改正要綱案」（Reformentwurf）の作成作業がなされている．

II　中間試案の内容

　1　検討対象は民法総則の分野では，法律行為に関する諸規定と消滅時効である．債権法の分野では，債権総則と契約法である．法典の体系は，現行法の5編別の体系，即ち，総則，物権，債権，親族，相続を維持している．検討作業の目標は，民法典施行以来の経済的・社会的変化への対応を図り，現行法の枠外で編み出されてきた取引上の制度や既存の制度につき展開されてきた判例・学説の到達点を条文に取り入れることにより，法典の内容を「現代化」することである．

　2　新しく取り入れられた制度なり事柄を拾えば，①債権総則では，債務引受及び契約上の地位の移転の規定の導入．②契約総則では，付随義務及び保護義務の規定の新設．即ち，契約の当事者は，当該契約において明示又は黙示に合意されていない場合であっても，相手方が当該契約によって得ようとした利益を得ることができるよう，当該契約の趣旨に照らして必要と認められる行為をしなければならない．また，契約の当事者は，当該契約において明示又は黙示に合意されていない場合であっても，当該契約の締結又は当該契約に基づく

債権の行使若しくは債務の履行に当たり，相手方の生命，身体，財産その他の利益を害しないために当該契約の趣旨に照らして必要と認められる行為をしなければならないと規定する．③同じく契約総則の分野では，約款に関する規定，事情変更の法理に関する規定，不安の抗弁権に関する規定，継続的契約についての規定が提案されている．④契約各則では，ファイナンス・リース契約及びライセンス契約に関する規定の新設．

　3　債権法の基本的思想の転換について注目されるのは次の点である．現行民法は債権総則において「債権」を中心的概念とし，これを起点とした規律である．現行の債権総則における債権は，発生原因から遮断されている．中間試案においては，「契約」の概念が前面に押し出されている．債権関係の規律は契約に基づき発生する債権（請求権）を起点とする．債務不履行に対する救済手段は，強制履行と損害賠償及び契約の解除である．現行民法典では，債権総則において強制履行と損害賠償の規律がなされ，解除は契約総則において規律される．中間試案では，契約に基づく債権債務関係の規律においては，第一に当事者の定めた契約の趣旨に適合する解決が図られる．それが顕著に表れているのは，いわゆる物の瑕疵担保責任の規律である．中間試案はこの責任につき，いわゆる法定責任説の立場に立たず，契約の趣旨から当然に生ずるとする契約責任説の立場に立つ．権利の瑕疵と物の瑕疵を共通の規律で処理し，物の瑕疵においても特定物か不特定物かで取扱に差異を設けない．

　4　発想の転換という点で顕著な規律は，「不能」の扱いである．かつての通説及び判例は，旧BGB306条と同様に，原始的不能な給付を目的とする契約は当然に無効であるとしていた．新BGBがこのような扱いを放棄したのと符合するように，中間試案では，原始的・客観的な不能を目的とする契約を無効とはしない．

　5　中間試案は，学説・判例において用いられてきた「不能」の概念（原始

的不能・後発的不能）に代えて「履行請求権の限界事由」という概念を用いて種々の場面の規律を行うこととしている．履行請求権の限界事由とは，金銭債権を除き，契約により発生する債権につき，①履行が物理的に不可能であること，②履行に要する費用が，債権者が履行により得る利益と比べて著しく過大なものであること，③その他，当該契約の趣旨に照らして，債務者に債務の履行を請求することが相当でないと認められる事由，である．

6　債務不履行による損害賠償の要件として，従来，学説及び判例は債務者に帰責事由があることが必要と解してきた．これに対し中間試案は，これを免責事由の存否の視点から捉え直し．債務者が損害賠償を免れるためには．債務不履行につき帰責事由がない旨の免責事由を証明しなければならないと定める．

Überblick über die Bemühungen einer Reform des Schuldrechts in Japan bis heute
——Zusammenfassung——

Masamichi Okuda

I. Kurze Vorgeschichte der Schuldrechtsreform

1. Auf die Entscheidung des japanischen Justizministeriums hin, in naher Zukunft eine Reform des Schuldrechts zu prüfen, hatten dreißig Zivilrechtswissenschaftler im Oktober 2006 einen Untersuchungsausschuss mit der Absicht gebildet, auch von Seiten der Wissenschaft Reformvorschläge zu erarbeiten. Diese Vorschläge wurden schließlich nach zweieinhalb Jahren konzentrierter

Arbeit in insgesamt 260 Sitzungen Ende März 2009 veröffentlicht.

2. Am 28. Oktober 2009 ließ sich der Justizminister vom „Beratungsausschuss über das Rechtswesen" die Überlegungen zur Ausarbeitung eines Programms für die Schuldrechtsreform präsentieren, wonach die Vorschriften des Schuldrechts und des Allgemeinen Teils im geltenden japanischen Zivilgesetzbuch (ZGB) dahingehend überprüft werden sollten, wie sie den sozialen und wirtschaftlichen Veränderungen gerecht und dem Volk verständlicher gemacht werden können.

3. Die weiteren Beratungen fanden dann in drei Stufen in der speziell eingerichteten „Abteilung für die Schuldrechtsreform" des Justizministeriums statt. In der ersten Stufe ging es zunächst darum, die künftig zu diskutierenden Punkte klarzustellen. In der zweiten Stufe wurden als Zwischenergebnis die „vorläufigen Reformvorschläge" erarbeitet und seit dem 16. Juli 2013 befinden sich die Beratungen im dritten und letzten Stadium mit dem Ziel, einen „Reformentwurf" zu verfassen.

II. Inhalt der „Vorläufigen Reformvorschläge"

1. Verhandlungsgegenstand waren aus dem Allgemeinen Teil des ZGB die Vorschriften über Rechtsgeschäft und Verjährung und aus dem Gebiet des Schuldrechts die Vorschriften zum allgemeinen Schuldrecht und Vertragsrecht. Am systematischen Aufbau des Gesetzes wurde nichts verändert, das herkömmliche, aus fünf Büchern bestehende System soll beibehalten werden: Allgemeiner Teil, Sachenrecht, Schuldrecht, Familienrecht und Erbrecht. Ziel der Reformbestrebungen ist die Modernisierung des Schuldrechts, das Gesetz soll daher den wirtschaftlichen und sozialen Veränderungen seit dem Inkrafttreten des ZGB Rechnung tragen. Auch die Rechtsfortbildung durch Theorie und Praxis (Rechtsprechung) wird so weit wie möglich berücksichtigt.

2. Zu den neuen Vorschlägen ist Folgendes anzumerken:
(1) Im Allgemeinen Schuldrecht werden die Schuldübernahme sowie die Abtretung der vertraglich vereinbarten Rechtsstellung (Vertragsübernahme) eingeführt.

(2) Im Bereich des allgemeinen Vertragsrechts sind nun neu Vorschriften über Neben- und Schutzpflichten enthalten. Das heißt, jede Vertragspartei muss, auch wenn es weder ausdrücklich noch stillschweigend vereinbart ist, alles nach dem Sinn des Vertrages Erforderliche tun, damit der andere Teil die Vorteile nutzen kann, die er aus den Vertrag ziehen will. Außerdem muss jede Partei bei Vertragsschluss sowie bei Ausübung vertraglicher Ansprüche oder bei der Erfüllung von Leistungspflichten alles nach dem Sinn des Vertrags Erforderlich tun, um Leben, Körper, Vermögen und sonstige Interessen des anderen Teils nicht zu verletzen.

(3) Im Allgemeinen Vertragsrecht werden außerdem Vorschriften über Allgemeine Geschäftsbedingungen, über das Prinzip „rebus sic stantibus", über die Einrede der unsicheren Gegenleistung und über Dauerschuldverhältnisse neu eingeführt.

(4) Im Besonderen Vertragsrechts sind die Vorschriften über Finanzierungsleasing und den Lizenzvertrag neu.

3. Bemerkenswert ist die Veränderung in der grundsätzlichen Konzeption des Schuldrechts.

Das geltende ZGB geht von der Forderung als Zentralbegriff des Allgemeinen Schuldrechts aus. Dort sind Forderungen von ihrem Entstehungsgrund her getrennt geregelt. In den Reformvorschlägen tritt dagegen der Begriff des Vertrags in den Vordergrund. Die Regelung der Schuldverhältnisse geht von der vertraglichen Forderung (Anspruch) aus. Rechtsbehelfe bei den Leistungsstörungen sind zwangsweise Erfüllung, Schadensersatz und Rücktritt. Das ZGB regelt die zwangsweise Erfüllung und den Schadensersatz im Allgemeinen Schuldrecht, den Rücktritt im allgemeinen Vertragsrecht. Die Reformvorschläge sind nunmehr darauf gerichtet, die Vertragsverhältnisse so zu regeln, dass sie dem Sinn der Parteivereinbarung am besten entsprechen. Dieser Gesichtspunkt wird am Beispiel des Sachmangels beim Kaufvertrag am deutlichsten: Statt der bisherigen Lösung in Lehre und Praxis (Rechtsprechung), die auf der sogenannten gesetzlich bestimmten Haftung (ohne Verschulden) des Verkäufers beruht, geht man in der Reformversion von der Vertragshaftung aus. Die Vorschläge wollen die Haftungsvorschriften sowohl beim Kauf von bestimmten wie von unbestimmten Sachen ebenso anwenden, wie dies bei Rechtsmängeln der Fall ist.

4. Eine bemerkenswerte Neuregelung enthält auch die Stellungnahme zum Begriff der „Unmöglichkeit". Entsprechend der Vorschrift des § 306 a. F. BGB sah man in Japan sowohl in der Theorie wie in der Praxis im Fall der anfänglichen objektiven Unmöglichkeit der Leistung den betreffenden Vertrag als *ipso jure* unwirksam an. Nach den Reformvorschlägen steht die anfänglich objektive Unmöglichkeit der Leistung der Wirksamkeit eines Vertrags nicht mehr entgegen.

5. Statt der „Unmöglichkeit" als technischem Begriff regeln die Vorschläge die Fälle, in denen der Gläubiger die Leistung nicht beanspruchen kann, als Fälle der „Grenzen des Leistungsanspruchs". Dies gilt
(a) wenn die Leistung physikalisch unmöglich ist,
(b) wenn die Leistung vom Schuldner einen unverhältnismäßigen großen Aufwand verlangt,
(c) wenn die Beanspruchung der Leistung nach dem Sinn des betreffenden Vertrags unangemessen erscheint.

6. Als Voraussetzungen eines Schadensersatzanspruchs bei Leistungsstörungen verlangten bisher Theorie und Praxis ein Verschulden des Schuldners. Die Reformvorschläge setzen für den Schadensersatzanspruch des Gläubigers kein Verschulden des Schuldners mehr voraus. Dieser kann aber von der Schadensersatzpflicht befreit werden, wenn er sein Nichtverschulden beweisen kann.

Die Situation der Schuldrechtsmodernisierung in Deutschland

Jürgen SCHMIDT-RÄNTSCH

I. Ausgangslage

Das Schuldrecht des BGB hatte sich in wesentlichen Punkten überlebt. Die praktisch wichtigsten Leistungsstörungen – positive Vertrags- oder Forderungsverletzung und Culpa in contrahendo – fanden sich nicht im BGB. Sie waren praeter legem von Rechtsprechung und Lehre entwickelt worden und hatten das spezialvertragliche Leistungsstörungsrecht in wesentlichen Bereichen zu verdrängen begonnen, weil dieses völlig einseitig ausgestaltet war. Im Kaufrecht gab es zwar den Rücktritt und die Minderung, in Grenzen auch einen Anspruch auf Nachlieferung, einen Anspruch auf Schadensersatz aber nur bei Zusicherung oder Arglist. Die Verjährung der regulären Rechtsbehelfe war mit 6 Monaten bzw. 6 Wochen beim Viehkauf nicht mehr diskussionsfähig. Die Folge davon war, dass die Verkäufer hochwertiger Ware, die etwas auf sich hielten, bessere Verträge anboten und darin Verjährungsfristen auf heutigem Niveau vorsahen. Die Rechtsprechung dehnte den Anwendungsbereich der Arglist vorsichtig aus und versuchte, über Culpa in contrahendo zu einer Haftung auf Schadensersatz zu gelangen, in denen das Fehlen einer entsprechenden allgemeinen Haftungsregelung unbefriedigend erschien. Hinzu kam, dass das BGB im Reisevertragsrecht schon seit Jahren ein Leistungsstörungsrecht auf heutigem Niveau enthielt.

II. Vorbereitung

Die Notwendigkeit einer Überarbeitung des Schuldrechts ist schon Anfang der 1980ger Jahre erkannt und auch in Angriff genommen worden. Bei dieser Vorbereitung sind zunächst umfangreiche Gutachten zu den Kernfragen der Überarbeitung eingeholt und anschließend in einer Kommission zur Überarbeitung des Schuldrechts aus Vertretern von Rechtspraxis und Rechtslehre durchgearbeitet und ausgewertet worden. Aus den Ergebnissen dieser umfangreichen Kommissionsberatungen entstand der Bericht der Schuldrechtskommission, der inhaltlich fast schon ein förmlicher Gesetzentwurf ist. Dieser Bericht war Anfang der 1990ger Jahre dem Bundesgerichtshof, den beteiligten Kreisen – das sind alle Industrie- und Verbraucherverbände, sowie die Verbände der Richter, Rechtsanwälte und Notare – und den Justizverwaltungen der Bundesländer zur Prüfung zugeleitet worden. Diese hatten dazu auch zum Teil sehr eingehend Stellung genommen.

III. Momentum

Die Arbeiten an der Schuldrechtsmodernisierung kamen nicht voran, weil das Momentum fehlte, das man in Deutschland für ein solches Vorhaben braucht. Die Europäische Kommission hatte nämlich mit den Vorarbeiten für die im Jahre 1999 verabschiedete Richtlinie über den Verbrauchsgüterkauf begonnen, deren Ergebnisse man abwarten wollte. Als diese Beratungen aber abgeschlossen waren und die Richtelinie bis Ende des Jahres 2001 umzusetzen war, war das bislang fehlende Momentum da. Die Richtlinie zwang den deutschen Gesetzgeber dazu, im Kernbereich des besonderen Schuldrechts – im Kaufrecht – genau die Änderungen vorzunehmen, die die Schuldrechtskommission vorgeschlagen hatte. Das konnte nicht überraschen. Die Richtlinie über den Verbrauchsgüterkauf baut inhaltlich auf dem CISG auf, an dem sich auch die Vorschläge der Schuldrechtskommission orientiert hatten.

IV. Verfahren

Die Widerstände gegen das Vorhaben waren anders gelagert, als zunächst erwartet. Die Wirtschaft befasst sich mit einzelnen Fragen, erhob aber gegen die Reform des Schuldrechts an sich praktisch keine Einwände. Diese kamen vor allem aus der Rechtswissenschaft. Sie konnten mit einer besonderen Gestaltung des Verfahrens zur Abstimmung des Gesetzentwurfs bewältigt werden, ohne die das Vorhaben aber auch nicht gelungen wäre.

Normalerweise legt das federführende Ministerium der Bundesregierung In Deutschland nach der Abstimmung eines Entwurfs mit den beteiligten anderen Bundesministerien einen Gesetzentwurf vor, der den betroffenen obersten Gerichtshöfen, den Justizverwaltungen der Bundesländer und den betroffen Verbände der Wirtschaft, der Verbraucher und der „Justizverbände" (Richter, Rechtsanwälte und Notare) vorgelegt und mit diesen Kreise jeweils einmal besprochen wird. Eine Beteiligung der Rechtswissenschaft ist normalerweise nicht vorgesehen. Dieses Vorgehen war hier nicht möglich, weil sich die Beteiligten nicht sinnvoll hätten äußern können. Deshalb wurde es entscheidend verändert:

Erstens wurde nicht jeweils nur ein Gespräch vorgesehen, sondern insgesamt vier, nämlich je eines für die Bereiche Verjährungsrecht, allgemeines Schuldrecht, Kaufrecht und Verbraucherrecht. *Zweitens* wurde allen beteiligten zugesagt, auch nach den Gesprächen Vorschläge einreichen zu können. Dazu wurden die Ergebnisse der jeweiligen Gespräche in Zwischenfassungen des Entwurfs zusammengefasst, die wiederum allen Beteiligten zugeleitet wurden. Die Zusage alles Machbare auch umzusetzen, wurde dabei auch eingehalten. *Drittens* wurde eine Kommission berufen, in der Mitglieder der früheren Schuldrechtskommission, aber auch bisher nicht beteiligte namhafte Zivilrechtswissenschaftler vertreten waren, darunter bewusst auch Kritiker. Die Einrichtung der Kommission hatte nicht nur eine vertiefte inhaltliche Durchdringung der Änderungen im allgemeinen Schuldrecht zur Folge. Sie löste auch eine Initialzündung aus. Denn nach der Einrichtung der Kommission waren zahlreiche Zivilrechtslehrer an der Mitarbeit interessiert, gaben Doktorthemen zur Schuldrechtsmodernisierung aus und legten dem Bundesministerium der Justiz ihre eigenen Arbeiten und die Doktorarbeiten ihrer Doktorandinnen und Doktoranden zu diesen Themen zur Auswertung vor, was auch geschehen ist. Aus der anfänglichen Ablehnung des Projekts entstand so eine Aufbruchsstimmung, die über den Abschluss des Gesetzgebungsverfahrens bis heute anhält.

Der Bundesrat, der in Deutschland an allen Gesetzgebungsvorhaben zweimal förmlich beteiligt ist, hat sein Verfahren ebenfalls auf das Vorhaben eingerichtet. Er hat eine Arbeitsgruppe eingerichtet, die das Vorhaben ganz ungewöhnlich intensiv durchgearbeitet hat. Das setzte allerdings auch voraus, dass das Bundesministerium der Justiz die Arbeit intensiv, aktiv und mit dem Willen begleitete, die Vorschläge, soweit irgend möglich, auch aufzugreifen. Das ist geschehen und hat entscheiden zu dem Gelingen des Vorhabens beigetragen.

ドイツにおける債務法現代化の状況

ユルゲン・シュミット－レンツ
訳　新　井　　誠

I　出　発　点

　ドイツ民法典の債務法は，本質的な部分において時代にそぐわないものとなっていた．実務的には最も重要である給付障害——積極的契約（債権）侵害および契約締結上の過失——は，ドイツ民法典には規律されていなかった．それらは民法典の規定に拘わらず判例と学説によって発展させられ，特定定型契約上の給付障害法をその本質的な部分について排除してきたのである．というのも，ドイツ民法典の給付障害法は完全に一面的に形成されてきたからである．売買法においては解除と代金減額，限定された場合には代物給付，そして売主が保証したまたは悪意の場合にのみ損害賠償請求権が認められていた．請求権の短期消滅時効期間が6カ月，6週間と短いものもあり，家畜の取引については議論の余地すらなかった．その結果，売買契約における瑕疵担保責任に基づく請求権は，売主が悪意で瑕疵を黙秘しない限り，最も短期のもので6カ月の消滅時効に服した．判例は悪意の適用領域を意図的に拡張し，契約締結上の過

失によって損害賠償責任を認めていた．判例法により，契約締結上の過失に基づく請求権の時効期間は30年とされている．ドイツ民法典は既に旅行契約に関する規定（1979年施行）の中で今日的な給付障害法を取り入れている．

II 準備段階

債務法改正の必要性は1980年代初めから認識されており，作業が開始された．準備段階においては先ず核心問題に関する広範な鑑定意見が作成され，次いで実務家と研究者によって構成された債務法改正委員会がこれらの鑑定意見を分析して，評価を加えた．この委員会の厖大な作業の結果，債務法改正委員会の報告書がまとめられた．その内容は形式上は既にほぼ法律草案ともいえるものであった．当該報告書は1990年代初めに連邦通常裁判所，関係諸団体—経済団体，消費者団体，裁判官，弁護士，公証人の各組織および各州の司法当局—に意見照会のために送付された．これに対しては部分的にはきわめて詳細な意見が表明された．

III 推進力

債務法改正作業は進捗しなかった．ドイツにおいてはこのような改正を推進させようとする動機づけが乏しかったのである．欧州委員会が1999年の消費財売買指令に関する準備作業を終了するまでは，債務法改正の推進力は存在しなかった．しかし，当該指令により国内法化の手続を2001年1月1日までに完了するように要請されたことがドイツの立法者に債務法の中核である売買法を債務法委員会が提言したように改正することを迫ることとなった．このことは，格別驚くには当たらない．消費財売買指令は国連売買法の内容に依拠したものであり，債務法改正委員会の提言もその内容に沿ったものだったからである．

IV 手　　続

　債務法改正への抵抗は当初予期しない形で生じた．経済界は個別問題に関心を抱いたものの，債務法改正に対しては実務の見地から異議を唱えることはなかった．しかし，法学界からは異議が提出され，法律草案の合意形成に際してはこれらの異議を払拭しなければ，債務法改正が見通せない状況に陥った．

　通常，連邦政府の所管省が他の関係省との草案内容の調整を経て，法律案が提示され，上級裁判所，各州の司法当局，経済団体，消費者団体，裁判官，弁護士，公証人の各組織との協議が各々1回はなされる．法学界の関与は通常は予定されていない．このような手順を踏むことはできなかった．当事者がこのような協議は有益ではないと表明することが懸念されたからである．それ故，プロセスは根本的に変更された．

　第一に，各々1回の協議ではなく，全部で4回の協議が重ねられた．すなわち，消滅時効法，一般債務法，売買法そして消費者法の協議である．第二に，全ての当事者が協議を経た後には，提案をまとめることで合意した．協議の結果は，草案の中間まとめとして記録され，それらがさらに全ての当事者にも伝えられた．可能なことは実現するとの約束は遵守された．第三に，新たに委員会が構成された．委員としては，かつての債務法改正委員会のメンバーのみならず，これまで関与していなかった著名な私法学者が含まれ，その中には批判の立場を表明するメンバーも意識的に任命された．委員会の設置は一般債務法の深化した内容上の変更点を実現した．のみならず，債務法改正の発火点ともなった．委員会の設置後，多くの私法学者が改正に関心を抱き，博士論文のテーマとして債務法現代化を取り上げるように学生に指導し，実際にもそのようなテーマの博士論文が連邦司法省に数多く提供され，私法学者自身も自己の著作を同省に参考のために供することとなった．債務法改正プロジェクトは当初強い拒絶反応に遭遇したが，やがて新しい出発の転機となる雰囲気が醸し出されて，立法手続が終了した後も今日に到るまで保たれている．

ドイツでは連邦参議院が全ての立法手続に形式的に関与するが，債務法改正を成立させる強い意思をもって手続を進めた．同院は，作業グループを組成し，異例なことではあるが，手続を集中して審議した．そこには債務法改正を集中して，能動的に，可能な提案があれば積極的に受け容れるとの連邦司法省の強い意思があった．これが功を奏し，債務法改正の実現に大きく貢献したのである．

コメント

柏 木　昇

　ドイツ民法典は，1896 年に成立しました．そして，「本質的な部分において時代にそぐわないものとなっていた」ために，2002 年に根本的に改正されました．日本の民法も 1896 年に成立していますからドイツ民法典と誕生年は同じとなります．施行は日本民法が 1898 年でドイツ民法が 1900 年です．ドイツの民法典が「本質的な部分において時代にそぐわないものとなっていた」ように，日本の民法典も当然に現在では時代にそぐわないものとなっています．そして，日本の民法は今まさに改正の途中にあります．旧ドイツ民法典もローマ法の影響をうけ，とくに売買法に関しては，奴隷や家畜の売買を念頭においたような特定物売買（sale of specific goods）を中心とした規定置いていました．ドイツ法とフランス法を輸入して作られた日本の民法典も同様です．しかし，現代では，工業製品のような種類物の売買が中心です．消滅時効制度が不必要に複雑なところも旧ドイツ民法典と似ています．日本の民法典も旧ドイツ民法典と同じように債権法については，その成立以来ほとんど大きな改正は受けていません．日本の民法典は，膨大な判例と学説によって時代に合うように解釈され，具体的事件に適用されてきました．その結果，民法典の外見からは，今現実に裁判所で適用されている民法の本当の姿を想像することは非常に難しくなっています．現実の民法を理解するためには，沢山の判例を読み，学者の書いた民法の注釈書，教科書，論文集，判例評釈などを読まなければなりません．

　債権法の世界では，世界が convergence の方向に動いているように思われます．ヨーロッパではヨーロッパ契約法を統一しようという動きが活発になっています．Draft Common Framework of Reference, UNIDROIT Principles of

International Commercial Contracts, Principles of European Contract Law, 国連動産売買条約（United Nation Convention on International Sale of Goods: CISG）の成立がこの動きを示しています．特に，CISG が世界の 80 ヵ国の加盟国を得たことが大きいと思います．CISG は EU の消費者売買指令（EC Consumer Sales Directive of 1999）にも大きな影響を与えたとのことです．そして，その消費者売買指令が新ドイツ民法典編纂のきっかけとなり，新ドイツ民法典に大きな影響を与えています．

またアメリカの統一商事法典（Uniform Commercial Code）の第 2 編（Article 2）が世界に与えた影響も見落とすことはできません．Uniform Commercial Code の第 2 編もまた，CISG に大きな影響を与えています．

日本民法は，いまでは大変わかりづらいものになっています．売買の世界では，品質不良のクレームがたいへん多いのですが，日本民法の瑕疵担保責任（warranty liability）の規定は民法の中でもとくにわかりづらいものになっています．専門家でもこれを完全に理解することは非常にむずかしい．まして法律の素人や外国人にとってはまったく理解不能だろうと思います．法律は透明でだれにも分かるものでなければなりません．日本の民法典は表面と実体がたいへんにかけ離れたものになってしまっています．

ドイツでも債務法の改正も当初強い拒絶反応に遭遇したようですが，日本でも実務家には債権法改正について強い拒絶反応を示しています．しかし，日本の実務界の拒絶反応は近視眼的であまり理由がないものが多いとみています．奥田先生のご報告や法務大臣の諮問にあるように，債権法改正の目的は一つには民法制定以来の社会・経済の変化への対応を図ることであり，2 番目には国民一般に分かりやすいものとすることにあります．国際取引法を専門としている私の立場からは国民一般ばかりではなく，外国人にとっても分かりやすい民法にすることも目的の一つだと思っています．このまま一世紀遅れの民法を維持していますと，携帯電話ばかりではなく民法までがガラパゴスの動物や植物のように特殊なものになってしまいます．債権法改正は，今までの判例学説を反映したものにするばかりではなく，今後 100 年間維持できる基本的な民法に

しなければなりません．私も昔は実務家でしたが，実務家の中には「いま，なんの不都合もない民法をなぜ変えるのだ」という理由で債権法改正に反対する人達がいます．不都合は沢山あります．それを優秀な裁判官が曲芸のような解釈をして，現代に合わせているのです．このままではそれも限界が来る上に，他の国々からは「日本は特殊な民法を持った国だ」と思われるようになってしまうでしょう．ドイツを初めとする世界の債権法の発展にも目を向けて，これからの100年の変化に耐えられるような債権法ができることを期待して，コメントに代えさせていただきます．

セッション2:
債務不履行法制

2. Sektion:
Neuordnung des
Leistungsstörungsrechts/Nichterfüllungsrechts
und des Gewährleistungsrechts

債 務 不 履 行

山 本　豊

I　はじめに——債務不履行法改正提案の背景

　このたびの民法（債権関係）改正の計画のうち，債務不履行に関する改正提案の背景には，債務不履行法ないし契約責任論におけるパラダイムシフトの動きが存在している．この理論動向は，ここ2〜30年ほどの間に進行したもので，その背景には，①近時の国際的法調和をめざしての諸成果の摂取，②日本民法の制定過程に関する研究の進展および学説継受（＝ドイツ法的読替え）に対する反省，③手段債務・結果債務論などフランス法の知見に刺激された研究の

進展，④伝統的理論の基底を構成する19世紀ドイツ普通法理論の摘出・批判，⑤判例の実相分析の進展といった諸事情が存在している．

こうした新理論によって批判された伝統的理論は，①給付請求権を中核としたスリムな債権理解，②履行請求権の当然性，③原始的不能の除外，特定物ドグマ（①のコロラリー），④無責の後発的不能における債権の当然消滅，双務契約の場合の危険負担制度による問題処理，⑤履行請求権と塡補賠償請求権との選択（併存）の否定（債務転形論），⑥損害賠償・解除における過失責任主義の採用，履行補助者論の採用等の諸点を主要な特質とするものであった．

批判理論は，こうした伝統的理論の徹底的な転換を図り，①給付請求権を中核とした債権理解の否定，②履行請求権の救済手段視，③原始的不能ドグマ・特定物ドグマの否定，④無責の後発的不能における債権の当然消滅の否定，⑤履行請求と塡補賠償との選択の自由の承認（債務転形論の排斥），⑥損害賠償における過失責任主義や履行補助者論の放棄，⑦解除における帰責事由不要論，⑧危険負担の解除制度への吸収等の主張を展開したのであった．

ただし，批判理論の主張者において，部分的には，かなりの見解の差がある．たとえば，②の主張に対して強い異論があり，履行請求と塡補賠償との選択の自由をどの範囲で認めるべきかにつき争いがあることは，これを付け加えておかなければならない．

II 債務不履行法改正に向けての議論経過

1．検討委員会試案

民法（債権法）の改正に当たっても，このような理論動向をどのように評価し，摂取していくべきかが，きわめて重要な課題となったところ，改正への動きを先導したセミ・オフィシャルな研究者グループの手に成る「民法（債権法）改正検討委員会試案」（以下，「検討委員会試案」という）は，前記の批判理論をベースとするものであった．

けだし，検討委員会試案は，③原始的不能ドグマ・特定物ドグマの否定，④

無責の後発的不能における債権の当然消滅の否定，⑥損害賠償における過失責任主義や履行補助者論の放棄，⑦解除における帰責事由不要論，⑧危険負担の解除制度への吸収といった，批判理論の中核的主張の多くを取り入れる内容のものだったからである．①給付請求権を中核とした債権理解の否定の考え方は，背景をなす思想として，試案の基礎にあるとみてよい．ただし，②履行請求権の救済手段視，⑤履行請求と塡補賠償との選択の自由の承認（債務転形論の排斥）は，採用されず，むしろ履行請求権の優先原則が基本的には維持された．

2．法制審議会におけるこれまでの審議経過

その後の法制審議会における議論も，基本的には検討委員会試案を実質的なたたき台として進められた．

法制審議会における審議を通じて，当初示された案は，批判理論の摂取に慎重な立場との妥協を余儀なくされた．2013年2月26日の「民法（債権関係）の改正に関する中間試案」は，そうした諸見解の妥協の産物といえる．

もっとも，妥協を余儀なくされながらも，中間試案の段階では[1]，③原始的不能ドグマ・特定物ドグマの否定（中間試案第26の2，第35の3，4など），④無責の後発的不能における債権の当然消滅の否定（中間試案第9の2参照），⑥損害賠償における過失責任主義や履行補助者論の放棄（中間試案第10の1），⑦解除における帰責事由不要論（中間試案第11の1），⑧危険負担の解除制度への吸収（中間試案第12の1「危険負担に関する規定の削除」，2「債権者の責に帰すべき事由による不履行の場合の解除権の制限」．関連して第35の14「目的物の滅失又は損傷に関する危険の移転」）に関する提案内容を見るかぎり，なお当初の構想の基本線は維持されていると見ることが可能である．

---

1) 法制審議会では，本稿執筆時である2013年11月15日現在，3読の審議が進行中であるが，その議事録はまだ公表されていないので，本ペーパーでは，中間試案までの経過および中間試案の内容を前提として記述している．2014年2月のシンポジウムでは，その時点で得られる最新の情報を加味して報告を行う予定である．

以下では，時間の制約もあり，債務不履行法改正の多数の論点のすべてに言及することはできない．(a)債務不履行による損害賠償とその免責事由，(b)債務不履行による契約の解除の要件，(c)危険負担の解除制度への吸収の論点に絞ったうえで，各提案をめぐるこれまでの議論の経過をたどって検討を加え，内在的分析・評価を示すこととする．なお，(a)との関連で，瑕疵担保責任における「隠れた」要件の削除の提案も取り上げる．また，提案全体を通じて非常に重要な役割を与えられている「契約の趣旨」という概念の意義にも論及する．

III 中間試案

取り上げる論点についての中間試案の内容は下記のとおりである．

(a) 債務不履行による損害賠償とその免責事由（第10の1）

1 債務不履行による損害賠償とその免責事由（民法第415条前段関係）
民法第415条前段の規律を次のように改めるものとする．
 (1) 債務者がその債務の履行をしないときは，債権者は，債務者に対し，その不履行によって生じた損害の賠償を請求することができるものとする．
 (2) 契約による債務の不履行が，当該契約の趣旨に照らして債務者の責めに帰することのできない事由によるものであるときは，債務者は，その不履行によって生じた損害を賠償する責任を負わないものとする．
 (3) 契約以外による債務の不履行が，その債務が生じた原因その他の事情に照らして債務者の責めに帰することのできない事由によるものであるときは，債務者は，その不履行によって生じた損害を賠償する責任を負わないものとする．

(b) 債務不履行による契約の解除の要件（第11の1）

1 債務不履行による契約の解除の要件（民法第541条ほか関係）
民法第541条から第543条までの規律を次のように改めるものとする．
 (1) 当事者の一方がその債務を履行しない場合において，相手方が相当の期間を定めて履行の催告をし，その期間内に履行がないときは，相手方は，契約の解除をすることができるものとする．ただし，その期間が経過した時の不履行が契約をした目的の達成を妨げるものでないときは，この限りでないものとする．
 (2) 当事者の一方がその債務を履行しない場合において，その不履行が次に掲げるいずれかの要件に該当するときは，相手方は，上記(1)の催告をすることなく，契約の解除をすることができるものとする．
  ア 契約の性質又は当事者の意思表示により，特定の日時又は一定の期間内に履行をしなければ契約をした目的を達することができない場合において，当事者の一方が履行をしないでその時期を経過したこと．
  イ その債務の全部につき，履行請求権の限界事由があること．
  ウ 上記ア又はイに掲げるもののほか，当事者の一方が上記(1)の催告を受けても契約をした目的を達するのに足りる履行をする見込みがないことが明白であること．
 (3) 当事者の一方が履行期の前にその債務の履行をする意思がない旨を表示したことその他の事由により，その当事者の一方が履行期に契約をした目的を達するのに足りる履行をする見込みがないことが明白であるときも，上記(2)と同様とするものとする．
 (注) 解除の原因となる債務不履行が「債務者の責めに帰することができない事由」（民法第543条参照）による場合には，上記(1)から(3)までのいずれかに該当するときであっても，契約の解除をすることができないものとするという考え方がある．

(c) 危険負担（第12の1「危険負担に関する規定の削除」，2「債権者の責に帰すべき事由による不履行の場合の解除権の制限」．関連して第35の14「目的物の滅失又は損傷に関する危険の移転」）

第12　危険負担

1　危険負担に関する規定の削除（民法第534条ほか関係）

民法第534条，第535条及び第536条第1項を削除するものとする．

(注) 民法第536条第1項を維持するという考え方がある．

2　債権者の責めに帰すべき事由による不履行の場合の解除権の制限（民法第536条第2項関係）

(1) 債務者がその債務を履行しない場合において，その不履行が契約の趣旨に照らして債権者の責めに帰すべき事由によるものであるときは，債権者は，契約の解除をすることができないものとする．

(2) 上記(1)により債権者が契約の解除をすることができない場合には，債務者は，履行請求権の限界事由があることにより自己の債務を免れるときであっても，反対給付の請求をすることができるものとする．この場合において，債務者は，自己の債務を免れたことにより利益を得たときは，それを債権者に償還しなければならないものとする．

第35　売買

14　目的物の滅失又は損傷に関する危険の移転

(1) 売主が買主に目的物を引き渡したときは，買主は，その時以後に生じた目的物の滅失又は損傷を理由とする前記4又は5の権利を有しないものとする．ただし，その滅失又は損傷が売主の債務不履行によって生じたときは，この限りでないものとする．

(2) 売主が当該売買契約の趣旨に適合した目的物の引渡しを提供したにもかかわらず買主がそれを受け取らなかった場合であって，その目的物が買主に引き渡すべきものとして引き続き特定されているときは，引渡し

の提供をした時以後に生じたその目的物の滅失又は損傷については，上記(1)と同様とする．

Das Leistungsstörungsrecht
——Zusammenfassung——

Yutaka YAMAMOTO
Übersetzt von Matthias K. SCHEER

I. Einführung: Die Hintergründe des Reformvorhabens des Leistungsstörungsrechts

Beim Recht der Nichterfüllung der Schuld und der Vertragshaftung ist ein Paradigmenwechsel erkennbar, der den Hintergrund des Reformentwurfs im Rahmen der geplanten Schuldrechtsreform des Zivilgesetzes bildet. Diese theoretische Tendenz hat sich während der letzten 20 Jahre entwickelt. Mehrere Umstände sind dafür verantwortlich, nämlich:

(1) die internationale Rechtsangleichung, die in der letzten Zeit die Übernahme verschiedener Ergebnisse verursacht hat,
(2) die Neubewertung der Fortschritte der Forschung über den Verlauf der Kodifikation des japanischen Zivilgesetzes und der Theorierezeption (gemeint sind die Theorien des deutschen Rechts),
(3) die Entwicklung der Forschung, die von der Sicht des französischen Rechts mit seinen Lehren von der *obligation de moyens* und der *obligation de résultat* angeregt wurde,
(4) die Lehren des deutschen Gemeinen Rechts des 19. Jahrhunderts, die als Grundlage der traditionellen Lehren besondere Kritik auf sich zogen, und
(5) die Fortschritte bei der Analyse der Rechtsprechung.

Die sich daraus ergebenden neuen Lehren attackieren die traditionellen Lehren, die vor allem durch die folgenden Punkte charakterisiert werden:

(1) die Vorstellung von einer abgespeckten Schuld mit einem Leistungsanspruch als ihrem Kernbereich,
(2) die Automatik des Erfüllungsanspruchs,
(3) der Ausschluss der anfänglichen Unmöglichkeit und das Dogma der Spezies (als logische Folge von Punkt (1)),
(4) das automatische Erlöschen der Forderung bei unverschuldeter nachträglicher Unmöglichkeit, und die Lösung des Problems durch das System der Gefahrtragung beim gegenseitigen Vertrag,
(5) die Verneinung (des gleichzeitigen Bestehens von und damit) der Wahl zwischen dem Erfüllungsanspruch und dem Anspruch auf Schadensersatz statt der Leistung (die Lehre von der Verwandlung der Schuld),
(6) die Anwendung des Verschuldensprinzips bei Schadensersatz und Rücktritt und die Anwendung der Lehre vom Erfüllungsgehilfen.

Die Lehren, die diese traditionellen Lehren kritisieren, haben deren vollständige Umgestaltung angestrebt und dazu unter anderem die folgenden Thesen entwickelt:

(1) die Verneinung der Vorstellung von der Schuld mit einem Leistungsanspruch als ihrem Kernbereich,
(2) die Betrachtung des Erfüllungsanspruchs als Rechtsbehelf (*remedy*),
(3) die Verneinung des Dogmas der anfänglichen Unmöglichkeit und des Dogmas der Speziesschuld,
(4) die Verneinung des automatischen Erlöschens der Forderung bei unverschuldeter nachträglicher Unmöglichkeit,
(5) die freie Wahl zwischen dem Erfüllungsanspruch und dem Anspruch auf Schadensersatz statt der Leistung (die Zurückweisung der Lehre von der Verwandlung der Schuld),
(6) der Verzicht auf das Verschuldensprinzip beim Schadensersatz und auf die Lehre vom Erfüllungsgehilfen,
(7) die Einführung des vom Vertretenmüssen unabhängigen Rücktrittsrechts,
(8) die Einführung eines Systems der Rückgängigmachung der Gefahr-

tragung.

Aber bei den Vertretern dieser kritischen Lehren bestehen zum Teil erhebliche Unterschiede. Z.B. gibt es starken Widerspruch gegen die These Nr. (2), und es ist streitig, in welchem Umfang die Freiheit der Wahl zwischen dem Erfüllungsanspruch und dem Ausgleichsschadensersatz anerkannt werden soll.

II. Der Verlauf der Diskussion über die Reform des Leistungsstörungsrechts

1. Der Vorschlag des Prüfungsausschusses

Auch bei der Reform des Zivilgesetzes (Schuldrechts) war die Frage, wie man eine solche theoretische Richtung einschätzen und einbeziehen sollte, außerordentlich wichtig. Die semioffizielle Wissenschaftlergruppe, die die Reformbewegung angeführt hatte, erstellte den „Vorschlag des Ausschusses zur Prüfung der Reform des Zivilgesetzes (Schuldrechts)" (abgekürzt Prüfungsausschussentwurf), der im Wesentlichen auf den eben genannten kritischen Lehren basierte.

Dementsprechend beinhaltete der Prüfungsausschussentwurf die Übernahme der meisten Kernthesen der kritischen Lehren. Es handelte sich um die Verneinung des Dogmas der anfänglichen Unmöglichkeit und des Dogmas der Speziesschuld (3), die Verneinung des automatischen Erlöschens der Forderung bei unverschuldeter nachträglicher Unmöglichkeit (4), den Verzicht auf das Verschuldensprinzip beim Schadensersatz und auf die Lehre vom Erfüllungsgehilfen (6), die Einführung des vom Vertretenmüssen unabhängigen Rücktrittsrechts, (7) und die Aufnahme eines Systems der Rückgängigmachung der Gefahrtragung (8).[1] Man darf davon ausgehen, dass die Verneinung der Vorstellung von der Schuld mit einem Leistungsanspruch als ihrem Kernbereich als Leitmotiv (1) die Grundlage dieses Vorschlags darstellte. Aber die Betrachtung des Erfüllungsanspruchs als Rechtsbehelf (*remedy*) (2) und die freie Wahl zwischen dem Erfüllungsanspruch und dem Anspruch auf Schadensersatz statt der Leistung (die Zurückweisung der Lehre von der Verwandlung der Schuld) (5)

---

[1] Gemeint ist die Streichung der Regelung der Gefahrtragung und die Handhabung der Gegenleistungsprobleme durch das Instituts des Rücktritts wie beim Diskussionsentwurf des BGB, freilich mit einzelnen Ausnahmen wie bei Miete.

wurden nicht in den Entwurf aufgenommen. Vielmehr wurde das Prinzip des Vorrangs des Erfüllungsanspruchs als Grundsatz aufrechterhalten.

2. Der Verlauf der Beratung im Gesetzberatungsausschuss

Auch die darauf folgenden Diskussionen im Gesetzberatungsausschuss des Justizministeriums orientierten sich inhaltlich im Wesentlichen am Prüfungsausschussentwurf.

Der Entwurf, der während der Beratungen im Gesetzberatungsausschuss zum ersten Mal vorgelegt wurde, ging notgedrungen einen Kompromiss mit einem gemäßigten Standpunkt hinsichtlich der Übernahme der kritischen Lehren ein. Man kann daher sagen, dass der „Interimsentwurf betreffend die Reform des Zivilgesetzes (im Zusammenhang mit dem Schuldrecht)" vom 26. 2. 2013 im Ergebnis einen Kompromiss zwischen den unterschiedlichen Auffassungen darstellt.

Aber auch wenn es notgedrungen zu Kompromissen kam, kann man es doch so sehen, dass auf der Stufe des Interimsentwurfs die Linie der ursprünglichen Struktur aufrecht erhalten wurde, jedenfalls soweit es um den Inhalt des Entwurfs hinsichtlich der folgenden Punkte ging: (3) die Verneinung des Dogmas der anfänglichen Unmöglichkeit und des Dogmas der Speziesschuld (u. a. Punkt 26-2 und 35-3, 4 des Interimsentwurfs), (4) die Verneinung des automatischen Erlöschens der Forderung bei unverschuldeter nachträglicher Unmöglichkeit (vgl. Punkt 9-2 des Interimsentwurfs), (6) der Verzicht auf das Verschuldensprinzip beim Schadensersatz und auf die Lehre vom Erfüllungsgehilfen (Punkt 10-1 des Interimsentwurfs), (7) die Einführung des vom Vertretenmüssen unabhängigen Rücktrittsrechts (Punkt 11-1 des Interimsentwurfs), (8) die Aufnahme eines Systems der Rückgängigmachung der Gefahrtragung. (Punkt 12-1 des Interimsentwurfs „Streichung der Vorschriften über die Gefahrtragung", Punkt 12-2 „Einschränkung des Rücktrittsrechts im Falle der Nichterfüllung aus Gründen, die auf dem Verschulden des Gläubigers beruhen". In diesem Zusammenhang Punkt 35-14 „Übergang der Gefahr bei Untergang oder Beschädigung der Sache").

Im Folgenden kann aus Zeitgründen nicht auf alle Diskussionspunkte der Reform des Leistungsstörungsrechts eingegangen werden. Hier soll begrenzt auf die Punkte (A) Schadensersatz wegen Nichterfüllung und Befreiungsgründe, (B) Voraussetzungen des Rücktritts vom Vertrag wegen Nichterfüllung der Schuld, (C) die Aufnahme eines Systems der Rückgängigmachung der Gefahrtragung der Verlauf der Diskussion und Überlegungen hierzu dargestellt werden. Im Zusammenhang mit Punkt (A) soll auch die Streichung des Tatbestands des „versteckten" Mangels bei der Mängelgewährleistungspflicht behandelt werden. Außerdem soll auch die Bedeutung des Schlüsselbegriffs des „Sinnes des Vertrags *(keiyaku no shushi)*"[2] erörtert werden, dem überall im Entwurf eine außerordentlich wichtige Rolle zugewiesen wurde.

III. Der Interimsentwurf

Der Inhalt des Interimsentwurfs, soweit er die von mir aufgegriffenen Streitpunkte betrifft, ist wie folgt:

1. Schadensersatz bei Nichterfüllung der Schuld und Gründe für die Befreiung davon (Punkt 10-1) (im Zusammenhang mit Artikel 415 Satz 1 Zivilgesetz)

Die Bestimmung des Artikels 415 Satz ZG soll wie folgt geändert werden:
(1) Wenn der Schuldner seine Schuld nicht erfüllt, kann der Gläubiger vom Schuldner den Ersatz des Schadens verlangen, der durch seine Nichterfüllung entstanden ist.
(2) Wenn die Nichterfüllung der vertraglichen Schuld angesichts des Sinnes des betreffenden Vertrages aus Gründen erfolgt, die der Schuldner nicht zu vertreten hat,[3] ist der Schuldner nicht verpflichtet, den durch die Nichterfüllung entstandenen Schaden zu ersetzen.
(3) Wenn die Erfüllung einer nichtvertraglichen Schuld angesichts des Entstehungsgrunds dieser Schuld bzw. sonstiger Umstände aus Gründen erfolgt, die

---

2 *„keiyaku no shushi"* in dem Interimsentwurf ist ein recht vager Begriff und schwierig ins Deutsche zu übersetzen. Nach der Erläuterung zum Interimsentwurf, die das Sekretariat des Gesetzberatungsausschusses erstellt, sei *„keiyaku no shushi"* aufgrund aller vertragsbezogener Umstände, nicht nur des Inhalts der Vereinbarung sowie der Formulierung des Vertragstexts, sondern auch der Natur des Vertrags (incl. Entgeltlichkeit oder Unentgeltlichkeit des Vertrags), des Zwecks für die Vertragsparteien und vertragsbegleitender Umstände, unter Berücksichtigung der Verkehrsanschauung wertend zu ermitteln.

3 Der Ausdruck *„seme ni kisuru koto no dekinai"* in dem Interimsentwurf ist wiederum schwierig zu übersetzen. Um ein mögliches Missverständnis zu vermeiden, darf ich anmerken, dass es hier sich nicht um Unverschulden handelt.

der Schuldner nicht zu vertreten hat, ist der Schuldner nicht verpflichtet, den durch die Nichterfüllung entstandenen Schaden zu ersetzen.

2. Die Voraussetzungen für den Rücktritt vom Vertrag wegen Nichterfüllung der Schuld (Punkt 11-1) (im Zusammenhang mit den Artikeln 541 ff. Zivilgesetz)

Die Bestimmungen der Artikel 541 bis 543 ZG sollen wie folgt geändert werden:
(1) Wenn eine der Parteien ihre Schuld nicht erfüllt, kann die andere Partei, wenn diese jener erfolglos eine angemessene Frist zur Erfüllung bestimmt hat, vom Vertrag zurücktreten. Dies gilt jedoch nicht, wenn die Nichterfüllung nach Ablauf dieser Frist die Erreichung des Vertragszwecks nicht behindert.
(2) Wenn eine der Parteien ihre Schuld nicht erfüllt, kann die andere Partei, wenn diese Nichterfüllung eine der im Folgenden aufgeführten Voraussetzungen erfüllt, ohne die oben in Absatz (1) genannte Fristsetzung vom Vertrag zurücktreten.

(a) Wenn aufgrund der Natur des Vertrages oder einer Willenserklärung der Parteien ohne Erfüllung zu einem bestimmten Zeitpunkt oder innerhalb einer bestimmten Frist der Zweck des Vertrages nicht erreicht werden kann, und eine der Parteien nicht zeitgemäß erfüllt.

(b) Wenn für die gesamte Schuld Gründe für eine Begrenzung des Erfüllungsanspruchs vorliegen.

(c) Wenn es außer den unter (a) und (b) genannten Fällen offensichtlich ist, dass keine Aussicht besteht, dass eine der Parteien innerhalb der in Absatz (1) genannten Frist eine Erfüllung vornimmt, die genügt, um den Vertragszweck zu erreichen.

(3) Wenn es aufgrund der Erklärung einer der Parteien, sie sei nicht gewillt zu erfüllen, oder aus sonstigen Gründen vor der Erfüllungszeit offensichtlich ist, dass keine Aussicht besteht, dass diese Partei innerhalb der Erfüllungszeit eine Erfüllung vornimmt, die genügt, den Vertragszweck zu erreichen, gilt das in Absatz (2) Bestimmte gleichermaßen.

(*Anmerkung*) Es wird eine Ansicht vertreten, dass kein Rücktritt vom Vertrag erfolgen kann, falls die Nichterfüllung der Schuld als Grund für den Rücktritt „nicht vom Schuldner zu vertreten ist" (vgl. Artikel 543 ZG), auch wenn eine der in den oben genannten Absätzen (1) bis (3) genannten Voraussetzungen erfüllt ist.

3. Die Gefahrtragung

Punkt 12-1 „Streichung der Bestimmungen über die Gefahrtragung"
Punkt 12-2 „Die Beschränkung des Rücktrittsrechts in Fällen der Nichterfüllung aus Gründen, die der Gläubiger zu vertreten hat"
Punkt 35-14 „Übergang der Gefahr bei Untergang oder Beschädigung der geschuldeten Sache".

Punkt 12 Die Gefahrtragung
12-1. Streichung der Bestimmungen über die Gefahrtragung (Artikel 534 ff. ZG)
Die Artikel 534, 535 und 536 Abs. 1 ZG sollen gestrichen werden
(*Anmerkung*) Es wird auch die Ansicht vertreten, Artikel 536 Abs. 1 ZG aufrechtzuerhalten.
12-2. Beschränkung des Rücktrittsrechts in Fällen der Nichterfüllung aus Gründen, die der Gläubiger zu vertreten hat (in Zusammenhang mit Artikel 536 Abs. 2 ZG):
(1) Wenn die Nichterfüllung der Schuld durch den Schuldner aus Gründen erfolgt, die angesichts des Sinn des Vertrages der Gläubiger zu vertreten hat, kann der Gläubiger nicht vom Vertrag zurücktreten.
(2) Wenn aufgrund der eben genannten Bestimmung des Absatz (1) der Gläubiger nicht vom Vertrag zurücktreten kann, kann der Schuldner, obwohl er von der Erfüllung seiner Schuld frei wird, weil Gründe für die Begrenzung des Erfüllungsanspruchs vorliegen, dennoch die Gegenleistung verlangen. Wenn der Schuldner in diesem Fall Vorteile dadurch erlangt hat, dass er von der eigenen Schuld frei geworden ist, hat er diese Vorteile dem Gläubiger zu erstatten.

Punkt 35 Kauf
35-14. Der Übergang der Gefahr bei Untergang oder Beschädigung der geschuldeten Sache
(1) Wenn der Verkäufer dem Käufer die Sache übergeben hat, hat der Käufer nicht die unter 4 oder 5 genannten Rechte[4] wegen des Untergangs oder der

Beschädigung der Sache, die nach dem Zeitpunkt der Übergabe erfolgt sind. Dies gilt jedoch nicht, wenn deren Untergang oder Beschädigung aufgrund der Nichterfüllung des Verkäufers erfolgt ist.

(2) Wenn der Käufer eine Sache, die dem Sinn des betreffenden Kaufvertrages entsprach, nicht angenommen hat, obwohl der Verkäufer sie ihm angeboten hatte, und wenn diese Sache als eine, die diesem Käufer zu übergeben ist, durchgehend bestimmt worden ist, nach dem Angebot der Übergabe untergeht oder beschädigt wird, gilt die Bestimmung des Absatz (1) gleichermaßen.

(Anmerkung) Weil im Gesetzberatungsausschuss zurzeit (Stand: 15. November 2013) die Beratung in der dritten Lesung vorgenommen wird, die entsprechenden Beratungsprotokolle aber noch nicht veröffentlicht sind, geht dieses Paper vom Verlauf bis zum Interimsentwurf und vom Inhalt des Interimsentwurfs aus. Das Referat auf dem Symposium im Februar 2014 wird die zu diesem Zeitpunkt neuesten Informationen berücksichtigen.

---

4 D. h. die Rechtsbehelfe in Bezug auf Nacherfüllung, Schadensersatz, Rücktritt und Minderung.

Systematik und Neuordnung von Leistungsstörungs- und Gewährleistungsrecht
——Thesen——

Stephan LORENZ

I. Ziele der Reform

Das zentrale systematische Ziel der Schuldrechtsreform war es, die Rechtsbehelfe eines Käufers (und auch die Rechtsbehelfe eines Bestellers beim Werkvertrag) im Falle einer mangelhaften Leistung an das allgemeine Leistungsstörungsrecht anzuknüpfen. Damit sollte die bisherige Zweispurigkeit des Leistungsstörungsrechts aufgehoben werden, die zu vielfältigen Problemen und Wertungswidersprüchen geführt hatte. Damit ist das Leistungsstörungsrecht in zweifacher Hinsicht vereinheitlicht: Einerseits ergeben sich die Rechte eines Käufers im Falle der Lieferung einer mangelhaften Sache im Wesentlichen aus dem allgemeinen Leistungsstörungsrecht. Der zweite Aspekt der Vereinheitlichung besteht darin, dass für das Werkvertragsrecht genau dieselben Strukturen eingeführt wurden. Die entsprechenden Vorschriften sind nahezu wortlautgleich. Damit ist nicht nur das kaufrechtliche Gewährleistungsrecht mit dem allgemeinen Leistungsstörungsrecht vereinheitlicht, sondern auch dasjenige des Werkvertragsrechts mit demjenigen des Kaufrechts.

II. Kernpunkte der deutschen Reform im Vergleich zum japanischen Recht und dem *interim proposal* der japanischen Reformkommission

1. a) Die systematisch bedeutendste Neuerung des Leistungsstörungsrechts war die Einführung eines allgemeinen Haftungstatbestands der Pflichtverlet-

zung in § 280 Abs. 1 S. 1 BGB. Danach kann der Gläubiger, wenn der Schuldner eine Pflicht aus einem (vertraglichen oder gesetzlichen) Schuldverhältnis verletzt, „Ersatz des hierdurch entstehenden Schadens verlangen". Der Begriff der „Pflichtverletzung" ist dabei ein außerordentlich weiter Begriff. Er umfasst sowohl die Verletzung von Leistungspflichten als auch die Verletzung von Schutzpflichten.

b) Das entspricht dem Wortlaut nach dem Grundtatbestand des japanischen Zivilgesetzbuchs in Art. 415 ZGB. Allerdings wurde diese Regelung bislang im Rahmen der Theorienrezeption wie das frühere deutsche Schuldrecht in Unmöglichkeit, Verzug und Schlechtleistung aufgeteilt. Allerdings ist auch in der japanischen Rechtswissenschaft in den 1970er und 1980er Jahren zunehmend die Ansicht in den Vordergrund gerückt, dass keine Notwendigkeit bestehe, Art. 415 ZGB im Sinne der deutschen Dogmatik auszulegen. Art. 415 ZGB stellt nach dieser moderneren Ansicht einheitliche Tatbestandsvoraussetzungen für den Fall, dass der Schuldner nicht dem Schuldverhältnis entsprechend leiste. Das entspricht nunmehr im Ausgangspunkt auch dem reformierten deutschen Recht.

2. Der Einheitstatbestand der Pflichtverletzung macht allerdings die Unterscheidung zwischen Unmöglichkeit, Verzug und Schlechtleistung nicht entbehrlich. Das reformierte deutsche Schuldrecht unterscheidet in den einzelnen Rechtsfolgen der Pflichtverletzung weiterhin Unmöglichkeit und Verspätung der Leistung.

3. Die Aufgabe des früheren Dogmas der Vertragsnichtigkeit bei anfänglicher Unmöglichkeit (§ 306 BGB a. F.) war notwendig, um ein funktionierendes einheitliches Konzept der Haftung wegen Pflichtverletzung einzuführen.

4. a) Im Bereich des Schadensersatzes geht das deutsche Recht in §§ 280 Abs. 1 S. 2, 276 BGB vom Verschuldensprinzip aus. Dabei wird das Verschulden vermutet. Eine verschuldensunabhängige Garantiehaftung ist gesetzlich nicht angeordnet, kann aber durch die Parteien im Wege der Übernahme einer Garantie oder eines Beschaffungsrisikos rechtsgeschäftlich vereinbart werden.

b) In der japanischen Reform ist die Aufrechterhaltung des Verschuldensprinzips offenbar umstritten. Dies ist eine rechtspolitische Grundsatzentscheidung, zu der eine wissenschaftliche Stellungnahme kaum möglich ist.

5. a) Für den Rücktritt (§§ 323, 326 Abs. 5 BGB) ist Verschulden nicht erforderlich. Die Einführung eines vom Vertretenmüssen unabhängigen Rücktrittsrechts hat entscheidende Bedeutung für die Anwendbarkeit des allgemeinen Leistungsstörungsrechts im Bereich des Gewährleistungsrechts. Wäre der Rücktritt im allgemeinen Leistungsstörungsrecht hingegen vom Vertretenmüssen (und damit i. d. R. vom Verschulden) abhängig geblieben, wäre eine Rückführung des Gewährleistungsrechts auf das allgemeine Leistungsstörungsrecht nicht ohne eine erhebliche Verschlechterung der Käuferrechte möglich gewesen.
b) Art. 543 ZGB setzt für den Rücktritt ein Verschulden seitens des Schuldners voraus. Im Rahmen der japanischen Reform scheint dieses Erfordernis streitig zu sein. Richtigerweise ist ein Verschuldenserfordernis beim Rücktritt mit dem Gedanken des Synallagma unvereinbar: Die Gegenleistungspflicht des Gläubigers findet ihre Rechtfertigung sowohl bei der Entstehung des Vertrags als auch bei dessen Durchführung ausschließlich in dem Anspruch auf die Gegenleistung und dessen Erfüllung. Sie sollte daher ohne Rücksicht auf Verschulden mit diesem „stehen und fallen". Ein Wertungswiderspruch zum Verschuldensprinzip beim Schadensersatz besteht dabei nicht: Während es beim Rücktritt nur darum geht, dem Gläubiger bei Ausbleiben der ihm gebührenden Leistung wieder Dispositionsfreiheit zu verschaffen, gleicht der Schadensersatzanspruch darüber hinaus Vermögensschäden auf Seiten des Gläubigers aus und vermindert damit das Vermögen des Schuldners.

6. a) Das deutsche Recht ordnet im Falle der Unmöglichkeit einen automatischen, verschuldensunabhängigen Wegfall der Gegenverpflichtung an, sieht aber subsidiär auch ein Rücktrittsrecht vor (§ 326 Abs. 1 und Abs. 5 BGB).
b) Der japanische Reformentwurf sieht eine Änderung der Art. 541 – 543 ZGB vor. Der Vorschlag will das Problem der Gegenleistungspflicht sowohl für die Verzögerung der Leistung als auch für die Unmöglichkeit der Leistung in den Regelungen über den Rücktritt zusammenfassen. Er gelangt damit zu einer in der japanischen Wissenschaft schon früher vorgeschlagenen Abschaffung der Gefahrtragungsregelung und deren Integration in ein einheitliches Konzept des Rücktrittsrechts. Diese vorgeschlagene Lösung ist derjenigen des deutschen Rechts überlegen: Es ist aus Rechtssicherheitsgründen vorteilhaft, auch im Fall

der Unmöglichkeit dem Gläubiger ein Rücktrittsrecht einzuräumen. Dadurch wird insbesondere die in der Praxis häufig nicht klar feststellbare Unterscheidung zwischen Unmöglichkeit und Verspätung der Leistung unnötig. Auch dürfte die im deutschen Recht schwierige Frage der vorübergehenden Unmöglichkeit und deren Gleichstellung mit endgültiger Unmöglichkeit weniger Komplikationen aufwerfen. Es erübrigen sich auch komplizierte Verweisungsketten und Ausnahmeregelungen, wie sie das reformierte deutsche Recht in § 326 Abs. 5 BGB enthält. Auch der Vorschlag eines *Common European Sales Law* verzichtet auf eine Gefahrtragungsregelung, d. h. er sieht im Falle der Unmöglichkeit der Leistung kein automatisches Erlöschen des Gegenanspruchs vor, sondern gibt dem Käufer ein (unmittelbares, d. h. fristunabhängiges) Rücktrittsrecht.

7. Die Frage, wer beim Kauf einer mangelhaften Sache die Gefahr einer zufälligen Verschlechterung oder des Untergangs zu tragen hat, ist auch rechtsvergleichend eine der rechtspolitisch streitigsten Fragen des kaufrechtlichen Gewährleistungsrechts.

a) Nach deutschem Recht „springt" die Gefahr des zufälligen Untergangs bei Lieferung einer mangelhaften Sache auf den Verkäufer zurück, indem der Käufer im Falle des Rücktritts wegen eines Mangels nicht zum Wertersatz verpflichtet ist (§ 346 Abs. 3 Nr. 3 BGB).

b) Der japanische Reformentwurf geht hier im Grundsatz einen anderen, rechtspolitisch besseren Weg als das deutsche Recht. Nach dem *interim proposal* soll der Käufer keine Gewährleistungsrechte haben, wenn die mangelhafte Kaufsache nach der Übergabe beschädigt wird oder untergeht, sofern nicht das jeweilige Ereignis aufgrund der mangelhaften Leistung des Verkäufers eingetreten ist. Das entspricht der Sache nach der französischen Regelung in Art. 1647 Code Civil. Sollte sich dieser Ausschluss allerdings auch auf das Minderungsrecht beziehen, so erscheint das als unangemessen: Da die Minderung nicht zu einer Rückabwicklung des Kaufs führt, wird die Gefahrtragung in keiner Weise beeinflusst, wenn dem Käufer im Falle des Untergangs der Sache das Minderungsrecht erhalten bleibt. Berechtigte Interessen des Verkäufers werden in diesem Fall durch die Aufrechterhaltung des Minderungsrechts nicht tangiert.

III. Gesamtbewertung

1. Das 2002 reformierte deutsche Schuldrecht stellt in Bezug auf das System keinen Paradigmenwechsel dar. Die hergebrachten Grundstrukturen des Leistungsstörungsrechts, d. h. die Aufteilung der Leistungsstörungen in Unmöglichkeit, Verspätung, Nebenpflichtverletzung und vorvertragliche Pflichtverletzungen ist nicht nur erhalten geblieben, sondern sehr viel deutlicher gesetzlich niedergelegt worden.

2. Insbesondere haben sich die Aufgabe des Unwirksamkeitsdogmas bei anfänglicher Unmöglichkeit sowie die Einführung eines vom Vertretenmüssen unabhängigen Rücktrittsrechts sowohl in der wissenschaftlichen Aufarbeitung als auch in der Praxis bewährt.

3. Auch die Übertragung des Systems des allgemeinen Leistungsstörungsrechts auf das kauf- und werkvertragliche Gewährleistungsrecht ist technisch gelungen. Die vermehrte Relevanz von Grundsatzfragen stellt dabei keinen Nachteil, sondern einen Vorteil dar. Grundlegende Systemfehler sind nicht hervorgetreten und nach nunmehr 12 Jahren praktischer Anwendung auch nicht zu erwarten.

4. Im Vergleich zur Rechtsentwicklung im japanischen Recht kann die Schuldrechtsreform als Bestätigung derjenigen Strömungen in der japanischen Rechtswissenschaft gesehen werden, die sich von der „Theorienrezeption" gelöst haben und Art. 415 ZGB im Ausgangspunkt als einen einheitlichen Pflichtverletzungstatbestand gesehen haben. Auch die internationalen Entwicklungen (DCFR und CESL) stellen eine solche Bestätigung dar.

5. Ganz Ähnliches gilt für das Verhältnis zwischen allgemeinem Leistungsstörungsrecht und Gewährleistungsrecht: Auch dort ermöglicht es bereits der Wortlaut des geltenden Rechts, die Rechtsbehelfe des Gewährleistungsrechts auf das allgemeine Leistungsstörungsrecht zurückzuführen, jedoch konnte sich dies anfangs aufgrund der Theorienrezeption nicht durchsetzen. Erst moderne Strömungen in der japanischen Rechtswissenschaft nahmen den Gedanken

eines einheitlichen Systems wieder auf, er ist auch ein Leitziel der derzeit geplanten Reform.

6. Haben sich also das deutsche und das japanische Leistungsstörungs- und Gewährleistungsrecht durch die Schuldrechtsreform auf der Ebene des geschriebenen Rechts angenähert, und will man auch in Japan eine Reform des Leistungsstörungs- und Gewährleistungsrechts in Angriff nehmen, so sind die dort erforderlichen kodifikatorischen Eingriffe deutlich geringer, als sie das bei der Reform des deutschen Leistungsstörung-und Gewährleistungsrechts waren. Im Grunde bedarf es nur eines Abschieds von der Theorienrezeption und einer eigenständigen, modernen Sichtweise des japanischen Leistungsstörungs- und Gewährleistungsrechts. Es verwundert daher nicht, dass die vorgeschlagenen Änderungen des japanischen Zivilgesetzbuchs im Vergleich zu den Eingriffen, die das BGB im Rahmen der Schuldrechtsreform erfahren hat, deutlich geringer sind.

7. Die Erfahrungen der deutschen Reform zeigen allerdings auf, dass ein vom Vertretenmüssen unabhängiges Rücktrittsrecht auf alle Fälle aus rechtspolitischen, aber auch aus systematischen Gründen erforderlich erscheint.

8. Ob man im Übrigen im Bereich des Schadensersatzes vom Verschuldensprinzip ausgeht, oder zu einer Garantiehaftung des Schuldners bzw. des Verkäufers gelangt, ist eine rechtspolitische Wertungsfrage, zu der eine wissenschaftliche Stellungnahme kaum möglich ist. Jedenfalls sollte eine neue Regelung eine klare, unmissverständliche Entscheidung enthalten. Die vorgeschlagene Formulierung in Art. 415 ZGB (Entwurf), die auf „den Sinn des betreffenden Vertrags" (*keiyaku no shushi*) abstellt, erscheint eher auf einen Kompromiss schließen zu lassen, der möglicherweise Grund von Rechtsunsicherheit sein könnte.

9. Gegen die Abschaffung einer Gefahrtragungsregelung nach dem Modell von § 326 Abs. 1 und 2 BGB und deren Integration in ein Rücktrittsrecht lässt sich nichts einwenden. Sowohl aus Gründen der Rechtssicherheit, als auch aus Gründen der Übersichtlichkeit der Systematik ist eine solche Regelung vielmehr ausdrücklich zu begrüßen.

10. Zu begrüßen ist auch die vorgeschlagene Regelung über die Gefahrtragung beim Kauf einer mangelhaften Sache. Sie weicht von der Lösung des deutschen Rechts ab, ist ihr aber rechtsethisch überlegen: Der nicht mangelbedingte Untergang der Kaufsache beruht auf einem vom Käufer privatautonom übernommenen und damit von diesem zu verantwortenden Risiko, dessen Verwirklichung in keinem kausalen Zusammenhang mit der mangelhaften Leistung des Verkäufers steht. Ein Minderungsrecht sollte aber weiter gewährleistet sein.

11. Aus deutscher Sicht ist die japanische Reform spannend. Sie bedeutet vor allem einen längst fälligen Abschied von der Theorienrezeption des japanischen Schuldrechts aus dem deutschen Recht und damit nicht nur dessen Modernisierung, sondern vor allem auch dessen Emanzipation. Diese Selbstständigkeit des japanischen Leistungsstörungsrechts unter gleichzeitiger Modernität markiert gerade angesichts der gemeinsamen Wurzeln des japanischen und des deutschen Schuldrechts zugleich den Beginn eines fruchtbaren wissenschaftlichen Austauschs beider Rechtsordnungen, der die deutsche Zivilrechtswissenschaft noch mehr als bisher bereichern kann.

給付障害法と瑕疵担保責任法の体系化と再編成

ステファン・ローレンツ
訳　森　　光

I　改正の目的

　債務法改正の中心的で体系的な目的は、給付に瑕疵ある場合の買主の法的救済を（および請負契約の注文者の法的救済も）、一般的給付障害法に結びつけるこ

とにある．それは，給付障害法が有していた旧来の二車線的構造——これが様々な問題や評価矛盾を引き起こしていた——を解消させるためである．これにより，次の2つの観点から給付障害法は統一化されることになる．第一に，瑕疵ある物を引渡した際の買主の権利は，本質的には，一般的給付障害法より導かれることになる．一体化の第二の側面は，請負契約のためにも全く同じ枠組みが導入されることになる点に存在する．請負契約のこれに該当する規定は，文言上，売買契約のそれとほとんど同一である．これにより，売買法上の瑕疵担保法は，一般的給付障害法と一体化するのみならず，請負契約法のそれもまた売買法のそれと一体化することになる．

II ドイツの改正の核心的ポイント
——日本法と日本の民法（債権法）改正検討委員会の中間試案との比較の中で

1) 給付障害法における体系上最も重要な改正点は，BGB280条1項1文において義務違反の一般的な責任要件を導入したことにある．それによると，債務者が（契約上または法律上の）債務関係に由来する義務に違反した場合には，債権者は，「これにより発生した損害の賠償を求める」ことができる．「義務違反（Pflichtverletzung）」という概念は，ここでは，非常に広い概念である．ここには，給付義務の違反のみならず保護義務（Schutzpflicht）の違反も含まれる．

2) このことは，文言上は，日本の民法415条の定める基本要件と合致する．しかし，従来この規定は，学説継受により，かつてのドイツ債務法と同様，不能，遅滞，不完全給付に分けられると解されてきた．しかし，日本の法学においても，1970年代および1980年代になると，日本民法415条をドイツの法解釈学に則して解さねばならない必然性はないとする見解が徐々に表に現れてきた．より現代的なこの見解によるならば，日本民法415条は，債務者が債務関係に則した形で給付をしなかった場合について統一的な要件を規定した

ものということになる．この理解は，今や改正ドイツ法の出発点と一致する．

2．しかし，義務違反についての統一的な要件は，不能，遅滞（Verzug），不完全給付という区分を不要のものにするわけではない．改正ドイツ債務法は，義務違反についての個々の法律効果の中では，なおも給付の不能と遅延（Verspätung）とを区別している．

3．かつて原始的不能による契約無効のドグマ（BGB 旧 306 条）を放棄することは，義務違反を理由とする責任の，機能的で統一的なコンセプトを導入するために必要であった．

4．1）　損害賠償の領域で，ドイツ法は 280 条 1 項 2 文および 276 条で過失責任の原則から出発している．ここでは，帰責性の存在が推定されている．過失（Verschulden）から独立した保証責任（Garantiehaftung）は，法律上は規定されてはいないが，当事者が，保証（Garantie）の引き受けまたは調達危険（Beschaffungsrisiko）の引き受けを法律行為により合意することは可能である．
　2）　日本の改正にあっては，過失責任の原則を維持すべきかについて明らかに論争の対象となっている．これは，法政策的な原理決定であり，学問的な態度決定はほとんどできない問題である．

5．1）　解除（BGB 323 条, 326 条 5 項）に関しては過失（Verschulden）は必要ではない．帰責事由（Vertretenmüssen）から独立した解除権の導入は，瑕疵担保責任法の領域で，一般的な給付障害法の適用にとって重要な役割を果たしている．これに対し，仮に一般的給付障害の適用にあたって解除が帰責事由（Vertretenmüssen）（通例は過失（Verschulden））を要件としたままであったとすれば，瑕疵担保責任法の一般給付障害法への組み入れは，買主の権利を著しく侵害することなしに進めることはできなかったであろう．
　2）　日本民法 543 条は，解除に関し債務者に過失（Verschulden）があること

を要件とする．日本の改正の枠内では，これを必要とするかについては論争の対象となっているようである．過失（Verschulden）の存在を解除において要求することは，シュナラグマ（双務契約）の思想に合致しないというのが適当であろう．というのも，債権者の反対給付義務は，契約の成立に関してもその貫徹に関しても，反対給付の請求権とその履行の中においてのみ正当化されるのである．したがって，反対給付義務は，過失（Verschulden）と関係なしに，反対給付請求権とともに「発生し，また消滅する」べきであろう．損害賠償における過失責任の原則との評価矛盾は，ここには存在しないのである．解除では，債権者が当然受けるべき給付がなされていないという状況にあって，再度，どうすべきかの決定を債権者に委ねることが問題になっているのにすぎないのに対し，損害賠償請求は，これを越え出て，財産損害を債権者側のために埋め合わせ，これにより債務者の財産を減少させるからである．

6．1） ドイツ法は，不能の場合に，過失（Verschulden）から独立した反対義務の自動的消滅を規定している．しかし，補充的に解除権も認めている（326条1項および5項）．

2） 日本の中間試案は，日本民法541条ないし543条の変更を予定している．この提案は，反対給付義務の問題を，給付遅滞についても給付不能についても，すべて解除の規律に包含することを目指している．この提案は，これとあわせ，日本の法学の中で以前よりあった，危険負担規定を廃止し，一つの統一的な解除権というコンセプトの下の統合の実現を志向している．提案されているこの解決法は，ドイツのそれを凌駕するものである．これは，給付不能の際にも債務者に解除権を与えるという点で，法的安定性という観点から長所を有しているといえる．また，とりわけ，実務上はしばしば明確に確定することが困難な，給付不能と給付遅延（Verspätung）との識別をしないですませるという効果をもつ．また，ドイツ法では困難となる一時的な不能の問題，およびそれが終局的な不能と同一視されるという問題がトラブルを引き起こすことは少なくなる．また，複雑な連鎖的参照や例外規定――例えば改正ドイツ法の

326条5項にあるようなそれ——は不要となる．ヨーロッパ統一売買法（Common European Sales Law）は，危険負担規定の放棄を提案している．すなわち，同法は，給付不能の際に，自動的に反対請求権が消滅するとは規定せず，買主に（直接的な，すなわち期限の制約のない）解除権を与える．

7．瑕疵ある物の売買にあって，偶発的な損傷または滅失の危険を誰が負担すべきかという問題も，比較法的にみると，法政策的にもっとも争いのある，売買法の瑕疵担保責任法上の問題である．

1) ドイツ法によると，瑕疵ある物が引渡された場合において，それが偶発的に滅失したならば，買主は瑕疵を理由とする解除の場合，その価値の返却を義務づけられていないゆえに（BGB 346条3項3号），その危険は売主に「はね戻って」くる．

2) これに関して日本の中間試案は，原則的には別の，法政策的にみてドイツ法より良い道を選択している．中間試案によると，瑕疵ある売買の目的物が引渡の後に損傷されるか，あるいは滅失したのであれば——この滅失・損傷が売主の瑕疵ある給付に基づくのではない限りにおいて——買主は，担保責任を追求する権利をもたない．これは，結論からすると，フランス民法1647条における規定と一致する．しかし，この除外が減額請求権にも関係することになるのであれば，こうした解決は不適切であるように思える．減額請求が売買の解消につながることはないのだから，物の滅失の際に減額請求権が買主の下にとどまっているのなら，危険負担については全く影響は受けないはずである．こうした場合に売主の正当な利益が減額請求権の維持によって影響されることはない．

III　全体的評価

1．2002年に改正されたドイツ債務法は，体系という観点からは，パラダイム変化をもたらすものではなかった．以前より引き継がれた給付障害法の基

本構造は，すなわち給付障害を不能，遅延（Verspätung），付随義務違反，契約前の義務違反は，単に保持されたというだけでなく，法律上明確にその基本に据えられた．

2．とりわけ，原始的不能における無効のドグマの放棄，および帰責事由（Vertretenmüssen）から独立した解除権の導入は，法学上のその後の検証でも，実務の中でもその真価が確認された．

3．一般給付障害法を売買および請負契約上の瑕疵担保責任法に移行させることも，技術的に成功した．原則上の問題の増大した重要性は，ここでは短所とはならず，むしろ長所となっている．根本的な体系上の問題は現れてきてはいない．また，12年にわたる実務上の適用を既に経た今日となっては，その出現は予期されるものでもない．

4．日本法の法発展と比較してみると，債務法改正は，自らを「学説継受」から解き放ち，民法415条を統一的な義務違反要件と見ることに端を発した日本の法学の潮流の正当性を証明したものとみることができる．国際的な発展（DCFRおよびCESL）もまた，こうした正当性を裏付けている．

5．まったく同じことが，一般的給付障害法と瑕疵担保責任法の間の関係において妥当する．

日本でもまた，既に現行法の文言により，瑕疵担保法の法的救済を一般的給付障害法へと還元することが可能になっていた．しかし，当初は，学説継受によりこれを貫徹することができなかった．日本の法学における現代の潮流が，はじめて，統一的体系の考えを再度受容した．この考えは，現在構想されている改正の指導原理でもある．

6．したがって，債務法改革を通して，ドイツの給付障害と瑕疵担保法と日

本のそれが，成文法の平面にあってお互いに接近していたのであれば，また日本でも給付障害法と瑕疵担保法の改革に取り組まれるのであれば，日本では，必要な法典の改変は，ドイツの給付障害法と瑕疵担保法の改革の際よりも明らかに少ないことになる．基本的には，かの学説継受から訣別し，独自の給付障害法と瑕疵担保法の現代的な視界の中に入れさえすれば良いのである．それゆえ，日本の民法典についての提案上の改変が，ドイツの債務法改正の中でなされたよりもあきらかに少ないことは驚くには足らない．

7．しかし，ドイツの改正の経験が示すところでは，帰責事由（Vertretenmüssen）から独立したすべてのケースでの解除権は，法政策的理由のみならず体系上の理由からもいずれにせよ必要であるように思える．

8．その他の点では，損害賠償の領域において過失責任の原則を前提とするか，あるいは，債務者（とりわけ売主）に保証責任（Garantiehaftung）を負わせるとするか否かは，法政策的な評価の問題であり，これについて学問上の態度決定はほとんど不可能である．いずれにせよ，新たな規定は，明確な誤解のない判断をその内部に含むべきである．提案されている日本民法（草案）415条の規定のあり方は，すなわち「契約の趣旨」は，むしろ，法的不安定性の原因になりかねないような妥協に終わってしまうように思える．

9．危険負担規定をBGB 326条1項および2項に範をとった形で廃止し，解除権法に統合することは，全く異論の余地はないところである．法的安定性の理由からも，また体系の明快性の観点からも，こうした規制は明らかに歓迎すべきことである．

10．瑕疵ある物が売買された場合における危険負担に関して提案された規定もまた，歓迎すべきことである．これはドイツ法の対処法とは異なっているが，法倫理的にはドイツ法に優っている．売買の目的物の瑕疵を原因としない

滅失は，私的自治の中で買主によって引き受けられ，買主が責任を負うべきリスク上で生じたものである．このリスクが現実のものになったことは，売主の瑕疵ある給付と全く因果関係に立たない．しかしそれでも，減額請求権はなお担保されるべきである．

11. ドイツ的観点からすると，日本の改正にはわくわくさせられる．とりわけ，この改正は，長い間続いてきた日本の債務法のドイツ法からの学説継受との決別を意味する．これは同時に，日本の債務法が現代化するということのみならず，束縛からの離脱をも意味するのである．かかる現代化と同時になされる日本の給付障害法の自立は，日本とドイツの債務法が共通の根を有していることを視野に入れると，ドイツと日本の法秩序の学問上の交流が今後より実り多いものとなり，それはドイツの民事法学をこれまで以上になお豊かにさせてくれることを示しているといえよう．

コメント

滝 沢 昌 彦

　大きな観点からの検討については山本・ローレンツ両先生の報告に要領よくまとめられており，私も全く同感である．以下では，議論を喚起する為に，2点，やや細かい問題について話題を提供したい（シンポジウム当日は，第1点は省略した）．

1．解除と危険負担との関係については，両先生とも解除に一元化する方向に共感するようである．一般論としては，履行が不可能であっても解除を要求した方が明確であるという理由から賛同できるが，なお，契約類型によっては危険負担制度を残す意味がある場合もあるのではなかろうか．

　例えば，日本では，賃貸借契約の目的物が滅失して履行が不能となった場合は，解除の意思表示をしなくとも契約関係は終了するものと解釈されている．この場合にも解除を要求するなら，解除されない場合には法律関係が徒に複雑になるからである．これを手がかりにすれば，継続的な契約関係の場合には，履行が不能となったときには解除の意思表示をしなくとも契約関係は終了すると考えられよう．もちろん，債権者の責めに帰すべき事由によって履行不能となった場合には反対債権はなお存続するとしてもよいが，契約関係自体は終了したものと扱う方が簡明であるように思われる．

2．日本では，損害賠償の範囲が議論されている．具体的には，416条2項により予見可能性がある損害について賠償すべきこととされているところ，その基準時について，契約締結時の予見可能性か，債務不履行時の予見可能性かが

問題とされる．例えば時価1,000万円の土地を売却し，1年後に引き渡すべきこととしていたところ，契約締結時には予見できなかった程に土地の価格が上昇した場合（例えば2,000万円になったとする），いくら損害賠償を払うべきであろうか．

日本の伝統的な通説は，債務不履行時を基準とする．引渡時には（引き渡さなければ）相手方に2,000万円の損害が生じることが分かっていたはずだからである．ところが，英米法のように，契約を「利益を保証する合意」と理解する見解からは，契約は，契約締結時に予見可能であった利益を保証しているに過ぎないと理解され，したがって，賠償されるべき損害の範囲も契約締結時に予見可能であった範囲（上記の例では1,000万円）に限定されることになる（CISG74条参照）．これには，契約締結後の事情をも考慮して損害賠償の範囲を定めると，当事者の防御の機会を奪うことになるという理由もある．上記の例で，2,000万円もの損害賠償義務を負う可能性があると知っていたら，当事者は契約を締結しなかったかも知れないのである．

しかし，近時では，この有力説にも批判がある．損害賠償の範囲を契約締結時に予見可能であった範囲に限定するなら，締結時には予見できなかったような価格の騰貴が生じた場合には，売主は別の者に土地を売ってしまうであろう．第1の買主に1,000万円の損害を賠償しても，なお，1,000万円の「お釣り」がくるからである．しかし，これは，土地を売ると約束をした者としては誠実な行動ではない．そこで，中間試案第10の6は，基本的には債務不履行時の予見可能性を基準としつつ，契約締結時には予見できなかった事情による損害については，債務者が損害を回避する為に，契約の趣旨に照らして相当な措置を講じた場合には賠償義務を負わないとする折衷的な解決をした．もっとも，その後の，要綱案のたたき台では，契約の趣旨に照らして債務者が予見すべきであった損害とされている．基本的には契約締結時の予見可能性を問題としつつ，その後に予見可能となった事情についても，契約の趣旨に照らして考慮する余地を残そうとしたように思われるが，どう解釈すべきかについて議論が生じるであろう．

筆者の準備不足の為，ドイツでどのように解されているのかは分からない．ドイツでは完全賠償主義が原則とされているが，相当因果関係により制限されるところ，相当因果関係を問題とするなら，行為時（つまり債務不履行時）の予見可能性が問題となるであろう．しかし，ドイツでも，契約や法規の保護範囲を考慮する見解もあり，それなら，契約が保護する利益は，契約締結時に予見可能であったものに限定されると解することも可能である．改正されたドイツ民法276条1項は，約束した者としての誠実さを要求する過失責任主義と，契約を保証と捉える理解とを併存させた．そうすると，上記の例では，契約締結当時の時価である1,000万円については保証があったものと捉え，その後の騰貴分である1,000万円については，約束した者としての誠実さを考慮して責任を負わせるか否かを決定することができるし，これが妥当であるように思われる．日本の改正案でも，同様の運用がされるべきであろう．もっとも，なお，契約が当初保証していた利益（1,000万円）のみを賠償させれば充分であるという見解も成り立ち得る．

セッション3:
債権譲渡法制

3. Sektion:
Neuordnung des Abtretungsrechts

日本の債権譲渡法制と
債権法改正中間試案への意見
──ドイツ側への質問も含めて──

池 田 真 朗

　本報告要旨は，2013年秋の時点の内容である．ことに本報告の分野については，2014年2月4日の法制審議会民法（債権関係）部会に提出された部会資料74A・74Bに書かれた「要綱案たたき台」において，中間試案とは異なった提案がされているところが多いので，シンポジウム当日の報告では，その「要綱案たたき台」の抜粋資料を配布したうえで，最新の提案についての議論を取り入れた報告を行う．したがって，各論1〜4については，本要旨の記載と若干異なった報告がされることをご了承いただきたい．

はじめに——本報告の構成

最初に，議論の前提として，日本とドイツの債権譲渡法制の根本的な相違点を論じ，後半の各論の議論がかみ合うような下地を模索する．その後，各論として，日本で現在進行中の民法（債権関係）改正における債権譲渡に関する論点を挙げて私見も含めて報告する．

I 議論の前提として

1．日独の債権譲渡法制の根本的な相違点と「公示」の在り方

日本はフランス型の対抗要件構成．第三者対抗要件は，確定日付のある債務者への通知または確定日付のある債務者の承諾．債務者に情報を集め，誰に払えばよいかを知らせるとともに，債務者が，譲り受けたい人からの問い合わせに答えるという，不完全な形ながらも公示の機能を考えている（債務者がインフォメーション・センターになる）．これに対してドイツは，対抗要件主義ではなく，契約だけで第三者に対しても効力を持ち，ただ，譲渡を知らない債務者が二重弁済などの不利をこうむらないように保護する個別規定を置くやり方である．したがって，ドイツでは公示機能は全く考えていないように思われる．しかし，現在のように，将来債権の譲渡までが問題になってくると，債務者は二重払いしないように保護されるだけでなく，債務者の予測可能性を高めるという意味でも，何らか債務者に知らせる手段を取って債務者を保護する必要があるし，また，譲受人も，将来にわたって権利を確保できる（差押債権者などに優先できる）ためには，何らかの公示力のある手段によってその権利を確保できなければいけない．つまり，この二重の意味で，ドイツでも債権譲渡に公示が必要になってきているのではないか．

2. 債権譲渡は今日でも「知られたくない」取引か
——日本における 1990 年ころからの債権譲渡取引のパラダイムシフト

ドイツでは，現在でも，債権譲渡に「公示はいらない」のか，「公示があると困る」のか．ちなみに日本では，1990 年ころまでは，債権譲渡は，資産状態が危うくなった譲渡人が苦し紛れにする，危機対応型取引だったので，債権譲渡をしていることが知られると信用不安を惹起するということがあり，意図的に対抗要件をとらない「サイレントの譲渡」がかなり行われた．しかし，1990 年くらいから後では，日本では，債権譲渡は企業の正常業務の中での資金調達手段として広く使われるようになっている．これを報告者は「債権譲渡のパラダイムシフト」と呼んでいる．そうすると資金調達手段としての債権譲渡は，逆に適正な公示を必要とする．このあたりの債権譲渡というものに対する「意識」が，今のドイツではどうなっているのか．

3. 民法の問題か商法・会社法の問題か

日本では，企業がする債権譲渡も，個人がする債権譲渡も，すべて民法の問題になる．つまりそれは，日本では，商法や会社法などには債権譲渡の規定が全くないからである．しかし，たとえば UCC はアメリカの「統一商事法典」である．ドイツでも，この後論じる譲渡禁止特約は，会社などのする債権譲渡の場合は商法で規定が置かれていると聞く．債権譲渡は本当に民法だけで規定すべきものか．ドイツ側の意見を伺いたい．

II 各論（1）——譲渡禁止特約

日本では譲渡禁止特約の資金調達への弊害が言われ，効力を弱める意図で中間試案はできているが，禁止特約も有効，譲渡も有効という非常に複雑な案になっている．

（ドイツ側への質問）　日本は明治の立法時にドイツ民法草案を参考に譲渡禁止特約を明文で規定した．ドイツでは現在商法で譲渡禁止特約を制限していると聞くが，この点で民法と商法の関係はどうなっているのか．それから，UNCITRAL の国際債権譲渡条約のような，預金債権など金融関係の債権を適用除外にして譲渡禁止特約を禁じるやり方はどう思うか（報告者はそれも優れた方法と考えている）．

III　各論（2）——第三者対抗要件

中間試案は登記一元化の提案もしたが，パブリックコメントでは時期尚早として反対が多数となった．同じく，対抗要件から承諾を外す案も実務は猛反対している．ちなみに報告者も同意見である（将来 IT 化が進み個人がコンピューターで登記できるような時代が来れば別だが今は時期尚早という意見）．なお日本ではまだ国家的な個人番号制度はできていない（国会で法案が通った段階である）．

（ドイツ側への質問）　そもそも日本はフランスから導入した通知承諾の対抗要件システムを採用しているが，債権譲渡に対抗要件制度をとらないドイツから見て，対抗要件システムはどう評価されているのか．それを聞いたうえで登記一元化などの評価を伺いたい．

IV　各論（3）——異議をとどめない承諾

これは日本の現行規定がフランスのルール（相殺の抗弁だけ切れる）をボワソナードの意見で一般化した，日本独自のルールである．

（ドイツ側への質問）　中間試案の抗弁放棄ルールは国際基準と同じと思うが，異議をとどめず承諾しただけで抗弁が切れる現行ルールは，どう評価するか．日本の実務界ではかえって資金調達にメリットがあるとしているが．

V 各論（4）——将来債権譲渡

日本では将来債権譲渡が真正譲渡のものも譲渡担保のものも資金調達のために広く行われている．中間試案では，例えば不動産の将来の賃料債権の譲渡担保で，期間内に不動産の所有者の地位が承継された時も期間分の将来債権譲渡は有効としている．

（ドイツ側への質問）この点はドイツではどう考えられているか．日本では債権流動化の弁護士はもちろん大歓迎だが．ちなみに報告者は賛成である．

Das japanische System der Forderungsübertragung und der Zwischenentwurf zur Reform des Schuldrechts: unter Einschluss der Fragen an die deutsche Seite
——Zusammenfassung——

Masao IKEDA
Übersetzt von Marc DERNAUER

Einführung: Aufbau des Referats

Zu Beginn sollen als Voraussetzung und Grundlage der Erörterung im Hauptteil des Referats zunächst die grundlegenden Unterschiede zwischen dem japanischen und deutschen System der Forderungsübertragung dargestellt werden. Danach sollen im Hauptteil die im Rahmen der fortschreitenden Schuldrechtsreform aufgeworfenen Diskussionspunkte bezüglich der Forderungsabtretung dargestellt und bewertet werden.

I. Voraussetzungen der Erörterung

1. Die grundlegenden Unterschiede zwischen dem System der Forderungsabtretung im japanischen und deutschen Recht und das Wesen der „öffentlichen Bekanntgabe" (公示)

Japan hat das System der „Entgegenhaltung" nach französischem Recht rezipiert. Voraussetzung, einem Dritten die Forderungsabtretung entgegenhalten zu können, ist die Anzeige gegenüber dem Schuldner durch Urkunde mit einem bestimmten Datum oder die Zustimmung des Schuldners in einer Urkunde mit einem bestimmten Datum. Für den Schuldner sind die Informationen zusammenzustellen, mitzuteilen, an wen er leisten kann, sodass der Schuldner Fragen von demjenigen, der die Forderung übertragen bekommen möchte, beantworten kann. Das ist im Wesentlichen die Funktion (der Schuldner als „Auskunftsstelle"). Demgegenüber gibt es in Deutschland keinen Grundsatz der Entgegenhaltung. Es reicht der Abschluss eines Vertrages aus, der auch Wirksamkeit gegenüber einem Dritten entfaltet. Allerdings sind spezielle Schutzbestimmungen zum Schutz des Schuldners, der nichts von der Abtretung weiß, vorgesehen, damit dieser keine Nachteile aus einer doppelten Erfüllungshandlung erleidet. In Deutschland wird daher überhaupt nicht über die Funktion der öffentlichen Bekanntgabe nachgedacht. In der heutigen Zeit aber, in der es auch um Probleme im Zusammenhang mit der Abtretung von zukünftigen Forderungen geht, reicht es nicht mehr aus, den Schuldner nur noch vor einer doppelten Leistungshandlung zu schützen, es ist vielmehr erforderlich, den Schuldner viel weitergehender durch Maßnahmen zur Information des Schuldners zu schützen, insbesondere auch um die Vorhersehbarkeit aus Sicht des Schuldners zu erhöhen. Außerdem ist auch durch geeignete Maßnahmen, die die Wirkung einer öffentlichen Bekanntgabe haben, sicherzustellen, dass der Zessionar seine Rechte auch für die Zukunft sichern kann (dass sein Recht an der Forderung Vorrang vor Pfändungsgläubigern hat). Ist es in dieser zweifachen Hinsicht nicht auch in Deutschland erforderlich, über ein System der öffentlichen Bekanntgabe bei der Forderungsabtretung nachzudenken?

2. Ist die Forderungsabtretung heute immer noch ein Geschäft, von dem der Schuldner nicht erfahren soll? Der Paradigmenwechsel in Japan in den 1990er Jahren im Zusammenhang mit der Forderungsabtretung

Meint man in Deutschland heute immer noch, dass eine öffentliche Bekanntgabe der Forderungsabtretung unnötig ist oder gar, dass Probleme entstehen, wenn eine öffentliche Bekanntgabe erfolgt? Übrigens, in Japan kam es bis Anfang der 1990er Jahre oftmals aus reiner Not heraus zu Forderungsabtretungen, nämlich als Maßnahmen zur Krisenbewältigung wenn sich die Vermögenssituation des Zedenten verschlechtert hatte. Um in solchen Situationen zu verhindern, dass allgemeine Zweifel an der Bonität des Zedenten aufkommen, die dadurch entstehen können, dass die Forderungsabtretung bekannt wird, sind absichtlich viele Abtretungen „heimlich" erfolgt, also unter bewusster Inkaufnahme der mangelnden Entgegenhaltbarkeit. Nach 1990 allerdings ist die Forderungsabtretung in immer größerem Maße als Mittel zur Kapitalbeschaffung von Unternehmen im normalen Geschäftsbetrieb eingesetzt worden. Das meine ich, wenn ich von Paradigmenwechsel im Zusammenhang mit der Forderungsabtretung spreche. Für eine Forderungsabtretung zum Zwecke der Kapitalbeschaffung ist es aber umgekehrt gerade erforderlich, eine Möglichkeit der ordnungsgemäßen öffentlichen Bekanntgabe zu haben. Wie steht es mit dem „Bewusstsein" in Deutschland in Bezug auf diese Art der Forderungsabtretung?

3. Ist es ein Problem des Zivilrechts, des Handelsrechts oder des Gesellschaftsrechts?

In Japan sind Fragen der Forderungsabtretung allesamt Fragen des Zivilrechts, gleichviel ob es sich um Forderungsabtretungen durch Unternehmen oder Privatleute handelt. D. h., es gibt keinerlei Sondervorschriften im Handelsrecht oder Gesellschaftsrecht bezüglich der Forderungsabtretung. Demgegenüber gibt es in den USA ein Einheitliches Handelsgesetzbuch (UCC). Auch in Deutschland gibt es anscheinend handelsrechtliche Sondervorschriften für die Fälle, in denen die Forderungsabtretung durch eine Handelsgesellschaft erfolgt, insbesondere im Zusammenhang mit Abtretungsverboten, welche nachfolgend noch thematisiert werden. Reichen also wirklich Vorschriften zur Forderungsabtretung im Zivilgesetz aus? Wie wird das in Deutschland gesehen?

II. Hauptteil (1): Sondervorschriften zu Abtretungsverboten

In Bezug auf den Umgang mit vertraglichen Abtretungsverboten ist der Zwischenentwurf zur Reform des Schuldrechts sehr kompliziert. In Japan wird zwar gesehen, dass vertragliche Abtretungsverbote die Kapitalbeschaffung von Unternehmen behindern können, und der Zwischenentwurf zur Schuldrechtsreform lässt Bestrebungen zur Abschwächung der Wirksamkeit von Abtretungsverboten erkennen. Der Entwurf sieht hier aber einerseits die grundsätzliche Wirksamkeit des Abtretungsverbots und andererseits die Wirksamkeit der Forderungsabtretung vor.

(Fragen an die deutsche Seite: Japan hat zum Zeitpunkt der Kodifizierung [des Zivilgesetzes] in der Meiji-Zeit auf Grundlage der Entwürfe zum BGB besondere Vorschriften zu vertraglichen Abtretungsverboten aufgenommen. Man hört, dass im deutschen Handelsrecht derzeit Bestimmungen eingeführt worden sind, die eine Beschränkung vertraglicher Abtretungsverbote bewirken. Wie ist hier das Verhältnis vom Handelsrecht zum Zivilrecht? Wie wird darüber hinaus das in der United Nations Convention on the Assignment of Receivables in International Trade vorgesehene grundsätzliche Verbot von vertraglichen Abtretungsverboten, außer bei Einlagenforderungen und Finanzforderungen, bewertet? Ich halte das für eine sinnvolle Regelung.)

III. Hauptteil (2): Entgegenhaltbarkeit gegenüber Dritten

Der Zwischenentwurf sieht eine Vereinheitlichung der Registrierung vor, in den öffentlichen Kommentaren hierzu gab es bereits sehr früh zahlreiche ablehnende Stellungnahmen. In gleicher Weise wird vor allem von der Praxis der Vorschlag abgelehnt, von den Voraussetzungen der Entgegenhaltbarkeit die Zustimmung auszunehmen. Übrigens bin ich gleicher Ansicht (Anders würde das aber zu beurteilen sein, wenn in der Zukunft die Informationstechnik so weit fortgeschritten ist, dass jeder einzelne am Computer die Registrierung vornehmen kann.). Im Übrigen gibt es derzeit noch keine Zuweisung von staatlichen Identifikationsnummern für alle Bürger (Ein entsprechender Gesetzentwurf hat aber bereits das Parlament passiert.)

(Fragen an die deutsche Seite: Das japanische System hat das System der Entgegenhaltbarkeit unter den Voraussetzungen der Anzeige an oder der Zustimmung durch den Schuldner übernommen. Wie wird dieses System aus deutscher Sicht beurteilt, wo es ein entsprechendes System nicht gibt. Darauf aufbauend, wie wird der Vorschlag einer einheitlichen Registrierung von Forderungsabtretungen beurteilt?)

IV. Hauptteil (3): Vorbehaltslose Zustimmung

Dies ist eine Regelung nach dem geltenden Zivilgesetz, die im französischen Recht wurzelt (wird nur durchbrochen durch Aufrechnung) aber eine Verallgemeinerung des Vorschlags von *Boissonade* darstellt und somit eine besondere Regelung im japanischen Recht ist.

(Fragen an die deutsche Seite: Im Zwischenentwurf ist der Verzicht auf die Einrede wie international üblich vorgesehen; wie wird in diesem Zusammenhang aber die derzeitige Regelung der vorbehaltlosen Zustimmung im japanischen Recht beurteilt, die eine Einrede ausschließt? Die japanische Rechtspraxis begrüßt die Regelung weitgehend, da sie die Kapitalbeschaffung vereinfacht.)

V. Hauptteil (4): Abtretung zukünftiger Forderungen

Die Übertragung von zukünftigen Forderungen wird zum Zwecke der Kapitalbeschaffung überaus häufig praktiziert, sei es in Form der angemeldeten Übertragung, sei es in Form der Sicherungszession. Im Zwischenentwurf wird z.B. auch die Sicherungszession einer zukünftigen Mietzinsforderung aus einem Immobilienmietvertrag als wirksam angesehen, selbst wenn zwischenzeitlich der Eigentümer wechselt und auch bzgl. des Zeitraums, in dem die Immobilie bereits einen neuen Eigentümer hat.

(Fragen an die deutsche Seite: Wie denkt man aus deutscher Sicht hierüber? In Japan begrüßen vor allem Rechtsanwälte, die generell die Verkehrsfähigkeit von Forderungen befürworten, diesen Vorschlag. Ich bin auch dafür.)

Zur Entwicklung des Rechts der Forderungsabtretung aus deutscher Sicht

——Zusammenfassung——

Moritz Bälz

I. Überblick

Die Regeln für die Abtretung von Forderungen in den §§ 398 ff. des Bürgerlichen Gesetzbuchs (BGB) sind seit ihrem Inkrafttreten im Jahre 1900 nur marginal geändert worden. Auch die Schuldrechtsreform hat sie im Jahre 2002 unberührt gelassen. Dies lässt auf eine Leistungsfähigkeit auch unter den Bedingungen des modernen Wirtschaftslebens schließen, welches dem Einsatz von Forderungen zu Zwecken der Kreditsicherung und Refinanzierung große Bedeutung beimisst. Einzuschränken ist dieses positive Urteil für die Regelungen über rechtsgeschäftliche Abtretungsverbote. Diesbezüglich ist im Jahre 1994 für den Handelsverkehr die wichtige Spezialnorm des § 354a Handelsgesetzbuch (HGB) geschaffen worden, die freilich umstritten geblieben ist. In der Diskussion über die Weiterentwicklung des Abtretungsrechts und die richtige Balance zwischen dem Bedürfnis nach Verkehrsfähigkeit von Forderungen einerseits und einem angemessenen Schutz des Schuldners andererseits spielen internationale Vereinheitlichungs-bemühungen eine immer größere Rolle.

II. Der Mechanismus der Abtretung nach BGB

Die Regeln des BGB für die Forderungsabtretung begünstigen die Verkehrsfähigkeit von Forderungen in unterschiedlicher Hinsicht: Forderungen sind nach §§ 398, 399 BGB grundsätzlich übertragbar (zu rechtsgeschäftlichen Abtretungsverboten als wichtigster Ausnahme unten D.). Abgetreten werden kann auch eine Teilforderung, eine künftige Forderung (zur Vorausabtretung unten E.) sowie eine ganze Gruppe bestehender oder künftiger Forderungen unter einer Gesamtbezeichnung (Globalzession).

Die Abtretung ist als Verfügungsgeschäft gegenüber dem zugrundeliegenden Verpflichtungsgeschäft (z.b. Forderungskauf, Sicherungsabrede) abstrakt, also grundsätzlich auch gültig, wenn ein wirksamer Verpflichtungsgrund fehlt. Die Abtretung bedarf im Regelfall keiner besonderen Form oder Publizität. Eine Mitwirkung oder auch nur Benachrichtigung des Schuldners ist wie in den meisten jüngeren Zivilrechtskodifikationen in Europa nicht erforderlich, weder für den Übergang der Forderung, noch für deren Durchsetzbarkeit [anders für Japan der französisch beeinflusste Art. 467 Zivilgesetz (ZG) und Art. 18(2) des Entwurfs vom 26.2.2013]. Die Forderung geht durch schlichte Einigung zwischen Abtretendem und Abtretungsempfänger über. Letzterer kann die Forderung gegenüber jedermann geltend machen, auch ohne dass der Schuldner von der Abtretung Kenntnis hat. Derartige stille Zessionen sind in Deutschland häufig (Sicherungsabtretung, verlängerter Eigentumsvorbehalt). Eine Benachrichtigung des Schuldners hat freilich Folgen für den Schuldnerschutz und liegt aus diesem Grund oftmals im Interesse des Abtretungsempfängers.

Mit der Abtretung tritt der Abtretungsempfänger als neuer Gläubiger an die Stelle des Abtretenden (§ 398 S. 2 BGB). Zugleich erwirbt er etwaige akzessorische Sicherungsrechte (§ 401 BGB) und unselbständige Nebenrechte (z.B. Auskunftsrechte).

III. Schutz des Schuldners nach BGB

Der an der Abtretung nicht beteiligte Schuldner wird durch spezielle Schuldnerschutzvorschriften vor rechtlichen Nachteilen weitgehend, wenn auch nicht lückenlos geschützt (§§ 404 ff. BGB). Solange der Schuldner die Abtretung nicht positiv kennt, kann er mit befreiender Wirkung an den alten Gläubiger leisten (§ 407 BGB). Der neue Gläubiger kann dann vom alten Gläubiger Herausgabe des Geleisteten nach Bereicherungsrecht verlangen (§ 816 Abs. 2 BGB), trägt allerdings das Weiterleitungsrisiko. Auch forderungsbezogene Rechtsgeschäfte, welche der Schuldner und der bisherige Gläubiger vor Kenntnis des Schuldners von der Abtretung vorgenommen haben (z. B. Stundung, Erlass), muss der neue Gläubiger gegen sich gelten lassen. Der Schuldner kann dem neuen Gläubiger alle zur Zeit der Abtretung gegen den alten Gläubiger begründeten Einwendungen entgegenhalten (§ 404 BGB). Ein Einwendungsverzicht bedarf keiner besonderen Form, muss jedoch unzweideutig erklärt werden und ist im Zweifel eng auszulegen [vgl. für Japan Art. 468 ZG, Art. 18(3)1 Entwurf]. Ferner kann der Schuldner gegenüber dem neuen Gläubiger mit einer Forderung gegen den alten Gläubiger aufrechnen, es sei denn, er hatte beim Erwerb der Forderung Kenntnis von der Abtretung oder die Forderung ist erst nach der Erlangung der Kenntnis und später als die abgetretene Forderung fällig geworden (§ 406 BGB). Damit wird eine Aufrechnung ermöglicht, sofern der Schuldner bei Kenntniserlangung von der Abtretung auf eine Aufrechnung gegenüber dem Abtretenden vertrauen durfte [anders für Japan Art. 18(3)2 Entwurf]. Zeigt der Abtretende dem Schuldner eine Abtretung an und erweist sich die Abtretung als unwirksam, wird der Schuldner durch Leistung an den Abtretungsempfänger frei (§ 409 Abs. 1 BGB).

Der Konflikt im Falle mehrfacher Abtretungen derselben Forderung durch den Abtretenden wird grundsätzlich nach dem Prioritätsprinzip gelöst. Hierfür ist der Zeitpunkt der jeweiligen Verfügung ausschlaggebend [anders Art. 18(2)2 Entwurf]. Leistet der Schuldner in diesem Fall in Unkenntnis der ersten Abtretung an den zweiten Abtretungsempfänger, der die Forderung nicht erwerben konnte, wird er gleichwohl frei (§§ 408 Abs.1, 407 BGB). Das Prioritätsprinzip wird in bestimmten Konstellationen durch die Rechtsprechung korrigiert (insbesondere bei Kollision von Globalzession verlängertem Eigentumsvorbehalt). Auch in Deutschland gibt es Stimmen, welche die Einrichtung.

eines fakultativen Registers befürworten. Eine eingetragene Abtretung soll danach nicht oder später eingetragenen Abtretungen vorgehen.

IV. Wirkungen rechtsgeschäftlicher Abtretungsverbote (§ 399 Alt. 2 BGB, § 354a HGB)

Von enormer praktischer Bedeutung ist die Frage der Wirkungen rechtsgeschäftlicher Abtretungsverbote auf den Übergang der Forderung. Hier sind grundsätzlich drei Modelle denkbar: Eine abredewidrig vorgenommene Abtretung kann (1) absolut (d.h. gegenüber jedermann) unwirksam sein, (2) gegenüber dem Schuldner relativ unwirksam sein, gegenüber dem Zessionar und Dritten aber wirksam, oder (3) absolut (d.h. auch gegenüber dem Schuldner) wirksam sein.

Das BGB ist im Jahre 1900 grundsätzlich der Variante (1) gefolgt, um dem

Interesse des Schuldners Rechnung zu tragen, nur an einen bestimmten Gläubiger leisten zu müssen. Zumindest nach Auffassung der Rechtsprechung, ist eine gem. § 399 Alt. 2 BGB vinkulierte Forderung dem Rechtsverkehr entzogen. Gleiches wird für bloße Beschränkungen der Abtretbarkeit angenommen (z.b. Bindung an die Zustimmung des Schuldners). Eine Pfändung der Forderung wird durch ein Abtretungsverbot dagegen nicht gehindert (§ 851 Abs. 2 ZPO) [ebenso für Japan Art. 18(1)5 Entwurf].

Die 1994 geschaffene Sondervorschrift des § 354a HGB bewirkt, dass im Handelsverkehr nunmehr im Ergebnis weitgehend Variante (2) gilt. Hintergrund der Reform des Jahres 1994 war die verbreitete Praxis großer Unternehmen, aber auch der öffentlichen Hand, die Abtretbarkeit der Forderungen ihrer Vertragspartner formularmäßig auszuschließen. Insbesondere kleinen und mittleren Unternehmen wurde damit die Möglichkeit genommen, ihre Forderungen zu Finanzierungs- und Kreditsicherungszwecken einzusetzen. Daher bestimmt § 354a Abs. 1 HGB, dass eine Abtretung einer Geldforderung, die aus einem beiderseitigem Handelsgeschäft stammt oder gegen die öffentliche Hand gerichtet ist, auch bei Bestehen eines rechtsgeschäftlichen Abtretungsverbots zwingend wirksam ist. Damit bleibt die Forderung verkehrsfähig. Ob der Abtretende schuldrechtlich gebunden werden kann, ist umstritten.

Den Interessen des Schuldners wird dadurch Rechnung getragen, dass er mit befreiender Wirkung wahlweise auch an den Abtretenden leisten kann. Nach herrschender Auffassung geht dieser Schuldnerschutz über §§ 406, 407 BGB hinaus und ermöglicht sogar eine befreiende Leistung an den Abtretenden in Kenntnis der Abtretung. Denn es gehe um einen Ausgleich für den Verlust der Möglichkeit, ein Abtretungsverbot zu vereinbaren.

Die Vorschrift des § 354a HGB ist umstritten geblieben. Kritisiert wird die Begrenzung des Anwendungsbereichs auf den kaufmännischen Verkehr. Zweifelhaft ist, ob die Schuldnerschutzvorschrift des § 354a Abs. 1 S. 2 HGB dem Schuldner auch das Recht gibt, mit dem Abtretenden forderungsbezogene Rechtsgeschäfte (z.B. einen Vergleich) zu schließen (vom Bundesgerichtshof verneint). Teilweise wird die Kombination einer absoluten Wirksamkeit der Abtretung mit einer verbleibenden Empfangszuständigkeit des Abtretenden als verunglückt empfunden. Der tendenziell abtretungsfreundlichere japanische Entwurf, der bei einem nicht mindestens grob fahrlässigen Abtretungsempfänger von einer absoluten Wirksamkeit der abredewidrigen Abtretung ohne

Schuldnerschutz ausgeht und den Schuldnerschutz auch gegenüber bösgläubigen Abtretungsempfängern beschränkt, scheint in diesem Punkt mit dem internationalen Trend besser im Einklang [Art. 18(1) Entwurf].

Eine 2008 im Zuge des aufkommenden Handels mit Kreditportfolien eingefügte Gegenausnahme in § 354a Abs.2 HGB bestimmt, dass es bei der abredewidrigen Abtretung einer Darlehensforderung, deren Gläubiger ein Kreditinstitut ist, bei der Grundregel des § 399 Alt. 2 BGB und damit der Unwirksamkeit der Abtretung bleibt. Dies soll Kreditnehmern die Möglichkeit eröffnen, sich vor der Abtretung der gegen sie gerichteten Kreditforderungen durch Vereinbarung eines Abtretungsverbots zu schützen.

V. Abtretung künftiger Forderungen (Vorausabtretung)

Die Abtretung künftiger Forderungen ist in Deutschland seit langem anerkannt und insbesondere als Sicherungsabtretung verbreitet [vgl. für Japan Art. 18(4)1 Entwurf]. Hinsichtlich des Bestimmtheitserfordernisses lässt es die Rechtsprechung genügen, dass die Forderung im Zeitpunkt ihrer Entstehung bestimmbar ist. Dem Problem, dass die Sicherungsabtretung künftiger Forderungen die Bewegungsfreiheit des Abtretenden unangemessen einschränken kann, begegnet die Rechtsprechung, indem sie dem Abtretenden einen gesetzlichen Freigabeanspruch einräumt. Die Frage der Insolvenzfestigkeit der Vorausabtretung in der Insolvenz des Abtretenden wird differenzierend beantwortet.

Ein nach der Vorausabtretung aber vor Entstehung der Forderung vereinbartes Abtretungsverbot hindert nach herrschender Ansicht den Forderungsübergang auf den Abtretungsempfänger [vgl. für Japan Art. 18(4)3 Entwurf]. Im Mietrecht, wo der Grundsatz „Kauf bricht nicht Miete" gilt, begrenzt die Sondervorschrift des § 566b BGB die Wirkungen einer Vorausabtretung von Mietforderungen vor der Veräußerung der Mietsache, um den Mieter vor Doppelzahlungen und den Erwerber vor Verlust der Mietansprüche zu schützen [vgl. für Japan 18(4)4 Entwurf, Anm. 2].

ドイツの観点からの債権譲渡法の展開

モーリッツ・ベルツ
訳　遠　藤　研　一　郎

I　展　　　望

　ドイツ民法（訳者注：以下では，「BGB」と記す）398条以下に規定されている債権譲渡法は，1900年におけるBGB施行以来，周辺部分についてのみ変更が加えられてきた．2002年における債務法改正でも，手を付けられないままとなっている．これらは，融資の担保や借り換えを目的として債権を活用することを重視する現代の経済社会の条件の下でも，この規定がなお機能していることを示している．しかしながら，このような好意的な判断は，法律行為上の債権譲渡禁止に関する取り決めに関しては，限定的に捉える必要がある．これに関して，1994年に，商取引のために重要な特別法であるドイツ商法（訳者注：以下，「HGB」と記す）354a条が規定されたが，この規定に関しては今に至るまで疑問が呈され続けている．債権譲渡法のさらなる展開についての議論の中で，また，一方では債権の譲渡性を確保すべきであるという必要性，他方では債務者を適切に保護すべきであるという要請，という両者のバランスについての議論の中で，国際的な統一に向けた努力は，ますます大きな役割を担うようになっている．

II　BGBにおける債権譲渡のメカニズム

　債権譲渡のためのBGBの規定は，異なった観点から，債権の流動性を支援

している．すなわち，債権は，BGB 398, 399 条に従って，原則的に譲渡することができる（重要な例外としての債権譲渡禁止特約について，以下Ⅳを参照）．債権の一部や，将来債権（以下Ⅴを参照），ならびに，全体的な指定を受けた，共通のグループに現存し，または将来発生する債権（包括的債権譲渡）も，譲渡可能である．

債権譲渡は，処分行為として，その前提となる義務負担行為（たとえば，債権の売買，担保の合意など）に対して無因的であり，有効な義務設定の原因を欠く場合であっても，原則的に有効である．また，一般的に，債権譲渡は特別の方式や公示を要求しない．ヨーロッパにおいておおく見られる近時の民法の立法例と同様に，債権の移転のためにも，それを主張するためにも，債務者の関与や，債務者への通知でさえも必要としていない（フランス法に影響を受けた日本民法 467 条や，2013 年 2 月 26 日に公表された「日本の改正に関する中間試案」（訳者注：以下，「中間試案」と記す）18-2 とは異なる）．債権は，譲渡人と譲受人の間の合意のみによって移転し，譲受人は債権を誰に対しても主張でき，そのために，債務者が譲渡を認識することを要しない．そのようないわゆる無言の譲渡は，ドイツでは，しばしばなされるところである（譲渡担保，延長された所有権留保）．ただし，債務者への通知は，債務者保護という結果をもたらし，債権譲渡の譲受人の利益のためになることでもある．

債権譲渡によって，譲受人は，新債権者として，譲渡人の地位に代わり（BGB 398 条 2 項），同時に，附従的な担保権（BGB 401 条）や従属的な付随的権利（たとえば，情報を受ける権利）をも取得する．

Ⅲ　BGB における債務者保護

債権譲渡に関与しない債務者は，債務者を保護する特別の規定によって，完全とは言わないまでも，広範囲に，法的不利益から保護されている（BGB 404 条以下）．まず，債務者が積極的に債権譲渡を認知しない限りにおいて，債務者は，旧債権者へ給付をすれば，債務関係から解放される（BGB 407 条）．その

場合には，新債権者は，旧債権者に，不当利得に基づく給付物の引渡しを求めることができるが（BGB 816 条 2 項），その引渡しに関して不履行リスクを負うこととなる．債権譲渡を債務者が認識する前に，債務者と旧債権者との間で，何らかの当該債権に関する法律行為を行った場合（たとえば，支払猶予や，免除），債務者は，それを新債権者に対して主張することができる．また，債務者は，債権譲渡がなされるまでに旧債務者に対して主張し得た抗弁を全て，新債権者に対しても主張することができる（BGB 404 条）．抗弁の放棄には特別の方式を要求しないが，放棄がなされる場合には明確に意思表示が必要であり，疑わしい場合には厳格に解する必要がある（日本民法 468 条，中間試案 18 — 3 (1) 参照）．さらに，旧債権者への債権の取得の際に，債務者が債権譲渡の事実を既に認識しているか，または，旧債権者への債権が，債務者が債権譲渡を認識した後で，かつ，譲渡債権よりも遅れて満期をむかえる場合でない限りは，債務者は新債権者に対して，旧債権者への債権をもって相殺を主張することができる（BGB 406 条）．これにより，債務者が債権譲渡の事実を認識する際に，譲渡人に対して相殺をなし得ることが信頼に値する限りにおいて，相殺を主張することが可能となる（中間試案 18 — 3 (2) とは異なる）．譲渡人が債務者に債権譲渡を通知したが，当該譲渡が無効であった場合，債務者は，譲受人への給付を通じて，解放される（BGB 409 条 1 項）．

　譲渡人が同一債権を幾重にも譲渡してしまった場合における問題は，優先原則に従って解決される．そして，その優先関係は，それぞれの処分の時点の先後が決定的となる（中間試案 18 — 2 (2) とは異なる）．もし債務者が，第一譲渡について認識せずに，本来であれば債権を譲り受けることができないはずの第二譲受人に弁済した場合であっても，債務者は債権関係から解放される（BGB 408 条 1 項，407 条）．ただし，この優先原則は，特定の状況下では，判例を通じて修正が加えられている（特に，包括譲渡が衝突する際の，延長された所有権留保）．また，ドイツでも，任意登記制度の創設を支持する見解がある．それによれば，登記をした債権譲渡は，登記がなされていない譲渡，または，遅れて登記された債権譲渡に優先すべきであると解している．

IV　譲渡禁止特約の効力（BGB 399 条，HGB 354 a 条）

　実務的に非常に大切な問題として，譲渡禁止特約の法的な効力の問題がある．これに関し，原則的には，三つのモデルが考えられる．すなわち，譲渡禁止特約に反してなされた債権の譲渡の効力について，【1】絶対的に（すなわち，誰に対しても）無効であるとするか，【2】債務者に対しては相対的に無効であるが，譲受人その他の第三者との関係では有効であるとするか，【3】絶対的に（すなわち，債務者に対しても）有効であるとするか，である．

　BGB は，1900 年の立法時点で，特定の債権者へ給付することについての債務者の利益を考慮に入れ，原則的に，上記【1】モデルに従うこととした．少なくとも，判例の見解に従えば，BGB 399 条によって譲渡制限がかけられた債権は，権利の流動性が奪われるものとしている．譲渡性の単なる制限（たとえば，債務者の同意を必要とする）についても，同様に扱われる．これに対して，債権の差押えは，債権譲渡禁止特約によっても制限されることはない（ドイツ民事訴訟法（ZPO）851 条 2 項）（中間試案第 18-5⑴も同様）．

　1994 年に作られた特別規定である HGB 354 a 条は，商取引において，実質的に広範囲に上記【2】モデルを適用するような結果を生じさせた．1994 年の改正の背景には，大企業，そして公共団体にも広まっていた，約款によって契約当事者の債権の譲渡性を排除するという取引実務であった．それによって，特に，中小企業が，資金調達の目的で債権を活用する可能性を奪い取られていた．そこで，契約両当事者の商取引に基づく金銭債権の譲渡や，公共団体に対して向けられた金銭債権の譲渡は，譲渡禁止特約が付された場合であっても，強行的に有効とする旨の HGB 354 a 条が規定された．それによって，債権の流動性が確保された．なお，譲渡人が（物権的効力ではなく）債権的に拘束され得るのか否かは，議論の余地があるところである．

　HGB 354 a 条では，債務者が，債務履行の効力を伴って，選択的に，譲渡人へも給付することができるということを通じて，債務者の利益が考慮されてい

る．支配的見解によれば，この債務者保護は，BGB 406 条および 407 条を超えて，さらには債務者がたとえ譲渡について認識していたとしても，譲渡人へ（債務履行の効力を有する）給付をすることも可能とするものである．何故なら，ここで問題となるのは，譲渡禁止特約の合意可能性が失われてしまうことに対する調整だからである．

HGB 354 a 条の規定は，議論の余地を残したままとなっている．商人間のみの取引という適用の範囲が批判の対象となっている．HGB 354 a 条 1 項 2 文の債務者保護規定が，債務者に，譲渡人と債権に関する法律行為（たとえば，和解）の権利をも与えているか否かは，疑わしい（連邦最高裁判所は，これを否定する）．また，譲渡人に受領権限を残したまま行う債権譲渡を，絶対的な効力をもたらすものとして位置づけることは，一部では，批判的に捉えられてきた．債権譲渡に対して積極的な傾向がみられる日本の中間試案によると，譲受人に重過失がないような場合には，債務者保護を図ることなく，合意に反する債権譲渡も絶対的な効力を有することから出発し，悪意の譲受人に対しても債務者保護を制限しているが，この点においては，国際的な傾向と，より調和のとれたものとなっている（中間試案 18-1）．

融資ポートフォリオ取引の発生を背景に，2008 年に，HGB 354 a 条 2 項の中に，反対の例外が規定された．すなわち，金融機関が債権者となる融資債権について，合意に反して譲渡がされた場合，BGB 399 条の基本原則に当てはめ，債権譲渡は無効のままとなる，ということを定めている．これにより，借主（債務者）にとっては，自身に向けられた与信による債権の譲渡から譲渡禁止特約を通して自身を保護する可能性を開くことになる．

V 将来債権譲渡

ドイツでは，将来発生する債権の譲渡は，以前から認められてきたものであり，特に，担保のための譲渡として発展してきた（日本法に関しては，中間試案 18-4 (1) 参照）．特定の必要性については，判例によれば，債権が発生の時点に

おいて特定し得るものであれば，それで十分であると解されている．担保のための将来債権の譲渡が，譲渡人の活動の自由を不当に制限し得るものであるという問題については，判例が，譲渡人に法的返還請求権を認めることで，対処している．また，譲渡人が破産した場合に，将来債権譲渡が破産財団の対象になるかの問題は，事案によって区別して考えられている．

　支配的見解によれば，将来債権譲渡がなされた後であるが，債権が発生する前に，譲渡禁止特約が合意された場合，その特約により，譲受人への債権の移転が阻まれることとなる（中間試案 18-4 (3) 参照）．「売買は賃貸借を破らない」という原則がある賃貸借法においては，特別規定である BGB 566 b 条が，賃貸目的物譲渡前に行う賃料債権の将来債権譲渡の効力を制限している．それは，賃借人を二重弁済の危険から保護するとともに，取得者を賃料請求権の喪失から保護するためのものである（中間試案 18-4 (4) (注 2) を参照）．

コメント

遠藤　研一郎

　第3セッションのコメンテータを務めます，中央大学の遠藤でございます．よろしくお願いいたします．さて，ただいま，著名な2人の先生から，詳細なご報告がございました．その中で，債権譲渡法の体系，債権譲渡禁止特約およびその効力，将来債権譲渡などを中心として，ドイツ法と日本法の相違点が浮き彫りとなりました．私から，これ以上改めて付け加え得る点は，ほとんどございません．また，私に与えられた時間はごく僅かです．そこで，お二人の先生方のご報告内容と重複しつつ，「債権譲渡法の体系」の1点に絞って，若干のコメントのみをさせていただきたいと思います．

I　総論（権利変動に関する法体系上の比較）

　池田先生のご報告にもございましたとおり，日本の民法体系では，不動産譲渡，動産譲渡，債権譲渡のそれぞれについて，いずれもその譲渡は意思（すなわち，当事者の合意）のみによって可能であるという「意思主義」を採用しています．「財産の譲渡」として，統一性をもって三つを並べて位置づけることができましょう．ちなみに，日本は，いっさい証書もいらないという，純粋な意味での諾成主義ですので，フランス法の意思主義とは，内容を異にするといわれています．そしてそのうえで，第三者にその移転を主張（対抗）し得るためには，「対抗要件（すなわち，不動産であれば登記，動産であれば引渡し，債権であれば通知・承諾）」が必要であるという法体系を採用しています．

　これに対して，ドイツでは，どうでしょうか．物権変動においては，形式主

義が採用されていることは，あまりにも有名です．そもそも，この形式主義も，フランス法をモデルとする意思主義とは，実質的な違いがないのではないかとの指摘もありますが，いずれにせよ法形式上は，日本とは異なりドイツでは，形式主義を採用しています．しかし，同じ財産であるはずの「債権」の譲渡はどうでしょうか．ベルツ先生のご報告にもございましたとおり，債権者の通知を要求しない，非常に簡易な要件によって移転を認めているのです．そしてこれは，債務者も含む第三者に対しても，譲渡を主張することができるわけです．これは，不動産譲渡，動産譲渡，債権譲渡を，同じように並べている日本の法体系と比べた場合，非常に特徴的だと思われます．今回の債権法改正の議論の中でも，物権と債権を柱としたパンデクテン体系を維持しようとしている日本において，興味深い点のように思われます．

II　各論（対抗要件等の要否の比較）

　そして，この点から出発して，さらに確認したい点は，以下の二点です（以下の2点のドイツの債権譲渡実務に関し，古屋壮一『ドイツ債権譲渡制度の研究』（嵯峨野書院，2007年）参照）．

　まず，第一は，「なぜドイツでは，債権譲渡にあたり，債務者に対する通知などを必ずしも要求していないのか」という点です．仮に，日本で問題となっているような「債権の多重譲渡」の問題が発生した場合，ドイツでは，公示の有無とは無関係に，常に，最初に債権を譲り受けた者のみが新債権者となるように思われますが，それで不都合は生じないのでしょうか．

　この点について，「ドイツでは，債権が誰に帰属しているかについての公示がなくとも，（少なくとも金融取引においては）取引の安全は害されない」，との指摘があります．その理由については，「金融機関（すなわち，債権の譲受人）は，貸付先（すなわち，債権の譲渡人）の財産状況を徹底的に調査し，経済的に信用がある者としか債権譲渡契約を締結しないので，既に金融機関に譲渡した債権を他者にも譲渡するような者と譲渡契約を締結することはありえない」と

しています.

　第二は,「ドイツでは, 実務上, 他者よりも先に債権譲渡がなされたことを証明しやすくするために, 譲渡契約について公正証書などを作成しておくということはないのか」, ということです. そもそも日本法では,(「動産・債権譲渡特例法」に基づく譲渡登記を除けば)「確定日付による証書」によって通知・承諾をすることが, 誰に対しても債権譲渡を主張し得るための要件となっていますので, 公的機関を媒介とした証書の作成は大変重要となります. しかし, そのような制度を採用していないドイツにおいても, 譲受人が債権譲渡によって得た権利を保全するために (すなわち, 自分が他者よりも先に債権を譲り受けたことを, あとで証明しやすくするために), 何らかの工夫がされていないのか, という疑問です.

　この点について,「私署証書か公正証書かによって優先権に違いを設けていないドイツにおいては, 公正証書などの作成は, 金融機関のコスト削減への努力に逆行する」ので, 一般的に公正証書を作成することはない, との指摘があります. わざわざ公正証書で作成しなくとも, 先ほどと同様に, 債権譲渡がなされた後に, 再度, 同じ債権を第三者に譲渡するというような者と, 譲渡契約を締結することは稀であるため, 大きな問題とはならない, というのです.

III　比較から見えてくること (雑感)

　さて, もし以上のような二点の確認事項が, ドイツの債権譲渡実務での支配的見解だとすれば, そこから, 何が読み取れるでしょうか. 私には,「リスクとコストの計算」が透けて見えます. すなわち, 確かに多重の債権譲渡がなされることは, 理論的には考えられます. しかし, 実際の取引の中で, どれくらい多くの債権が, 多重に譲渡されるのでしょうか. 譲受人が譲渡人の信用力を厳格に調査することによって, そのようなトラブルの発生は, 相当程度, 未然に防ぐことができます. 他方で, 一律に何らかの形式を備えないと債権を譲渡することができなかったり, 第三者に対抗することができなかったりすると,

少ない確率で生じる可能性があるトラブルを防ぐために，必要以上のコストをかけることにつながりかねません．そのような考え方のもとで，非常にシンプルな形（すなわち，対抗要件具備の煩雑さによって譲渡性が阻害されないような形）を志向しているのが，ドイツ法なのではないかと考えます．

　勿論，このような分析は，直ちに，「日本法もドイツの立法例を模倣すべきである」ということにはつながりません．日本では，対抗要件主義を維持してきた歴史がありますし，実際に日本では，多重譲渡のトラブルは少なくないと思われるからです．しかし，ドイツのような立法と比較した場合，少なくとも，「より安価に実現できる対抗要件制度（勿論，その制度の信用性が前提となることは言うまでもありませんが）」を，立法として目指していく可能性を指摘できるように思われます．

　また，より実務的には，ドイツ法のもとで多重譲渡問題が本当に大きなトラブルになっていないのだとすれば（実際に，ベルツ先生のご報告にもあったとおり，ドイツの債権譲渡法は，100年以上も大きな法改正がなされないまま，取引実務が回っているという事実があるわけですが），それは，私にとっては大きな驚きです．日本と比較してドイツでは，特に，担保のための債権譲渡（債権譲渡担保）がどれくらい積極的に活用されているのか，金融機関が貸出先に対して行う審査はどれくらい厳格なのかについても，比較研究の対象にふさわしい事柄ではないかと考えます．

セッション4:
消費者法と債権法改正

4. Sektion:
Verbraucherschutz und Schuldrechtsmodernisierung

債権法改正と消費者保護
―― 日本の状況 ――

松 本 恒 雄

I 日本における消費者法の状況の概観

　日本において消費者法,とりわけ消費者私法は,以下の三つのルーツから発展してきた.

　第1は,一般法である民法の解釈論としてである.

　第2は,特定の取引分野において行政規制によって消費者保護をはかる行政法規の中に,特定商取引法におけるクーリングオフ権や割賦販売法における抗弁の対抗の規定に代表される消費者に有利な民事ルールが入ってきて,それらが拡大傾向にあることによる.

第3に，2000年に制定された消費者契約法のように，消費者・事業者間で締結される消費者契約に適用される民法の特則として，共通のルールが定められたことによる．

これら三つは，相互に影響を与え合っている．

II 消費者の特質をどこに見るか？

日本の消費者基本法（2004年改正）は，消費者政策の根拠を「消費者と事業者との間の情報の質及び量並びに交渉力等の格差」に求め（同法1条），また，消費者契約法（2000年制定）も，情報の量と質の格差と交渉力の格差から誤認及び困惑を理由とした取消権と，不当な契約条項の無効を定めている（同法1条）．たしかに，これら二つの格差は，消費者が不利益な契約を締結させられる原因ではあるが，消費者被害が，果たして情報と交渉力の格差という二つの格差だけに還元されるのかという点には疑問がある．

まず，消費者は生味の人間として睡眠や食事が必要であり，傷つきやすく，身体への損傷は多くの場合に不可逆的であるという特質は，とりわけ安全の分野での消費者保護を考える際には不可欠の視点である．

次に，「契約の自由」とその裏面としての「自己決定に基づく自己責任」の考え方は，民法の基本理念の一つであり，これは新古典派経済学に基づく経済人（homo economicus），あるいはそれを法律的に置き換えた合理人（reasonable man）モデルに基づいている．しかし，最近の行動経済学や認知心理学，脳科学の成果によると，消費者の一見非合理と思える行動には，単に情報を補えばよいとか，交渉力を補えばよいというだけに還元されない消費者の特性というのがあることが明らかになってきている．すなわち，人間の脳の判断構造そのものに由来する消費者の脆弱性である．

III 消費者法にはどのようなルールが必要か？

　上記の消費者の特質に見合ったルールが必要である．
　1．情報の格差に関しては，消費者契約法は誤認による取消権を規定している（同法4条1項・2項）．これは，英米法の不実表示（misrepresentation）の法理の一部を取り入れたものであり，民法との関係では，欺罔者の故意を不要とするという意味での詐欺の拡張，あるいは相手方の誤った情報の提供が表意者の動機の錯誤の原因である場合に，その動機が契約内容にならなくても無効が認められるという意味での錯誤の拡張と位置づけられている．
　さらに一歩進めて，積極的な情報提供義務を事業者に認めるべきであるとの主張もある．

　2．交渉力の格差に関しては，消費者契約法は，困惑による取消権を規定している（同法4条3項）とともに，免責条項等の不当な契約条項の無効を規定している（同法8条～10条）．
　ただし，不当な契約条項のリストは，EU不公正契約指令（Unfair Contract Terms Directive）に比べると限定的である．
　また，誤認類型はEU不公正取引慣行指令（Unfair Commercial Practices Directive）にいう誤導的取引慣行（misleading commercial practices）に，困惑類型は攻撃的取引慣行（aggressive commercial practices）に対応しているが，いずれのタイプの取引慣行と比べても，日本の消費者契約法の不当な勧誘とされる類型は限定的である．さらに，アメリカの統一州法である統一欺瞞的取引慣行法（Uniform Deceptive Trade Practices Act）と比べても，限定的である．

　3．生身の人間であるという特質や非合理的判断をするのが不思議ではないという消費者の特質に配慮したルールを正面から契約法に入れるとなると，契約の拘束力の根拠そのものを問い直すことになりかねない．そのため，まず

は，裁判における事実上の推定や裁判官の心証形成といった，証拠の面でこの知見が貢献することが期待される．

実定法の面では，情報と交渉力の格差に還元されないタイプの不当な勧誘行為の受け皿として，第1に，たとえば，デート商法や親切行為で取り入る商法などを消費者契約法の困惑類型の拡大として取り込んでいくことが考えられる．第2には，状況の濫用（abuse of circumstances）による取消しの法理を正面から認めることも考えられる．後者は，オランダのように民法に一般法理として導入することも考えられるが，少なくとも消費者契約法には取り入れるべきである．

4．適合性の原則違反の勧誘や不招請勧誘による消費者被害の救済は，上述のような困惑類型の拡大によるか，あるいは，消費者の人格権保護のアプローチ（不法行為法的保護）と組み合わせることが考えられる．

IV　消費者法は消費者にのみ特有のルールか？

日本の消費者契約法では，「消費者」は，「個人（事業として又は事業のために契約の当事者となる場合におけるものを除く）」と定義されている（同法2条1項）．他方，「事業者」は，「法人その他の団体及び事業として又は事業のために契約の当事者となる場合における個人」とされている（同法2条2項）．世の中のすべての者は，消費者か事業者かのいずれかであるとの素朴な二分法であるうえに，定義上，消費者の団体は事業者となり，また，企業の経営者が自社の債務の保証をする場合は消費者になるという妥当でない結果をもたらす．このような定義は改正されるべきである．

また，個人経営の事業者や農民の仕事に使うために自動車を購入する場合のように，相手方事業者との関係で，情報と交渉力の格差のあることが多い．それにもかかわらず，消費者契約法による保護を受けられないのは不当であるとして，消費者契約法の適用範囲を「情報の質及び量並びに交渉力の格差」のあ

る者相互間の取引に拡張すべきであるとの主張もなされている．

V　民法と消費者法をどのように配置すべきか？

　現行の日本民法のような 19 世紀型の民法は，自然人と法人を含む抽象的な意味での人と人との間の関係を規律している．もっとも，雇用契約のように，一方当事者である労働者は生身の人間でしかありえない典型契約も存在するが，生身の人間であることに着目した労働者保護規定を民法に定めることには限界があることから，必然的に民法の外側で社会法としての労働法規範が形成されてきた．
　消費者法は，消費者が労働者と同様の生身の人間であることに着目したルールである．そのようなルールと民法とをどのように関係づけるべきかについては，大別して，① 民法には抽象的な人を前提としたルールのみを規定し，消費者法を別に制定する考え方（消費法典としてまとめるフランス法モデルや個別法のままのイギリス法モデル），② 民法に消費者法を統合するという考え方（ドイツ法モデル），③ 民法には，消費者契約に民法の規定を適用する場合には情報と交渉力の格差を考慮するようにとの解釈理念規定のみを置く考え方，④民法には，情報と交渉力の格差のある者相互間に民法の規定を適用する場合にはその格差を考慮するようにとの解釈理念規定のみを置く考え方がある．

VI　消費者契約法にはどのような規定を配置すべきか？

　現在の消費者契約法は，消費者契約についての定義を定め，それに該当する契約であれば，どのような内容・種類のものであるかを問わずに適用される共通ルールを定めている．すなわち，すべての契約に適用される民法を一階部分，特定のタイプの消費者契約にのみ適用される民事ルール（その大部分は各省庁所管の行政規制法規中の民事ルールである）を二階部分とすると，その中間の中二階（mezzanine）に当たる．

消費者契約法の今後の発展の方向性としては，引き続きすべての消費者契約に適用される一般ルールのみを定めるという中二階型のものを維持するか，それとも，個別契約に特有の民事ルールも含めて定めるかという基本的な選択肢がある．

後者の場合は，販売信用取引における抗弁の対抗や継続的役務提供契約における中途解約権，訪問販売における過量販売解除権なども入ってくることになる．

もっとも，抗弁の接続の問題を，販売信用の問題ではなく，支払手段ないし決済手段の問題と位置付ければ，中二階型の消費者契約法に配置することは可能であろう．消費者を一方の当事者とする決済法理について，原因取引との有因論の観点からの法理を構築することが必要であると思われる．

VII　むすび
——民法（債権関係）法の改正審議における消費者

消費者法の民法への統合は断念されたもようであるが，消費者に関わる特則がいっさいおかれないことになるかどうかは未だ明らかではない．

Schuldrechtsreform und Verbraucherschutz: die Situation in Japan
——Zusammenfassung——

Tsuneo MATSUMOTO
Übersetzt von Matthias K. SCHEER

I. Überblick über die gegenwärtige Situation des Verbraucherrechts in Japan

Das Verbraucherrecht in Japan, vor allem das Verbraucherprivatrecht, hat sich aus den folgenden drei Wurzeln entwickelt. Die erste Wurzel ist die Auslegung des Zivilgesetzes als *lex generalis*. Die zweite Wurzel besteht in verbraucherfreundlichen Regeln des Zivilrechts wie z.B. den Bestimmungen über das Widerrufsrecht (*Cooling off*) nach dem Gesetz über besondere Handelsgeschäfte und der Möglichkeit, Einwendungen nach dem Teilzahlungsgesetz geltend zu machen, die als ursprünglich verwaltungsrechtliche Regeln zum Zwecke des Verbraucherschutzes durch verwaltungsrechtliche Vorschriften in bestimmten Geschäftsbereichen ins Zivilrecht inkorporiert wurden. Diese Bestimmungen haben seitdem tendenziell ihren Anwendungsbereich ausgeweitet. Die dritte Wurzel besteht aus gemeinsamen Bestimmungen, die als zivilrechtliche Sonderregeln auf Verbraucherverträge zwischen Verbrauchern und Unternehmern angewandt werden, wie z.B. das im Jahre 2000 verabschiedete Verbrauchervertragsgesetz. Diese drei Wurzeln beeinflussen sich gegenseitig.

II. Worin besteht der besondere Charakter des Verbrauchers?

Das im Jahre 2004 geänderte japanische Verbrauchergrundgesetz geht in seinem

Art. 1 vom „Unterschied zwischen Verbrauchern und Unternehmern hinsichtlich der Qualität und der Quantität von Informationen und der Verhandlungsmacht" als Grundlage der Verbraucherpolitik aus. Auch Art. 1 des im Jahre 2000 verabschiedete Verbrauchervertragsgesetzes kennt ein Widerrufsrecht aufgrund falscher Annahmen und einer Verlegenheitssituation, in die der Unternehmer den Verbraucher gebracht hat, welche auf diese Unterschiede in der Informationsqualität und -quantität sowie der Verhandlungsmacht zurückzuführen sind; zudem ist die Unwirksamkeit unbilliger Vertragsbestimmungen vorgesehen. Sicherlich bergen diese beiden Unterschiede Ursachen dafür, dass Verbraucher dazu veranlasst werden, für sie ungünstige Verträge abzuschließen, ich frage mich aber, ob sich die Schäden, die die Verbraucher erleiden, ursächlich wirklich nur auf diese beiden Unterschiede hinsichtlich der Information und der Verhandlungsmacht zurückführen lassen.

Zunächst einmal braucht der Verbraucher als Mensch aus Fleisch und Blut Schlaf und Nahrung und ist leicht verletzbar. Wenn er viele körperliche Schäden erlitten hat, ist dieser Zustand nicht mehr rückgängig zu machen. Diese besondere Eigenart ist ein essentieller Aspekt, besonders wenn man an den Verbraucherschutz im Bereich der Sicherheit denkt.

Ferner ist die Vorstellung von der „Vertragsfreiheit" und – als deren Kehrseite – der „Eigenverantwortung" aufgrund der „Selbstbestimmung" ein Grundkonzept des Zivilrechts. Das wiederum beruht auf dem Modell des *homo oeconomicus* der neo-klassischen Wirtschaftswissenschaft oder – in den juristischen Sprachgebrauch übersetzt – des *reasonable man*. Aber nach den neuesten Erkenntnissen der Verhaltensökonomik, der kognitiven Psychologie und der Kognitionswissenschaft wird klar, dass es eine besondere Eigenart des Verbraucher gibt, die sich bei seinem auf den ersten Blick unvernünftigen Verhalten nicht bloß auf die Vorstellung reduzieren lässt, man müsste ihm nur mehr Informationen bzw. mehr Verhandlungsmacht zur Verfügung stellen und alles wäre gut. Es handelt sich um die Verletzbarkeit des Verbrauchers, die auf die Entscheidungsstrukturen des menschlichen Gehirns als solche zurückzuführen ist.

III. Was für Regeln braucht das Verbraucherrecht?

Man braucht Regeln, die zu der eben beschriebenen Eigenart des Verbrauchers passen.

1. Hinsichtlich des Unterschieds der Information sieht das Verbrauchervertragsrecht in Art. 4 Abs. 1 und 2 ein Widerrufsrecht bei falschen Annahmen vor. Das ist die teilweise Übernahme des anglo-amerikanischen Rechtsprinzips der *misrepresentation*. Im Gesamtzusammenhang mit dem Zivilrecht befindet sich die *misrepresentation* irgendwo zwischen einem erweiterten Betrugsbegriff in dem Sinne, dass der Vorsatz desjenigen, der falsche Tatsachen vorspiegelt, nicht mehr benötigt wird, und einem erweiterten Irrtumsbegriff in dem Sinne, dass die Unwirksamkeit der Willenserklärung anerkannt wird, wenn die Mitteilung einer falschen Information durch den Partner einen Motivirrtum des Erklärenden verursacht hat, und zwar auch dann, wenn das Motiv nicht Vertragsinhalt geworden ist.

Noch einen Schritt weiter geht die These, die besagt, dass man eine aktive Pflicht des Unternehmers zur Übermittlung zutreffender Informationen anerkennen müsse.

2. Hinsichtlich der unterschiedlichen Verhandlungsmacht sieht das Verbrauchervertragsgesetzes in seinem Art. 4 Abs. 3 einen Widerruf aus Verlegenheit und in seinen Artt. 8 bis 10 die Unwirksamkeit unbilliger Vertragsbestimmungen wie Freizeichnungsklauseln vor.

Die Liste unbilliger Vertragsklauseln ist jedoch im Vergleich zur EU Richtlinie über missbräuchliche Klauseln in Verbraucherverträgen begrenzt.

Die Geschäftspraktiken, die „falsche Annahmen" verursachen, entsprechen den irreführenden Geschäftspraktiken im Sinne der EU Richtlinie über unlautere Geschäftspraktiken, während Geschäftspraktiken, welche die Kunden in Verlegenheit bringen, den dort genannten aggressiven Vertriebsmethoden entsprechen. Schließlich ist die Liste unbilliger Vertragsklauseln auch im Vergleich zum *Uniform Deceptive Trade Practices Act*, einem US-amerikanischen einheitlichen Modellgesetz, begrenzt.

3. Wenn man Regeln, die berücksichtigen, dass Verbraucher die Eigenart haben, Menschen aus Fleisch und Blut zu sein, und nicht selten dazu neigen, unvernünftige Urteile zu fällen, eins zu eins ins Vertragsrecht übernimmt, muss man letztendlich die Grundlage der Bindungswirkung von Verträgen wieder in Frage stellen. Deshalb wird in erster Linie erwartet, dass bei der Beweiswürdigung in einem gerichtlichen Verfahren das Wissen um diese Eigenart, das heißt

bei der Vermutung, wie sich der Sachverhalt abgespielt hat, und bei der Herausbildung der richterlichen Überzeugung einen Beitrag leistet. Auf der Ebene des positiven Rechts kann man sich vorstellen, dass erstens Geschäftspraktiken, wie beispielsweise Verabredungen zu einem Date, die als Auffangbecken für unredliche Werbemaßnahmen dienen, die sich aber nicht auf die Unterschiede von Informationen und Verhandlungsmacht zurückführen lassen, im weiteren Sinne zur Gruppe derjenigen Geschäftspraktiken gezählt werden, die Kunden im Sinne des Verbrauchervertragsgesetzes in Verlegenheit bringen. Zweitens könnte man auch daran denken, direkt das Rechtsprinzip des Widerrufs aufgrund des Missbrauchs einer Situation anzuerkennen. Man kann ferner überlegen, dieses Rechtsprinzip, wie in den Niederlanden, als allgemeinen Rechtsgrundsatz im Zivilrecht zu verankern, zumindest aber sollte man es in das Verbrauchervertragsgesetz übernehmen.

4. Abhilfe bei Schäden, die der Verbraucher aufgrund von unangemessener oder unaufgeforderter Werbung erlitten hat, erreicht man entweder wie eben dargelegt durch eine erweiterte Auslegung des Begriffs der Geschäftsmethoden, die die Kunden in Verlegenheit bringen, allein oder in Verbindung mit dem Ansatz des Schutzes des Persönlichkeitsrechts des Verbrauchers (als eines deliktsrechtlichen Schutzes).

IV. Ist das Verbraucherrecht eine Regelungsmaterie, die nur auf den Verbraucher zugeschnitten ist?

Das japanische Verbrauchervertragsgesetz definiert in seinem Art. 2 Abs. 1 den „Verbraucher" als „Individuum (außer in den Fällen, in denen er als Unternehmer oder als Vertragspartei für ein Unternehmen auftritt)". Andererseits gilt gemäß Art. 2 Abs. 2 dieses Gesetzes als „Unternehmer" „ein Individuum, das als juristische Person oder als sonstiger Verband oder Unternehmen oder als Vertragspartei für ein Unternehmen auftritt". Das ist eine simple Dichotomie, nach der alle Menschen auf der Welt entweder Verbraucher oder Unternehmer sind. Diese Dichotomie erzeugt darüber hinaus das absurde Resultat, dass nach dieser Definition ein Verbraucherverband ein Unternehmer ist, während der Manager eines Unternehmens, der für die Schulden seiner Firma eine Bürgschaft übernimmt, zu einem Verbraucher wird. So eine Definition muss geändert werden.

Wenn nun ein selbständiger Unternehmer oder ein Landwirt einen PKW für seine Arbeit kauft, bestehen viele Unterschiede hinsichtlich der Information und der Verhandlungsmacht gegenüber dem Unternehmen, das der Vertragspartner ist. Deshalb wird die These vertreten, es sei unangemessen, dass sie trotzdem nicht den Schutz des Verbrauchervertragsgesetzes erhalten können, und der Anwendungsbereich des Verbrauchervertragsgesetzes müsse auf Geschäfte zwischen Personen ausgedehnt werden, bei denen „Unterschiede zwischen der Informationsqualität und -quantität sowie der Verhandlungsmacht bestehen".

V. Wie sind das Zivilrecht und das Verbraucherrecht zu verorten?

Zivilgesetze aus dem 19. Jahrhundert wie das geltende japanische Zivilgesetz regeln die Beziehungen von Personen untereinander, wobei es sich um Personen im abstrakten Sinne einschließlich natürlicher und juristischer Personen handelt. Und in der Tat existiert mit dem Dienstvertrag ein typisierter Vertrag, dessen eine Vertragspartei, der Arbeitnehmer, nur ein Mensch aus Fleisch und Blut sein kann, aber weil nun einmal Grenzen für die Einbeziehung von Normen zum Schutz der Arbeitnehmer im Zivilgesetz bestehen, sind die Bestimmungen des Arbeitsrechts notwendigerweise als Normen außerhalb des Zivilgesetzes und als Sozialgesetze gestaltet worden.

Beim Verbraucherrecht handelt es sich um ein Regelwerk, das zur Kenntnis genommen hat, dass Verbraucher ebenso wie Arbeitnehmer Menschen aus Fleisch und Blut sind. Auf die Frage, wie solche Regeln zum Zivilgesetz in Beziehung gesetzt werden sollen, gibt es grob gesagt vier Ansätze als Antwort: (1) den Ansatz, das Verbraucherrecht gesondert gesetzlich zu regeln (entweder zusammengefasst als Verbraucherrechtsgesetzbuch nach dem Modell des französischen Rechts oder in einzelnen Gesetzen nach dem Modell des englischen Rechts), weil das Zivilgesetz nur Normen enthält, die eine abstrakte Vorstellung vom Menschen voraussetzen; (2) den Ansatz, das gesamte Verbraucherrecht ins Zivilgesetz zu inkorporieren (nach dem Modell des deutschen Rechts); (3) den Ansatz, lediglich Auslegungsregeln, die die Unterschiede hinsichtlich der Information und der Verhandlungsmacht in den Fällen berücksichtigen, in denen die Bestimmungen des Zivilgesetzes auf den Verbrauchervertrag angewendet werden, ins Zivilgesetz aufzunehmen; (4) den Ansatz, lediglich Auslegungsregeln, die die Unterschiede der Information und der Verhandlungsmacht in den Fällen berücksichtigen, in denen die Bestimmungen des Zivilgesetzes auf die Beziehung zwischen Personen angewandt werden, zwischen denen solche Unterschiede bestehen.

VI. Was für Bestimmungen sind in das Verbrauchervertragsgesetz aufzunehmen?

Das gegenwärtige Verbrauchervertragsgesetz enthält eine Definition des Verbrauchervertrages und stellt gemeinsame Regeln auf, die für alle Verbraucherverträge gelten, ohne dabei zu berücksichtigen, welchen Inhalt sie haben, oder welcher Art sie angehören. Dabei behandelt es das Zivilgesetz, das für alle Verträge gilt, gleichsam als den ersten Stock, die zivilrechtlichen Normen hingegen, die nur für besondere Typen von Verbraucherverträgen gelten, als zweiten Stock (bei den meisten von ihnen handelt es sich um zivilrechtliche Normen, die in verwaltungsrechtlichen Vorschriften enthalten sind, die von den jeweils zuständigen Ministerien und Behörden zwecks Regulierung ihrer Zuständigkeitsbereiche erlassen wurden) und die Materie in der Mitte von beiden als Zwischengeschoss (*mezzanine*).

In welche Richtung wird sich das Verbrauchervertragsgesetz in Zukunft entwickeln? Wird es weiterhin nur allgemeine Regeln enthalten, die auf alle Verbraucherverträge Anwendung finden und damit seinen Zwischengeschosscharakter aufrechterhalten? Oder wird es die einzelnen Verbraucherverträge zusammen mit den ihnen eigenen zivilrechtlichen Normen regeln? Das sind die beiden grundsätzlichen Alternativen.

Bei der zweiten Alternative werden unter anderem auch die Geltendmachung von Einreden bei Absatzkreditgeschäften, das Recht auf zwischenzeitliche Kündigung bei unbefristeten Dienstverträgen und das Rücktrittsrecht beim Kauf großer Mengen als Haustürgeschäft einbezogen werden.

Wenn man das Problem der Verknüpfung der Einrede nicht als Problem des Absatzkredits, sondern als Problem eines Zahlungsmittels und eines Bilanzierungsinstruments einordnet, dürfte es in der Tat möglich sein, dieses Problem im Verbrauchervertragsgesetz im zweiten Stock zu platzieren. Ich meine, dass es erforderlich ist, einen Rechtsgrundsatz aus der Sicht der kausalen Verknüpfung mit dem Grundgeschäft aufzubauen, und damit meine ich einen Bilanzierungsgrundsatz, der den Verbraucher als eine Vertragspartei behandelt.

VII. Schlussbetrachtung: Der Verbraucher in den Beratungen über die Reform des Zivilgesetzes (Schuldrecht)

Anscheinend hat man davon Abstand genommen, das Verbraucherrecht insgesamt in das Zivilgesetz zu inkorporieren, aber es ist noch nicht klar, ob überhaupt keine Sonderregeln mit Bezug auf die Verbraucher aufgestellt werden.

Verbraucherschutz und Schuldrechtsmodernisierung
——Thesen——

Karl RIESENHUBER

I.

Auch wenn das Verbrauchervertragsrecht im Rahmen der japanischen Schuldrechtsreform nicht in das Zivilgesetzbuch integriert wird, bleiben die damit verbundenen Sachfragen von andauernder Bedeutung.

II.

1. Verbraucherschutzvorschriften greifen in die Vertragsfreiheit ein und verursachen regelmäßig Kosten; sie bergen die Gefahr unerwünschter Effekte. Aus diesen Gründen bedürfen sie nicht nur der anfänglichen sachlichen Rechtfertigung, sondern auch der andauernden Überprüfung.

2. Interdisziplinäre Forschung kann dabei (für die Gesetzgebung) eine wichtige Rolle spielen. Insbesondere ökonomische, verhaltenstheoretische und empirische Untersuchungen sind insoweit von Nutzen. Indes sind sie mit (teils, wenn auch nicht notwendig) gegenläufigen normativen Erwägungen in Ausgleich zu bringen.

3. Verbraucherschutz ist zwar ein wichtiges Anliegen, es ist aber nicht absolut zu setzen. Vertragsrecht ist primär ein Instrument zur Gewährleistung der individuellen Freiheit.

III.

1. Der Verbraucherbegriff ist im deutschen und Europäischen Vertragsrecht klar konturiert. Es gibt einzelne Streitfragen, die aber bereits breit erörtert sind (Verträge mit doppelter Zwecksetzung; Scheinunternehmer; Behandlung branchenfremder Nebengeschäfte). Eine Ausdehnung von Verbraucherschutzregeln auf Kleinunternehmer erscheint nicht wünschenswert.

2. Im deutschen und Europäischen Vertragsrecht sind (vor allem vorvertragliche) Informationspflichten das wichtigste Schutzinstrument. Sie bedeuten einen verhältnismäßig geringen Eingriff in die Vertragsfreiheit und belassen es weitgehend bei der Selbstverantwortung des Verbrauchers. Allerdings hat der Europäische Gesetzgeber mit der Verbraucherrechte-Richtlinie eine allgemeine vorvertragliche Informationspflicht eingefügt, die für „andere als Fernabsatzverträge und außerhalb von Geschäftsräumen geschlossene Verträge" gilt; diese Pflicht ist m.E. sachlich nicht geboten. Schon seit langem wird eine informationelle Überlastung beklagt. Ihr kann zum Teil durch die richtige Ausgestaltung der Informationspflichten Rechnung getragen werden (richtiger Zeitpunkt; Grad der Individualisierung).

3. Ein weiteres zentrales Schutzinstrument sind Widerrufsrechte. Umstritten ist, in welchen Fällen sie vorzusehen sind. Insbesondere ist die sachliche Rechtfertigung eines Widerrufsrechts im Fernabsatz zweifelhaft. Umstritten ist auch, ob sie stets zwingend auszugestalten sind oder nicht auch optional vorgesehen werden können.

IV.

Die Inhaltskontrolle von Allgemeinen Geschäftsbedingungen wird in Deutschland überwiegend damit begründet, dass ein Konditionenwettbewerb nicht stattfinde (Marktversagen). Danach handelt es sich um eine Sachfrage des allgemeinen Vertragsrechts. In anderen Mitgliedstaaten sieht man das anders. Allerdings rechtfertigt der Verbraucherschutz eine höhere Kontrollintensität und kann umgekehrt im Unternehmensverkehr die Kontrollintensität herabgesetzt werden. Nach der in Deutschland vorherrschenden Auffassung ist die Kontrolle von individuell ausgehandelten Klauseln auch in Verbraucherverträgen strikt abzulehnen. Darin liegt ein Eingriff in den Kernbereich der Vertragsfreiheit. Auch das wird in anderen EU-Mitgliedstaaten teilweise anders gesehen.

V.

Für die rechtsetzungstechnische Umsetzung von Verbraucherschutzrecht gibt es drei Hauptmodelle: Spezialgesetze, ein Verbrauchergesetzbuch und die Integration in das allgemeine Zivilgesetzbuch. Mit der Schuldrechtsmodernisierung von 2002 hat der deutsche Gesetzgeber die bis dahin bestehenden Spezialgesetze weitgehend in das BGB integriert. Diese Lösung wird heute weitgehend als gelungen angesehen. Für sie sprechen verschiedene Sachgründe. Die Verbraucherschutzregeln werden so in den zivilrechtssystematisch richtigen Zusammenhang gestellt. Dadurch wird der gebotene Ausgleich mit gegenläufigen vertragsrechtlichen Interessen hervorgehoben. Zudem werden die systematischen Bezüge zu anderen Teilgebieten des Privatrechts (z. B. Willensmängel; vorvertragliche und vertragliche Pflichten; Schadensersatz; Restitution) besser sichtbar.

消費者保護と債務法の現代化

カール・リーゼンフーバー

訳　古　積　健三郎

I

たとえ消費者契約法が日本の債務法改正の枠内では民法に統合されなくて

も，これに結び付けられた事柄の問題は依然として持続的な意義を有する．

II

　1．消費者保護規定は契約の自由に干渉し，しばしば費用の原因となる．というのは，それは望ましくない効果の危険をはらんでいるからである．これらの理由から，消費者保護規定ははじめの事実に即した正当化だけでなく，持続的な検査も必要とする．

　2．学際的な研究がこの際，（立法のために）重要な役割を担う．特に経済的，行動理論的，そして経験的な調査がその点では有益である．しかしながら，それらは，（一部には不可欠ではないとしても）逆方向の規範的な考量と均衡されなければならない．

　3．消費者保護は確かに重要な関心事であるが，しかしそれを絶対的に位置づけることはできない．契約法は第一に，個人の自由の担保のための道具である．

III

　1．消費者概念は，ドイツおよびヨーロッパの契約法において明確に輪郭付られている．個別の争いの問題はあるが，それらはすでに広く論究されている（二重の目的設定による契約，表見事業者，専門外の副業の取扱い）．中小事業者への消費者保護準則の拡大は望ましくないように思われる．

　2．ドイツおよびヨーロッパの契約法においては，（とりわけ契約前の）情報提供義務が重要な保護の道具である．それらは比較的小さな契約の自由への干渉を意味し，広範囲に消費者の自己責任のままにする．もっとも，ヨーロッパ

の立法者は，消費者法指令によって，「通信契約とは異なりかつ事業所の外で締結された契約」に妥当する一般的な契約前の情報義務を挿入してしまった.というのは，私見では，この義務は実質的には求められていないからである.すでに久しく，情報についての過大な負担には苦言が呈されている．それは，部分的には情報義務の正しい整備によって顧慮することができる（正しい時点，個別化の程度）.

　3．さらなる中心的な保護の道具が撤回権である．争われているのは，どのような事例でそれを規定すべきかである．特に，通信においては撤回権の事実に即した正当化は疑わしい．それが常に強行的に整備されるべきなのか，あるいは任意的にも規定することができないのかも，争われている．

IV

　普通取引約款の内容規制は，ドイツにおいては主に条件の競争が起こらないこと（市場の断念）をもって理由づけられる．これによれば，問題となるのは一般的な契約法の事柄である．他の加盟国においては，それは異なって見られている．もちろん，消費者保護はより高い統制の強度を正当化し，逆に事業者取引においては統制の強度は引き下げられうる．ドイツにおいて支配的な解釈によれば，個別に取り交わされた条項の統制は消費者契約においても厳格に否定されるべきとされている．そこには，契約の自由の核の領域に対する干渉がある．そのことも，他のEU加盟国においては一部には異なった見方がされる．

V

　消費者法の立法技術的な転換に関しては，三つの主たるモデルがある．諸々の特別法，消費者法典，そして一般民法典への統合である．2002年の債務法現

代化によって，ドイツの立法者はそれまでに存在していた諸々の特別法を広範囲にBGBに統合した．この解決は今日，広範囲で成功したものと見なされる．この解決には様々な客観的理由が裏打ちとなる．消費者保護の準則は，そうして民法体系上正しい連関に立てられる．それによって，逆方向の契約法上の利益との求められた均衡が際立たされる．そのうえ，私法の他の分野に対する体系的な関連（たとえば，意思の瑕疵，契約前の，および契約による義務，損害賠償，原状回復）がより可視的になる．

コメント

執行 秀幸

I はじめに

　日本の債権法改正において，当初，民法の中に消費者法（本コメントでは，消費者私法を対象とします）を統合することも考えられていましたが，現在はかなり後退しているようです．しかし，依然として民法と消費者法の立法のあり方を論ずる意義はあります．また，立法がどのようなものとなるにせよ，民法との関係で消費者法のあり方を検討していく必要性もあります．そこで，日本とドイツにおける民法と消費者法につき，松本先生およびリーゼンフーバ先生に広範囲にわたり簡潔にご報告いただきました．

　しかし，広範囲で，重要なものではあるものの技術的かつ複雑な問題が多く含まれおり，それらのすべてにつきコメントする余裕はありません．そこで，ここでは，私は，次の二つに絞って，コメントおよび質問をさせていただきます．第1は，消費者法のあり方・基本的考え方に関するものです．第2は，日本の債権法改正における民法と消費者法との関係についてです．

II 消費者法のあり方

　民法は，「契約自由の原則」，「自己決定にもとづく自己責任」の考え方に基づいています．ところが，事業者と消費者との契約（消費者契約）の問題に，うまく対処できないため，消費者法が形成されてきました．この点は，基本的

には両国で共通しています．しかも，消費者法をめぐっては，消費者法の正当化根拠，人的保護範囲，保護手段としてのルールのあり方等が，問題となります．そこで，お二人が，日本，ドイツの，これらの問題につき論じられました．ただ，異なる国の問題を論じているのですから，違いがあるのは当然です．しかし，基本的に異なる点があるように思われます．それは，一つには，やや異なる消費者像を前提としていることによるものと考えられます．

リーゼンフーバ先生は，また，BGB の消費者法それ自体もそのようでありますが，十分な情報にもとづき自己決定できる成熟した消費者，いわゆる賢い消費者，経済学上の経済人を前提としています．ただ，消費者と事業者との間には，情報につき，格差があることから，基本的には，消費者保護は，情報により図られることになります．これに対して，松本先生は，賢い消費者像とともに，消費者が非合理な行動をしてしまう側面もあることを前提に，消費者法を構想されます．そこで，リーゼンフーバ先生が疑問視されるような，デート商法や親切行為で取り入る商法に対処する困惑類型のルール，状況の濫用法理を提案されるわけです．

しかし，リーゼンフーバ先生も，賢い消費者像が行動経済学等によって，揺らぎはじめていることは十分承知されています．ドイツの立法者も同様でしょう．だが，ドイツ，さらには EU の消費者法を構想する際には，EU 域内の市場の実現のために，賢い消費者像を前提とすることが求められるのではないかと思われます．EU の消費者法は，消費者の保護だけではなく，欧州域内の市場の実現という目的達成のためにも存在しているからです．そこで，新たな消費者法のルールを構想するにあたっては，そのコストがどの程度かかるか，企業の活動にどのような影響をもたらすか，そのことによって，欧州域内の市場の活性化が阻害されないか，阻害されるとすれば，どの程度かが重要な現実の問題で，それらを考えざるをえないでしょう．そして，賢い消費者像を前提とした場合には，消費者保護と欧州域内の市場の活性化とのバランスをとることが可能となるように思われます．これに対して，消費者は非合理な行動をしてしまう側面もあることを前提に考えますと，消費者の保護と欧州域内の市場の

活性化とのバランスをとることが難しくなるように思われます．

　むろん，日本でも，市場の視点は理論的に重要なものと認識されています．しかも，リーゼンフーバ先生が指摘されますように，日本の消費者契約法は賢い消費者像を前提に考えていることは否定できません．しかし，EU ほど現実的な問題となっていないように思われます．むしろ，超高齢社会となり，高齢者の被害が増大しており，今後も増えることが予想されることから，その問題をどのように解決するかが，現実の問題として，消費者法に求められているといえます．その場合，賢い消費者像を前提として解決することは，難しいでしょう．他方，理論的にも，賢い消費者像に問題があるということであれば，日本では，ドイツと比較すれば，消費者が非合理な行動をしてしまう側面もあるという消費者像を受けいれやすい状況にあると考えられます．

　そこで，リーゼンフーバ先生に質問をさせていただきます．以上のようなドイツの分析に問題はないでしょうか．また，消費者法モデルとして，ドイツでは情報アプローチがとられているのに対して，フランスでは，保護アプローチがとられている，との指摘があります．ドイツで情報アプローチがとられている背景としては，上で述べた以外にどのようなことが考えられるでしょうか．また，ドイツでも日本と同じく超高齢社会となっています．今後も，賢い消費者像を前提とするドイツ消費者法で，問題はないとお考えでしょうか．また，一般に，そのように考えられているのでしょうか．松本先生にも，以上のような分析につき，ご感想をいただけたら幸いです．

III　民法と消費者法の位置づけ

1．消費者法の民法への統合

　日本において債権法を改正して民法を現代化する際，消費者法をどのように位置づけるべきでしょうか．松本先生によりますと，大別すると，現在，次のように整理されています．

　①民法とは別に，消費者法を制定する．②民法に消費者法を統合する．③

民法には，消費者契約を，民法に適用する際の，解釈理念規定のみを置く．④ 情報と交渉力の格差のある者相互間に，民法を適用する際の，解釈理念規定のみを置く．以上です．

　ここで詳しく述べる余裕はありませんが，理想的には，民法の中に消費者法の一定のルールを組み入れることが好ましいと考えられます．消費者法は，民法の特別法です．その意味で，現在でも，消費者私法は民法の一部であることは否定できません．また，民法の中でも，今日，消費者法は重要なものとなってきているからです．

　この問題を検討するにあたり，法学教育の視点も重要と思われます．現在，司法試験で消費者法の重要なものは民法の試験範囲になっています．だが，中央大学法科大学院では，民法の中で，消費者法を学ぶことはほとんどといってよいほどないように思われます．試験にでない消費者法の履修者は減少傾向にあります．だが，消費者法が民法の中に組み込まれれば，消費者法を学ばざるを得なくなるでしょう．消費者法が試験に出題される可能性も高まります．民法を学ぶ際も，たえず，消費者法のことも念頭におくことになります．また，消費者法を学ぶ際にも，民法との関係を考え学ぶことになるでしょう．裁判官は消費者法を十分理解していないと，弁護士から聞くことがあります．そういうことがあるとすれば，それは，要するに，その裁判官が若いときに消費者法を勉強したことがないからだと思われます．このことからも，消費者法を民法に組み入れることに重要な意味があるように思われます．

　ドイツでは消費者法の多くが民法に統合されました．このことは，法学教育に影響を与えているでしょうか．また，ドイツで，消費者法の民法への統合が成功したといわれましたが，具体的には，どのような意味で成功したと考えられているのでしょうか．

2．消費者契約等の解釈理念規定の評価

　日本における民法に消費者契約等の解釈理念規定を設けることにつき，リーゼンフーバ先生は，いずれも否定的です．次のような理由からです．第1に，

一種の消費者保護の一般条項で，大きな法的不確実性を伴う．そこで，事業者にも消費者にも不利益をもたらす．第2に，イデオロギーの影響を受けやすい輪郭のない公平にもとづく判決の危険性がある．

そのような懸念はもっともなものです．とくに，情報と交渉力の格差のある者相互間の解釈理念規定にあってはそうでしょう．しかし，消費者契約の解釈理念規定については，やや異なると考えられます．民法にそのような規定が設けられた場合にあっても，消費者契約に関するルールが消費者契約法に存在しています．しかも，現在，消費者契約法の改正作業が進行しており，将来，消費者契約法は，現在より，充実したものとなっているでしょう．むろん，他の消費者契約に関する民事ルールも存在します．したがって，消費者契約につき，民法の解釈をする際には，新たに設ける一般条項だけに基づくことになるわけではありません．消費者契約法の具体的な規定等をも参照されることになります．このことを考えれば，リーゼンフーバ先生が考えられるほど，問題は生じないように思われます．

また，消費者契約法の解釈にあっては，たえず，民法との関係で論じられてきております．その改正にあっても同様です．その意味では，民法に消費者契約法が統合されなくても，消費者契約の解釈理念規定を設け，消費者契約法を，民法との関係も十分踏まえて，現在以上に，その内容をより充実したものにすることによって，形式的には，消費者契約法を民法に統合しないとしても，実質的には，民法に統合された場合と近い機能をもつ可能性があるように思われます．

もっとも，日本における民法に消費者契約の解釈理念規定を導入することには，つぎのような問題があります．その規定は，消費者契約に民法の規定を適用する場合には，情報と交渉力の格差を考慮するように定められています．しかし，松本先生は，消費者法には，消費者法の特質にみあったルールが必要だとされます．そして，その特質として，情報の格差および交渉力の格差の他に，生身の人間の非合理性をあげています．そこで，どのような表現にするか，どのように考慮するかは別として，その点をも考えて，何らかの対処が必要だと思われます．

セッション5:
人的担保と保証人保護

5. Sektion:
Schutz des Bürgen

日本の債権法改正論議における
保証の問題の検討状況

山野目　章夫

I　保証の概念

　保証とは何か．確認するまでもないことであるが，保証は，民法が定める制度であり，主たる債務者が債務を履行することができない場合において，保証人が，その債務を代わって履行する責任を負う．この保証人の責任は，保証人になろうとする者と，債権者との間の契約で成立するものであるということが，日本の民法が定める保証の法的構成である（日本民法446条1項）．
　子が事業を始めるときに銀行からする借入れの債務を親が保証する，とか，子会社の債務を親会社が保証する，とか，会社の債務をその代表者である個人が保証する，といったように用いられる．このように現行の制度上，保証は，

主たる債務者となる者と保証人のいずれについても，個人がなることもあれば法人がなることもある．

II　保証の機能

　保証が，信用を補完する制度として役割を果たしている側面があることは，否定されない．主たる債務者である法人や個人のその者の資力のみでは融資が得られないような場合において，保証人に対し融資の返済を求めることができるという状況が調うならば，そうでなかったときには実現しなかった融資が可能になる．

III　保証の実態

　保証のどこに問題があるか．利便もみられる半面において，保証には，多くの問題があることも指摘されている．日本においては，保証人となった個人が巨額の債務を負って生活の再建や経済的な再起が困難になったり，さらに自殺に追い込まれたりする状況が観察される．保証人は，債務を履行することができない場合において，その財産に強制執行を受けることになる．保証人が破産に至ることがあるし，とても支払いきれない債務を負担させられて，保証人となった者の家計は破綻する．当然のことながら，保証人その人本人のみならず，家族をも巻き込んで，きわめて困難な状況に追い込まれ，自ら命を絶つものすら現われる．

IV　個人保証における保証人保護方策という論点の抽出

　保証という制度を全廃する必要はないし，話を事業の世界に限って言うならば，一つの金融のツールとして，それを彫琢してゆくことは，経済の発展のために望まれさえする．しかし半面において，そのような高度化ないし精緻化の

圧力の下にある保証の一つの側面の動向に引きずられる仕方で個人の保証も同じ扱いとするならば，保証に端を発する悲劇は，さらに増えることであろう．このようにみてくるならば，個人のする保証について特別の配慮をする，ということは，もともと避けられないことであった．外国の法制にも，そのようなルールを整備するものがみられる．

V 法制審議会の調査審議において取り上げられている検討事項

　このよう状況の認識を踏まえ，今般の債権法改正においては，保証人の責任を制限することが論議の対象となっており，その際の論議においては，フランス消費法典 L341-4 条が定める比例原則が一つの示唆を与えるものとなっている（比例原則）．さらに，消費貸借に基づく借入債務を主たる債務とする保証のうち，不特定の債務を担保するものなど一定の形態のものは，それをしても効力を有しないものとすることが検討されている（一定形態の個人保証の効力の否定）．そのほか，保証契約の成立に際し，債権者などが保証人となる者に対し，保証の趣旨や内容を的確に説明し，また，必要な情報を提供する義務を課し，これらの義務を履行しなかった場合は保証契約を取り消すことができる，というルールの導入も検討されている（説明義務・情報提供義務）．

VI 特定の領域における個人保証の効力の否定

　個人保証における保証人保護の方策のなかでも，最も徹底した手法は，保証契約の効力を否定するというものである．すなわち，保証契約の効力が否定される領域においては，個人保証が禁止されることになる．
　もっとも，そのような禁止が提案されている領域は，限定的である．
　すなわち，まず，保証契約により担保される債務の種類の観点からは，消費貸借に基づく貸金債務を主な対象として，最高額の限度まで不特定の債務を保

証するものが，禁止の対象として想定される．このように一定の範囲に属する不特定の債務を担保する保証は，日本において，根保証とよばれる．また，債務者が事業者である貸金債務などを主たる債務とする保証契約も，禁止の候補とされている．

ただし，いずれにしても，主たる債務者である企業の経営者が保証人となる場合は，これらの禁止から外され，経営者を保証人とする保証は効力が認められる．

VII 比例原則

いわゆる比例原則は，保証人の責任が，保証契約成立時において過大であると認められる場合において，保証の履行請求時においても過大であると認められるときに，保証人の負担を減免しようとするものである．具体的には，上述のとおり，フランス消費法典 L341-4 条を参考にして，つぎのようなルールの採用の適否が論じられる．すなわち，保証契約を締結した当時における保証債務の内容がその当時における保証人の財産や収入に照らして過大であったときは，債権者は，保証債務の履行を請求する時点におけるその内容がその時点における保証人の財産や収入に照らして過大でないときを除き，保証人に対し，保証債務の全部または一部の履行を請求することができないとするルールである．

VIII 比較法的な考察の重要性

個人保証における保証人保護の方策のなかでも，とりわけ保証の過大性のコントロールに関しては，上述のように，いまのところ，おもにフラン法を参照して考察が展開されてきたが，各国の立法手法は多彩であり，ドイツの判例法理の展開において形成されてきたルールも，注目すべきものがある．

このたびのシンポジウムは，このような関心から，ドイツの問題状況を知るうえで，貴重な機会である．

Das Institut der Bürgschaft und die japanische Diskussion zur Reform des Schuldrechts
———Zusammenfassung———

Akio YAMANOME
Übersetzt von Marc DERNAUER

I. Zum Begriff der Bürgschaft

Was ist eine Bürgschaft? Dass es sich bei der Bürgschaft um ein im Zivilgesetz geregeltes Rechtsinstitut handelt, wonach der Bürge für die Erfüllung einer Verbindlichkeit anstelle des Hauptschuldners haftet, wenn dieser Hauptschuldner die Verbindlichkeit nicht erfüllen kann, bedarf eigentlich keiner besonderen Feststellung. Die rechtliche Konstruktion der Bürgschaft ist im japanischen Zivilgesetz so ausgestaltet, dass die Haftung des Bürgen auf einem Vertrag des (angehenden) Bürgen mit dem Gläubiger beruht (Art. 446 Abs. 1 Zivilgesetz).

Das Institut der Bürgschaft wird z.B. in den folgenden Fällen genutzt: Wenn ein Kind mit dem Betrieb eines selbständigen Erwerbsgeschäfts beginnt, kommt es vor, dass die Eltern für die Erfüllung der Verbindlichkeiten aus einem hierzu aufgenommen Bankdarlehen bürgen. Es kommt auch vor, dass eine Muttergesellschaft für die Verbindlichkeiten der Tochtergesellschaft bürgt oder der organschaftliche Vertreter für die Schulden der von ihm vertretenen Gesellschaft. Im System der Bürgschaft nach geltendem Recht kann sowohl der Hauptschuldner als auch der Bürge entweder eine natürliche oder eine juristische Person sein.

II. Zur Funktion der Bürgschaft

Man kann nicht verneinen, dass es eine Funktion der Bürgschaft ist, mangelndes Vertrauen in die Leistungsfähigkeit des Schuldners auszugleichen. Wenn der Hauptschuldner in Gestalt einer natürlichen oder juristischen Person allein aufgrund seiner Vermögensverhältnisse keine Finanzierung erlangen kann, wird das Finanzierungsgeschäft erst dadurch möglich, dass dem Gläubiger die Möglichkeit gegeben wird, die Kreditsumme notfalls vom Bürgen zurückzufordern.

III. Zur tatsächlichen Situation im Zusammenhang mit der Bürgschaft

Wo gibt es Probleme im Zusammenhang mit dem Institut der Bürgschaft? Insbesondere aus dem Blickwinkel der Rechtspraxis werden zahlreiche Probleme gesehen. In Japan ist zu beobachten, dass (natürliche) Personen mit der Eingehung einer Bürgschaft manchmal übermäßige Verbindlichkeiten schultern, die einen Neuanfang in der privaten und wirtschaftlichen Lebensführung aussichtslos erscheinen lassen und den Bürgen schließlich in den Selbstmord treiben. Wenn der Bürge die Verbindlichkeiten nicht erfüllen kann, kommt es in der Regel zur Zwangsvollstreckung in sein Vermögen. Auch kommt es vor, dass der Bürge insolvent wird und infolge dessen, dass er Verbindlichkeiten übernommen hat, die er nicht erfüllen kann, auch der Haushalt der Familie des Bürgen zahlungsunfähig wird. Das führt zwangsläufig dazu, dass nicht nur der Bürge selbst, sondern die gesamte Familie des Bürgen in Mitleidenschaft gezogen wird und in eine erhebliche Problemlage gerät. Infolge dessen nehmen sich bisweilen auch Familienmitglieder das Leben.

IV. Zu den wesentlichen Punkten der Diskussion über einen besseren Schutz des privaten Bürgen

Die Abschaffung des Systems der Bürgschaft wird nicht gefordert. Wenn man die Diskussion auf die Unternehmenswelt beschränkt, wird die Bürgschaft als ein Finanzierungsinstrument angesehen, das, wenngleich auch überarbeitungsbedürftig, nützlich zur Förderung der Wirtschaft ist. Gleichwohl würde die einseitige Betrachtung nur der Erhöhung und Verstärkung des Drucks im Rahmen der Bürgschaft und die Gleichbehandlung der privaten Bürgschaft zur Erhöhung der Zahl der Tragödien führen, die in der Übernahme einer Bürgschaft ihren Ursprung haben. Wenn man es von letzterem Standpunkt aus betrachtet, ist es unausweichlich die private Bürgschaft besonders zu regeln. Auch in ausländischen Rechtsordnungen kann man derartige besondere Regelungen finden.

V. Vorschläge im Rahmen der Diskussion im Gesetzberatungsausschuss des Justizministeriums

Auf der Basis dieses Befundes wurde eine Beschränkung der Haftung des Bürgen im Rahmen der Schuldrechtsreform diskutiert. Bei der Diskussion wurde als Vorbild insbesondere die Regelung in Artikel L 314-4 des französischen Verbrauchergesetzbuches und der dort niedergelegte Verhältnismäßigkeitsgrundsatz erwogen (*Verhältnismäßigkeitsprinzip*). Darüber hinaus wurde diskutiert, die Unwirksamkeit einer Bürgschaft für unbestimmte Forderungen aus einem Darlehensverhältnis und anderer bestimmter Formen der Bürgschaft festzuschreiben (*Unwirksamkeit bestimmter privater Bürgschaften*). Außerdem wurde erwogen, dem Gläubiger die Pflicht aufzuerlegen, bei Abschluss des Bürgschaftsvertrages den (angehenden) Bürgen angemessen über das Ziel und den Inhalt der Bürgschaft aufzuklären sowie weitere notwendige Informationen mitzuteilen und bei einem Verstoß gegen diese Pflichten, dem Bürgen die Möglichkeit der Anfechtung des Bürgschaftsvertrages zu geben (*Aufklärungs- und Informationspflichten*).

VI. Unwirksamkeit privater Bürgschaften in bestimmten Bereichen

Die weitgehendste Form des Schutzes eines privaten Bürgen ist die gesetzliche Erklärung der Unwirksamkeit des Bürgschaftsvertrages. Das bedeutet praktisch, dass die private Bürgschaft in den Grenzen, in denen sie für unwirksam erklärt wird, verboten ist.

Allerdings ist der vorgeschlagene Bereich der Unwirksamkeit begrenzt. Im Einzelnen betrifft das geplante Verbot, von der Art der Verbindlichkeit her betrachtet, für die eine Bürgschaft übernommen wird, Darlehensverbindlichkeiten aus einem Gelddarlehensvertrag, und auch nur insoweit es um die Sicherung von unbestimmten Forderungen geht, die eine bestimmte Höchstsumme überschreiten. Eine Bürgschaft für unbestimmte Forderungen in einem bestimmten Rahmen wird in Japan als „*Ne*[Wurzel]-Bürgschaft" bezeichnet.

Als weitere Möglichkeit wird diskutiert, auch Bürgschaftsverträge in Bezug auf Geldarlehensforderungen als Hauptforderungen zu verbieten, bei denen der Schuldner ein Unternehmer ist.

Allerdings soll der Fall von dem Verbot ausgenommen werden, in dem der Geschäftsführer eine Bürgschaft für die Verbindlichkeiten seines Unternehmens eingeht. Die Bürgschaft eines Geschäftsführers als Bürgen soll wirksam sein.

VII. Das Verhältnismässigkeitsprinzip

Das sogenannte Verhältnismäßigkeitsprinzip bezweckt die Last des Bürgen zu reduzieren, wenn das Ausmaß der übernommenen Verpflichtung zum Zeitpunkt des Abschlusses des Bürgschaftsvertrages und zum Zeitpunkt des Erfüllungsverlangens übermäßig erscheint. Konkret bedeutet das, es soll eine Regelung nach dem Vorbild in Artikel L 341-4 des französischen Verbrauchergesetzbuches geschaffen werden, die folgendes besagt: Im Falle, dass die vom Bürgen übernommene Verbindlichkeit zum Zeitpunkt des Abschlusses des Bürgschaftsvertrages unter Berücksichtigung des Einkommens und des Vermögens des Bürgen übermäßig hoch erscheint, kann der Bürgschaftsgläubiger die Erfüllung der Bürgschaftsforderung entweder nur zum Teil oder gar nicht fordern, es sei denn, dass das Ausmaß der Verbindlichkeit des Bürgen zum Zeitpunkt der Erfüllungsforderung unter Berücksichtigung des Einkommens und des Vermögens des Bürgen nicht übermäßig hoch erscheint.

VIII. Die Bedeutung rechtsvergleichender Überlegungen

Im Zusammenhang mit der Diskussion um die Einführung von Instrumenten zum Schutz des privaten Bürgen, insbesondere einer Kontrolle in Bezug auf das Ausmaß der vom privaten Bürgen übernommenen Verbindlichkeit, wurde bislang vor allem französisches Recht als Vorbild aufgegriffen. Die gesetzgeberischen Maßnahmen in den verschiedenen Ländern sind aber vielfältig und in diesem Zusammenhang ist auch die von der deutschen Rechtsprechung entwickelte Regel von besonders großem Interesse.

Vor diesem Hintergrund ist das Symposium eine wertvolle Gelegenheit, mehr über die deutsche Perspektive bzgl. der Probleme im Zusammenhang mit der Bürgschaft zu erfahren.

Der Schutz des Bürgen
——Zusammenfassung——

Mathias HABERSACK

I. Grundlagen – Bürgenschutz durch Bürgschaftsrecht

Für den Schutz des Bürgen sorgen sowohl im deutschen als auch im japanischen Recht spezifische Grundsätze des Bürgschaftsrechts. Hervorzuheben sind die Formbedürftigkeit des Bürgschaftsversprechens, die Akzessorietät der Forderung des Gläubigers gegen den Bürgen (und zwar in Bezug auf Bestand, Umfang und Durchsetzbarkeit der Hauptschuld), die Subsidiarität der Bürgenhaftung (ausgenommen die selbstschuldnerische Bürgschaft) sowie Befreiungs- und Regressansprüche des Bürgen gegen den Hauptschuldner.

II. Schutz des Bürgen vor finanzieller Überforderung

1. Das deutsche Recht kennt einen materiell-rechtlichen Schutz des Bürgen vor finanzieller Überforderung erst seit dem Beschluss des BVerfG vom 19. 10. 1993 (BVerfGE 89, 214). Die verfassungsrechtlichen Vorgaben hat der BGH unter Rückgriff auf die Generalklausel des § 138 Abs. 1 BGB (Nichtigkeit sittenwidriger Rechtsgeschäfte) umgesetzt. Danach ist die Bürgschaft eines nahen Angehörigen des Hauptschuldners nichtig, wenn der Bürge kein Eigeninteresse an dem verbürgten Kredit hat und bei Übernahme der Bürgschaft davon auszugehen ist, dass er (der Bürge) bei Einritt des Sicherungsfalles voraussichtlich nicht einmal in der Lage sein wird, mit Hilfe des pfändbaren Teils seines Vermögens und Einkommens die laufenden Zinsen auf Dauer aufzubringen (BGHZ 135, 66, 70; BGH NJW 2009, 2671; BGH ZIP 2013, 664). Das japanische Recht geht einen konzeptionell anderen Weg, indem es neben der Geschäftsfähigkeit die für die Erfüllung der Bürgschaftsschuld erforderliche Zahlungsfä-

higkeit als „persönliche Voraussetzung des Bürgen" statuiert und damit für den Schutz eines jeden Bürgen (nicht nur naher Angehöriger des Hauptschuldners) sorgt.

2. Die Rechtsprechung des BGH vermag nicht zu überzeugen (s. im Einzelnen MünchKommBGB6 § 765 Rn. 20 f. und WM 2001, 1100 ff.). Für den Schutz des Bürgen vor finanzieller Überforderung sorgen neben den Pfändungsschutzbestimmungen des Zwangsvollstreckungsrechts die – jüngst reformierten – Vorschriften der §§ 286 ff. InsO über die Restschuldbefreiung, die Anerkennung situationsspezifischer Aufklärungspflichten des Gläubigers sowie ggf. die Ausweitung der in die Bürgschaftsurkunde aufzunehmenden Angaben.

III. Schutz des Bürgen durch AGB- und Verbraucherschutzrecht

1. Im sachlichen und zeitlichen Zusammenhang mit der Rechtsprechung des BGH zur Sittenwidrigkeit einer den Bürgen finanziell überfordernden Bürgschaft (s. unter II.) steht die drastische Verschärfung der AGB-Kontrolle von Klauseln, die den Sicherungszweck und damit den Kreis der gesicherten Forderungen bestimmen (BGHZ 130, 19). Sie hat die weitgehende Verdrängung sog. Globalbürgschaften zur Folge und ist ihrerseits ergänzt worden durch eine Reihe von höchstrichterlichen Entscheidungen, in denen die formularmäßige Abbedingung bürgenschützender Vorschriften erschwert und zugleich der Anwendungsbereich des Formerfordernisses des § 766 S. 1 ausgeweitet worden ist. Allerdings gilt auch für Bürgschaftsverträge, dass sich die Rechtsfolgen unangemessener Vertragsbedingungen nach § 306 bestimmen und somit auch die Abbedingung bürgschaftsrechtlicher Schutzvorschriften als solche noch nicht die Unwirksamkeit des Bürgschaftsvertrags zu begründen vermag.

Anders als verbraucherschützende Vorschriften (s. sogleich unter 2.) gelangt die AGB-rechtliche Inhaltskontrolle grundsätzlich (und vorbehaltlich des § 310 Abs. 1 BGB) auch zugunsten von Bürgen zur Anwendung, die nicht Verbraucher, sondern Unternehmer sind. Praktisch geht es um Bürgschaftsformulare, die professionelle Kreditgeber (Kreditinstitute) verwenden.

2. Hinzu kommt das heute anerkannte Widerrufsrecht gemäß § 312 BGB.

Vorausgesetzt ist allein, dass der Bürge Verbraucher ist und der Bürgschaftsvertrag als solcher als „Haustürgeschäft" qualifiziert werden kann. Hingegen kommt es nach der neueren Rechtsprechung des BGH nicht darauf an, dass auch die Hauptschuld von § 312 BGB erfasst wird (BGHZ 165, 363).

3. In der Summe sorgen AGB- und Verbraucherschutz für eine Zweiteilung des Bürgschaftsrechts: Der Bürgschaftsübernahme *durch* professionelle Kreditgeber und die Bürgschaftsübernahme ohne Beteiligung professioneller Kreditgeber, die jeweils durch eine weitgehende Gestaltungsfreiheit geprägt sind, steht die Bürgschaftsübernahme *gegenüber* professionellen Kreditgebern gegenüber; für diese verbleibt nur wenig Spielraum zur Abbedingung dispositiven Rechts.

4. Das vorstehend angedeutete Phänomen zeigt sich auch im Zusammenhang mit der Bürgschaft auf erstes Anfordern. Individualvertraglich kann eine solche Bürgschaft durch jedermann übernommen werden, wenn nur das erweiterte Risiko klar und unmissverständlich zum Ausdruck kommt. Die Übernahme einer Bürgschaft auf erstes Anfordern durch AGB ist dagegen, wenn nicht der Bürge selbst Verwender ist, grundsätzlich überraschend (§ 305c Abs. 1 BGB) und unangemessen (§ 307 Abs. 1 BGB); anders verhält es sich nur, wenn es sich bei dem Bürgen um ein Unternehmen handelt, dessen Geschäftsbetrieb die Abgabe solcher Erklärungen typischerweise mit sich bringt.

保 証 人 の 保 護

マティアス・ハーベルザック
訳　森　　　勇

I　基礎　保証法による保証人保護

　ドイツ法も日本法も，保証人を保護するのが保証法の特別の諸原則である．特にあげておくべきは，保証約束の要式性（主債務の成立，範囲そしてその貫徹可能性に関する）債権者債権の附従性，保証人責任の補充性（自らも債務者の地位に立つ保証はのぞく），そして，主債務者に対する保証人の免責請求権と求償請求権である．

II　財政的にみて加重な請求からの保証人の保護

　1．財政的にみて加重な請求から保証人の実体法的な保護がドイツ法に登場したのは，1993年10月19日の連邦憲法裁判所の以降のことである（BVerfGE 89, 214）．この憲法上の要請を，ドイツ民法138条1項（良俗違反の法律行為の無効）の一般条項に依拠して，発展させてきた．それによれば，主債務者の近親者の保証は，当該保証人が保証対象とされる債務について，独自の利害を有せず，かつまた，保証をした際，担保の行使要件が満たされた場合に，おそらくのところ保証人は，その差し押さえ可能財産および収入をもってしては継続的に発生する利息を支払える状況には絶対にないときは無効とされる（BGHZ 135, 66, 70; BGH NJW 2009, 2671; BGH ZIP 2013, 664）．日本法は，行為能力とならび，保証債務の履行に必要な支払い能力を「保証人の人的要件」として定め，

こうして（主債務者の近親者だけではなく）すべての保証人を保護の対象とすることで，コンセプトを異にしている．

2．この連邦通常裁判所の裁判例は説得力あるものではない（詳細は，MünchKommBGB6 § 765 Rn. 20 f. und WM 2001, 1100 ff. 参照）．財政的な観点からみての過剰請求から保証人を保護するためのものとしては，強制執行法上の差押え禁止諸規定とならび――最近改正された――免責に関する倒産法286条以下，債権者が状況によっては情報提供義務を負っているとしていること，一定の状況下では，保証書に取り込まれなくてはならない事項が拡大されていることがあげられる．

III 普通取引約款法および消費者保護法による保証人の保護

1．財政的な観点からみて過剰請求となる保証は，公序良俗違反だとした先の連邦通常裁判所の裁判例（II参照）と内容的にも時間的にも関連したかたちで，次のような条項に対する普通取引約款の規制のドラスティックな強化である（BGHZ 130, 19）．その条項とは，保証目的を定め，その結果被保証債権の範囲を定める諸条項である．このコントロールの強化は，いわゆる包括保証（Globalbürgschaften）を大幅に制限することとなったし，ひるがえって，最上級裁判所の一連の裁判により，補完されたのであった．これら裁判では，保証人の保護規定を，保証約款でもって適用除外とする合意を困難なものとし，同時にBGB766条1項が定める要式性の適用範囲を拡大した．もっとも，妥当性を欠く契約諸条件の法的効果は，BGB306条により定まり，保証法上の保護諸規定の合意による適用排除もそれ自体では，保証契約を無効とするものではないということが，保証契約にも当てはまる．

消費者保護のための諸規定（以下2参照）とは異なり，普通取引約款法上の内容規制は，(BGB310条1項は別として）原則として，消費者ではなく事業者で

ある保証人の利益のためにも適用となる．実際に問題となるのは，専門的な与信者（金融機関）が用いている保証約款（フォーマット）である．

　2．これに加えて，今日ではBGB312条に基づく撤回権が認められている．もっとも，保証人が消費者であることと保証契約それ自体が「訪問取引」ととらえられうることが要件とされている．これに対し，近時の連邦通常裁判所の裁判例によると，主債務がBGB312条の要件に該当するかどうかは関係がない（BGHZ 165, 363）．

　3．総体として普通取引約款法の保護と消費者保護は，保証法の二分化をもたらしている．一つは，専門的な与信者による保証引き受けとこれらが絡まない保証引き受けであり，そのいずれにあっても，引き受けの内容を自由に決める余地が大幅に認められているところがその特徴である．これに対峙するもう一つが，専門的な与信者に対する保証引き受けであり，ここでは，任意規定の適用を排除する合意の余地はほとんどない．

　4．先に概説した諸現象は，請求即払い（auf erstes Anfordern）保証との関係においてもみられる．個別契約としてこういった保証を引き受けることは，より大きな危険のあることが明確かつ誤解しないような形で明示されていさえすれば認められる．これに対し，約款によるこうした保証の引き受けは，保証人自身がこれを使用する者でない場合には，原則不意打ち（§ 305c Abs. 1 BGB）であり不適切とされる（§ 307 Abs. 1BGB）．扱いが異なるのは，その取引業務からしてこういった宣言が典型的になされる企業がする保証に限られる．

コメント

小　林　明　彦

　ただいま，ミュンヘン大学のマティアス・ハーベルザック教授と早稲田大学の山野目章夫教授から，人的担保と保証人保護に関しまして，大変有意義なご報告を頂きました．誠にありがとうございます．聴講者の一人といたしまして，心から御礼申し上げます．

　山野目教授からは，日本において，保証が社会経済的に有用な機能を果たして来た実績があるものの，他面，個人である保証人が巨額の債務を負担することにより，生活の再建や経済的な再起が困難になるなどの大きな社会問題が自覚されているとのご紹介がありました．そして，そうした問題意識のもとで，現在，一定の個人保証の効力を法律的に否定する，あるいは権利行使の場面でその範囲を制限する制度を設ける，といった方向での検討が行われていることを紹介され，さらに，フランス法に見られる比例原則など，比較法の視点から考察することの重要性についてお話がありました．

　ハーベルザック教授からは，ドイツにおいて，近親者による過大な保証を憲法によって保障された私的自治の侵害とする連邦憲法裁判所の判例が1993年という比較的最近になって出されたこと，連邦通常裁判所も一定のケースで公序良俗の条項を駆使することにより近親者の保証を無効と判断するようになったこと，などのご紹介がありました．ただ，当事者の自由な意思決定によって締結された保証契約の有効性は保たれるべきであり，保証人の経済的苦境の問題は，執行手続や倒産手続において対処するのが筋であること，重要なのは保証人の意思決定であり，その意思決定を実効的にするために，保証のリスクの

透明性を確保する措置，たとえば，契約締結の書面性などを重視すべきこと，といったお話がありました．
　いずれも，大変貴重なお話として拝聴いたしました．
　さて，私は，中央大学の法科大学院で特任教授として金融関連の講座を二つ担当しておりますが，本業は弁護士でありまして，金融機関などをクライアントとする業務を中心として仕事をしております．両教授のお話にコメントできるような知見は持ち合わせておりませんが，実務法曹の立場から，2点，ご紹介をさせていただきます．
　一つ目は，保証の効力を制限する諸制度というものは，単に保証人を保護するだけではなく，金融機関等の債権者にとっても有益な側面を持つ，ということであります．
　主たる債務者が経済的に破綻した場合，債権者としては保証人に対して保証債務履行請求をするわけですが，その多くの場面では，保証人の側から，「これが支払いの限度である．」とか，「少しは手元に財産を残すことを認めて欲しい．」といった要請を受けることがあります．債権者である金融機関としても，誠意ある保証人からこの手の要請を受けた場合には，できることであれば応じてやりたい，再起不能になるまで根こそぎ回収することは望んでいない，と考えるケースが，決して少なくありません．
　しかしながら，金融機関としては，「回収の極大化」を図るべき義務を負っているわけですので，安易な妥協をしたのでは，取締役などの役員が株主から善管注意義務違反による責任追及を受ける恐れすらあります．したがって債権者は，保証人からの一部免除要請に対して，心情的には理解を示しつつも，これに応じることは許されないという状況におかれてしまいます．もちろん，税務会計的な処理の難しさもこれに絡んできますので，債権者としては，厳しい姿勢で臨まざるを得ない，と判断するケースが殆どです．
　こうした場面において，保証の効力を制限することの正当性が社会的に認知されるなら，また，税務会計的に弾力的な処理が許容されるなら，債権者，特に金融機関の行動選択の局面において，歓迎できるという要素が生まれるわけ

です．

　これが，回収の場面でこれまで保証人に厳しい要求をせざるを得なかった弁護士である私の立場からの感想であります．

　なお，この保証の効力の制限をどのような形で行うことが適当かについては，さらに検討が必要であることを指摘しておきたいと思います．

　第1に考えられるのは，保証契約の効力自体を法律的に否定する方法，であります．

　日本における「民法（債権関係）の改正に関する要綱案のたたき台(5)」（部会資料の70Aですが.），ここに出てくる「経営者以外の第三者による個人保証の効力を否定する提案」がこれに当たります．

　第2は，権利行使の場面で法律的に制限する方法，であります．

　部会資料70Bは「取りまとめに向けた検討(7)」というものですが，ここでは，保証債務の弁済に充てられるべき責任財産を一定の範囲に限定するという考え方の当否について，検討課題とされています．

　第3は，法律ではなく，行政的な監督指針などのレベルで誘導する方法，であります．

　すでに日本では，昨年8月に，金融庁が金融機関等に向けた「監督指針」において，「経営者以外の第三者の個人保証を求めないことを原則とする方針を定めているか．経営に関与していない第三者が例外的に個人保証契約を締結する場合に，その契約は本人の自発的意思に基づく申し出によるものであって，金融機関から要求されたものではないことが確保されているか．」などといった点が，監督上の着眼点になる旨，金融庁から示されています．

　第4は，昨年12月に出されたばかりであります「経営者保証に関するガイドライン」のような自主ルールで運用する方法，であります．

　これは，全国銀行協会と日本商工会議所が共同事務局となって設置された「ガイドライン研究会」により発表されたもので，中小企業の経営者が保証人となった場合の保証債務の履行方法などにつき，分割弁済や一部免除などの自主ルールを定め，また，これに沿った税務会計処理まで可能となるような措置

をすることで，社会を誘導しようというものであります．

　こうした様々なレベルでの対応が考えられるわけですが，では，その中のいずれが適当と考えるべきなのでしょうか．

　これは，法律によって規範としての明確性を求めるか，あるいはそれを求めることが本当に可能なのか，という問題と，多様な取引形態に応じて弾力的な対応をすることこそが必要なのではないか，という観点とをどのように調和させるべきか，難しい課題であると考えております．行政庁による監督とか，業界の自主ルールというものに依存することは，われわれ法律家にとって必ずしも歓迎されるものではないという側面があると思いますが，法律によって硬直的な制度になることにも，違和感が残る気がいたします．ここは，問題提起に留めたいと思います．

　二つ目は，ハーベルザック先生からご指摘のありました，「保証人の経済的苦境の問題は，執行手続や倒産手続において対処するのが筋である」という点に関してであります．

　日本でも，破産手続や民事再生手続において免責の制度は整備されておりますし，民事執行法では差押え禁止財産の制度があります．したがって，保証人が経済的苦境から脱するための法的制度は，かなりしっかりと置かれているわけであります．

　にもかかわらず，これらの制度が十分に機能せず，過大な保証が社会問題になるという実態の原因は，どこにあるのか，検証の必要性は高いと思います．もっと簡易な免責制度があれば機能するのか，保証に至る経緯に特殊性があるのか，あるいは単なる国民性なのか，そうした社会実態の分析も重要な視点になってくるだろうと思われます．これも，問題提起に留めさせていただきます．

　本日の両教授のお話をふまえて，今後の保証のあり方に関するこうした議論が，日独両国を初めとする各国でより一層進展することを期待いたしまして，私のコメントとさせていただきます．

　あらためまして，マティアス・ハーベルザック先生，山野目章夫先生，本日はどうもありがとうございました．

セッション6:
継続的契約の終了

6. Sektion:
Dauerschuldverhältnisse und deren Beendigung

継続的契約の終了

高 田　　淳

　中間試案は，継続的契約の終了について規定を設けることを提案している．提案されているのは，継続的契約の終了に一定の制限を設けることである（中間試案　第34・1）．私の報告では，この提案を，「当該提案」と呼ぶ．私は，当該提案に反対する．

I　当該提案の内容

1．現行法の概観

　日本の現行法には，期間の定めのある継続的契約が期間満了によって終了することに，一定の制限を設けるような，包括的・一般的な条文はない．契約終了を制限する制度は，賃貸借契約や労働契約において，個別に規定されてい

る．

2．当該提案の内容

　当該提案の内容はつぎのとおりである．すなわち，期間の定めのある継続的契約について，期間が満了すれば契約は終了することが原則である．しかし，当該契約の趣旨，契約で定められた期間の長短その他の事情に照らし，「当該契約を存続させることにつき正当な事由がある」と認められるときには，法律上，更新があったものと扱われる，というものである．

　当該提案によれば，「正当な事由」があるときは，契約期間満了時に，その期間の定めに反して，強制的に，契約が更新されることになる．したがって，当該提案は，契約自由の原則を，部分的に制限している．

3．当該提案の射程

1) 継続的契約の定義

　一般に，継続的契約とは，「一定の期間にわたり契約関係の存在が前提にされている契約」であるとされている．その例は，賃貸借契約，雇用契約・労働契約，継続的売買契約，フランチャイズ契約等である．

　当該提案は，継続的契約のうち，契約終了について特別の法律規定のないものを適用対象として想定する．

　したがって，当該提案の主な想定適用対象は，継続的売買契約，特約店契約，フランチャイズ契約であろう．

2) 期間満了による終了

　中間試案では，契約期間存続中の即時解約（解除）に関する規定ではなく，期間満了による契約終了に関する規定が提案されている．

4．論　　点

　当該提案がどのように根拠づけられるのか，検討が必要である．

ところが，中間試案補足説明では，その根拠づけとして，更新拒絶に一定の制限を設けることが，裁判例・学説上「一般的な理解」であることしかあげられていないようである．

II 当該提案（更新拒絶制限）は，裁判例における「一般的理解」といえるか

1．中間試案の立場

中間試案は，提案内容は，裁判例における「一般的理解」を「明文化」するもの，と説明する．中間試案は，下記①が「一般的理解」であるとの認識をとるもののようである．

2．裁判例の現況

継続的契約の期間満了による終了時に，更新拒絶を制限するべきか否かについては，つぎの下級審判決がある．なお，最高裁の判決はまだ出ていない．

1) ① 更新拒絶制限説
名古屋地判平成 2・8・31（1990/8/31）判例時報 1377 号 94 頁
この事案では，特別の申出がない限り契約は自動更新されるとの規定があった．
裁判所は，「契約を終了させるには，当事者双方の公平の見地から判断してこれを継続し難いやむをえざる事由が必要であると解すべき」であるとした．
このように解する根拠として，加盟店は，研修用の店舗を設置するなど多大な宣伝費用を支出していたこと，本部は，加盟店に営業計画と達成状況を提出させ営業努力を求めるなど，加盟店の業務遂行に深く関わっていたこと，ほかの加盟店との契約が期間満了で終了した例はないこと，などが挙げられた．

札幌高決昭和 62・9・30 判例時報 1258 号 76 頁　（特約店契約．田植機）

鹿児島地判平成 4・8・28（1992/8/28）TKC 法律情報データベース文献番号 28061024 （フランチャイズ契約・ほっかほっか亭）

大阪高判平成 8・10・25 判例時報 1595 号 70 頁 （継続的売買契約）

東京地判平成 17・12・20（2005/12/20）Westlaw2005WLJPCA12208001 （業務委託契約．安楽亭（焼肉））

東京高決平成 20・9・17（2008/9/17）判例時報 2049 号 21 頁 （フランチャイズ契約・ほっかほっか亭）

東京地判平成 22・5・11（2010/5/11）判例タイムズ 1331 号 159 頁 （フランチャイズ契約・ほっかほっか亭）

東京地判平成 23・3・15 （特約店契約．自動車）

福岡地判平成 23・3・15 （特約店契約．新聞）

札幌高判平成 23・7・29 判例時報 2133 号 13 頁 （特約店契約．新聞）

東京地判平成 24・1・30（2012/1/30）判例時報 2149 号 74 頁 （フランチャイズ契約・ほっかほっか亭）

東京高判平成 25・6・27　Westlaw2013WLJPCA06276001 = LEX/DB25501382 （フランチャイズ契約・ほっかほっか亭）

2) ② 更新拒絶非制限説

名古屋地判平成 1・10・31（1989/10/31）判例時報 1377 号 90 頁

「本件契約のように，有効期間が予め定められているフランチャイズ契約においては，……期間の満了とともに終了するものと解するのが相当である．」

「本来私人間の契約の内容は，公序良俗に反しない限り，自由に定められるべきものであり，期間に関する定めもその例外ではない」「フランチャイズ契約についてのみ，なんら法律の定めがないのに，……更新拒絶という契約の終了事由について制限をすることはできない」．

東京高判平成 4・10・20 判例タイムズ 811 号 149 頁 （継続的売買契約）

福岡高判宮崎支部判平成 8・11・27（1996/11/27）TKC 法律情報データベー

ス文献番号 28061026 （フランチャイズ契約．ほっかほっか亭）

東京地判平成 20・5・28（2008/5/28）Westlaw2008WLJPCA05288001 （フランチャイズ契約．サンクス）

東京地判平成 21・9・17（2009/9/17）Westlaw2009WLJPCA09178005 （フランチャイズ契約．アートフラワー教室）

東京地判平成 24・10・5（2012/10/5）Westlaw2012WLJPCA10058009 （フランチャイズ契約．サークルKサンクス）

東京地判平成 25・1・21 Westlaw2013WLJPCA01218001 TKC25510464（クリーニング仲介業の委託契約）

3．検　　討

　以上の具体的諸判決を前提として，判例に，「一般的理解」が存するといえるだろうか．

　第一に，上記の具体的諸判決の状況への評価として，更新拒絶に制限を加えるべきかについては，裁判例の見解は分かれており，統一的判例法理はないとの評価がある．

　第二に，①更新拒絶制限説に属する判決のうち，6件が，同じ特定のフランチャイズチェーン（フランチャイズシステム）を対象としている．これは，「ほっかほっか亭」という弁当店のフランチャイズチェーン（フランチャイズシステム）である．この「ほっかほっか亭」は，極めて特殊な要素を抱えているので，「ほっかほっか亭」に関する判決を一般化するのは適当でない．

　以上から，私は，①更新拒絶制限説が一般的理解であるとはいえないと考える．

III　当該提案内容は，更新拒絶を制限する要件を適切に定立しているか

　上記のように，私は，下級審の裁判例において，①更新拒絶制限説が一般的

理解であるとの評価には疑問を持っている．しかし，①更新拒絶制限説が多くの裁判例で採用されているのは事実である．当該提案は，①更新拒絶制限説を採用しようとするものであろう．

しかし，当該提案が①更新拒絶制限説を忠実に反映するものであるかは，疑問である．

第一に，当該提案は，契約存続をさせる「正当な事由」がない限り期間満了によって契約を終了させる．これに反し，下級審の①更新拒絶制限説は，契約を終了させるべきやむを得ない事由の証明がない限り契約を存続させる（更新拒絶を制限する）解釈である．両者の定式は，原則・例外の関係が逆である．

第二に，当該提案と①更新拒絶制限説とでは，契約を終了させるか否かを判断する際の，判断要素が大きく異なる．①更新拒絶制限説におけるやむを得ない事由として想定されているのは，債務不履行か，それに準ずる事由（例えば，当事者に帰責事由はないが，その当事者の販売業績が不振であること．）である．これに対して，当該提案では，契約存続を相当と判断させるあらゆる事情が考慮される．そこには，当該提案自体が指摘する当該契約の趣旨，契約期間の長短が含まれる．これに加え，①更新拒絶制限説におけるやむを得ない事由も，これがないことが，当該提案における「正当な事由」を基礎づける考慮要素の一つとなる．さらには，信義則違反や権利濫用にあたる事実や，契約終了が独占禁止法違反などの違法行為の一環として行われているという事実も含まれよう．下級審における①更新拒絶制限説は，このような種々雑多な考慮要素を素材とした，包括的・総合的な判断をもって，契約の存続を決するべきとする解釈ではない．私の考えでは，当該提案は，ほとんど一般条項に近い．そうであれば，当該提案は，契約終了をめぐる制度として，①更新拒絶制限説とは無縁の，全く独自の判断基準を提案するものであると言わざるをえない．

IV 結　　論

ヴェラー教授の報告にもあるとおり，ドイツ法は，契約上の期間の定めの効

力を直接に否定する制度（更新拒絶制限制度）を採用していない．ドイツ法は，継続的契約の終了のときに当事者が不利益を被る場合，更新拒絶を制限するのでなく，不利益を受ける当事者に個別の保護を与えることで，妥当な問題解決を図る方向を示している．

これに加え，本報告が示したように，中間試案補足説明は，当該提案が裁判例における「一般的理解」を反映するものであると主張しているが，この主張には疑問がある．

以上から，私は，日本法においても，継続的契約について一般的・包括的な更新拒絶制度を導入することは適当でないと考える．私は，継続的契約の終了によって不当な不利益を被る当事者が生じるとしたら，その当事者に，個別の救済を与える解釈論および立法論を検討していくべきであると考える．

Beendigung von Dauerschuldverträgen
——Zusammenfassung——

Atsushi Takada

Der Zwischenentwurf hat die Einführung einer Vorschrift vorgeschlagen, die die Beendigung von Dauerschuldverträgen (im Folgenden: „DSV") betrifft. Darin soll es eine bestimmte Einschränkung in Bezug auf die Beendigung von DSV geben. Im meinen Referat wird die vorgeschlagene Vorschrift als „der betreffende Entwurf" bezeichnet. Ich bin gegen diesen Entwurf.

I. Inhalt des betreffenden Entwurfs

1. Überblick über die Rechtslage nach dem geltenden Recht in Japan

Das geltende japanische Recht kennt keine allgemeine Regelung, die irgendeine Einschränkung der Beendigung von befristeten DSV vorschreibt. Es gibt nur einige spezielle Regelungen, die die Beendigung von spezifischen DSV beschränken, so z.b. bei Mietverträgen und Arbeitsverträgen. Das sind besondere Normen.

2. Inhalt des betreffenden Entwurfs

Inhalt des betreffenden Entwurfs ist folgendes: Grundsätzlich können DSV beendet werden, wenn die vereinbarte Laufzeit des DSV endet. Wenn aber trotzdem im Hinblick auf den Zweck des betreffenden Vertrages, die Länge der Vertragslaufzeit oder andere Umstände „ein berechtigter Grund für die Fortsetzung des Vertrages" vorliegt, wird der Vertrag als „gesetzlich verlängert" behandelt.

Nach dem betreffenden Entwurf soll der Vertrag also beim Ablauf der Befristung trotz der vertraglichen Vereinbarung über die Vertragslaufzeit hinaus zwingend verlängert werden, wenn es „einen berechtigten Grund" gibt. Deswegen stellt der betreffende Entwurf eine Beschränkung des Grundsatzes der Vertragsfreiheit dar.

3. Der Anwendungsbereich des betreffenden Entwurfs

a) Definition des DSV

Im Allgemein wird ein DSV als „ein Vertrag, der das Bestehen des Vertragsverhältnisses während eines bestimmten Zeitraumes voraussetzt" definiert. Beispiele hierfür sind Mietverträge, Arbeitsverträge, Sukzessivlieferungsverträge und Franchiseverträge.

Der betreffende Entwurf findet nur auf solche Verträge Anwendung, für deren Beendigung es keine Spezialregelung gibt. Deswegen wären hauptsächliche Vertragstypen, auf die die Vorschriften des betreffenden Entwurfs Anwendung finden, Sukzessivlieferungsverträge, Vertragshändlerverträge und Franchiseverträge, weil es in Japan für diese Vertragstypen keine speziellen gesetzlichen Regelungen gibt.

b) Beendigung wegen des Ablaufs der Vertragslaufzeit

Beim betreffenden Entwurf geht es nicht um eine Einschränkung von fristlosen Kündigungen, sondern lediglich um die Beendigung wegen des Ablaufs der Vertragslaufzeit.

4. Fragestellung

Es ist zu überlegen, wie der betreffende Entwurf begründet werden kann. Die Erläuterung zum Zwischenentwurf führt hierfür im Wesentlichen nur einen Grund an, nämlich dass es in der Rechtsprechung und im Schrifttum „die allgemeine Meinung" sei, die Beendigung von DSV einzuschränken.

II. Stellt der betreffende Entwurf wirklich „die allgemeine Meinung" dar?

1. Die Ansicht des Zwischenentwurfs

Nach der Erläuterung zum Zwischenentwurf soll der betreffende Entwurf nur „die allgemeine Meinung" in der Rechtsprechung „kodifizieren".

2. Die Rechtsprechung

Derzeit gibt es noch kein Urteil des Obersten Gerichtshofs von Japan (OGH) darüber, ob die Beendigung von DSV eingeschränkt werden soll oder nicht. Demgegenüber gibt es viele Entscheidungen von Distriktgerichten (DG, entspricht in etwa den LG in Deutschland) und Obergerichten (OG, entspricht in etwa den OLG in Deutschland), die sich mit dieser Frage befasst haben.

a) Die Theorie, die Beendigungsmöglichkeit einzuschränken (α-Theorie)
   Beispiel: DG Nagoya vom 31. 08. 1990, Hanrei Jihō Nr. 1377, S. 94
In diesem Fall (*Hokka-hokka-tei* Fall, betrifft ein Geschäft der japanischen Fastfood-Kette „*Hokka-hokka-tei*") ging es um einen befristeten Franchisevertrag, der aber eine automatische Verlängerungsklausel mit Vorbehalt der Nichtverlängerungserklärung vorsah. Das Gericht hat hier wie folgt argumentiert: „(U)m diesen Vertrag zu beenden braucht es eines zwingenden Grundes, der im Hinblick auf die Billigkeit beider Parteien die Fortsetzung des Vertrags schwierig macht." Das bedeutet, eine Partei muss bei der Nichtverlängerungserklärung einen zwingenden Grund darlegen, um den Vertrag wegen Fristablauf zu beenden. Zur Begründung dieser Theorie wurden folgende Tatsachen angeführt: Der Franchisenehmer hat verschiedene Werbungskosten getragen, besonders bei Errichtung eines Modellgeschäfts zum Zwecke der Schulung des Personals. Der Franchisegeber hatte ferner großen Einfluss auf die Geschäftsfüh-

rung des Betriebs des Franchisenehmers, zum Beispiel indem er den Franchisenehmer veranlasst hat, Geschäftspläne und Erfolgsberichte vorzulegen.

Ähnlich:
- OG Sapporo vom 30. 09. 1987 – Vertragshändlervertrag
- DG Kagoshima vom 28. 08. 1992 – Franchisevertrag *Hokka-hokka-tei*
- OG Osaka vom 25. 10. 1996
- DG Tokyo vom 20. 12. 2005
- OG Tokyo vom 17. 09. 2008 – Franchisevertrag *Hokka-hokka-tei*
- DG Tokyo vom 11. 05. 2010 – Franchisevertrag *Hokka-hokka-tei*
- DG Tokyo vom 15. 03. 2011 – Vertragshändlervertrag
- DG Fukuoka vom 15. 03. 2011 – Vertragshändlervertrag
- OG Sapporo vom 29. 07. 2011 – Vertragshändlervertrag
- DG Tokyo vom 30. 01. 2012 – Franchisevertrag *Hokka-hokka-tei*
- OG Tokyo vom 27. 06. 2013 – Franchisevertrag *Hokka-hokka-tei*

b) Die Theorie, die Beendigungsmöglichkeit nicht einzuschränken (β-Theorie)
Beispiel: DG Nagoya vom 31. 10. 1989, Hanrei Jihō Nr. 1377, S. 90
„Ein Vertrag, der wie dieser betreffende Vertrag im Voraus befristet wurde, soll mit Ablauf der Vertragslaufzeit enden. [. . .] Man darf die Möglichkeit der Beendigung des Vertrags durch eine Nichtverlängerungserklärung nicht einschränken, zumal es für eine solche Einschränkung keine gesetzliche Grundlage gibt, wenn es um einen Franchisevertrag geht."

Ähnlich:
- OG Tokyo vom 20. 10. 1992
- OG Fukuoka vom 27. 11. 1996 – Franchisevertrag *Hokka-hokka-tei*
- DG Tokyo vom 28. 05. 2008 – Franchisevertrag
- DG Tokyo vom 17. 09. 2009 – Franchisevertrag
- DG Tokyo vom 05. 10. 2012 – Franchisevertrag
- DG Tokyo vom 21. 01. 2013

3. Bewertung

Kann man aus diesen Entscheidungen „die Allgemeine Meinung" ableiten?
Wohl nicht, es gibt noch keine einheitliche Rechtsprechung in dieser Frage.

Mehrere Kommentatoren haben bereits festgestellt, dass die Gerichte etwa zur Hälfte der Ansicht folgen, dass die Beendigung von DSV wegen Ablaufs der Vertragslaufzeit eingeschränkt werden sollte (α-Theorie), und zur anderen Hälfte sich dagegen wenden (β-Theorie). Darüber hinaus haben sich unter den Entscheidungen, die die α-Theorie stützen, sechs Entscheidungen mit ein und demselben Franchisesystem befasst, der *Hokka-hokka-tei*-Fastfood-Kette. Dieses *Hokka-hokka-tei*-System weist aber besondere Eigenschaften auf, wodurch es sich von normalen Franchisesystemen unterscheidet, sodass man diese sechs Entscheidungen nicht verallgemeinern kann. Meiner Meinung nach kann man daher die α-Theorie nicht als „Allgemeine Meinung" ansehen.

III. Hat der betreffende Entwurf die Voraussetzungen für eine Einschränkung der Beendigung der DSV zutreffend festgelegt?

Wie bereits oben ausgeführt zweifle ich sehr an der Feststellung, dass es in dieser Frage eine „Allgemeine Meinung" gibt. Trotzdem versucht der betreffende Entwurf anscheinend die α-Theorie, die eine Beschränkung der Beendigungsmöglichkeit von DSV fordert und die von einigen Gerichten aufgegriffen wurde, zu „kodifizieren".

Darüber hinaus zweifele ich aber auch daran, ob der betreffende Entwurf diese α-Theorie überhaupt zutreffend widerspiegelt.

1. Nach dem betreffenden Entwurf endet ein DSV mit Ablauf der Vertragslaufzeit, es sei denn, es liegt „ein berechtigter Grund für die Fortsetzung des Vertrages" vor. Demgegenüber soll nach der α-Theorie gemäß dem Inhalt der Entscheidungen ein DSV fortbestehen, es sei denn, es liegt „ein zwingender Grund für die Beendigung des Vertrages" vor. Deswegen wird in dem Entwurf das Regel-Ausnahme Verhältnis umgekehrt.
2. Zwischen dem betreffenden Entwurf und der α-Theorie besteht ein weiterer wichtiger Unterschied im Hinblick auf die Faktoren für Beurteilung, ob die Beendigung von DSV im Einzelfall eingeschränkt werden soll. In der α-Theorie wird als ein „zwingender Grund" üblicherweise eine vertragliche Pflichtverletzung oder eine ähnliche Tatsache (z. B. ein nachhaltiger Umsatzverfall des Franchisenehmers ohne seine Schuld)

gefordert. Demgegenüber sollen nach dem betreffenden Entwurf alle Umstände berücksichtigt werden, die für eine Fortsetzung des Vertrags sprechen könnten. Dies schließt den Zweck des DSV und die vereinbarte Vertragslaufzeit ein, wie der betreffende Entwurf selbst darlegt. Daneben sollten auch die Abwesenheit oder die Bedeutungslosigkeit des „zwingenden Grundes" im Sinne der α-Theorie für die Beurteilung wichtig sein. Außerdem sollte man als Faktoren für die Beurteilung auch die verschiedenen Tatsachen berücksichtigen, die einen Verstoß gegen das Gebot von Treu und Glauben, gegen das Missbrauchsverbot oder gegen das Kartellgesetz etc. begründen könnten. Dabei ginge es also um eine umfassende Interessenabwägung. Ich glaube, der betreffende Entwurf nähert sich *de facto* einer Generalklausel. Davon hebt sich die α-Theorie aber klar ab, bei der es *nur* um einen „zwingenden Grund" für die Vertragsbeendigung geht.

Deswegen halte ich den betreffenden Entwurf für einen Vorschlag, der völlig andere Kriterien für die Vertragsbeendigung aufstellt als die α-Theorie.

IV. Fazit

Wie Herr Professor Weller berichtet, kennt das deutsche Recht kein System, das allgemein die Beendigung von DSV einschränken will. Im deutschen Recht gibt es stattdessen viele andere Rechtsbehelfe, die den Nachteilen, die sich aus einer Vertragsbeendigung für die benachteiligte Partei ergeben, Rechnung tragen.

Ferner habe ich starke Zweifel, dass der betreffende Entwurf die „Allgemeine Meinung" in der Rechtsprechung widerspiegelt.

Zum Schluss möchte ich feststellen, dass es nicht angebracht ist, im japanischen Recht ein allgemeines und umfassendes System zu etablieren, das die Vertragsbeendigung einschränkt. Man sollte sich vielmehr überlegen, mit welchen Rechtsbehelfen und in welchen Fallgruppen die benachteiligte Partei rechtlich geschützt werden soll.

Das Kontinuitätsinteresse bei der Kündigung von Dauerschuldverträgen: Generalklausel in Japan versus Kündigungsschranken in Deutschland

——Zusammenfassung——

Marc-Philippe WELLER

I. Japanische und deutsche Schuldrechtsreform

Das japanische Schuldrecht ist traditionell vom deutschen Recht inspiriert. Zehn Jahre nach dem deutschen Schuldrechtsmodernisierungsgesetz[1] plant man auch in Japan eine Schuldrechtsreform.[2] Dabei sollen u. a. allgemeine Bestimmungen zu Dauerschuldverhältnissen kodifiziert werden; bislang finden sich im japanischen ZGB[3] nur Regeln zu spezifischen Dauerschuldvertragstypen, namentlich zum Mietvertrag (Art. 601 ZGB) und zum Arbeitsvertrag (Art. 623 ZGB).

Der japanische Gesetzentwurf sieht indes anders als die deutsche Schuldrechtsreform (§ 314 BGB) keine allgemeine Bestimmung zur Kündigung aus wichtigem Grund vor. Stattdessen soll klargestellt werden, dass ein befristeter Dauerschuldvertrag mit Ablauf der vereinbarten Befristung endet (Art. 34 Nr. 1 Abs. 1 Entwurf). Ferner soll geregelt werden, dass ein unbefristeter Dauerschuldvertrag durch Kündigung storniert werden kann; der Vertrag endet dann

---

1 Gesetz vom 26. 11. 2001, BGBl. I, S. 3138; hierzu *Artz/Lorenz/Gsell* (Hrsg.), Zehn Jahre Schuldrechtsmodernisierung, 2013 (im Erscheinen).

2 *Handa*, Die Reformarbeiten am japanischen Zivilgesetz, in: Baum/Bälz/Riesenhuber (Hrsg.), Rechtstransfer in Japan und Deutschland (Zeitschrift für Japanisches Recht, Sonderheft 7), 2013, S. 233.

3 Act No. 89 v. 27. 4. 1896; eine englische Übersetzung ist abrufbar unter www.japaneselawtranslation.go.jp (zuletzt abgerufen am 6. 11. 2013); vgl. ferner *Kaiser*, Das japanische Zivilgesetzbuch in deutscher Sprache, 2008.

nach Ablauf eines angemessenen Zeitraums (Art. 34 Nr. 2 Abs. 1 S. 1 Entwurf); der Zeitraum kann von der kündigenden Partei durch Setzung einer angemessenen Kündigungsfrist konkretisiert werden (S. 2). Schließlich wird bestimmt, dass Dauerschuldverträge mit Wirkung *ex nunc* enden (Art. 34 Nr. 3 Entwurf). Diese Regelungsvorschläge entsprechen alle auch der deutschen Dauerschulddogmatik.

Aus deutscher Sicht originell sind die weiteren Regelungen des Reformentwurfs, welche die Verlängerung befristeter und gekündigter unbefristeter Dauerschuldverträge auf Verlangen einer der Parteien betreffen.[4] Der Fokus liegt bei diesen Regelungsvorschlägen auf dem Fortsetzungs- bzw. Kontinuitätsinteresse einer Partei. Rechtstechnisch umgesetzt wird das Fortsetzungsinteresse bei befristeten Verträgen über einen Verlängerungsanspruch (Art. 34 Nr. 1 Abs. 2 Entwurf) und bei gekündigten Verträgen mittels einer Einrede gegen die Kündigungserklärung (Art. 34 Nr. 2 Abs. 2 Entwurf). Dahinter stehen das Prinzip von Treu und Glauben sowie der Vertrauensgedanke. Diese sollen auch außerhalb von Unternehmer- Verbraucher-Konstellationen bei einem Ungleichgewicht der Parteien besondere Berücksichtigung erfahren (Art. 35 Entwurf).[5]

---

4 Article 34. Ongoing contract
   1. Termination of a term contract
   (1) A contract with a fixed term shall terminate upon the expiration of such term.
   (2) Notwithstanding the provision in (1) above, if either party of a contract proposes an *extension of the contract*, and if the continuation of such contract is deemed justifiable considering the purport of the contract, the length of the term specified in the contract, past extension(s) of the term, the progress of the contract and other circumstances, such contract shall be regarded to be extended with the same terms and conditions of the current contract; no specific rule should be set for the length of such extension.
   2. Termination of a contract without a fixed term
   (1) If either party of a contract without a fixed term proposes to the other party termination of the contract, such contract shall *terminate upon the lapse of a reasonable time* from the date of termination proposal. If such proposal of termination specifies a reasonable *notice period*, the contract shall terminate upon termination of such notice period.
   (2) Notwithstanding the provision in (1) above, if either party of a contract proposes termination of the contract, and there is a justifiable reason to continue such contract considering the purport of the contract, the length of the period from the conclusion of the contract to the proposal of termination, provision of a notice period and other circumstances, such contract *shall not be terminated* by such proposal of termination.
   3. Effect of termination
   If a contract is terminated in accordance with paragraph 1. (1) or 2. (1) above, such termination shall have effect only on the future.
5 Article 35. *Considerations for applying the principle of faith and trust etc.*

Ein unmittelbares Pendant zu den im japanischen Reformentwurf enthaltenen Regelungsvorschlägen zur Fortsetzung von Dauerschuldverträgen gibt es im deutschen Recht nicht. Funktional vergleichbar sind jedoch die verschiedenen Einschränkungen, welche die ordentliche und außerordentliche Kündigung im deutschen Recht erfährt; diese Einschränkungen verwirklichen ebenfalls das Interesse einer Partei an der Aufrechterhaltung bzw. Forstsetzung des Dauerschuldverhältnisses. Sie stehen daher im Fokus der nachfolgenden Ausführungen. Ergänzt werden die Kündigungseinschränkungen durch einige vertragstypspezifische Regelungen, welche verhindern sollen, dass die Kündigungseinschränkungen durch eine Befristung von Dauerschuldverträgen ab initio umgangen werden.

II. Gang der Untersuchung

Dauerschuldverträge sind anknüpfend an Otto v. Gierke dadurch gekennzeichnet, dass die (Natural-)Erfüllung aller Leistungs- und Gegenleistungspflichten abweichend von § 362 BGB nicht zur Vertragsbeendigung führt.[6] Vielmehr erwachsen aus dem Dauerschuldverhältnis fortlaufend neue Pflichten, so dass sich die Parteien durch vertragsgemäße Pflichterfüllung allein nicht vom Gesamtvertrag befreien können. Daher gilt für Dauerschuldverträge – im Gegensatz zu punktuellen Austauschverträgen – der Grundsatz der einseitigen Beendigungsfreiheit. Die Liberation erfolgt durch einseitige Gestaltungserklärung in Form der Kündigung.[7] Allerdings weisen Dauerschuldverträge noch

---

In addition to contracts concluded between consumers and business operators (consumer contracts), if a contract is concluded between parties whose *quality and quantity of information and negotiation ability differ significantly*, such differences shall be taken into consideration when applying the provisions in Articles 1. (2) and 1. (3) and other similar provisions in the Civil Code.

6 Grundlegend *Gierke*, Dauernde Schuldverhältnisse, in: JherJb. Bd. 64, 1914, S. 355, 363 ff.: „Das gemeinsame Merkmal der dauernden Schuldverhältnisse ist [...], dass sie als solche durch Erfüllung nicht erlöschen." Vgl. ferner BGH, NJW 1954, 231, 232: Die Erfüllung einer bereits entstandenen Prämienforderung bringe den Versicherungsvertrag gerade nicht zum Erlöschen.

7 *Gierke*, Dauernde Schuldverhältnisse, in: JherJb. Bd. 64, 1914, S. 355, 380 ff., 386: „Das Rechtsinstitut der Kündigung ist kennzeichnendes Merkmal der dauernden Schuldverträge." Die Indifferenz der Vertragsbeendigung gegenüber der Naturalerfüllung lässt sich auch mit den anderen Abgrenzungsmerkmalen in Einklang bringen, wonach Dauerschuldverhältnisse „ständig neue Leistungspflichten" hervorbringen und in ihrer Gesamtleistung unbestimmt

weitere Besonderheiten auf: Sie sind regelmäßig durch eine besonders intensive personale Dimension gekennzeichnet, dienen sie doch zumindest für einen Vertragspartner – man denke an Mietverträge, Arbeitsverträge oder handelsrechtliche Kooperationsverträge wie Franchise – dessen persönlicher oder beruflicher Entfaltung. Darüber hinaus kommt dem Grundsatz von Treu und Glauben (§ 242 BGB) in Gestalt des Vertragstreue-Elementes der Leistungstreue aufgrund des Dauercharakters eine hervorgehobene Bedeutung zu. Beide Aspekte – die intensivere personale Dimension und die gesteigerte Rolle von Treu und Glauben – sind Gründe, welche Einschränkungen und Grenzen in Bezug auf die einseitige Beendigungsfreiheit legitimieren (unter III.). So ist die ordentliche Kündigung an eine Kündigungsfrist gekoppelt. In manchen Rechtsgebieten finden sich zusätzlich Schutzbestimmungen zugunsten der sozial schwächeren Partei, die auch für die ordentliche Kündigung die Voraussetzung eines sachlichen Kündigungsgrundes statuieren: So kann der Vermieter dem Mieter grundsätzlich nur im Falle des Eigenbedarfs kündigen; bei Arbeitsverträgen muss eine Kündigung sozial gerechtfertigt sein, § 1 KSchG (unter IV.). Eine außerordentliche – „fristlose" – Kündigung setzt einen wichtigen Grund, eine vorherige Fristsetzung bzw. Abmahnung und aufgrund ihres *ultima ratio*-Charakters eine umfassende Interessenabwägung im Einzelfall voraus (unter V.). Als allgemeine Kündigungsschranke gilt überdies sowohl für die ordentliche als auch für die außerordentliche Kündigung der Grundsatz von Treu und Glauben, § 242 BGB. So darf eine nicht „zur Unzeit" erfolgen. Auch darf sich eine Partei nicht auf ihr Kündigungsrecht berufen, wenn sie selbst vertragsuntreu ist (sog. *tu quoque*-Einwand) (unter VI.). Schließlich setzt die Befristung von Dauerschuldverträgen in bestimmten Fällen einen sachlichen Grund voraus, welcher verhindern soll, dass die vorgenannten Kündigungsschranken durch eine entsprechende Vertragsgestaltung umgangen werden (unter VII.).

---

sind, Palandt/*Grüneberg*, BGB, 73. Aufl. (2014), § 314 Rn. 2 f.

継続的契約の解約告知における継続性の利益
―― 日本における一般条項対ドイツにおける解約告知制限 ――

マーク-フィリップ・ヴェラー

訳 高 田 　 淳

I　日本およびドイツの債権法改革

　日本の債務法は，伝統的にドイツ法の影響を受けてきた．ドイツの債務法現代化法から10年後，日本においても債務法改正が計画されている．そこでは，とりわけ，継続的債権関係に関する一般規定の明文化が考えられている．従来，日本民法では，継続的契約の特定の類型に関する規定，すなわち使用賃貸借契約（日本民法601条）や雇用契約（日本民法623条）などに関する規定しかなかった．

　ところが，中間試案は，ドイツ債務法改正（ドイツ民法314条）とは異なり，重大な事由を理由とする解約告知に関する一般的な規定は置いていない．その代わりに，期間の定めのある継続的契約は，合意された期間の経過によって終了することが明確にされることとなっている（中間試案34条1号1項）．さらに，期間の定めのない継続的契約は，解約告知によって消滅させることができることが定められる予定である．このときは，契約は，相当な期間の経過後に終了する（中間試案34条2号1項1文）．この期間は，解約告知をする当事者によって，相当の解約予告期間を定めることで具体化されうる（2文）．最後に，継続的契約は，将来に向かって終了することが定められている（中間試案34条3号）．これらの立法提案は，すべて，ドイツの継続的契約解釈論と同じ内容である．

　ドイツ法の視点からオリジナルなのは，中間試案の他の規定，すなわち，当

事者の一方からの請求に基づく，期間の定めのある継続的契約の更新および期間の定めのない継続的契約において解約告知がされたときの更新に関する規定である．この立法提案の焦点は，当事者の一方が有する存続ないし継続の利益にある．法技術上は，継続の利益は，期間の定めのある契約においては，更新請求権によって（中間試案34条1号2項），解約告知がされた契約［期間の定めのない契約のこと―訳者注］においては，解約告知の意思表示への異議申立権によって（中間試案34条2号2項）実現されている．この背景には，信義誠実の原則および信頼の思想がある．これらの考え方は，事業者―消費者間の問題状況の枠外においても，両当事者に格差があるときには，特別に考慮されるものとされている（中間試案35条）．

　日本の中間試案に含まれている，継続的契約の存続のための立法提案に直接的に対応するものは，ドイツ法には存在しない．しかしながら，機能的に類比できるのは，ドイツ法において通常の解約告知および特別の解約告知が受ける様々な制限である．これらの制限も，同様に，継続的債権関係の持続ないし存続に対する一方の当事者の利益を実現しているのである．したがって，以下の報告は，これらの制限に重点を置く．解約告知の制限は，契約定型に特有の，いくつかの規定によって補完されている．これらの規定は，解約告知の制限が，継続的契約における期間の定めによって，初めから脱法されてしまうことを防ごうとするものである．

II　検討の進め方

　継続的契約は，オットーフォンギールケを引き継ぎつつ，次の特徴があるとされている．すなわち，すべての給付義務・反対給付義務が（現実に）履行されても，ドイツ民法362条とは異なり，契約は終了しないという点である．むしろ，継続的債権関係からは，継続的に，新たな義務が生じるのであり，その結果，当事者は，契約通りに義務を履行することだけでは，契約の全体からは解放されないのである．したがって，継続的契約に対して妥当するのは，――

一時的な交換的契約とは反対に——一方的に契約を終了させる自由があるということをもって原則とするということである．［契約からの—訳者補足］解放が生じるのは，解約告知という形をとった一方的な形成権行使の意思表示によってである．しかしながら，継続的契約は，また別の特質も有している．継続的契約は，通常，とくに高度に人格的な側面によって特徴づけられる．なにしろ，継続的契約は，少なくとも当事者の一方にとっては，——ここで想定されるのは，使用賃貸借契約，労働契約またはフランチャイズのような商法上の協力関係の契約である——その当事者の人格的なまたは職業的な形成展開のためのものであるからである．これに加えて，継続的性質に基づいて，給付における誠実という契約的誠実の要素の形式で，信義誠実の原則（ドイツ民法242条）が，重大な意義をもつ．両者の側面——すなわち，高度に人格上の側面があることおよび信義則の高度な役割——が，一方的に契約を終了させる自由に対して制限や限界を課すことを正当化する理由である（下記III.）．そこで，通常の解約告知には，解約予告期間に応じて段階がある．いくつかの法領域では，これに加えて，社会的に弱い立場にある当事者のための保護規定がある．この保護規定は，通常の解約告知に対しても，実質的な解約告知事由を要件として定めているのである．たとえば，使用賃貸人は，使用賃借人に対して，原則として，自己利用の必要があるときしか，解約告知をすることができない．労働契約においては，解約告知は社会的に正当な理由がなければならない．解雇制限法1条（下記IV.）．特別の解約告知——すなわち「即時の」解約告知——は，重大な事由が存することを要件とし，事前の期間設定または警告を必要とし，かつ，その最終手段としての性格から，個別事例における包括的利益衡量が必要となる（下記V.）．通常の解約告知だけでなく特別の解約告知についても，解約告知の一般的な制限として妥当するものとしては，そのほか，ドイツ民法242条の信義誠実の原則がある．たとえば，解約告知は，「不利な時期に」行われてはならない．また，当事者の一方は，自らが契約において不誠実であるときは，解約告知の権利を主張することができない（いわゆる．「汝もまた」抗弁）（下記VI.）．最後に，継続的契約における期間の定めは，いくつかの場合に

おいて，実質的な理由を要件とすることがある．これは，先に述べた解約告知の制限が，当該の契約内容構成によって脱法されてしまうことを防ごうとするものである（下記 VII.）．

コメント

升 田　純

　ヴェラー教授，高田教授の各報告は，本件のテーマにつき様々な観点からの広範な紹介であるとともに，深い分析であり，我々に大いに参考になるすばらしい内容であり，まず，このことを両教授に感謝する．

　私の個人的なことであるが，約33年前，最高裁の事務総局に勤務していたとき，最高裁が最初にドイツの裁判官を研修で受け入れたことがあり，その際，担当者としてドイツの裁判官と様々な議論をする機会があったが，ドイツの法律の専門家と議論をするのは，それ以来のことである．私にとって今回の発言の機会は，大いに喜びである．

　事業者間の継続的契約については，国内でも，ドイツでも，さらに世界的にも「悩ましい」法律問題である

　私は，弁護士もしているが，弁護士としては，継続的契約を「解消しようとする立場」からも，「解消されないないようにする立場」からも，両方から法律相談を受けるが，説明のための舌が何枚あっても足りないほどである．

　高田教授の報告について

　高田教授の報告については，日本の判例を引用しながら，「中間試案」には問題点が多い点を指摘されていたが，基本的に同意見である．

　昨年，たまたま，第二次大戦後の下級審の判例を収集し，分析し，本に纏めた．判例分析をした見地から思うに，「中間試案」が基礎として引用する判例は，必ずしもその根拠になっているとは言えない．

　継続的契約には，様々なタイプがある．継続的契約は，事業者間の契約では

普通に使われるが，民法には継続的契約に関する規定は無い．民法上規定がある賃貸借契約，雇用契約は，本来一方が保護されるべき社会的要請が高いものであり，現在議論されている継続的契約とは異なるタイプである．継続的契約については，まず，契約自由の原則が妥当するものであり，契約自由の原則を重視して検討すべきである．

「継続的」という言葉が法律上使用されるのは，破産法，民事再生法，会社更生法がある．

継続的契約は，内容，タイプ共に様々である．更に契約期間，更新の特約も様々である．継続的契約であるからといって，更新によって一律に保護する必要があるとはいえない．逆に一律に更新を認めることによって保護することによる弊害も生じる．

日本の判例においては，昭和40年代から，継続的契約について，更新による継続を認めるだけでなく，「予告期間」を認めたり，「補償」をしたりする保護も認められたものがあり，個々の事案ごとに柔軟に対応するものがあった．継続的契約であるといって，常に更新しなければならないと硬直的に考えていたわけではない．

「中間試案」においては，契約期間の満了の制限の理由として「正当な事由」を取り上げているが，判決ではもっと様々な理由が取り上げられている．最近は「合理的な理由」で足りる，あるいは「一応合理的な理由」で足りると言っている判例もある．「正当な事由」という文言は，制限を根拠づける合理的なものであるのかは不明である．

「正当な事由」は，確かに判例も使用しているも，実務では借地借家法で使われている用語として，同時に大きな問題になっているのも周知の通りである．

我々はもっと柔軟に継続的契約を考え，取り扱ってよいのではないか．例えば，契約の種類，特約の内容，当事者の期待，継続的契約の期間中に当事者が投資をした額・内容，契約の履行状況，契約継続中の事情の変化等の事情を考慮し，柔軟な取扱いをすべきである．「中間試案」のような「正当な事由」に

よる一律，画一的な保護は，これによって解決される事柄よりも，これによって生じる弊害の方が多いと予測することができる．

ヴェラー教授の報告について
　ヴェラー教授は，「中間試案」のような一般的な条項による保護は，「的」を射ているとのお話であるが，相当に広い「的」である．教授の高い評価は，私には外交的な評価をいただいているような印象である．
　ヴェラー教授も指摘しておられるように，事案ごとの柔軟な対応が重要である．
　継続的契約については，事案ごとに判断しなければならないものが多くなると思われるので，まずは，契約自由の原則を基本に考えていくのが基本である．
　日本の判例は，従来の判例の中には，様々な特約があってもなくても，特約の内容を無視し，あるいは軽視して判断しているものもある．仮に，「中間試案」のような条文ができれば，現在以上に，硬直的で，不正義な判断がされる懸念がある．

総　括
日独法から見た債権法改正

Allgemeines Resümee

コメント

筒　井　健　夫

はじめに

　法務省の筒井と申します．

　法務省が現在進めている民法（債権法）の改正作業において，その作業の当初から，現場の責任者を務めてきたものであります．

　今回のシンポジウムでは，日本において債権法改正に向けた検討作業が大詰めを迎えつつある時期に，いくつかの重要な論点について，ドイツにおける経験と議論の蓄積を紹介していただきながら，日本における研究者の最新の知見をお聞きすることができました．実にタイムリーな企画で，今後の債権法改正の作業に対して，大いに有益な影響を与えるものであったと思います．独日法律家協会や中央大学日本比較法研究所の皆様，そして報告者やコメンテーターの皆様には，私の立場からも，心から感謝を申し上げたいと思います．

さて，私自身の経歴は，もともと裁判官で，7年ほど裁判実務を経験したのち，法務省に出向し，それ以来16年ほど専ら民事基本法の改正作業に従事してきたものです．多少の実務経験を有するものの，特別な学識を持ち合わせておりません．それゆえ，今回のシンポジウムの総括的なコメントをするのは，私には荷が重いところですが，債権法改正の現場の責任者として，改正作業の現状などを紹介させていただくことで，私の役目を果たしたいと思います．

改正作業の経緯と現状

　日本における債権法改正の作業の進捗状況は，昨日のセッション1で奥田先生から紹介していただいたとおりです．改めて確認いたしますと，2009年から法制審議会での議論が始まりました．法制審議会の下に設置された民法（債権関係）部会の審議は，全体を三つのステージに分けて進められています．第1ステージでは論点の整理を行い，第2ステージでは中間試案の取りまとめが行なわれました．この中間試案では，約260の改正項目が提示され，パブリックコメントの手続が実施されています．そこに寄せられた関係各界からの多くの意見などを踏まえて，現在は，第3ステージで，最終的な改正要綱の取りまとめに向けた審議が行われています．

　このシンポジウムで取り上げていただいた個別の論点，すなわち，セッション2の債務不履行法制，セッション3の債権譲渡法制，セッション4の消費者法との関係，セッション5の保証人保護の方策などは，いずれも現在もなお，法制審議会で活発な意見交換が行われているところです．他方，セッション6で取り上げていただいた継続的契約に関する一般的な規定を設けるかどうかという論点については，第3ステージの審議で，パブリックコメントの結果などをも踏まえて，規定の新設を見送る方向で審議が進んでいます．

　このように，第3ステージの審議では，中間試案で取り上げられた改正項目のうち，いくつかのものは，改正が見送られる方向で議論が進んでいます．改正項目が次第に絞り込まれていくに当たっては，この改正作業に長く携わってきたものとして，ときに残念に思うこともないではありません．もっとも，法

制審議会における今回の改正作業のプロセスは，議事録も，配布された各種の資料も，そしてパブリックコメントの手続で寄せられた各界の意見の概要も，すべて法務省ウェブサイトで公開されています．ここでの議論の蓄積は，最終的に成案に結びつくかどうかにかかわらず，今後の日本における民法（債権法）の解釈運用の発展に，少なからず貢献するものになるのではないかと期待しております．

法制審議会におけるコンセンサス方式

　法制審議会の部会における第3ステージの審議では，中間試案に掲げられた項目であっても，その改正を見送る方向で議論されているものがあることを，先ほどご紹介いたしました．改正を見送るという判断がされる場合の理由の一つとしては，しばしば，コンセンサスの形成が困難であることが挙げられます．これは，法制審議会に設置された民事系の専門部会において，これまで伝統的に，部会メンバーの全員一致で改正要綱の取りまとめを行うという方式がとられているためです．審議会のルール上は，多数決をもって決することとされていますが，実際には，ごくわずかな一部の例外を除いては，全員一致で決定することが慣行とされているのです．

　昨日の第1セッションにおいてグルントマンさんから質問があったことにかかわると思いますので，このような「コンセンサス方式」について，少し詳しくお話をしてみたいと思います．

　法制審議会の部会メンバーは，かつては法律学者と，裁判官，弁護士といった法律実務家のみで構成されていましたが，今から15年ほど前に法制審議会の組織の在り方の見直しが行われ，その後は，経済団体や労働団体，消費者団体などを代表する方にも，部会メンバーとして議論に参加していただくようになりました．現在，債権法改正について議論している民法（債権関係）部会のメンバー構成をみると，合計で40名程度の部会メンバーのうち，約半数が学者であり，残りの半数が広い意味での実務家であります．このなかには裁判官，弁護士などの法律実務家のほかに，各種の経済団体から3名，労働団体か

ら1名,消費者団体から1名のメンバーが含まれています.法制審議会の部会では,このようなメンバー構成によって,時間をかけて審議を重ね,パブリックコメントの手続きによってさらに外部の意見も聴取したうえで,最終的に,原則として全員一致で改正要綱をまとめるという会議運営がされています.国会に法案が提出される前に,国会での審議に先だって,実社会における利害調整を図る場として機能しようとしているといえるように思います.

もっとも,このように多様なメンバーが参加する議論の場において,コンセンサスを形成しようとしても,それは必ずしも容易なことではなく,しばしば困難に直面することになります.ただ,このようにコンセンサスの形成が困難な場合であっても,できる限りコンセンサスの形成が可能な修正案をあれこれ模索しながら,議論が重ねられています.

具体例(その1)

具体例を挙げてみましょう.意見対立が激しい論点の例の一つとして,まず事情変更の法理に関する議論の一端をご紹介いたします.

ドイツ民法には「行為基礎の障害」についての規定が設けられていますが,日本ではこれに相当する民法の規定は,現在のところ存在していません.しかし,日本においても,判例・学説は「事情変更の原則」と呼ばれる法理の存在を認めていますので,これを明文化して,見えるようにすることが検討課題となっております.

もっとも,事情変更の法理の明文化に対しては,これまでの部会における審議においても,パブリックコメントの手続きでも,とりわけ実務界から,多くの反対意見が寄せられています.反対の理由は様々ですが,一例を紹介いたしますと,きわめて例外的に適用される法理であるのにこれを明文化すると,濫用的な主張が増えるといった指摘が,これは主に経済界からですが,寄せられております.

このような議論の状況を踏まえますと,コンセンサスの形成が困難であるとして,事情変更の法理の明文化を見送るという判断をすることも考えられると

ころです．しかし，現時点での部会の審議では，反対意見の理由をもう少し細かく分析して，それへの対応が可能な修正案を見いだすことができるかどうかを模索する努力が続けられています．

具体的には，事情変更があった場合の効果として，中間試案では，契約解除と契約改訂の請求の二つを規定する案が提示されていましたが，このうち契約改定の請求を認めることに対して，実務界からのより強い懸念が向けられていました．このことを踏まえて，契約の解除のみを明文化し，契約改定の請求が認められるかどうかは引き続き解釈論にゆだねるという折衷的な考え方が，現在では審議の対象として提示されています．また，事情変更による契約解除の要件についても，経済界などから，濫用的な主張が増えることなど様々な懸念が表明されていることを踏まえて，より厳格で明確な要件とする方向で，修正が図られています．こういった合意形成の可能性を探る作業を経て，最終的にコンセンサスの形成に至るのか，それともコンセンサスの形成に至らず改正が見送られることになるのか，それは，今後の議論次第であります．

具体例（その2）

もう一つの例として，約款に関する規定についても，ごく簡単に紹介したいと思います．

約款についても，ドイツ民法は詳細な規定を持っていますが，日本の民法には，現在のところ約款に関する規定はありません．とはいえ，日本の判例・学説も，約款が一定の要件のもとで契約内容に組み入れられることは認めています．ただ，その具体的な要件については，まだ定説を見ない状況にあると思います．そこで，今日における約款取引の重要性にかんがみて，約款が契約内容となるための要件を明確化し，取引の予測可能性を高めることは，今日的に意義のある重要な検討課題になっていると思います．

しかしながら，この点に対しても，主に経済界から，規定を設けることに対する強い反対意見が寄せられています．この反対の理由も様々ですが，たとえば，約款に関する規定が民法に設けられることは，約款に対する民事的な規制

の強化につながるのではないかといった懸念が挙げられております。

　中間試案についてのパブリックコメントの手続が行われた後の約款に関する部会の審議は，まだ行われていませんが，このような意見分布の状況の下でも，直ちに合意形成が困難であるとして立法を見送るのではなく，反対意見の内容を精査して，経済界から寄せられている具体的な懸念に一つ一つ対応することができるような修正案を模索する作業が続けられています。この努力が最終的に成案に結びつくのかどうか，これもまた今後の議論次第であると思います。

まとめ

　このように法制審議会の部会における議論の実情を紹介してまいりますと，様々な実務界の代表を含む部会メンバー全員でのコンセンサスにより改正要綱の決定を行うという現在の意思決定方式の下では，改正内容について，現状維持の方向での力学が働きやすいことがご理解いただけると思います。法制審議会の部会でコンセンサスが形成されない限り，その検討項目に関する改正は見送るという結論にならざるを得ないからであります。

　とはいえ，私自身は，法制審議会におけるこのような意思決定の方式は，きわめて適切なものであると考えております。大きな法改正が行われた場合に，新たな法律をどのように運用していくかは，裁判所や弁護士のほか，企業法務，そして消費者相談業務など，広く実務界がこれを担っていくことになります。ですから，これらの実務界の代表が参加する法制審議会での議論を通じて，コンセンサスが形成される範囲で法改正を実現することは，その審議の過程での共通理解に基づいてその後の実務運用をスタートさせることにつながるわけです。このことについて，私は，実務の安定を確保する上で，大いに意義深いことであると考えております。

　他方で，このようなコンセンサス方式の下では，現状といささか距離のある改正項目は，しばしば困難に直面することになると思います。しかし，このように困難な立法課題であっても，その項目について何らかの法改正をすべき必

要性に関してコンセンサスが形成され得る場合には，具体的な成案についての工夫を重ねるなどして，粘り強くコンセンサスの形成を目指す努力が必要であると思います。このような視点は，昨日の第1セッションで，グルントマンさんから，ドイツの債務法改正の際の経験を紹介していただいたところに通ずるものであると思います。

日本での債権法改正の作業は，本年7月を目途として，改正要綱の仮案の取りまとめが行われる見通しであります。現状では，まだまだ意見対立のある論点が少なくないのですが，今後とも，改正項目の取捨選択を適切に進めつつ，できる限り実りの多い成案を得る方向での努力を続けていきたいと考えております。

私からのコメントは，以上です。ご静聴いただき，ありがとうございました。

Der Schuldrechtsreform-Entwurf: Versuch einer Bewertung

Marc DERNAUER

Wir haben im Laufe des Symposiums von meinen verehrten Vorrednern nun schon vieles über die Ziele und einzelnen Inhalte der geplanten Schuldrechtsreform[1] in Japan gehört. Außerdem hat Herr Tsutsui vom japanischen Justizministerium uns bereits seine Einschätzung des derzeit aktuellen, im Februar 2013 von seinem Ministerium veröffentlichten Reformentwurfs, des sogenannten „Zwischenentwurfs (中間試案 *chūkan shian*, im Folgenden auch einfach „ZE")"[2] mitgeteilt. Ich möchte die Redebeiträge aufgreifen und eine Bewertung des Reformentwurfs aus meiner Perspektive wagen, d. h. aus der Perspektive eines von der Ausbildung her deutschen Juristen, der sich jedoch zusätzlich seit vielen Jahren mit dem japanischen Recht beschäftigt und nunmehr an der Chūō Universität japanisches Zivilrecht unterrichtet.

Dabei werde ich zunächst ich auf die Reformziele eingehen (I.). Danach möchte ich über die Einzelheiten des Reformentwurfs reden (II.) und im Anschluss daran auf die Punkte zu sprechen kommen, die der Reformentwurf

---

1 In japanischer Sprache wird eigentlich von einer „Reform des Forderungsrechts (債権法改正 *saiken-hō kaisei*)" gesprochen. Dabei handelt es sich aber nur um die andere Seite derselben Medaille. In Japan wird traditionell stets von „Forderungsrecht (債権法 *saiken-hō*)" und nicht, wie in Deutschland üblich, von „Schuldrecht (債務法 *saimu-hō*)", gesprochen. Aufgrund der inhaltlichen Übereinstimmung der beiden Begriffe und der gewöhnlichen Verwendung des Begriffs „Schuldrechtsreform" im Deutschen wird in diesem deutschsprachigen Manuskript ebenfalls die in Deutschland übliche Ausdrucksweise verwendet.

2 Genauer: „Zwischenentwurf für eine Änderung des Zivilgesetzes im Bereich des Forderungsrechts (民法(債権関係)の改正に関する中間試案)" aus dem Februar 2013, der von dem 2009 durch das Justizministerium als Unterausschuss des Gesetzberatungsausschusses (法制審議会 *Hōsei Shingi-kai*) eingesetzten „Ausschuss zur Reform des Zivilgesetzes im Bereich des Forderungsrechts (民法(債権関係)部会 *Minpō (saiken kankei) bukai*)" auf der Grundlage zahlreicher Vorschläge zur Änderung des Schuldrechts aus der Wissenschaft erarbeitet worden ist. Im Internet ist der Zwischenentwurf erhältlich unter http://www.moj.go.jp/content/000108853.pdf (zuletzt aufgerufen am 6. März 2014).

nicht berücksichtigt, die aus meiner Sicht bei der anstehenden Reform des japanischen Schuld- und Vertragsrechts aber einbezogen werden sollten (III.). Abschließend möchte ich dann ein Fazit wagen (IV.).

I. Die Reformziele

Das japanische Justizministerium und der von diesem eingesetzte Schuldrechtsreformausschuss[3] sprechen im Wesentlichen von zwei Zielen:[4]

(1) Das Zivilgesetz (ZG)[5] soll bürgerfreundlicher durch leichter lesbare und verständlichere Vorschriften werden.
(2) Durch eine Modernisierung des Zivilgesetzes soll den gesellschaftlichen und wirtschaftlichen Entwicklungen der letzten einhundert Jahre Rechnung getragen werden.

1. Bessere Verständlichkeit für juristische Laien

a) Sinnvolles Ziel?

Das erste Reformziel der „Bürgerfreundlichkeit" des Zivilgesetzes, d. h. der besseren Verständlichkeit für Laien, spielte im Zusammenhang mit der deutschen Schuldrechtsreform nur eine sehr geringe Rolle. In Deutschland steht man eher auf dem Standpunkt, dass die Gesetzesanwendung Aufgabe der Juristen ist. Ein Gesetz sollte daher vor allem juristisch präzise und systematisch aufgebaut sein, anstatt für den Laien mühelos verständlich. Das Bürgerliche Gesetzbuch (BGB), jedenfalls in der ursprünglichen Form, ist geradezu ein Paradebeispiel juristischer Präzision und Systematik. Das BGB und die Lehren der Pandektenwissenschaft, auf denen es beruht, hatten am Ende des 19. und am Anfang des 20. Jahrhunderts gerade wegen ihrer juristischen Präzision und

---

3 Ausschuss zur Reform des Zivilgesetzes im Bereich des Forderungsrechts (民法(債権関係)部会 Minpō (saiken kankei) bukai), vgl. Fn. 2.
4 Vgl. etwa die 88. Anfrage des Justizministers an den Gesetzberatungsausschuss im Justizministerium, http://www.moj.go.jp/content/000005084.pdf (zuletzt aufgerufen am 6 März 2014), auch abgedruckt und entsprechend kommentiert z. B. in *T. Uchida, Minpō kaisei no ima: Chūkan shian gaido* [Zum Stand der Zivilrechtsreform: Leitfaden zum Zwischenentwurf] (2013, Shōji Hōmu) 2 ff.; Schuldrechtsreformausschuss (Fn. 3), *Bukai shiryō 3* [Materialien Nr. 3] 1–3, *Bukai shiryō 6* [Materialien Nr. 6] 1–5.
5 民法[Minpō], Gesetz Nr. 89/1896.

Systematik in vielen Ländern einen erheblichen Einfluss auf die Rechtstheorie und -dogmatik,[6] besonders auch in Japan.[7] Zudem wurde das BGB in mehreren Ländern zu einem Modell für eine Zivilrechtskodifikation, unter anderem auch auf Grundlage der Vorentwürfe zum BGB, für das geltende japanische Zivilgesetz jedenfalls im Hinblick auf die Struktur des Gesetzes und eine Reihe von wichtigen Rechtsinstituten.[8] Die bewährte und sinnvolle Systematik des BGB ist durch die Schuldrechtsreform in Deutschland nicht aufgegeben worden und es wäre auch ein Fehler gewesen, diese zum Zwecke einer besseren Lesbarkeit für Laien zu opfern. Der Wert der Systematik und Präzision eines Gesetzes mag sich dem juristischen Laien nicht sogleich offenbaren, der Gesetzgeber muss aber das Große und Ganze im Blick behalten. Ein Weniger an Präzision und Systematik macht ein Zivilgesetz nicht einfacher anwendbar, es wirft vielmehr deutlich mehr Auslegungsfragen und Abgrenzungsprobleme auf. Zudem würde der Gesetzestext zweifellos länger werden, was das Ziel der besseren Lesbarkeit für Laien zum Teil wieder konterkarieren würde. Vor diesem Hintergrund ist zumindest fraglich, ob das erste Ziel der japanischen Reform, die bessere

---

6 Vgl. nur *K. Zweigert/H. Kötz,* Einführung in die Rechtsvergleichung (3. Auflage 1996, Mohr Siebeck) 143, 146 f., 153–155.

7 *H. Baum,* Ausstrahlung des europäischen Privatrechts ins japanische Recht, in: Basedow/Hopt/Zimmermann (Hrsg.), Handwörterbuch des Europäischen Privatrechts (2009, Mohr Siebeck), 157–158. Ausführlich, *Z. Kitagawa,* Rezeption und Fortbildung des europäischen Zivilrechts in Japan (1970, Alfred Metzner Verlag) 67–86, 125–136; *G. Rahn,* Rechtsdenken und Rechtsauffassung in Japan (1990, C. H. Beck) 106–129; *H. P. Marutschke,* Einführung in das japanische Recht (2. Auflage 2010, C. H. Beck) 90–97.

8 *Zweigert/Kötz* (Fn. 6) 153–155; vor allem auf Grundlage des ersten Entwurfs, in erster und zweiter Lesung (*Kitagawa* (Fn. 7) 34). Das japanische Zivilgesetz ist aber keineswegs eine Kopie des ursprünglichen BGB geworden, zutreffend wird es vielmehr als Frucht einer intensiven Rechtsvergleichung bezeichnet, die zugleich Rücksicht auf japanische Traditionen nahm (vgl. *Baum* (Fn. 7) 157, *Marutschke* (Fn. 7) 91–92), dies vor allem im Familien- und Erbrecht. *Kitagawa* schildert dies eindrucksvoll anhand der Institute der Nichterfüllung, der Regelung über die Durchsetzung der Forderung, der Regelungen zum Inhalt und Umfang des Schadensersatzes, dem Rücktritt, Sachgewährleistung und dem System der unerlaubten Handlungen (*Kitagawa* (Fn. 7) 36–43). Allerdings folgt der Aufbau und die Systematik des Zivilgesetzes klar erkennbar dem Vorbild des Pandektensystems mit einer Einteilung in fünf Bücher wie beim BGB, bei der nur die Reihenfolge leicht abweicht (*Rahn* (Fn. 7) 109), und es enthält nach wie vor viele Vorschriften und Rechtsinstitute und -gebilde mit deutschen Wurzeln, vor allem im Allgemeinen Teil (z.B. Willenserklärung, Rechtsgeschäft, Nichtigkeit und Anfechtung, aufschiebende und auflösende Bedingungen, Rücktritt als Gestaltungsrecht) und im Schuldrecht (Teile der allgemeinen Vorschriften, Gliederung und Teile des Abschnitts über Verträge, Abschnitt über Geschäftsführung ohne Auftrag, wesentliche Teile des Bereicherungsrechts, Teile des Deliktsrechts).

Verständlichkeit *für Laien*, überhaupt eine sinnvolle Zielsetzung darstellt. Allerdings steht Verständlichkeit nicht automatisch im Widerspruch zu Systematik und juristischer Präzision und ist durchaus auch ein Anliegen der Juristen, insbesondere angesichts vieler Gesetze in Deutschland und Japan, die zum Teil selbst für den juristischen Fachmann nur schwer lesbar sind. Auch mit Blick auf die Änderungen im BGB im Zuge der Schuldrechtsreform in Deutschland muss man leider feststellen, dass es hier und da durchaus wünschenswert und möglich gewesen wäre, einzelne Vorschriften juristisch präziser, systematischer und zugleich lesbarer zu fassen. Mit Blick auf die Integration der europarechtlichen Vorgaben in das BGB, insbesondere im Hinblick auf die Umsetzung der zahlreichen Verbraucherschutzrichtlinien, hat man sich allerdings (leider) schon daran gewöhnen müssen, das dies nicht immer reibungslos funktioniert, da die zugrundeliegenden EU-Richtlinien häufig weder hinreichend systematisch noch juristisch präzise, und leider eben auch trotz oder gerade wegen ihrer Länge nicht leicht lesbar sind.

b) Vorschläge zur Reform des Nichterfüllungsrechts und des Gewährleistungsrechts

Ungeachtet dessen hätte es dem deutschen Gesetzgeber bei der Schuldrechtsreform gut getan, mal einen Blick nach Japan zu werfen, wo man schon im geltenden Zivilgesetz einige zentrale Normen hat, die nicht nur verständlicher, sondern auch einfacher anzuwenden sind als ihre Entsprechungen *sowohl vor als auch nach* der Schuldrechtsreform. Ein konkretes Beispiel hierfür sind die japanischen Vorschriften zum allgemeinen Nichterfüllungsrecht (一般債務不履行の法制度 *ippan no saimu furikō no hōseido*) bzw. Leistungsstörungsrecht (履行障害の法制度 *rikō shōgai no hōseido*). Das geltende japanische Zivilgesetz kommt hier im Wesentlichen mit einem flexiblen Grundtatbestand der Nichterfüllung (Art. 415 ZG) aus und einigen weiteren Normen für Sonderkonstellationen wie z. B. den Schuldnerverzug (Art. 412 ZG), ferner einigen wenigen Vorschriften zu Art und Umfang des Schadensersatzes (Art. 416–423 ZG), den Vorschriften zur Gefahrtragung (Art. 534–536 ZG) und einigen Rücktrittsvorschriften (Art. 540–548 ZG). Aus meiner Sicht kann man die sich in der Praxis stellenden Probleme mit diesen sehr übersichtlichen Vorschriften in Japan zumeist sehr gut lösen. Hier wären allenfalls geringfügige Korrekturen sinnvoll. Der japanische Gesetzgeber wäre deshalb gut beraten, das allgemeine Nichterfüllungsrecht mit Augenmaß zu reformieren. Ob diesbezüglich etwa die geplante Abschaffung der Vorschriften über die Gefahrtragung einen Gewinn bedeutet, ist zweifelhaft.

Die entsprechenden Vorschriften zum allgemeinen Leistungsstörungsrecht im deutschen BGB waren schon vor der Schuldrechtsreform zumeist kein gutes Beispiel für systematische, präzise und lesbare Rechtsnormen. Wohl auch deshalb hat der japanische Gesetzgeber bei Schaffung des Zivilgesetzes diese Vorschriften bzw. ihre Entsprechungen in den Entwürfen zum BGB nicht als Modell übernommen. Aus heutiger Perspektive muss man sogar sagen: Zum Glück! Die infolge der deutschen Schuldrechtsreform geänderten Vorschriften im BGB sind zwar etwas besser gelungen, insbesondere war die Aufnahme eines allgemeinen Grundtatbestandes in Form des § 280 Abs. 1 und 2 BGB sinnvoll, allerdings wird der dadurch gewonnene Mehrwert teils schon wieder durch die unflexiblen, schwer verständlichen und nicht hinreichend systematisch-präzisen Vorschriften in den §§ 280 Abs. 3, 281, 282, 283 und 284 BGB sowie den §§ 323 bis 325 BGB genommen. Der allgemeine Grundtatbestand in § 280 Abs. 1 und 2 BGB kann aber schon deshalb kein Modell für Japan sein, weil Japan einen solchen Grundtatbestand mit Art. 415 ZG bereits seit über 100 Jahren hat. Einer entsprechenden Diskussion über die positive Forderungsverletzung (積極的債権侵害 *sekkyoku-teki saiken shingai*) etwa bedurfte es in Japan deshalb auch nie.[9]

Ganz anders sieht die Sache in Japan allerdings beim geltenden Kaufgewährleistungsrecht aus. Hier ist der Reformbedarf ganz offenkundig, auch um zugleich dem zweiten Ziel der japanischen Reform, der Modernisierung des Schuldrechts, Rechnung zu tragen. In über 100 Jahren (!) haben es Rechtsprechung und Wissenschaft in Japan nämlich nicht geschafft, Klarheit über den

---

9 Eine Diskussion über die positive Forderungsverletzung (PFV, PVV) hat es Japan unter dem Einfluss der deutschen Rechtstheorie gleichwohl gegeben, aufgrund der unterschiedlichen Gesetzeslage aber auf anderer Grundlage, vgl. hierzu z.B. *Kitagawa* (Fn. 7) 69–71; *H. Nakata, Saiken Sōron* [Forderungen, Allgemeine Lehren] (3. Auflage 2013, Yūhikaku) 97; *Z. Kitagawa,* Kommentar zu Art. 415, in: Okuda (Hrsg.), *Chūshaku Minpō 10: Saiken 1* [Kommentar zum Zivilgesetz, Band 10: Forderungen, Teil 1] (1987, Yūhikaku) 322, 338–343. Die Diskussion hierüber ist in den letzten Jahren allerdings abgeflacht, da die Fallgruppe der positiven Forderungsverletzung als eine Form der Leistungsstörung nach einhelliger Meinung von Art. 415 ZG erfasst wird und es im japanischen Recht weder des Begriffs „positive Forderungsverletzung" noch einer gesonderten gewohnheitsrechtlichen oder gesetzlichen Anspruchsgrundlage hierfür bedarf.

Anwendungsbereich des im geltenden ZG sehr knapp geregelten „Sachmängelgewährleistungsrechts" (im wesentlichen Art. 570, 566 ZG) und seinem Verhältnis zum allgemeinen Nichterfüllungsrecht zu schaffen.[10] Noch immer besteht Unklarheit darüber, ob das Kaufgewährleistungsrecht nur bei einer mangelhaften Stückschuld oder auch bei Gegenständen einer mangelhaften Gattungsschuld anzuwenden ist. Die Vorschriften zur Neuordnung des Kaufgewährleistungsrechts im Reformentwurf sind aus meiner Sicht im Großen und Ganzen auch recht gut gelungen (ZE Abschnitt 35, Ziffern 1 bis 8).

Es ist daher ganz eindeutig, dass das Zivilgesetz in Teilen reformbedürftig ist und verständlicher formuliert werden sollte. Die Frage ist nur, ob der japanische Gesetzgeber dabei das Ziel verfolgen sollte, das Zivilgesetz auch für Laien ohne weiteres verständlich zu machen. Nimmt man dieses Ziel ernst, so ist festzustellen, dass der juristische Laie die Vorschriften und Systeme des allgemeinen Nichterfüllungsrechts und des Kaufgewährleistungsrechts weder vor noch nach der Reform im Detail verstehen wird. Orientiert man sich in Fragen der Verständlichkeit und Anwendungsfreundlichkeit aber am juristischen Fachmann oder am *belesenen* Laien, so stellt die geplante Reform des Kaufgewährleistungsrechts sicherlich einen bedeutenden Gewinn dar, die Reform des allgemeinen Nichterfüllungsrechts hingegen ist aus meiner Sicht von nicht von so großer Bedeutung.

c) Keine grundsätzliche Abkehr vom Leitbild des juristischen Fachmanns

Bereits an diesen beiden Beispielen wird deutlich, dass der japanische Reformentwurf keine völlige Abkehr von der Orientierung am juristischen Fachmann bedeutet, das ZG aber dennoch (zumindest zum Teil) verständlicher und anwendungsfreundlicher würde, jedenfalls für den Juristen; und das ist gut so! Auch die bewährte Systematik der Pandekten, auf der das BGB (vor und nach der Schuldrechtsreform) und das gegenwärtige Zivilgesetz in Japan beruhen, werden wohl beibehalten werden, obwohl auch diese gelegentlich als für den Laien schwer verständlich kritisiert wird.

---

10 Vgl. etwa die Darstellungen bei *Y. Shiomi, Saiken kakuron I: Keiyaku-hō, jimu kanri, futō ritoku* [Forderungen, Besondere Lehren, Teil 1: Vertragsrecht, Geschäftsführung ohne Auftrag, Bereicherung] (2. Auflage 2009, Shinsei-sha) 84–92; *T. Uchida, Minpō II: Saiken kakuron* [Zivilrecht 2: Forderungen, Besondere Lehren] (3. Auflage 2011, Tōkyō Daigaku Shuppan-kai) 124–144.

d) Kernpunkte der Reform zum Zwecke einer stärkeren Bürgerfreundlichkeit

Ist daher die Zielsetzung der gesteigerten „Bürgerfreundlichkeit" nur ein politisches Schlagwort? Nicht ganz; der Reformentwurf versucht dieses Ziel zu erreichen, indem er eine Präzisierung und Konkretisierung zahlreicher schwer verständlicher Rechtsnormen anstrebt. Das ist im Prinzip ein lobenswertes Vorhaben, aus Sicht des Laien wie auch des Fachmanns. Allerdings soll ein wichtiges Mittel hierfür die Kodifizierung selbstverständlicher ungeschriebener Rechtsgrundsätze und der von der Rechtsprechung in den vergangenen einhundert Jahren entwickelten und etablierten Grundsätze sein. Hierdurch wird der Reformentwurf an vielen Stellen aber nur unnötig aufgebläht, ohne dass dies einen tatsächlichen Nutzen für Bürger oder Fachleute mit sich brächte. Dies wird zum Beispiel deutlich an den geplanten Neuregelungen der Vorschriften über die Rechtsgeschäfte und Willenserklärungen im allgemeinen Teil des Zivilgesetzes, also insbesondere etwa an den Vorschlägen für eine Reform der Irrtumsvorschrift (錯誤の規定 *sakugo no kitei*) (ZE Abschnitt 3, Ziffer 2 (zu Art. 95 ZG)), der Aufnahme von Definitionen für die Willenserklärung (意思表示 *ishi hyōji*) (ZE Abschnitt 3, Ziffer 1) und das Rechtsgeschäft (法律行為 *hōritsu kōi*) (ZE Abschnitt 1, Ziffer 1) und der vorgeschlagenen Neuregelung der Vorschriften über die Anfechtbarkeit von Rechtsgeschäften im Falle der arglistigen Täuschung (詐欺 *sagi*) und der Drohung (強迫 *kyōhaku*) (ZE Abschnitt 3, Ziffer 3 (zu Art. 96 ZG)). Die vorgeschlagene Neuregelung der betreffenden Vorschriften erschöpft sich somit weitgehend in einer Kodifizierung der gefestigten Rechtsprechung und unstreitiger Definition und Rechtsregeln, die bereits jetzt jeder Fachmann kennt und sich *der Laie* mit Hilfe eines Standardlehrbuchs zum Zivilrecht erschließen kann. Dies stellt aus meiner Ansicht keinen nennenswerten Fortschritt dar.

2. Modernisierung des Schuldrechts

Die Modernisierung des geltenden Schuldrechts steht bei der nun geplanten japanischen Schuldrechtsreform genauso im Mittelpunkt wie bei der seinerzeitigen Schuldrechtsreform in Deutschland. In beiden Ländern haben sich die gesellschaftlichen und wirtschaftlichen Umstände seit Inkrafttreten des jeweiligen Zivilgesetzes vor über 100 Jahren erheblich geändert. Dass in Japan eine Modernisierung des Schuldrechtes sinnvoll ist, wird kaum ernsthaft bestritten. Allenfalls der geplante Umfang und Inhalt der Reformen bietet Anlass zu Diskussionen.

Ein wichtiger Anstoß der Schuldrechtsreform in Deutschland war die Notwendigkeit, Vorgaben des EU-Rechts in nationales Recht umzusetzen, insbesondere die Verbrauchsgüterkaufrichtlinie.[11] Diese Notwendigkeit besteht in Japan natürlich nicht. Eines der Ziele der japanischen Schuldrechtsreform ist aber, eine Angleichung an internationale Standards im Schuld- und Vertragsrecht herbeizuführen.[12] Das beschränkt sich allerdings nicht auf die Berücksichtigung des geltenden EU-Privatrechts, sondern schließt etwa auch eine Orientierung an den Ergebnissen der verschiedenen europäischen Studiengruppen zur Vereinheitlichung des Zivilrechts in der EU ein, so z.B. an den *Principles of European Contract Law* (PECL),[13] dem *Common Frame of Reference*[14] (CFR)

---

11   Richtlinie 1999/44/EG des Europäischen Parlaments und des Rates vom 25. Mai 1999 zu bestimmten Aspekten des Verbrauchsgüterkaufs und der Garantien für Verbrauchsgüter (ABl. EG Nr. L 171/12). Des Weiteren mussten die Richtlinie 2000/35/EG des Europäischen Parlaments und des Rates vom 29. Juni 2000 zur Bekämpfung von Zahlungsverzug im Geschäftsverkehr (ABl. EG Nr. L 200/35) – Zahlungsverzugsrichtlinie – und die Art. 10, 11 und 18 der Richtlinie 2000/31/EG des Europäischen Parlaments und des Rates vom 8. Juni 2000 über bestimmte rechtliche Aspekte der Dienste der Informationsgesellschaft, insbesondere des elektronischen Geschäftsverkehrs, im Binnenmarkt (ABl. EG Nr. L 178/1) – E-Commerce-Richtlinie – in deutsches Recht umgesetzt werden. Bei der Umsetzung dieser Richtlinien ging es dem Bundesjustizministerium und dem Gesetzgeber dann aber nicht darum, sich auf eine „1:1-Umsetzung" zu beschränken (sog „kleine Lösung"), sondern die EG-rechtlichen Vorgaben zum Anlass zu nehmen, eine „große Lösung", also eine grundsätzliche Reform des Schuldrechts, insbesondere auch des Kaufrechts vorzunehmen (Vgl. *R. M. Beckmann*, Vorbemerkungen zu §§ 433, in: J. von Staudinger, Kommentar zum BGB (Neubearbeitung 2014, C. H. Beck) Rz. 64–66.
12   Vgl. zum Beispiel *Uchida* (Fn. 4) 12–13.
13   European contract law for consumers and businesses: Publication of the results of the feasibility study carried out by the Expert Group on European contract law for stakeholders' and legal practitioners' feedback (im Internet unter http://ec.europa.eu/justice/policies/consumer/docs/explanatory_note_results_feasibility _study_05_2011_en.pdf erhältlich – zuletzt aufgerufen am 10. März 2014), veröffentlicht am 3. Mai 2011 durch die Europäische Kommission. Ausgearbeitet von einer Expertenkommission der Europäischen Kommission auf Grundlage des *Draft Common Frame of Reference* (DCFR) der *Study Group on a European Civil Code* (*Christian v. Bar* u. a.) und anderer Forschungsgruppen (veröffentlicht 2008, überarbeiteter Entwurf 2009).
14   European contract law for consumers and businesses: Publication of the results of the feasibility study carried out by the Expert Group on European contract law for stakeholders' and legal practitioners' feedback (im Internet unter http://ec.europa.eu/justice/policies/consumer/docs/explanatory_note_results_feasibility _study_05_2011_en.pdf erhältlich – zuletzt aufgerufen am 10. März 2014), veröffentlicht am 3. Mai 2011 durch die Europäische Kommission. Ausgearbeitet von einer Expertenkommission der Europäischen Kommission

und dessen Entwurf sowie dem Entwurf der EU Kommission für ein einheitliches europäisches Kaufrecht aus dem Jahre 2011,[15] sowie an anderen internationalen Rechtsentwicklungen wie dem UN Kaufrecht (*United Nations Convention on Contracts for the International Sale of Goods*, CISG) und den jüngeren Rechtsentwicklungen in den USA und anderen außereuropäischen Ländern. Über alle bedeutenden internationalen Entwicklungen ist man in Japan bestens informiert. Eine ausschließliche Orientierung an den Ergebnissen der deutschen Schuldrechtsreform ist daher weder notwendig noch geboten. Allerdings ist die deutsche Schuldrechtsreform als ein Referenzrahmen für die Schuldrechtsreform in Japan dennoch attraktiv, da die grundlegende Systematik des Zivilgesetzes und ein bedeutender Teil des Schuldrechts nebst der angewandten Rechtsdogmatik deutschrechtliche Wurzeln haben. Die Orientierung an internationalen Rechtsentwicklungen im Bereich des Schuld- und Vertragsrechts ist zu begrüßen.

Auf der anderen Seite gibt es aber auch Tendenzen, spezifisch japanische Rechtsvorstellungen zu kodifizieren. Ein Beispiel hierfür dürfte die von Prof. Takada (vgl. dessen Referat in Sektion 6 des Symposiums) erläuterte Absicht sein, eine besondere Regelung zur erschwerten Beendigung von Dauerschuldverhältnissen einzuführen, die auch internationale Handelsverträge (z.B. Lizenzverträge) betreffen würde (ZE Abschnitt 34). Vor Einführung solcher Regelungen ins Zivilgesetz sei der japanische Gesetzgeber aber gewarnt. Schon aufgrund der bisherigen Rechtsprechung stellt es ein Problem dar, dass die Vertragsparteien nicht sicher sein können, ob der Dauerschuldvertrag nach Ablauf der im Vertrag festgelegten Laufzeit tatsächlich endet bzw. ob sie einen Dauerschuldvertrag überhaupt wirksam kündigen können.[16] Einem europäischen Vertragspartner ist aber etwa bei einem Lizenzvertrag mit einem japanischen Unternehmen kaum vermittelbar, warum dieser Vertrag nur bei Vorliegen eines „berechtigten Grundes" oder unter ähnlichen Umständen beendet werden kann.

---

auf Grundlage des *Draft Common Frame of Reference* (DCFR) der *Study Group on a European Civil Code* (*Christian V. Bar* u. a.) und anderer Forschungsgruppen (veröffentlicht 2008, überarbeiteter Entwurf 2009).

15 Vorschlag für eine Verordnung des Europäischen Parlaments und des Rates über ein Gemeinsames Europäisches Kaufrecht, KOM (2011) 635 endg.

16 Vgl. z. B. die Entscheidungen des OG Sapporo vom 30. September 1987, Hanrei Jihō Nr. 1258, 76; OG Sapporo vom 29. Juli 2011, Hanrei Jihō Nr. 213, 13; OG Tōkyō vom 27. Juni 2013, Fall Nr. 2010 wa 26344.

II. Der Inhalt des Reformentwurfs

1. Zum Umfang der Reform

Der Umfang der geplanten Reform des japanischen Schuldrechts durch den aktuellen Reformentwurf ist einerseits weiter als der Umfang der deutschen Schuldrechtsreform, da er nicht nur das gesamte allgemeine Schuld- und Vertragsrecht, praktisch alle im Zivilgesetz geregelten Vertragstypen und darüber hinaus auch wesentliche Bereiche des allgemeinen Teils betrifft, die von der deutschen Schuldrechtsreform nahezu unangetastet blieben, so etwa die bereits erwähnten Regelungen über die Rechtsgeschäfte (ZE Abschnitt 1), über die Geschäftsfähigkeit (ZE Abschnitt 2), über Willenserklärungen (ZE Abschnitt 3), über die rechtsgeschäftliche Stellvertretung (ZE Abschnitt 4), über die Rechtsfolgen der Anfechtung und Unwirksamkeit von Rechtsgeschäften (ZE Abschnitt 5) und über Bedingungen und Befristungen (ZE Abschnitt 6).

Auf der anderen Seite sieht der Reformentwurf keine Integration von Sondergesetzen vor, von denen es auch im japanischen Recht mittlerweile zahlreiche gibt, insbesondere zum Zwecke des Verbraucher-, Mieter-, Arbeitnehmer- und Privatanlegerschutzes sowie zum Schutz des Gelddarlehens- und Kreditnehmers.[17] Insoweit bleibt die geplante Schuldrechtsreform in Japan im Umfang hinter der deutschen Schuldrechtsreform zurück, bei der die Integration zahlreicher verbraucherrechtlicher Sondergesetze (u. a. Fernabsatzgesetz[18] (FernAbsG), Verbraucherkreditgesetz[19] (VerbrKrG), Haustürwiderrufsgesetz[20]

---

17 Wobei der Mieterschutz, der Privatanlegerschutz und der Schutz des Gelddarlehens- und Kreditnehmers in Japan lediglich als Unterfälle des Verbraucherschutzmotivs angesehen werden. Nach über 30-jährigem Aktivismus gibt es mittlerweile einen Wildwuchs von komplizierten Sondergesetzen im Verbraucherrecht mit Sonderrechten für Verbraucher, der eine Integration des Verbraucherrechts ins Zivilgesetz schwierig macht (Vgl. hierzu *M. Dernauer*, Verbraucherschutz, in: Baum/Bälz (Hrsg.), Handbuch Japanisches Handels- und Wirtschaftsrecht (2011, Carl Heymanns Verlag) 567–603; ausführlich hierzu *M. Dernauer*, Verbraucherschutz und Vertragsfreiheit im japanischen Recht (2006, Mohr Siebeck). Auch dies mag ein Grund dafür sein, dass der japanische Gesetzgeber bei der nun anstehenden Schuldrechtsreform davon absieht, die besonderen Verbraucherschutzgesetze ins Zivilgesetz zu integrieren – anders als der deutsche Gesetzgeber.
18 Gesetz vom 27. Juni 2000 (BGBl. I S. 897).
19 Gesetz vom 17. Dezember 1990 (BGBl. I S. 2840).
20 Gesetz vom 16. Januar 1986 (BGBl. I S. 122).

(HaustürWG) und Teilzeit-Wohnrechte-Gesetz[21] (TzWrG)) sowie des Gesetzes zur Regelung des Rechts der Allgemeinen Geschäftsbedingungen[22] (AGBG) durch das Schuldrechtsmodernisierungsgesetz[23] ein zentraler Bestandteil der Reform war.

Das Mietrecht war in Deutschland schon vor der Reform zum Großteil in das BGB integriert. Durch das Mietrechtsreformgesetz,[24] das in engem zeitlichen und inhaltlichen Zusammenhang zum Schuldrechtsmodernisierungsgesetz steht, wurde schließlich auch das Miethöhegesetz (MHG)[25] in das BGB integriert. Demgegenüber sieht der Reformentwurf für Japan zwar auch eine Reform des Mietrechts bezüglich der Bereiche vor, die auch bisher schon im Abschnitt über den Mietvertrag im Zivilgesetz geregelt waren (vgl. ZE Abschnitt 38 zu Art. 601 ff. ZG), das wichtige Immobilienmietrecht mit den besonderen Mieterschutzvorschriften bleibt in Japan jedoch auch nach der Reform in Sondergesetzen geregelt, vor allem im ImmobMG.[26]

Der dritte Pfeiler der deutschen Schuldrechtsreform, das Zweite Schadensrechtsänderungsgesetz,[27] betrifft wieder das Schuldrecht innerhalb des BGB. Die Auswirkungen dieser Reform sind für Japan nur von geringer Bedeutung, da die Neuregelungen in Deutschland bereits größtenteils in ähnlicher Form geltendes Recht in Japan darstellen.[28]

Ausgenommen von der japanischen Schuldrechtsreform sind die gesetzli-

---

21 Gesetz vom 20. Dezember 1996 (BGBl. I S. 2154).
22 Gesetz vom 9. Dezember 1976 (BGBl. I S. 3317).
23 Gesetz zur Modernisierung des Schuldrechts vom 26. November 2001 (BGBl. I S. 3138).
24 Gesetz zur Neugliederung, Vereinfachung und Reform des Mietrechts (Mietrechtsreformgesetz) vom 19. Juni 2001 (BGBl. I S. 1149).
25 Gesetz vom 18. Dezember 1974 (BGBl. I S. 3603).
26 Immobilienmietgesetz (借地借家法 *Shakuchi shakuya-hō*, Gesetz Nr. 90/1991).
27 Zweites Gesetz zur Änderung schadensersatzrechtlicher Vorschriften vom 19. Juli 2002 (BGBl. I 2674).
28 Dies gilt insbesondere für den Immaterialschadensersatz bei vertraglichen Pflichtverletzungen (im BGB nun in §§ 280 I, 253 II geregelt), einerseits weil Art. 415, 417 ZG im japanischen Recht einen Schadensersatz für immaterielle Schäden nicht ausschließen und dieser somit nach überwiegender Ansicht auch bei vertraglichen Pflichtverletzungen gewährt werden kann (vgl. etwa *S. Wagatsuma/T. Ariizumi/M. Shimizu/T. Tayama, Konmentāru Minpō* [Kommentar zum Zivilgesetz] (3. Auflage 2013, Nippon Hyōronsha) vor Art. 415, S. 751), andererseits weil der Umfang der deliktischen Haftung im japanischen Recht viel weitergehender ist als im deutschen Recht, so dass bei Nichtvermögensschäden durch eine vertragliche Pflichtverletzung häufig zugleich auch eine Haftung aus Delikt nach Art. 709, 711 ZG eingreift.

chen Schuldverhältnisse, also das Deliktsrecht, das Bereicherungsrecht und das Recht der Geschäftsführung ohne Auftrag (GoA). Dies ist in Japan jedenfalls im Hinblick auf das Deliktsrecht ein Problem, da das japanische Deliktsrecht auch bei vorvertraglichen und vertraglichen Pflichtverletzungen Anwendung finden kann und somit eine Abstimmung zwischen allgemeinem Schuld- und Vertragsrecht auf der einen Seite und dem Deliktsrecht auf der anderen Seite erforderlich ist. Darauf soll aber nicht an dieser Stelle, sondern weiter unten bei der Diskussion der Unzulänglichkeiten des aktuellen Reformentwurfs unter III. eingegangen werden.

2. Zu den Reformpunkten im Einzelnen

Der Reformentwurf enthält eine Vielzahl von Änderungsvorschlägen, die im Rahmen dieser Tagung aufgrund der begrenzten Zeit nur zu einem geringen Teil erörtert werden konnten. Viele geplante Änderungen betreffen aber vor allem Detailfragen. Wie bereits am Beispiel der Pläne zur Reform der Regelungen über die Rechtsgeschäfte und Willenserklärungen im Allgemeinen Teil des ZG erläutert wurde, würde an vielen Stellen im Wesentlichen nur die gefestigte Rechtsprechung und/oder herrschende Lehre kodifiziert werden. Als weitere Beispiele für eine hierauf beschränkte Reform können genannt werden: Die Definitionen und Regelungen über die verschiedenen allgemeinen Arten von Forderungen (Art. 400 ff., ZE Abschnitt 8),[29] die Regelungen über die Erfüllung und Erfüllungssurrogate (Leistung an Erfüllungs Statt, Hinterlegung, Aufrechnung etc.; Art. 474 bis 520 ZG, ZE Abschnitte 22 bis 25), das System der Gläubigersurrogation (弁済による代位 *bensai ni yoru dai'i*) bei Erfüllung durch einen Dritten (Art. 499–504, ZE Abschnitt 14), die Kodifizierung der Unmöglichkeitsgründe (in einem weiten Sinne) in Form von „Grenzen des Erfüllungsanspruchs (限界事由 *genkai jiyū*)" (Art. 414 ZG, ZE Abschnitt 9), die Neufassung des Gläubigerverzugs (Art. 413 ZG, ZE Abschnitt 13), die Kodifizierung des Grundsatzes der Vertragsfreiheit (ZE Abschnitt 26, Ziffer 1), die Einführung einer Definition von vertraglichen Nebenpflichten (ZE Abschnitt 26,

---

[29] Wobei bzgl. Geldforderungen einige bedeutsame Änderungen eintreten können durch Einführung eines variablen gesetzlichen Zinssatzes (ZE Abschnitt 8, Ziffer 4) und die Änderung des Art. 419 ZG, wonach künftig der Schadensersatz wegen Nichterfüllung einer Geldforderung (Verzug) nicht auf die Forderung von Zinsen nach dem gesetzlichen Zinssatz beschränkt bleiben soll (ZE Abschnitt 10, Ziffer 9).

Ziffer 3) und von Auslegungsregeln beim Vertrag (ZE Abschnitt 29), die Einführung einer Vorschrift über den Wegfall der Geschäftsgrundlage (ZE Abschnitt 32) und die Regelungen über den Vertragsschluss (Art. 521 bis 532, ZE Abschnitt 28).

Auch hält der Reformentwurf an den bekannten Vertragstypen im Zivilgesetz fest, die weitgehend den Grundtypen des BGB entsprechen. Insbesondere sieht der Reformentwurf keine Fortbildung zum einheitlichen freien Dienstvertrag oder zum „Servicevertrag" vor. Lediglich einige Sonderregelungen werden für den Fall der Entgeltlichkeit des Auftrags hinzugefügt, also für den Fall des Geschäftsbesorgungsvertrags (ZE Abschnitt 41, Ziffer 4). Die Regelungen bzgl. der einzelnen Vertragstypen werden allerdings mal mehr, mal weniger reformiert.

Natürlich gibt es auch einige größere Reformpunkte, so z. B. die geplante Reform des Nichterfüllungsrechts und des Gewährleistungsrechts (vor allem beim Kaufvertrag) – hierüber hatten bereits Prof. Yamamoto und Prof. Lorenz berichtet (vgl. die Referate in Sektion 2 des Symposiums), und hierauf bin ich schon eingegangen –, außerdem die Einführung von besonderen Vorschriften zur Kontrolle von Allgemeinen Geschäftsbedingungen sowie die Kodifizierung von vorvertraglichen Pflichten und der *culpa in contrahendo* (契約締結上の過失論 *keiyaku teiketsu-jō no kashitsu-ron*) – ein direkter Rechtsimport aus Deutschland (Darüber wurde während der Tagung bisher nur am Rande gesprochen.). Auch die Reform des Abtretungsrechts und der Regelungen über den Bürgschaftsvertrag, sowie die Einführung von neuen allgemeinen Regelungen zur Beendigung von Dauerschuldverträgen, worüber wir ebenfalls schon näheres gehört haben (vgl. die Beiträge in den Sektionen 3, 5 und 6), stellen gewichtige Reformvorhaben dar. Ein weiterer wichtiger Punkt ist auch die Reform des Verjährungsrechts (ZE Abschnitt 7). Abgesehen von einigen zentralen Punkten lässt sich in vielen Fällen aber streiten, ob die geplante Reform wirklich notwendig ist, oder aber nicht jedenfalls viel zu kurz greift.

Die Einführung besonderer Regelungen (ZE Abschnitt 30) zur Kontrolle von Allgemeinen Geschäftsbedingungen (AGB) ist im Grundsatz sicherlich zu begrüßen, vor allem wenn man berücksichtigt, dass die japanischen Gerichte sich mit der direkten Kontrolle von AGB aufgrund der Generalklauseln im ZG offensichtlich schwer tun und dabei sehr zurückhaltend sind.[30] Allerdings wäre es vor diesem Hintergrund erwägenswert, neben der angedachten Generalklausel einer Unwirksamkeit von unbilligen bzw. unfairen AGB-Klauseln zu Lasten des Vertragspartners des Verwenders (ZE Abschnitt 30, Ziffer 5) den Gerichten mehr gesetzgeberische Hilfestellung bei der Beurteilung von AGB-Klauseln zu geben, etwa durch Hinzufügung von Beispielen. Ein weiteres Problem sehe ich wegen der parallelen Vorschriften zur Inhaltskontrolle von Vertragsklauseln bei Verbraucherverträgen in Art. 8 bis 10 des Verbrauchervertragsgesetzes (Verbr VG)[31] und anderen Gesetzen. Nicht nur in diesem Falle neigt der japanische Gesetzgeber leider dazu, immer neue Regelungen zu schaffen, ohne diese neuen Regelungen mit bereits bestehenden Regelungen (hinreichend) abzustimmen.

Der Mehrwert der Kodifikation der *culpa in contrahendo* (ZE Abschnitt 27), die in Japan von der Wissenschaft schon seit Jahrzehnten beeinflusst von der deutschen Lehre und Rechtsprechung diskutiert wird,[32] ist gering. Vom Obersten Gerichtshof Japans (OGH) ist bereits in mehreren Urteilen eine mögliche Haftung für vorvertragliche Aufklärungspflichtverletzungen und den Abbruch von Vertragsverhandlungen auf Schadensersatz aus Delikt anerkannt worden.[33]

---

30 M. *Dernauer,* Allgemeine Geschäftsbedingungen, in: Baum/Bälz (Hrsg.), Handbuch Japanisches Handels- und Wirtschaftsrecht (2011, Carl Heymanns Verlag) 526–532; *Dernauer,* Verbraucherschutz und Vertragsfreiheit im japanischen Recht (Fn. 17) 422–431.
31 消費者契約法 *Shōhisha keiyaku-hō*, Gesetz Nr. 61/2000.
32 Vgl. *Dernauer,* Verbraucherschutz und Vertragsfreiheit im japanischen Recht (Fn. 17) 132–139. T. *Tsuburaya,* Die Entwicklung der „culpa in contrahendo" in Japan, in: Müller-Freienfels u. a. (Hrsg.), Recht in Japan, Heft 10 (1996, Nomos) 39–52.
33 OGH vom 18. September 1984, Hanrei Jihō 1137, 51 (Abbruch von Vertragsverhandlungen); OGH vom 5. Juli 1990, Saishūmin 160, 187 (Abbruch von Vertragsverhandlungen); OGH vom 18. November 2004, Minshū 58, Nr. 8, 2225 (Aufklärungspflichtverletzung); OGH vom 16. September 2005, Hanrei Jihō 1912, 8 (Aufklärungspflichtverletzung), vgl. hierzu auch die Fallbesprechung von M. *Dernauer,* Case No. 7: Civil Law – Tort Law/Contract Law – Liability for a Breach of Pre-contractual, Contractual and Non-contractual Information Duties – Liability of Experts – Claim for Damages, in: Bälz/Dernauer/Heath/Petersen-Padberg (Hrsg.) Business Law in Japan – Cases and Comments (Writings in Honour of Harald Baum) (2012, Kluwer Law International) 65; OGH vom 22. April 2011, Minshū 65, 3 (als Möglichkeit angedeutet, Anspruch war aber verjährt); OGH vom 27. November 2012, Hanrei Jihō 2175, 15 (Aufklärungspflichtverletzung). Ebenso C. *Förster,* Haftung für vorvertragliche Aufklärungspflichtverletzung im japanischen Recht, RIW 2013, 44, 47 ff.

III. Grundlegende Unzulänglichkeiten des Reformentwurfs

Das größte Manko besteht darin, dass der aktuelle Reformentwurf *weder* eine *Integration* der bestehenden zahlreichen Sondergesetze ins ZG *noch* eine bessere *Abstimmung* der Regelungen im (reformierten) Zivilgesetz mit diesen Sondergesetzen vorsieht. Die Schuldrechtsreform wäre aber der gebotene Anlass, um der zum Teil sinnlosen Über- und Parallelregulierung durch Sonderprivatrecht und – hierauf sei besonders hingewiesen – *Wirtschaftsverwaltungsrecht* endlich Einhalt zu gebieten. Beispielhaft sei hier nur auf die konkurrierenden Sonderregelungen im VerbrVG,[34] im Handelsgeschäftegesetz[35] (HGG), im Finanzproduktehandelsgesetz[36] (FpHG), im Finanzprodukte- und Börsengesetz[37] (FBG), im Warentermingeschäftegesetz,[38] im Golfclubgesetz[39] (GolfclubG), im Zinsbeschränkungsgesetz[40] (ZBG), im Geldverleihgewerbegesetz[41] (GeldverleihGG), im Kapitaleinlagengesetz[42] (KEG), im Immobiliengewerbegesetz[43] (ImmobGG) und im ImmobMG[44] hingewiesen.

In vielen Sondergesetzen finden sich zur Bewältigung vorvertraglicher und vertraglicher Probleme besondere privatrechtliche Widerrufsrechte (クーリン

---

34 Angaben in Fn. 31.
35 Gesetz über besondere Handelsgeschäfte (特定商取引に関する法律 *Tokutei shō-torihiki ni kansuru hōritsu*),Gesetz Nr. 57/1976; kurz im Japanischen oft auch als 特定商取引法 *Tokutei shō-torihiki-hō* bezeichnet (Alter Titel: „Gesetz über Haustürgeschäfte").
36 Gesetz über den Handel mit Finanzprodukten (金融商品の販売等に関する法律 *Kin'yū shōhin no hanbai-tō ni kansuru hōritsu*), Gesetz Nr. 101/2000; kurz im Japanischen oft auch als 金融商品販売法 *Kin'yū shōhin hanbai-hō* bezeichnet.
37 金融商品取引法 *Kin'yū shōhin torihiki-hō*, Gesetz Nr. 25/1948, neu gefasst durch Gesetz Nr. 65/2006.
38 商品先物取引法 *Shōhin sakimono torihiki-hō*, Gesetz Nr. 86/2012.
39 ゴルフ場等に係る会員契約の適正化に関する法律 *Gorufujō-tō ni kakaru kai'in keiyaku no tekisei-ka ni kansuru hōritsu*, Gesetz Nr. 53/1992.
40 利息制限法 *Risoku seigen-hō*, Gesetz Nr. 100/1954.
41 Gesetz zur Regulierung und Kontrolle des Geldverleihgewerbes (貸金業の規制等に関する法律 *Kashikin-gyō no kisei-tō ni kansuru hōritsu*), Gesetz Nr. 32/1983.
42 Gesetz über die Kontrolle der Kapitaleinlage und der Zinsen (出資の受入れ、預り金及び金利等の取締りに関する法律), Gesetz Nr. 195/1954; kurz im Japanischen oft auch als 出資法 *Shusshi-hō* bezeichnet.
43 Gesetz über den gewerblichen Handel mit Baugrundstücken und Gebäuden (宅地建物取引業法 *Takuchi tatemono torihiki gyōhō*), Gesetz Nr. 176/1952.
44 Angaben in Fn. 26.

グ・オフ権 *kūringu-ofu-ken*), Anfechtungsrechte (取消権 *torikeshi-ken*), Rücktritts- bzw. Kündigungsrechte (中途解約権 *chūto kaiyaku-ken*) und besondere Anspruchsgrundlagen für Schadensersatzansprüche etwa des Verbrauchers oder Privatanlegers.

Ferner finden sich hier viele verwaltungs- und strafrechtliche Regelungen zur Kontrolle des Vertragsabschlusses, des Vertragsinhalts und der Vertragserfüllung. Nicht vergessen werden dürfen auch noch die Verbraucherschutzsatzungen (消費生活条例 *Shōhi seikatsu jōrei*) praktisch aller japanischen Präfekturen und Gemeinden mit sehr ähnlichen, parallelen öffentlich-rechtlichen Regelungen.

Außerdem fehlt auch innerhalb des Zivilgesetzes eine Abstimmung zahlreicher Normen des allgemeinen Teils sowie des allgemeinen Schuld- und Vertragsrechts mit dem Deliktsrecht. Dies betrifft insbesondere die Abstimmung zwischen dem allgemeinen Nichterfüllungsrecht, den geplanten Neuregelungen zur *culpa in contrahendo*, den Regelungen zum Irrtum sowie zur arglistigen Täuschung und zur Drohung auf der einen Seite und dem Deliktsrecht auf der anderen Seite. Eine solche Abstimmung wäre aber vor dem Hintergrund der ausufernden Rechtsprechung zu deliktischen Handlungen im Geschäftsverkehr, auf Japanisch „取引の不法行為 *torihikiteki fuhō kōi*", dringend geboten. Hier hat sich nämlich in der Rechtsprechung eine besondere Fallgruppe des Deliktsrechts herausgebildet,[45] die – um den Schutz des vermeintlich „schwächeren Vertragspartners" zu gewährleisten – sich bisweilen außerhalb der dogmatischen Grenzen des Deliktsrechts bewegt und reines Billigkeitsrecht zur Korrektur gesetzgeberischer Versäumnisse darstellt.

Nehmen wir das Beispiel einer beliebigen (vorvertraglichen, fahrlässigen) Aufklärungspflichtverletzung beim Verkauf von Aktien durch einen Finanzdienstleister an eine Privatperson. Hier kommt es zu einer Normenkonkurrenz

---

[45] Siehe hierzu *Dernauer*, Verbraucherschutz und Vertragsfreiheit im japanischen Recht (Fn. 17) 181–244; *M. Saitō, Shōhisha torihiki to fuhō kōi* [Verbrauchergeschäfte und unerlaubte Handlungen], in: Nihon Bengoshi Rengō-kai (Hrsg.), *Shōhisha-hō kōgi* [Vorlesung zum Verbraucherrecht] (Tokyo 2009, Nippon Hyōron-sha) 125–150. *M. Dernauer, Shōhin sakimono torihiki no futō kan'yū to shōhisha hogo* [Unangemessene Werbung zum Vertragsabschluss bei Warentermingeschäften und der Schutz von Verbrauchern – ein Vergleich mit dem deutschen Recht], Kokusai Shōji Hōmu, Band 31, Nr. 5 (2003) 659–667 (Teil 7), Nr. 6, 807–815 (Teil 8) und Nr. 7, 960–969 (Teil 9). Siehe auch die verschiedenen Beiträge in *M. Okuda* (Hrsg.), *Torihiki kankei ni okeru ihō kōi to sono hōteki shori* [Die Bewältigung von unerlaubten Handlungen im Geschäftsverkehr], Sonderausgabe der Zeitschrift Jurisuto (1996).

– innerhalb des Zivilgesetzes – zwischen den Regelungen zum Irrtum, zur arglistigen Täuschung (Rechtsfolge: Nichtigkeit bzw. Anfechtbarkeit des Vertrages), künftig der neuen Regelung zur *culpa in contrahendo* (Rechtsfolge: Schadensersatzanspruch), der allgemeinen deliktischen Haftung (Rechtsfolge: Schadensersatzanspruch) und – außerhalb des ZG – Anfechtungsrechten im VerbrVG, Schadensersatzansprüche aus dem FpHG, verwaltungsrechtlichen und strafrechtlichen Sanktionsnormen im FBG und verwaltungsrechtlichen Sanktionsnormen in Verbraucherschutzsatzungen.

Wo bleibt hier also das Ziel, das Schuld- und Vertragsrecht für den Verbraucher und Bürger lesbarer und verständlicher zu formulieren. Das Nebeneinander von Zivilgesetz und privatrechtlichen oder wirtschaftsverwaltungsrechtlichen Sondergesetzen sowie die fehlende Abstimmung mit dem Deliktsrecht, im Zusammenhang mit vertraglichen und vorvertraglichen Rechtsproblemen, hat eine selbst für Fachleute kaum durchschaubare Struktur hervorgebracht, die die Rechtsanwendung schwierig und wenig vorhersehbar macht. Auf dem zivilrechtlichen und sonderprivatrechtlichen Schuld- und Vertragsrecht sitzt in Japan noch eine dritte schwere Regelungsebene, nämlich die wirtschaftsverwaltungsrechtliche Regulierung von Verträgen. Ist dieses Gesamtmodell wirklich ein modernes Schuld- und Vertragsrecht, gar ein Modell für die nächsten 50 bis 100 Jahre? Das ist hier die Frage!

IV. Fazit

Der Reformentwurf enthält zweifelsfrei eine Reihe von interessanten und guten Änderungsvorschlägen (Beispiele: Kaufgewährleistungsrecht und die Abstimmung mit dem allgemeinen Nichterfüllungsrecht, besondere Regelungen zur AGB Kontrolle.). Insgesamt aber halte ich den Reformentwurf für *noch* keinen großen Wurf. Er verliert sich zum Teil in Neuregelungen von Detailfragen und bleibt häufig bei der Kodifizierung von selbstverständlichen Rechtsgrundsätzen und/oder der etablierten Rechtsprechung oder herrschenden Lehre stehen. Ferner ändert er Punkte, die – wenn überhaupt – nur in geringerem Umfang reformbedürftig sind (Beispiel: Allgemeines Nichterfüllungsrecht) und fügt Regelungen hinzu, die gar nicht, oder jedenfalls nicht in dieser Form benötigt werden (Beispiele: *culpa in contrahendo*, Kündigungseinschränkung von Dauerschuldverhältnissen). Ferner bleibt der Reformentwurf wegen der fehlenden

Integration zahlreicher privat- und wirtschaftsverwaltungsrechtlicher Sondergesetze ins Zivilgesetz bzw. einer mangelnden Abstimmung dieser Gesetze mit dem Zivilgesetz, sowie einer fehlenden Abstimmung des allgemeinen Schuld- und Vertragsrechts mit dem Deliktsrecht hinter den Möglichkeiten zurück, ein wirklich modernes Schuld- und Vertragsrecht zu schaffen.

【プログラム】

シンポジウム　債権法改正に関する比較法的検討
——日独法の視点から——

2014年2月21日(金)・22日(土)　ドイツ文化会館（東京・赤坂）OAGホール

【2014年2月21日】
開会式

10:00	開会の挨拶	福原 紀彦　中央大学学長
10:10	挨拶	ヤン・グロテーア　DJJV会長
10:20	祝辞	木川 統一郎
		お茶の水法律特許事務所所長
10:30	シンポジウムの趣旨	笠井 修　中央大学教授

セッション1：　　　　　債権法改正に関する概観

10:50	報告	奥田 昌道　前最高裁判事，京都大学名誉教授
11:20	報告	ビルギット・グルントマン
		前ドイツ連邦司法省事務次官
11:50	コメント	柏木 昇
		中央大学法科大学院フェロー，東京大学名誉教授
12:00	司会	新井 誠　中央大学教授
12:20		（昼休み）

セッション2：　　　　　債務不履行法制

13:50	報告	山本 豊　京都大学教授
14:20	報告	ステファン・ローレンツ　ミュンヘン大学教授
14:50	コメント	滝沢 昌彦　一橋大学教授
15:00	司会	笠井 修　中央大学教授
15:20		（コーヒーブレイク）

セッション 3 ：　　　　　債権譲渡法制
　　　15:40　　報告　　　池田 真朗　慶應義塾大学教授
　　　16:10　　報告　　　モーリッツ・ベルツ　フランクフルト大学教授
　　　16:40　　コメント　遠藤 研一郎　中央大学教授
　　　16:50　　司会　　　伊藤 壽英　中央大学教授

【2014 年 2 月 21 日】
セッション 4 ：　　　　　消費者法と債権法改正
　　　10:00　　報告　　　松本 恒雄
　　　　　　　　　　　　　独立行政法人国民生活センター理事長
　　　10:30　　報告　　　カール・リーゼンフーバー　ボーフム大学教授
　　　11:00　　コメント　執行 秀幸　中央大学教授
　　　11:10　　司会　　　山口 成樹　中央大学教授
　　　11:30　　　　　　　（昼休み）

セッション 5 ：　　　　　人的担保と保証人保護
　　　13:00　　報告　　　山野目 章夫　早稲田大学教授
　　　13:30　　報告　　　マティアス・ハーベルザック
　　　　　　　　　　　　　ミュンヘン大学教授
　　　14:00　　コメント　小林 明彦　中央大学教授
　　　14:10　　司会　　　古積 健三郎　中央大学教授
　　　14:30　　　　　　　（コーヒーブレイク）

セッション 6 ：　　　　　継続的契約の終了
　　　14:50　　報告　　　高田 淳　中央大学教授
　　　15:20　　報告　　　マーク‐フィリップ・ヴェラー
　　　　　　　　　　　　　フライブルグ大学教授
　　　15:50　　コメント　升田 純　中央大学教授
　　　16:00　　司会　　　古積 健三郎　中央大学教授

総　　括　　　　　　　　日独法から見た債権法改正

16:20	コメント	筒井 健夫	法務省民事局参事官
16:40	コメント	マーク・デルナウア	中央大学准教授
17:00	総括	新井 誠	中央大学教授

閉会の辞

17:20	閉会挨拶	只木 誠	中央大学教授，日本比較法研究所所長

【Programm】

Symposium: Schuldrechtsmodernisierung in Japan — eine vergleichende Analyse —

21.–22. Februar 2014　OAG-Haus/Deutsches Kulturzentrum, Akasaka, Tokyo

【21.2.2014】

Eröffnungsfeier

10:00	Begrüßung	Prof. Tadahiko FUKUHARA
		Präsident der Chuo Universität
10:10	Begrüßung	Dr. Jan GROTHEER, Präsident der DJJV
10:20	Glückwünsche	Prof. em. Dr. Toichiro KIGAWA
		Chuo Universität
10:30	Einführung in das Thema	Prof. Dr. Osamu KASAI
		Chuo Universität

1. Sektion:　Gründe, Ziele, Konzeption und Probleme der Reform

10:50	Referent:	Prof. em. Dr. Masamichi OKUDA
		Kyoto Universität
		Richter am Obersten Gerichtshof a.D.
11:20	Korreferent:	Staatssekretärin a.D. Dr. Birgit
		GRUNDMANN, Bundesministerium der
		Justiz und für Verbraucherschutz, Berlin

11:50 Kommentator: Prof. em. Noboru KASHIWAGI
             Universität Tokyo
12:00 Diskussion/Moderator: Prof. Dr. Makoto ARAI
             Chuo Universität
12:20   Mittag

2. Sektion: Neuordnung des Leistungsstörungsrechts/
            Nichterfüllungsrechts und des Gewährleistungsrechts
   13:50 Referent: Prof. Yutaka YAMAMOTO
             Kyoto Universität, Kyoto
   14:20 Korreferent: Prof. Dr. Stephan LORENZ, Ludwig
             Maximilians Universität, München
   14:50 Kommentator: Prof. Masahiko TAKIZAWA
             Hitotsubashi Universität, Tokyo
   15:00 Diskussion/Moderator: Prof. Dr. Osamu KASAI
             Chuo Universität
   15:20   Kaffeepause

3. Sektion: Neuordnung des Abtretungsrechts
   15:40 Referent: Prof. Dr. Masao IKEDA
             Keio Universität, Tokyo
   16:10 Korreferent: Prof. Dr. Moritz BÄLZ, LL.M. (Harvard)
             Goethe Universität, Frankfurt am Main
   16:40 Kommentator: Prof. Kenichiro ENDO, Chuo Universität
   16:50 Diskussion/Moderator: Prof. Hisaei ITO
             Chuo Universität

[22.2.2014]
4. Sektion: Verbraucherschutz und Schuldrechtsmodernisierung
   10:00 Referent: Prof. Tsuneo MATSUMOTO, Präsident,
             The National Consumer Affairs Center of

			Japan (NCAC)
10:30	Korreferent:		Prof. Dr. Karl RIESENHUBER, M.C.J. (Austin/Texas), Ruhr Universität, Bochum
11:00	Kommentator:		Prof. Hideyuki SHIGYOU Chuo Universität
11:10	Diskussion/Moderator:		Prof. Shigeki YAMAGUCHI Chuo Universität
11:30			Mittag

5. Sektion: Schutz des Bürgen

13:00	Referent:	Prof. Akio YAMANOME Waseda Universität, Tokyo
13:30	Korreferent:	Prof. Dr. Mathias HABERSACK, Ludwig Maximilians Universität, München
14:00	Kommentator:	Prof. Akihiko KOBAYASHI Chuo Universität
14:10	Diskussion/Moderator:	Prof. Kenzaburo KOZUMI Chuo Universität
14:30		Kaffeepause

6. Sektion: Dauerschuldverhältnisse und deren Beendigung

14:50	Referent:	Prof. Atsushi TAKADA, Chuo Universität
15:20	Korreferent:	Prof. Dr. Marc-Philippe WELLER Albert-Ludwigs Universität, Freiburg
15:50	Kommentator:	Prof. Jun MASUDA, Chuo Universität
16:00	Diskussion/Moderator:	Prof. Kenzaburo KOZUMI Chuo Universität

Allgemeines Resümee

16:20	Kommentator:	Hr. Takeo TSUTSUI Counsellor, Abteilung für Zivilrecht, japanisches Justizministerium

16:40	Kommentator:		Assoc. Prof. Dr. Marc Dernauer LL.M. (Tohoku), Chuo Universität
17:00	Resümee		Prof. Dr. Makoto Arai, Chuo Universität

Abschlussfeier

17:20	Schlusswort	Prof. Dr. Makoto Tadaki, Direktor The Institute of Comparative Law in Japan, Chuo Universität

報告者紹介

奥田　昌道（おくだ　まさみち）

前最高裁判事・京都大学名誉教授，法学博士

京都大学在学中に司法試験合格，京都大学法学部長，法学研究科教授を経て 1999 年〜2002 年最高裁判所判事．法制審議会委員，司法試験考査委員，法曹養成制度等改革協議会協議員等を歴任．2005 年旭日大綬章受章，2006 年ドイツ連邦共和国功労勲章大功労十字章受章．主著『請求権概念の生成と展開』『債権総論〈増補版〉』

山本　豊（やまもと　ゆたか）

京都大学大学院法学研究科教授

東北大学法学部助手，上智大学法学部教授を経て，2004 年より現職．内閣府独立行政法人評価委員会委員長，国連国際商取引法委員会電子商取引作業部会日本代表等を歴任．現在，日本消費者法学会理事，仲裁 ADR 法学会理事，消費経済審議会会長，消費者庁参与等．研究テーマは(1)契約の内容規制　(2)消費者契約　(3)電子契約　(4)消費者団体訴訟　(5)契約責任論．主著『不当条項規制と自己責任・契約正義』

池田　真朗（いけだ　まさお）

慶應義塾大学法学部・同大学院法務研究科教授，博士（法学）

旧・新司法試験委員（新司法試験民法主査），国連国際商取引法委員会国際契約実務作業部会日本代表（国際債権譲渡条約立案）等を歴任．動産債権譲渡特例法，電子記録債権法の制定に立案から関与．現在日本学術会議会員（法学委員長），金融法学会常務理事，日仏法学会理事，ABL 協会理事長．2012 年民法学研究功績により紫綬褒章受章．主著『債権譲渡の研究』（全 4 巻）

松本　恒雄（まつもと　つねお）

独立行政法人国民生活センター理事長

1977 年京都大学大学院法学研究科博士課程中退．同大助手などを経て，1991 年一橋大教授．2009 〜 2011 年同大法科大学院長．2009 年内閣府消費者委員会初代委員長，2013 年より現職．現在，法務省法制審議会民法部会委員，日本消費者法学会理事長，国際消費者法学会理事，ISO/COPOLCO 日本代表．2013 年消費者支援功労者内閣総理大臣表彰．専門は，民法，消費者法，IT 法．主著『企業の社会的責任』，『電子商取引法』

やまの め あき お
山野目 章 夫

早稲田大学法務研究科教授

亜細亜大学法学部専任講師，中央大学法学部助教授，早稲田大学法学部教授を経て2004年より現職．国土審議会特別委員，民事法務協会理事．エクス・マルセイユ第三大学客員教授（2003年3月，2006年3月）．主著『物権法　第4版』『不動産登記法』

たか だ　　あつし
高田　　淳

中央大学法学部教授

1996年中央大学大学院法学研究科民事法専攻博士課程前期課程修了．中央大学法学部助手，同助教授を経て，2008年より現職．研究テーマは，フランチャイズ契約の法的性質，情報提供義務．

Referenten

モーリッツ・ベルツ
Prof. Dr. Moritz BÄLZ, LL. M. (Harvard)　フランクフルト大学教授

Lehrstuhl für Japanisches Recht und seine kulturellen Grundlagen, Johann Wolfgang Goethe-Universität Frankfurt am Main

ビルギッド・グルントマン
Dr. Birgit GRUNDMANN　前ドイツ連邦司法消費者保護省事務次官

Staatssekretärin a.D., Bundesministeriums der Justiz und für Verbraucherschutz, Berlin

マティアス・ハーベルザック
Prof. Dr. Mathias HABERSACK　ミュンヘン大学教授

Lehrstuhl für Bürgerliches Recht und Unternehmensrecht, Ludwig-Maximilians-Universität, München

ステファン・ローレンツ
Prof. Dr. Stephan LORENZ　ミュンヘン大学教授

Lehrstuhl für Bürgerliches Recht, Internationales Privatrecht und Rechtsvergleichung, Ludwig-Maximilians-Universität, München; Mitglied des Bayerischen Verfassungsgerichtshofs

カール・リーゼンフーバー
Prof. Dr. Karl RIESENHUBER, M. C. J. (Austin / Texas)　ボーフム大学教授

Lehrstuhl für Bürgerliches Recht, Deutsches und Europäisches Handels- und Wirtschaftsrecht, Ruhr-Universität Bochum

Prof. Dr. Marc-Philippe WELLER(マーク・フィリップ・ヴェラー)　フライブルグ大学教授
Lehrstuhl für Bürgerliches Recht, Handels- und Wirtschaftsrecht, Albert-Ludwigs Universität Freiburg

編者紹介

只木　誠(ただき　まこと)　　　　　　　　日本比較法研究所所長，中央大学法学部教授
Prof. Dr. Harald BAUM(ハラルド・バウム)　マックス・プランク外国私法国際私法研究所主任研究員

趣旨説明者紹介

笠井　修(かさい　おさむ)　　　　　　　　中央大学法科大学院教授

コメンテーター紹介（掲載順）

柏木　昇(かしわぎ　のぼる)　　　　　　　中央大学法科大学院フェロー，東京大学名誉教授
滝沢　昌彦(たきざわ　まさひこ)　　　　　一橋大学法学研究科教授
遠藤研一郎(えんどうけんいちろう)　　　　中央大学法学部教授
執行　秀幸(しぎょう　ひでゆき)　　　　　中央大学法科大学院教授
小林　明彦(こばやし　あきひこ)　　　　　弁護士，中央大学法科大学院特任教授
升田　純(ますだ　じゅん)　　　　　　　　中央大学法科大学院教授
筒井　健夫(つつい　たけお)　　　　　　　法務省大臣官房参事官（民事担当）
Assoc. Prof. Dr. Marc DERNAUER(マーク・デルナウア)　中央大学法学部准教授

訳者紹介（掲載順）

新井　誠(あらい　まこと)　　　　　　　　中央大学法学部教授
Prof. Dr. Matthias K. SCHEER(マティアス・シェーアー)　元弁護士，元ブレーメン大学特任教授
森　光(もり　ひかる)　　　　　　　　　　中央大学法学部准教授
古積健三郎(こづみけんざぶろう)　　　　　中央大学法科大学院教授
森　勇(もり　いさむ)　　　　　　　　　　中央大学法科大学院教授

報告概要執筆者紹介

Prof. Dr. Jürgen SCHMIDT-RÄNTSCH(ユルゲン・シュミット・レンツ)　　BGH判事，ベルリン・フンボルト大学教授

債権法改正に関する比較法的検討
日本比較法研究所研究叢書（96）

2014 年 6 月 30 日　初版第 1 刷発行

編　者　只　木　　誠
　　　　ハラルド・バウム

発行者　神　﨑　茂　治

発行所　中央大学出版部
〒 192-0393
東京都八王子市東中野 742 番地 1
電話 042-674-2351・FAX 042-674-2354
http://www2.chuo-u.ac.jp/up/

© 2014　　ISBN978-4-8057-0595-7　　㈱千秋社

日本比較法研究所研究叢書

1	小島武司 著	法律扶助・弁護士保険の比較法的研究	A5判 2800円
2	藤本哲也 著	CRIME AND DELINQUENCY AMONG THE JAPANESE-AMERICANS	菊判 1600円
3	塚本重頼 著	アメリカ刑事法研究	A5判 2800円
4	小島武司／外間寛 編	オムブズマン制度の比較研究	A5判 3500円
5	田村五郎 著	非嫡出子に対する親権の研究	A5判 3200円
6	小島武司 編	各国法律扶助制度の比較研究	A5判 4500円
7	小島武司 著	仲裁・苦情処理の比較法的研究	A5判 3800円
8	塚本重頼 著	英米民事法の研究	A5判 4800円
9	桑田三郎 著	国際私法の諸相	A5判 5400円
10	山内惟介 編	Beiträge zum japanischen und ausländischen Bank- und Finanzrecht	菊判 3600円
11	木内宜彦／M・ルッター 編著	日独会社法の展開	A5判 (品切)
12	山内惟介 著	海事国際私法の研究	A5判 2800円
13	渥美東洋 編	米国刑事判例の動向Ⅰ	A5判 (品切)
14	小島武司 編著	調停と法	A5判 (品切)
15	塚本重頼 著	裁判制度の国際比較	A5判 (品切)
16	渥美東洋 編	米国刑事判例の動向Ⅱ	A5判 4800円
17	日本比較法研究所 編	比較法の方法と今日的課題	A5判 3000円
18	小島武司 編	Perspectives on Civil Justice and ADR : Japan and the U.S.A	菊判 5000円
19	小島・渥美・清水・外間 編	フランスの裁判法制	A5判 (品切)
20	小杉末吉 著	ロシア革命と良心の自由	A5判 4900円
21	小島・渥美・清水・外間 編	アメリカの大司法システム(上)	A5判 2900円
22	小島・渥美・清水・外間 編	Système juridique français	菊判 4000円

日本比較法研究所研究叢書

23	小島・渥美 清水・外間 編	アメリカの大司法システム(下)	A5判 1800円
24	小島武司・韓相範編	韓国法の現在(上)	A5判 4400円
25	小島・渥美・川添 清水・外間 編	ヨーロッパ裁判制度の源流	A5判 2600円
26	塚本重頼著	労使関係法制の比較法的研究	A5判 2200円
27	小島武司・韓相範編	韓国法の現在(下)	A5判 5000円
28	渥美東洋編	米国刑事判例の動向III	A5判 (品切)
29	藤本哲也著	Crime Problems in Japan	菊判 (品切)
30	小島・渥美 清水・外間 編	The Grand Design of America's Justice System	菊判 4500円
31	川村泰啓著	個人史としての民法学	A5判 4800円
32	白羽祐三著	民法起草者穂積陳重論	A5判 (品切)
33	日本比較法研究所編	国際社会における法の普遍性と固有性	A5判 3200円
34	丸山秀平編著	ドイツ企業法判例の展開	A5判 2800円
35	白羽祐三著	プロパティと現代的契約自由	A5判 13000円
36	藤本哲也著	諸外国の刑事政策	A5判 4000円
37	小島武司他編	Europe's Judicial Systems	菊判 (品切)
38	伊従寛著	独占禁止政策と独占禁止法	A5判 9000円
39	白羽祐三著	「日本法理研究会」の分析	A5判 5700円
40	伊従・山内・ヘイリー編	競争法の国際的調整と貿易問題	A5判 2800円
41	渥美・小島編	日韓における立法の新展開	A5判 4300円
42	渥美東洋編	組織・企業犯罪を考える	A5判 3800円
43	丸山秀平編著	続ドイツ企業法判例の展開	A5判 2300円
44	住吉博著	学生はいかにして法律家となるか	A5判 4200円

日本比較法研究所研究叢書

45	藤本哲也 著	刑事政策の諸問題	A5判 4400円
46	小島武司 編著	訴訟法における法族の再検討	A5判 7100円
47	桑田三郎 著	工業所有権法における国際的消耗論	A5判 5700円
48	多喜 寛 著	国際私法の基本的課題	A5判 5200円
49	多喜 寛 著	国際仲裁と国際取引法	A5判 6400円
50	眞田・松村 編著	イスラーム身分関係法	A5判 7500円
51	川添・小島 編	ドイツ法・ヨーロッパ法の展開と判例	A5判 1900円
52	西海・山野目 編	今日の家族をめぐる日仏の法的諸問題	A5判 2200円
53	加美和照 著	会社取締役法制度研究	A5判 7000円
54	植野妙実子 編著	21世紀の女性政策	A5判 (品切)
55	山内惟介 著	国際公序法の研究	A5判 4100円
56	山内惟介 著	国際私法・国際経済法論集	A5判 5400円
57	大内・西海 編	国連の紛争予防・解決機能	A5判 7000円
58	白羽祐三 著	日清・日露戦争と法律学	A5判 4000円
59	伊従・山内・ヘイリー・ネルソン 編	APEC諸国における競争政策と経済発展	A5判 4000円
60	工藤達朗 編	ドイツの憲法裁判	A5判 (品切)
61	白羽祐三 著	刑法学者牧野英一の民法論	A5判 2100円
62	小島武司 編	ADRの実際と理論 I	A5判 (品切)
63	大内・西海 編	United Nation's Contributions to the Prevention and Settlement of Conflicts	菊判 4500円
64	山内惟介 著	国際会社法研究 第一巻	A5判 4800円
65	小島武司 編	CIVIL PROCEDURE and ADR in JAPAN	菊判 (品切)
66	小堀憲助 著	「知的(発達)障害者」福祉思想とその潮流	A5判 2900円

日本比較法研究所研究叢書

67	藤本哲也 編著	諸外国の修復的司法	A5判 6000円
68	小島武司 編	ＡＤＲの実際と理論Ⅱ	A5判 5200円
69	吉田豊 著	手付の研究	A5判 7500円
70	渥美東洋 編著	日韓比較刑事法シンポジウム	A5判 3600円
71	藤本哲也 著	犯罪学研究	A5判 4200円
72	多喜寛 著	国家契約の法理論	A5判 3400円
73	石川・エーラース グロスフェルト・山内 編著	共演　ドイツ法と日本法	A5判 6500円
74	小島武司 編著	日本法制の改革：立法と実務の最前線	A5判 10000円
75	藤本哲也 著	性犯罪研究	A5判 3500円
76	奥田安弘 著	国際私法と隣接法分野の研究	A5判 7600円
77	只木誠 著	刑事法学における現代的課題	A5判 2700円
78	藤本哲也 著	刑事政策研究	A5判 4400円
79	山内惟介 著	比較法研究第一巻	A5判 4000円
80	多喜寛 編著	国際私法・国際取引法の諸問題	A5判 2200円
81	日本比較法研究所 編	Future of Comparative Study in Law	菊判 11200円
82	植野妙実子 編著	フランス憲法と統治構造	A5判 4000円
83	山内惟介 著	Japanisches Recht im Vergleich	菊判 6700円
84	渥美東洋 編	米国刑事判例の動向Ⅳ	A5判 9000円
85	多喜寛 著	慣習法と法的確信	A5判 2800円
86	長尾一紘 著	基本権解釈と利益衡量の法理	A5判 2500円
87	植野妙実子 編著	法・制度・権利の今日的変容	A5判 5900円
88	畑尻剛 工藤達朗 編	ドイツの憲法裁判第二版	A5判 8000円

日本比較法研究所研究叢書

89	大村雅彦 著	比較民事司法研究	A5判 3800円
90	中野目善則 編	国際刑事法	A5判 6700円
91	藤本哲也 著	犯罪学・刑事政策の新しい動向	A5判 4600円
92	山内惟介／ヴェルナー・F・エブケ 編著	国際関係私法の挑戦	A5判 5500円
93	森勇／米津孝司 編	ドイツ弁護士法と労働法の現在	A5判 3300円
94	多喜寛 著	国家（政府）承認と国際法	A5判 3300円
95	長尾一紘 著	外国人の選挙権 ドイツの経験・日本の課題	A5判 2300円

＊価格は本体価格です。別途消費税が必要です。